U0940968

统计年鉴2015

赣州市统计局 国家统计局赣州调查队 编

GANZHOU STATISTICAL YEARBOOK

图书在版编目（C I P）数据

赣州统计年鉴 . 2015 / 赣州市统计局，国家统计局赣州调查队编 . -- 北京 : 中国统计出版社，2015.8
ISBN 978-7-5037-7492-8

Ⅰ . ①赣… Ⅱ . ①赣… ②国… Ⅲ . ①统计资料—赣州市— 2015 —年鉴 Ⅳ . ① C832.563-54

中国版本图书馆 CIP 数据核字 (2015) 第 166361 号

赣州统计年鉴 -2015

作　　者 / 赣州市统计局 国家统计局赣州调查队
责任编辑 / 陈越月
装帧设计 / 王　芳
出版发行 / 中国统计出版社
地　　址 / 北京市丰台区西三环南路甲 6 号 邮政编码 /100073
电　　话 / 邮购（010）63376909 书店（010）68783171
网　　址 / http://www.zgtjcbs.com
印　　刷 / 赣州市康达印刷有限公司
经　　销 / 新华书店
开　　本 / 890mm × 1240mm 1/16
字　　数 / 1000 千字
印　　张 / 28.75　0.75 彩页
版　　别 / 2015 年 8 月第 1 版
版　　次 / 2015 年 8 月第 1 次印刷
定　　价 / 360.00 元

如有印装差错，由本社发行部调换。

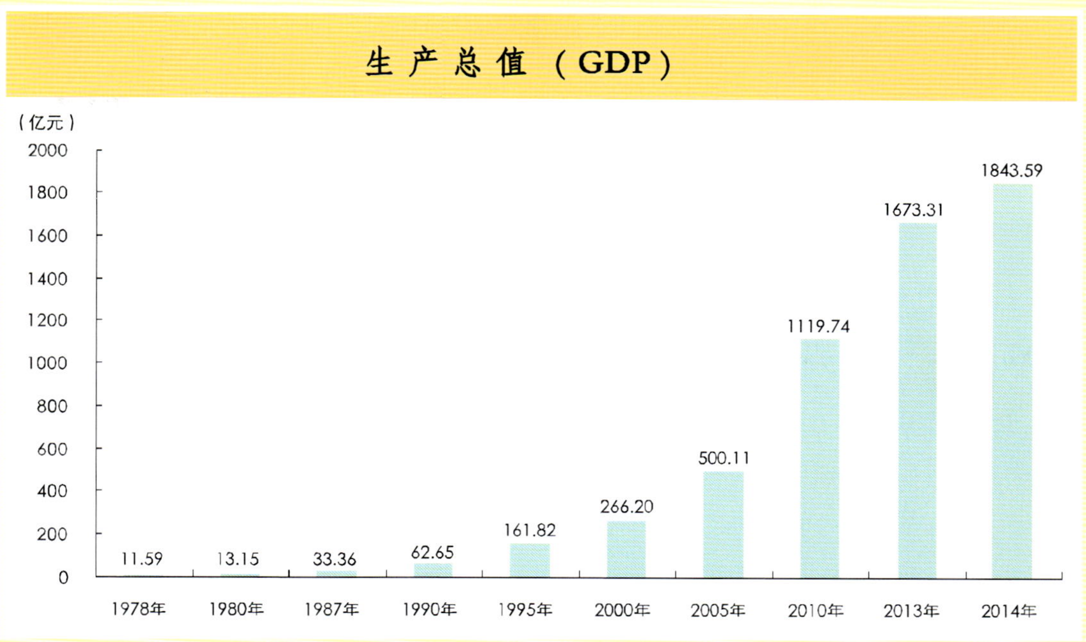
生产总值（GDP）
（亿元）
2000
1800
1600
1400
1200
1000
800
600
400
200
0
11.59
13.15
33.36
62.65
161.82
266.20
500.11
1119.74
1673.31
1843.59
1978年
1980年
1987年
1990年
1995年
2000年
2005年
2010年
2013年
2014年

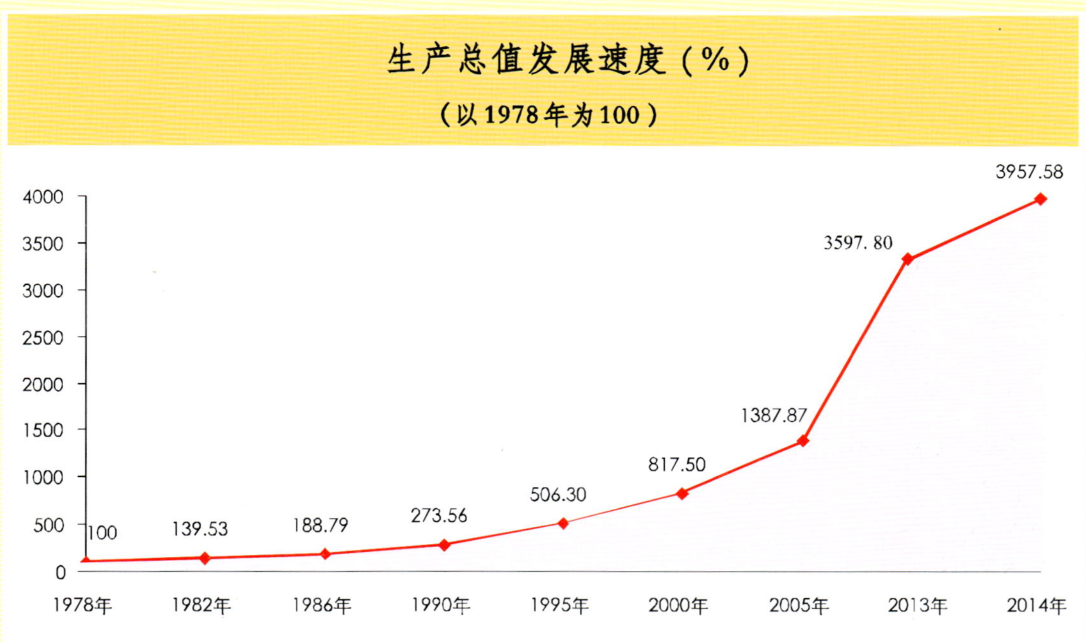
生产总值发展速度（%）
（以1978年为100）
4000
3500
3000
2500
2000
1500
1000
500
0
100
139.53
188.79
273.56
506.30
817.50
1387.87
3597. 80
3957.58
1978年
1982年
1986年
1990年
1995年
2000年
2005年
2013年
2014年

生产总值中三次产业比例（%）

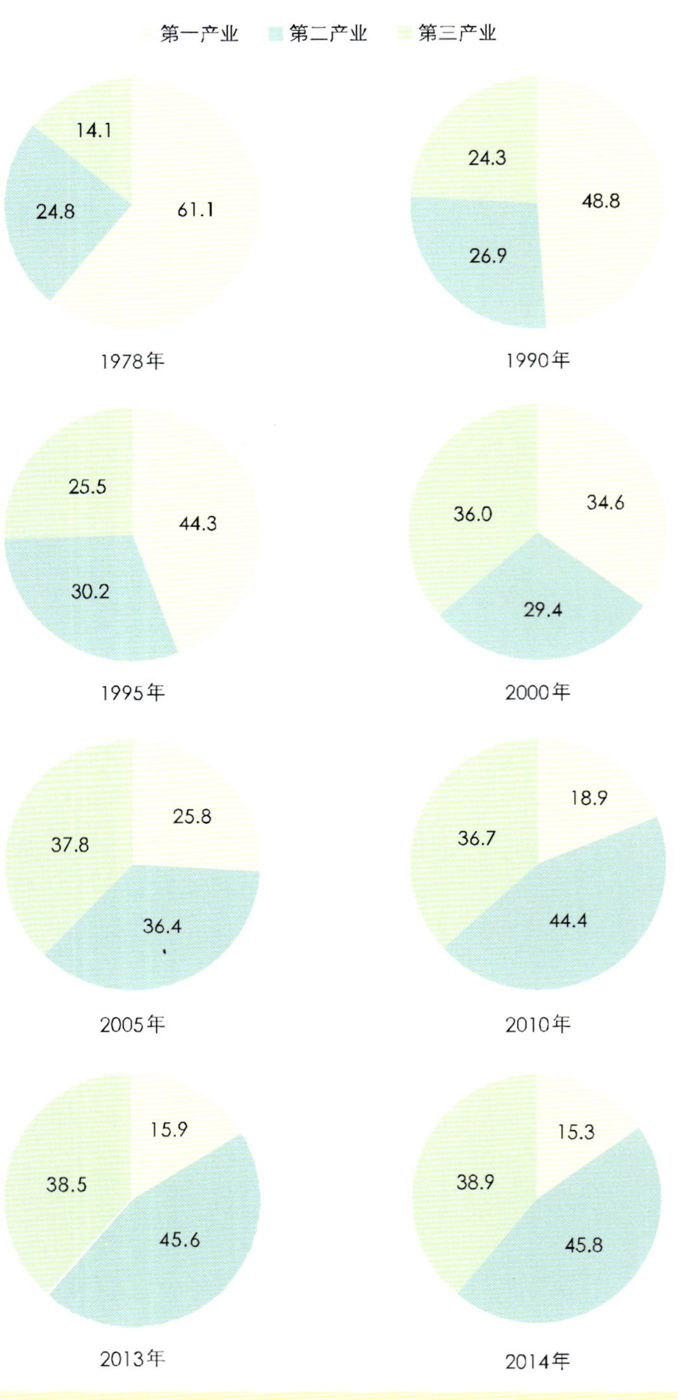

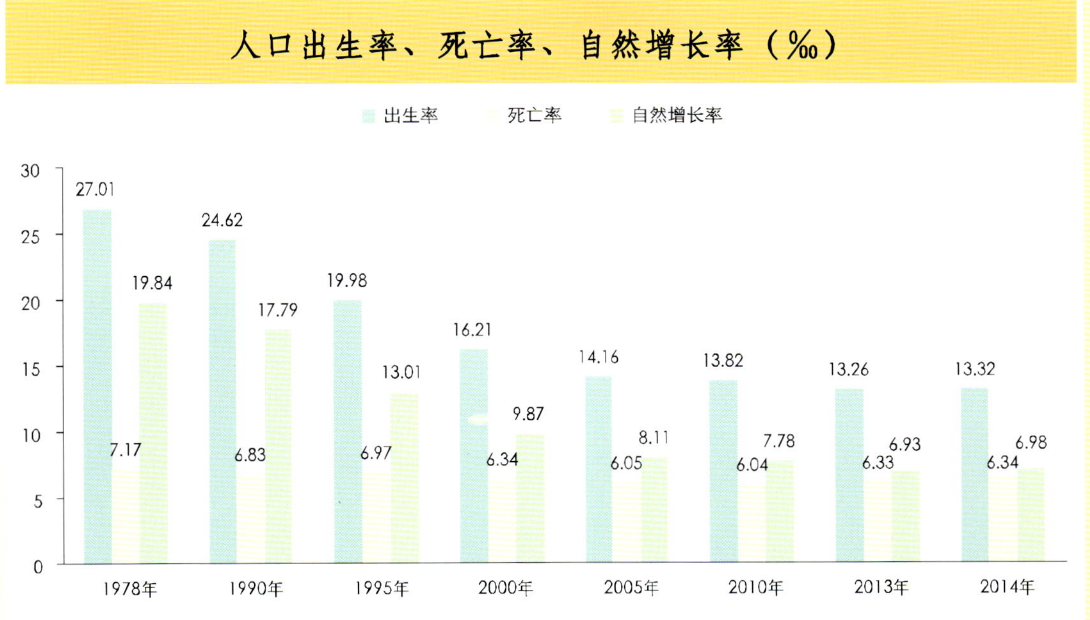
人口出生率、死亡率、自然增长率（‰）
出生率
死亡率
自然增长率
30
25
20
15
10
5
0
27.01
19.84
7.17
24.62
17.79
6.83
19.98
13.01
6.97
16.21
9.87
6.34
14.16
8.11
6.05
13.82
7.78
6.04
13.26
6.93
6.33
13.32
6.98
6.34
1978年
1990年
1995年
2000年
2005年
2010年
2013年
2014年

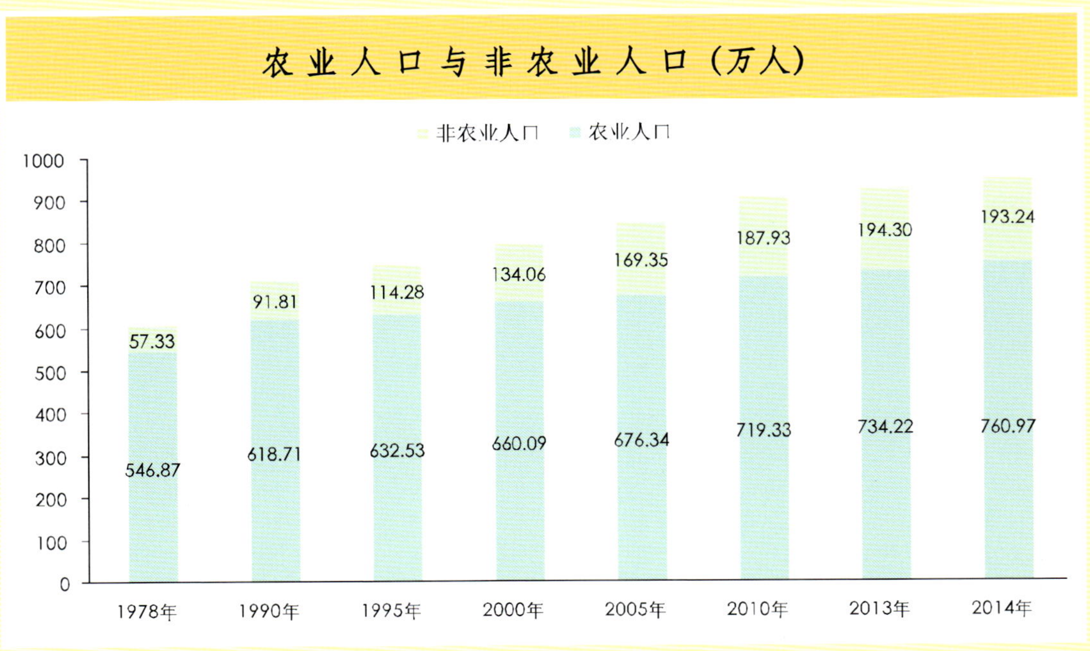
农业人口与非农业人口（万人）
非农业人口
农业人口
1000
900
800
700
600
500
400
300
200
100
0
57.33
546.87
91.81
618.71
114.28
632.53
134.06
660.09
169.35
676.34
187.93
719.33
194.30
734.22
193.24
760.97
1978年
1990年
1995年
2000年
2005年
2010年
2013年
2014年

赣州

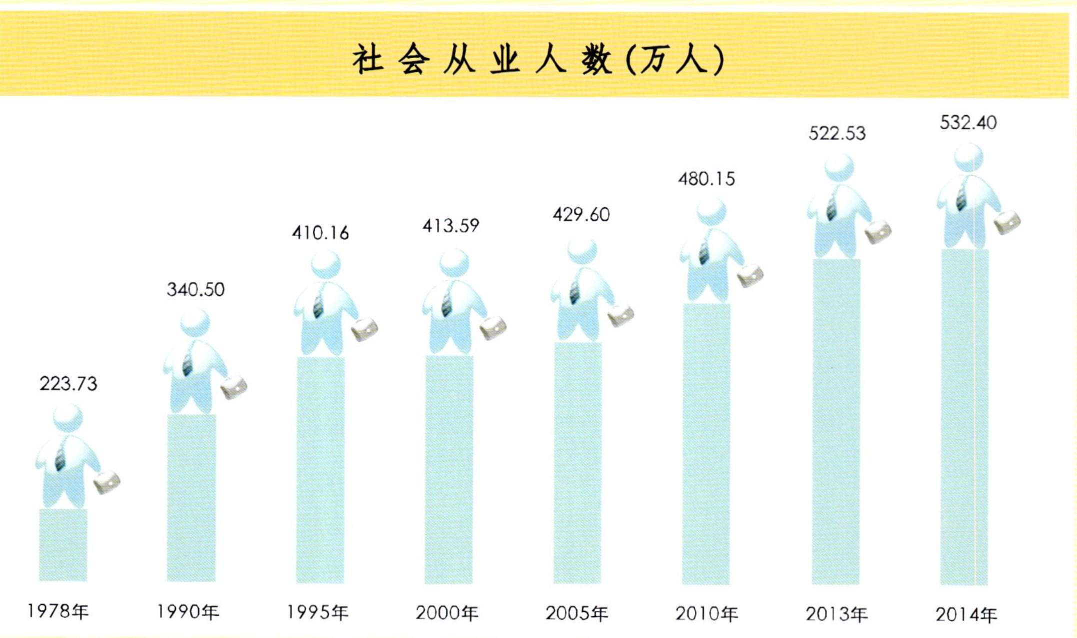
社会从业人数(万人)
223.73
340.50
410.16
413.59
429.60
480.15
522.53
532.40
1978年
1990年
1995年
2000年
2005年
2010年
2013年
2014年

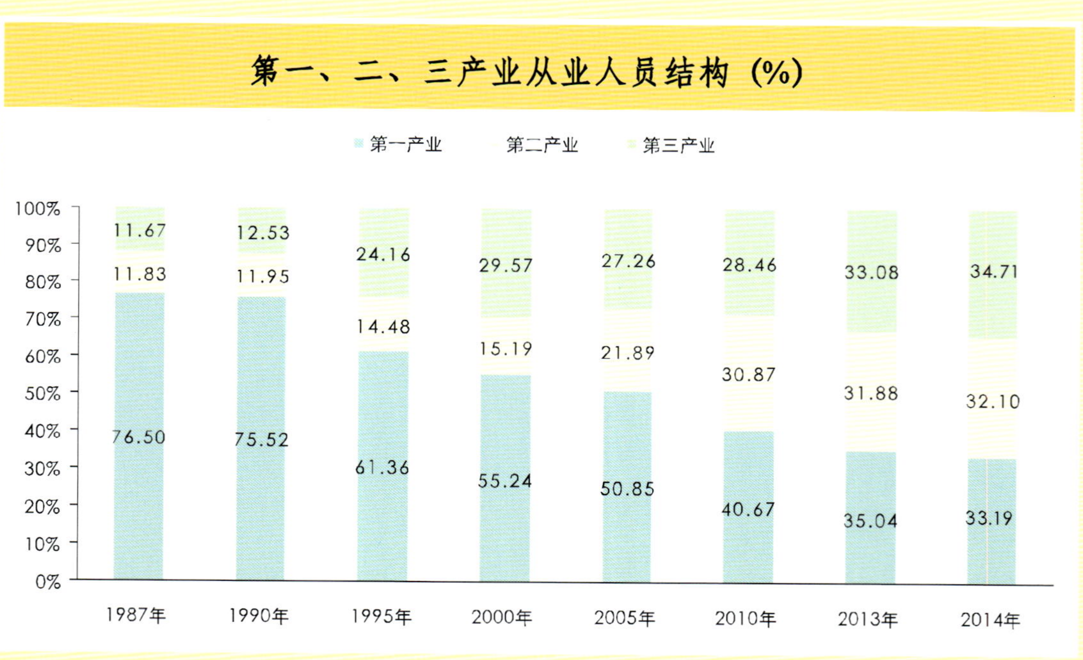
第一、二、三产业从业人员结构 (%)
第一产业
第二产业
第三产业
100%
90%
80%
70%
60%
50%
40%
30%
20%
10%
0%
11.67
11.83
76.50
12.53
11.95
75.52
24.16
14.48
61.36
29.57
15.19
55.24
27.26
21.89
50.85
28.46
30.87
40.67
33.08
31.88
35.04
34.71
32.10
33.19
1987年
1990年
1995年
2000年
2005年
2010年
2013年
2014年

粮食产量和油料(万吨)
300
200
100
0
172.84
237.16
248.06
259.33
275.28
283.06
285.35
3.42
8.36
15.23
8.58
9.73
9.53
9.87
20
15
10
5
0
1978年
1990年
2000年
2005年
2010年
2013年
2014年

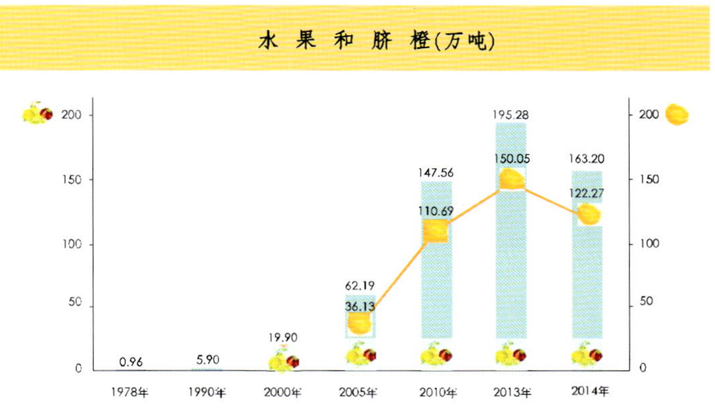
水果和脐橙(万吨)
200
150
100
50
0
0.96
5.90
19.90
62.19
36.13
147.56
110.69
195.28
150.05
163.20
122.27
200
150
100
50
0
1978年
1990年
2000年
2005年
2010年
2013年
2014年

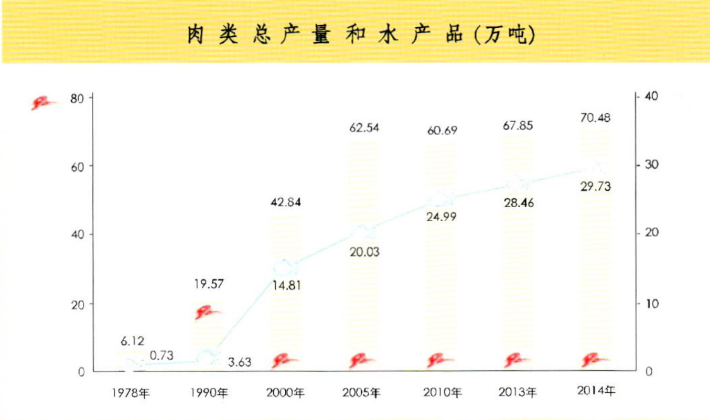
肉类总产量和水产品(万吨)
80
60
40
20
0
6.12
0.73
19.57
3.63
42.84
14.81
62.54
20.03
60.69
24.99
67.85
28.46
70.48
29.73
40
30
20
10
0
1978年
1990年
2000年
2005年
2010年
2013年
2014年

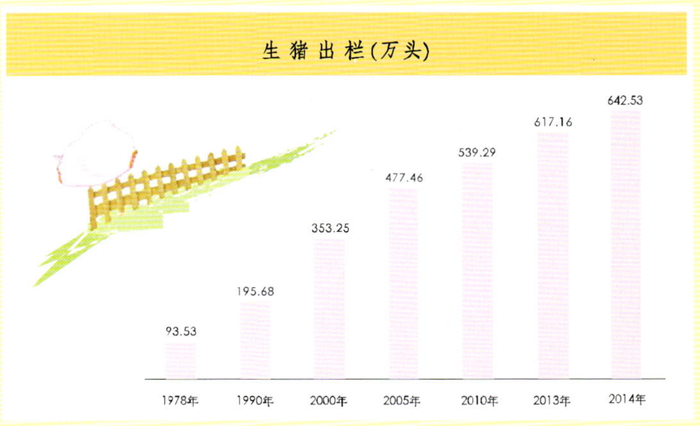
生猪出栏(万头)
93.53
195.68
353.25
477.46
539.29
617.16
642.53
1978年
1990年
2000年
2005年
2010年
2013年
2014年

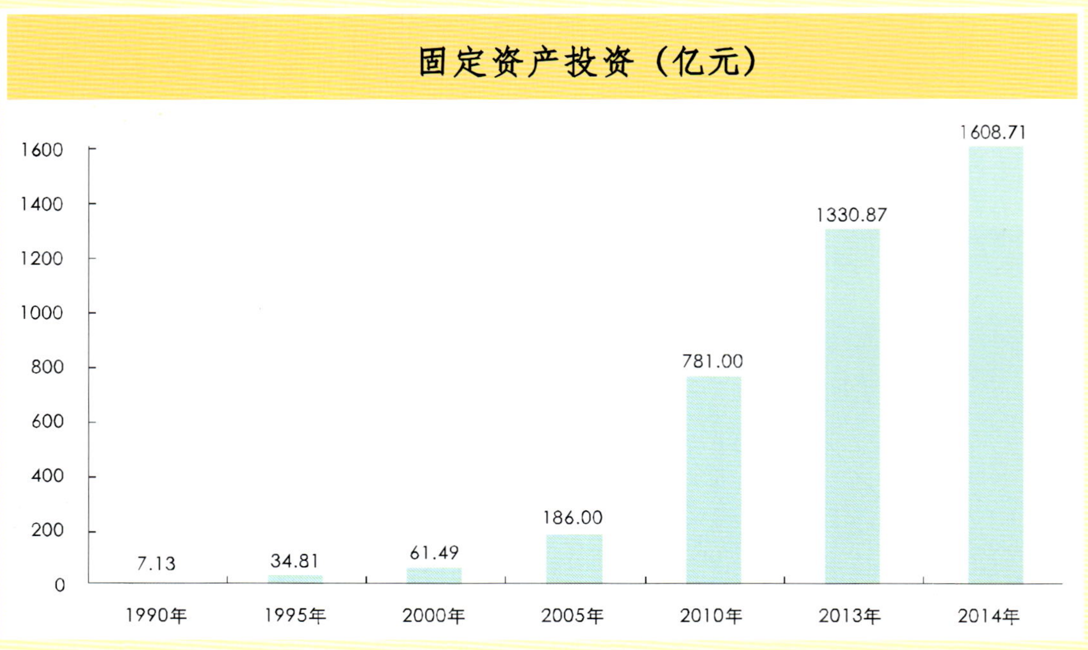
固定资产投资（亿元）
1600
1400
1200
1000
800
600
400
200
0
7.13
34.81
61.49
186.00
781.00
1330.87
1608.71
1990年
1995年
2000年
2005年
2010年
2013年
2014年

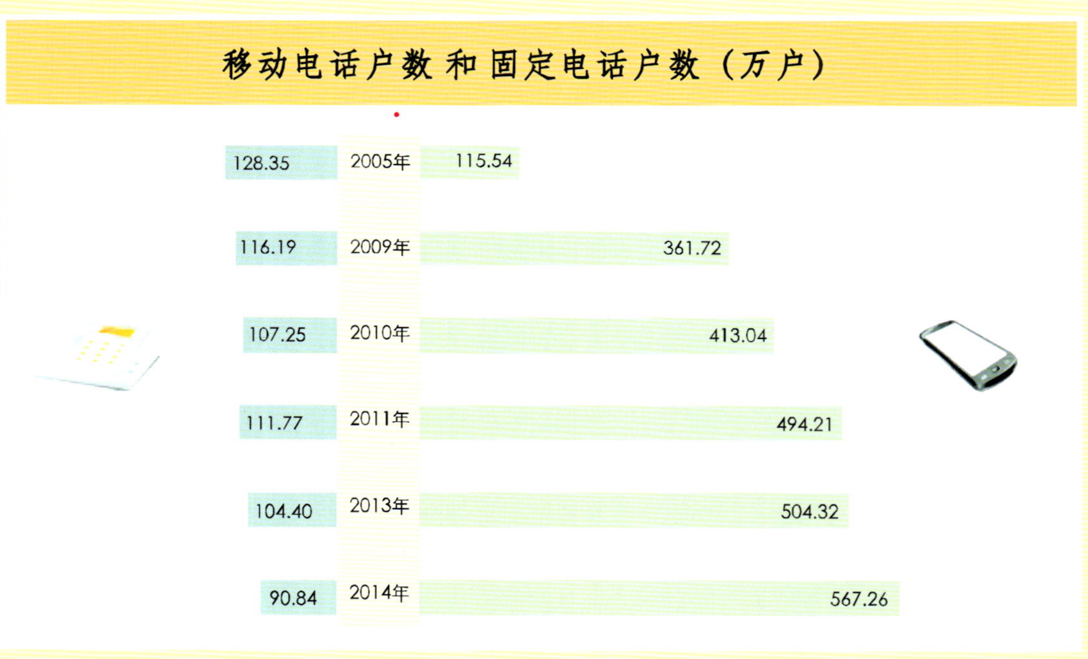
移动电话户数和固定电话户数（万户）
128.35
2005年
115.54
116.19
2009年
361.72
107.25
2010年
413.04
111.77
2011年
494.21
104.40
2013年
504.32
90.84
2014年
567.26

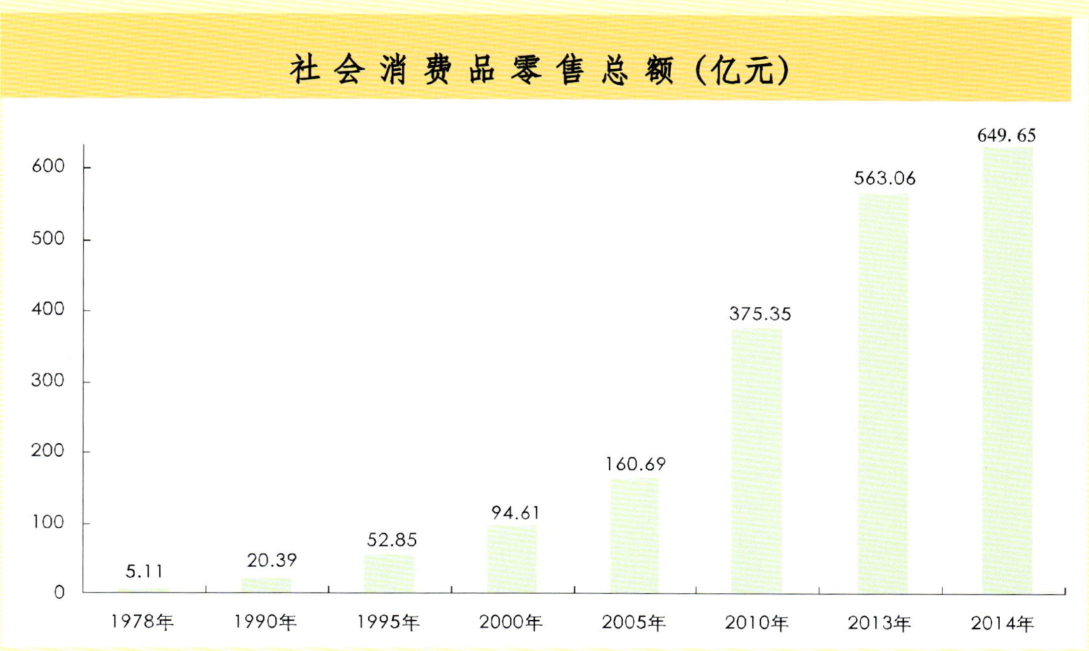

社会消费品零售总额（亿元）
600
500
400
300
200
100
0
5.11
20.39
52.85
94.61
160.69
375.35
563.06
649. 65
1978年
1990年
1995年
2000年
2005年
2010年
2013年
2014年

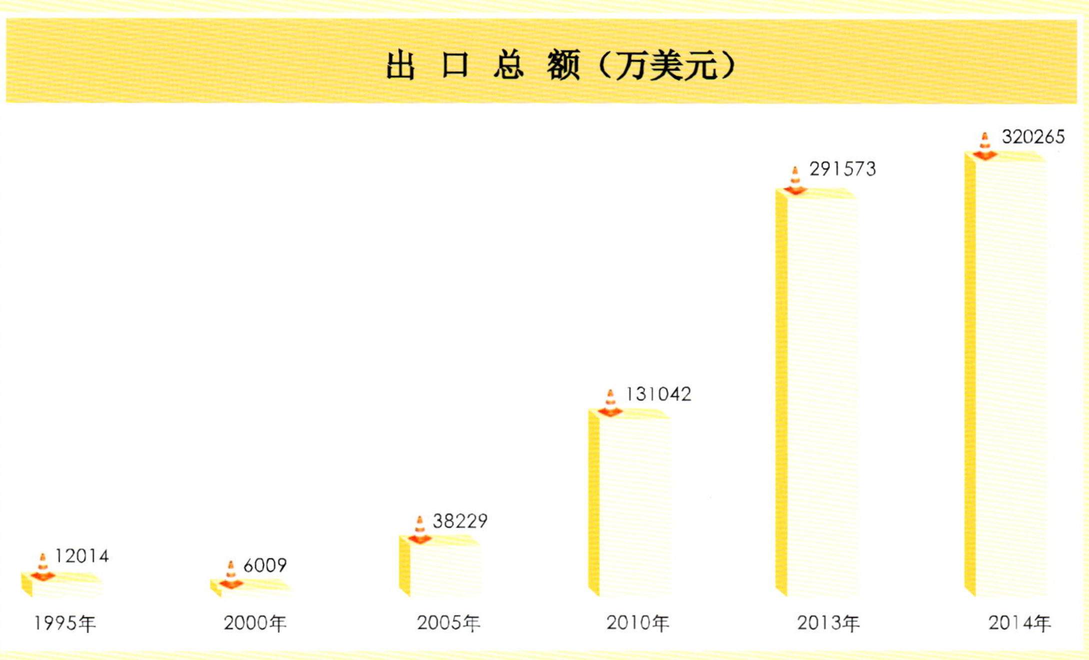

出口总额（万美元）
12014
6009
38229
131042
291573
320265
1995年
2000年
2005年
2010年
2013年
2014年

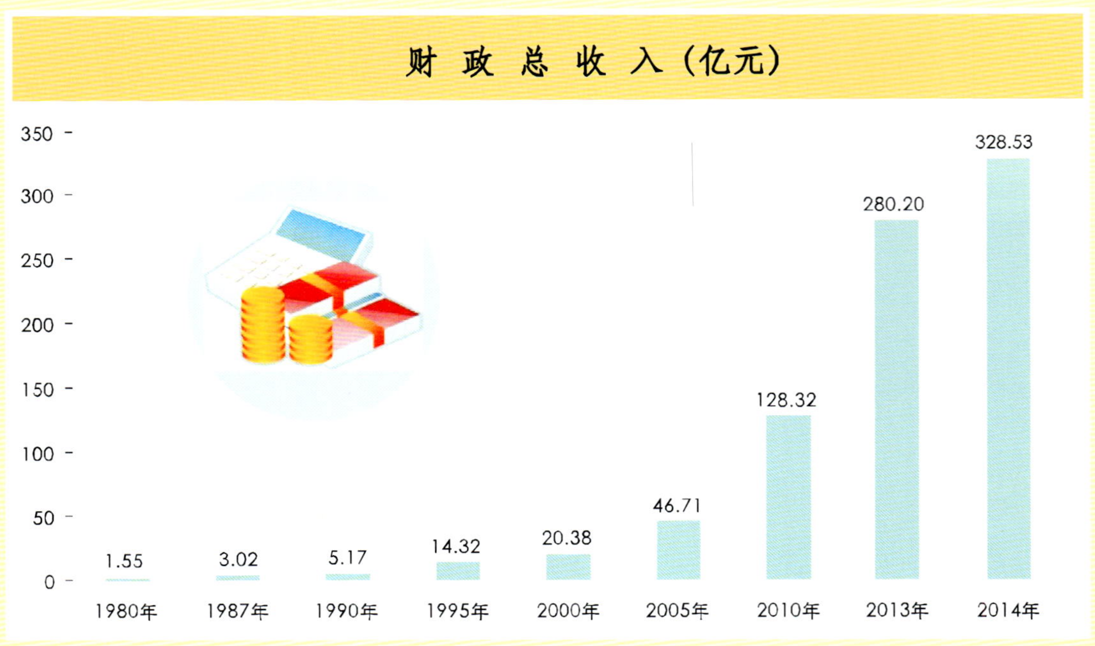

财政总收入（亿元）
350
300
250
200
150
100
50
0
1.55
3.02
5.17
14.32
20.38
46.71
128.32
280.20
328.53
1980年
1987年
1990年
1995年
2000年
2005年
2010年
2013年
2014年

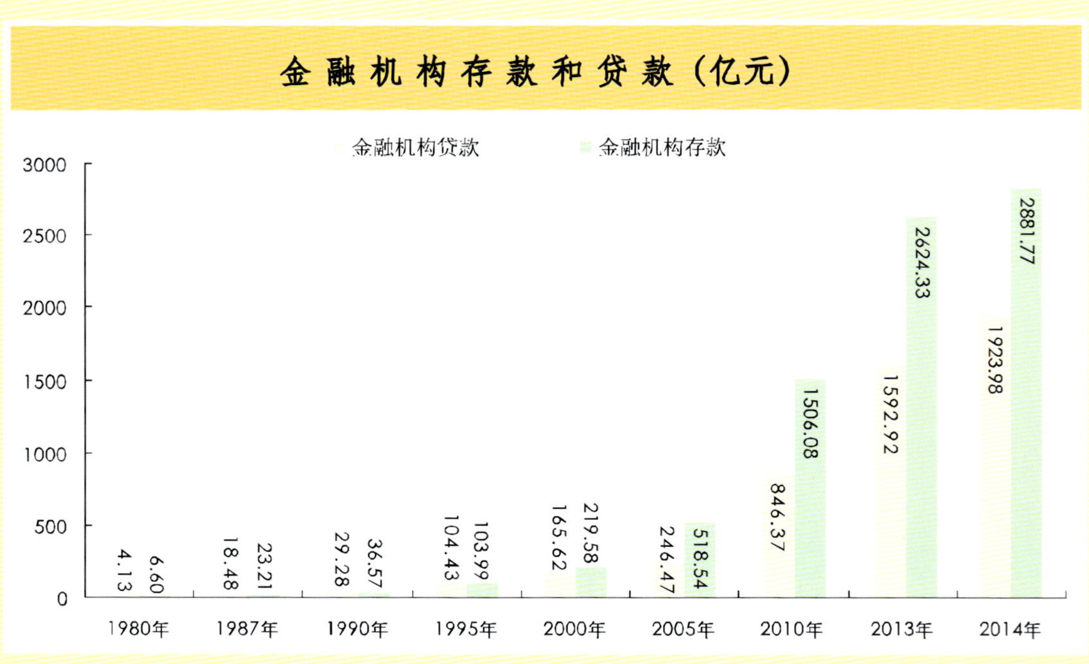

金融机构存款和贷款（亿元）
金融机构贷款
金融机构存款
3000
2500
2000
1500
1000
500
0
4.13
6.60
18.48
23.21
29.28
36.57
104.43
103.99
165.62
219.58
246.47
518.54
846.37
1506.08
1592.92
2624.33
1923.98
2881.77
1980年
1987年
1990年
1995年
2000年
2005年
2010年
2013年
2014年

城乡居民消费水平（元/人）

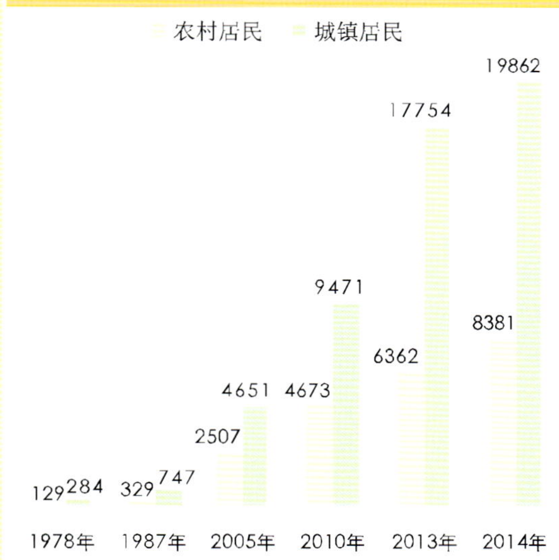

城乡居民储蓄存款年末余额(亿元)

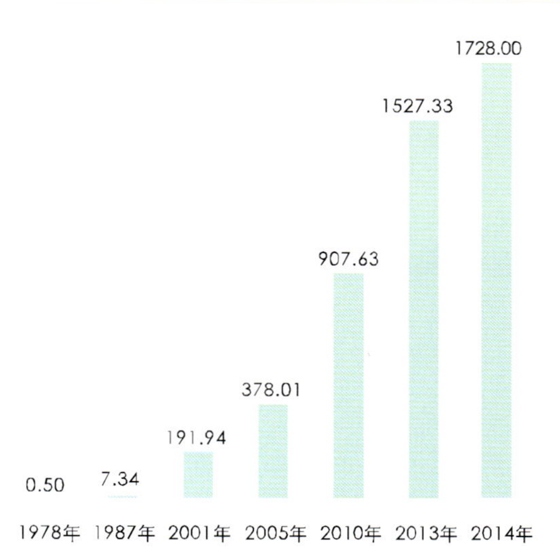

职工平均工资(元/人)

45127
40922
23602
11827
6608
561
1134
1836

1978年 1987年 1990年 2000年 2005年 2010年 2013年 2014年

城乡居民收入（元/人）

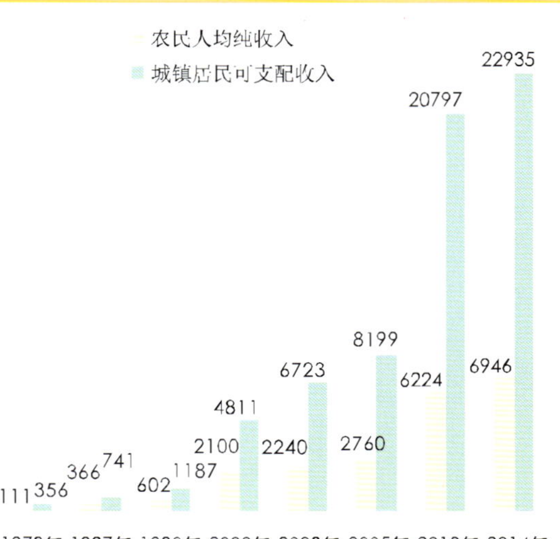

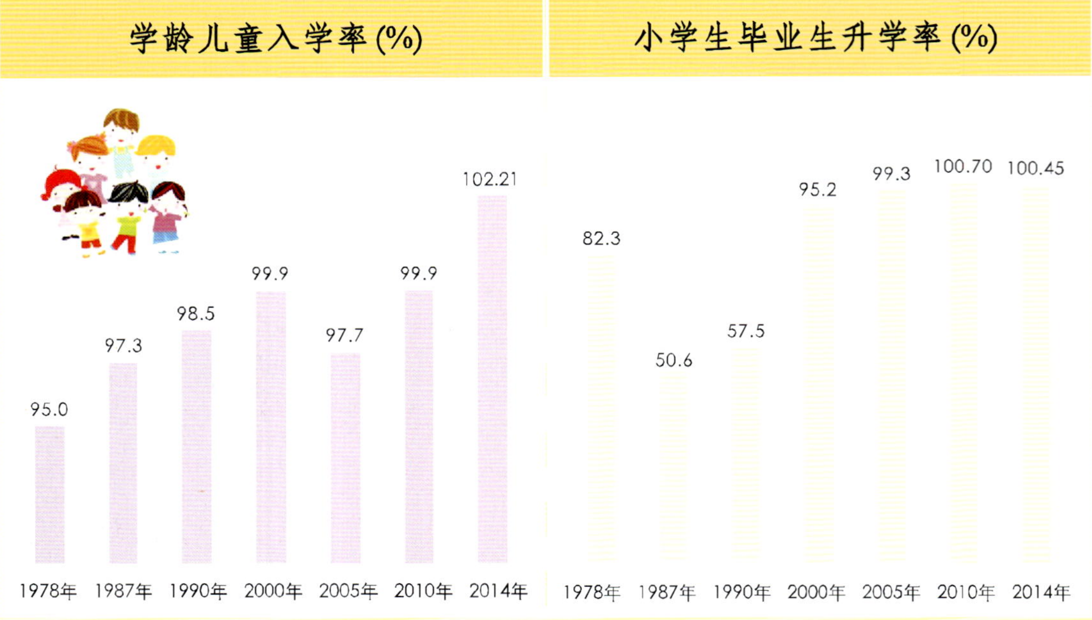
学龄儿童入学率(%)
95.0
97.3
98.5
99.9
97.7
99.9
102.21
1978年 1987年 1990年 2000年 2005年 2010年 2014年
小学生毕业生升学率(%)
82.3
50.6
57.5
95.2
99.3
100.70
100.45
1978年 1987年 1990年 2000年 2005年 2010年 2014年

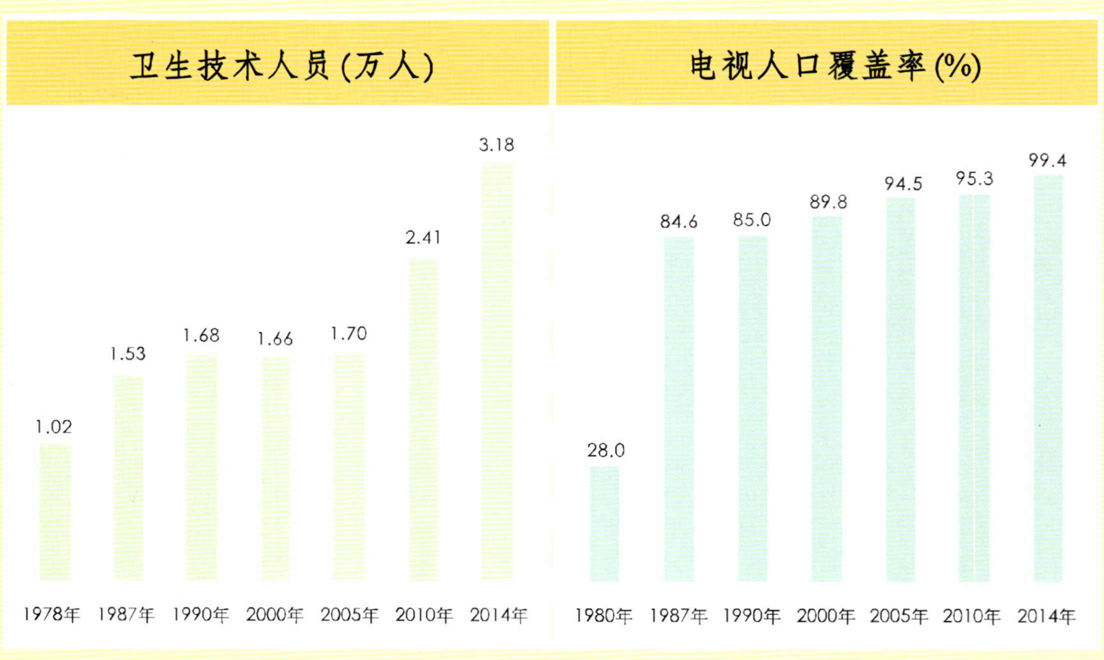
卫生技术人员(万人)
1.02
1.53
1.68
1.66
1.70
2.41
3.18
1978年 1987年 1990年 2000年 2005年 2010年 2014年
电视人口覆盖率(%)
28.0
84.6
85.0
89.8
94.5
95.3
99.4
1980年 1987年 1990年 2000年 2005年 2010年 2014年

《赣州统计年鉴－2015》编辑部

总 编 辑：卢述银

副总编辑：陈一新　周　芸　温德友　刘小安　朱筠生　钟惠生
宋金金　刘友辉　钟艳莉　郭　胜　钟瑞贤

编　　审：（按姓氏笔划为序）
万小红　王　晶　刘名传　刘　玮　刘新远　孙有德
陈新林　张　玮　周俊萍　姚甄霞　黄子珑　黄建平
韩　伟　曾广明　黎运平

责任编辑：陈　刚

编　　辑：（按姓氏笔划为序）
丁少扬　万小红　王　晶　王献珍　杜兴来　邱秀珍
陈　刚　陈焰华　杨嘉盛　何书君　张媛媛　钟　江
黄火申　韩　伟

统计制图：陈　刚

编者说明

一、《赣州市统计年鉴－2015》是一本统计信息密集、综合性强的资料书。它通过统计数字，向读者系统、全面地介绍赣州市经济、科学技术和社会发展情况，为各级领导和有关部门了解市情，研究经济发展战略、制订规划、管理经济提供统计数据；为社会各阶层生产经营，贸易交往，投资决策，科研教学提供较全面、翔实的经济信息。

二、本《年鉴》以2014年各项统计资料为主，同时对一些主要指标增列了历年或主要年份的数字。全书内容分为综合、人口、从业人员和职工工资、农业、工业、交通运输和邮电通讯业、固定资产投资和建筑业、国内贸易、对外贸易和旅游、能源、环境保护、价格指数、财政金融保险、人民生活、科教文卫民政共十三大部分。每篇末附有《主要统计指标解释》，对主要统计指标的含义、统计范围和统计方法以及历史上的变动情况，作了简要说明。

三、本《年鉴》对以前发表的统计资料重新予以审核，凡与本《年鉴》资料有出入的，均以本年鉴为准。

四、本年鉴所使用的度量单位，均采用国际统一计量单位。

五、本年鉴中部分数据合计数或相对数由于单位取舍不同而产生的计算误差，均未作机械调整。

六、符号使用说明：年鉴各表中的“空格”表示该项统计指标数据不足本表最小单位数、数据不详或无该项数据；“#”表示其中的主要项。

七、为使本《年鉴》不断改进和完善，更好地满足社会各界的需要，敬希广大读者提出宝贵意见。

使用说明

为了使读者更方便地使用本《年鉴》特作以下说明:

一、关于“可比价格”和指数表的使用

收入总值、生产总值、工农业总产值等价值指标，在计算发展（增长）速度时，一般用可比价格计算。“可比价格”指在不同时期的价值指标对比时，扣除了价格变动因素，以确切表示物量的变化。按可比价格计算有两种方法：一种是直接按产品产量乘其不变价格计算，一种是用物价指数换算。我们在实际工作中，一般利用指数表来计算。本《年鉴》中列有一些指数表，如收入总值、生产总值指数、农林牧渔业总产值指数等。利用它们就可以很方便地计算发展（增长）速度。举例说明：要计算收入总值2009年比1980年的发展（增长）速度，则可查到历年收入总值指数及构成中的收入总值，直接用“以1952年为100”的指数，2009年数与1980年数相除即可，即$\frac{4096.87}{220.15}\times100\%=1860.94\%$，这就是收入总值2009年比1980年的发展速度，发展速度减去100%，则为增长速度（1860.94%—100%=1760.94%）。若要进一步计算1981年－2009年时期平均发展速度，则用发展速度开n次方即可得出。式中n=时期间隔年数，在上例中间隔期为 29 年（基期年 1980 年不能计算在内）。上例平均发展速度为：$\sqrt[29]{\frac{4096.87}{220.15}}\times100\%=\sqrt[29]{46.454}\times100\%=110.6\%$。相应的平均增长速度=110.6%－100%=10.6%。

二、关于按人口平均指标的计算

在计算按人口平均的指标时，是用总量指标比人口数。一般来说，总量指标是时期数，应该使用年平均人口来计算，例如，计算按人口平均的收入总值、粮食生产量等；如果总量指标是时点数，则应该使用年末总人口来计算，例如，计算按人口平均的居民年末储蓄存款余额等。

三、关于统计表中的符号使用

在统计表中，“#”表示其中的主要项；“...”表示数据不足本表最小计量单位；空格表示该项统计指标数据不详或无该项数据。

四、关于统计指标解释

本《年鉴》每一篇之后，都附有相应的主要统计指标解释，读者若有不明之处，统计指标解释可以给您提供帮助。

目　录

三、从业人口和职工工资

四、农业

五、工业

六、交通运输、邮电通讯业

七、固定资产投资、房地产、建筑业

八、国内贸易、对外贸易和旅游

九、能源、环境保护

十、价格指数

十一、财政、金融、保险

十二、人民生活

十三、科教、文卫、民政

赣州市2014年国民经济和社会发展统计公报

赣州市统计局

2014 年，在市委、市政府的坚强领导下，面对国内外错综复杂的发展环境，全市上下不等不靠，抢抓机遇，主动作为，积极应对经济发展新常态，抓改革增活力，抓发展惠民生。全市经济运行凸显新成效，民生福祉得到新改善，赣南苏区振兴发展蒸蒸日上。

一、综合

全年实现地区生产总值（GDP）1843.59 亿元，比上年增长 10.0%。其中，第一产业增加值 282.58 亿元，增长 5.0%；第二产业增加值 843.42 亿元，增长 12.2%；第三产业增加值 717.60 亿元，增长 9.1%。三次产业结构由 2013 年的 15.9:45.6:38.5 调整至 2014 年的 15.3:45.8:38.9。非公有制经济实现增加值 1082.07 亿元，增长 10.4%，占 GDP 比重为 58.7%。

图 1　2010-2014 年生产总值及其增长速度

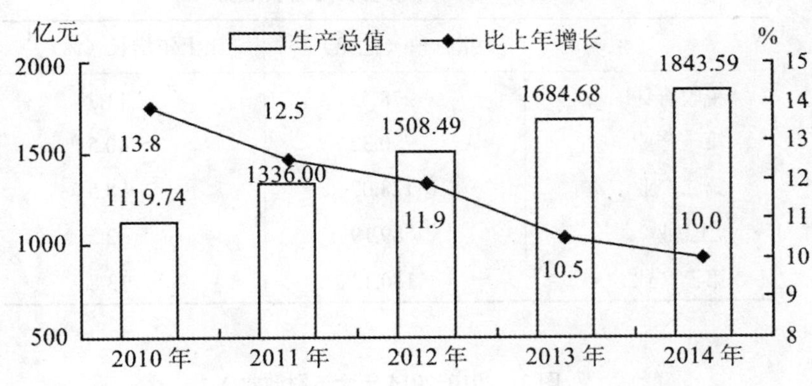

表 1　2014 年居民消费价格比上年涨跌幅度

指　　标	比上年涨跌（%）
居民消费价格	2.1
食　　品	2.3
# 粮　食	2.2
烟　　酒	0.3
衣　　着	0.5
家庭设备用品及维修服务	1.3
医疗保健和个人用品	2.3
交通和通信	1.3
娱乐教育文化用品及服务	3.9
居　　住	2.0

全年居民消费价格比上年上涨 2.1%，其中食品价格上涨 2.3%。商品零售价格上涨 0.7%。工业生产者购进价格下降 0.4%，其中有色金属材料及电线类下降 2.0%，黑色金属及材料类下降 1.9%，建筑材料及非金属类上涨 1.8%，木材及纸浆类上涨 1.4%。工业生产者出厂价格下降 0.7%，其中冶金工业下降 3.6%，煤炭及炼焦工业下降 3.9%，纺织工业上涨 1.3%，皮革工业上涨 1.2%。

图 2　2010-2014 年居民消费价格总指数（以上年为 100）

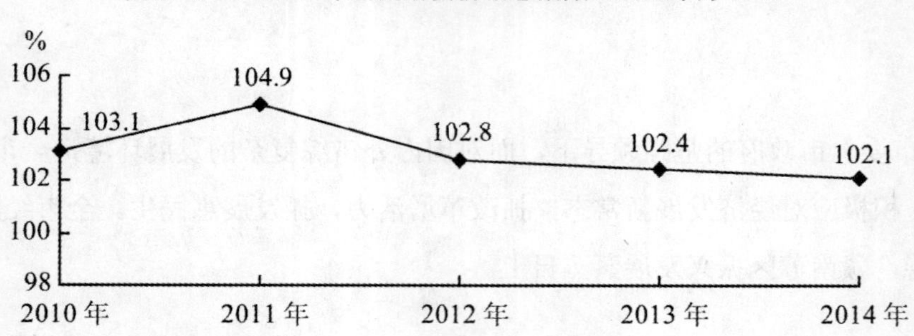

年末全市就业人员为 532.4 万人，比上年末增加 9.88 万人，其中，城镇就业 127.04 万人，比上年末增加 8.31 万人。年末城镇登记失业率为 3.30%。

全年财政总收入 328.53 亿元，比上年增长 17.2%。其中，公共财政预算收入 225.31 亿元，增长 22.2%。财政总收入占 GDP 的比重达 17.8%，提高 1.1 个百分点。全年各项税收收入 278.52 亿元，增长 11.3%。公共财政预算支出 535.29 亿元，增长 11.3%。其中，民生类支出 303.10 亿元，增长 11.6%，占财政总支出的比重达 56.6%，比上年提高 0.1 个百分点。

表 2　2014 年税收及其增长情况

	指标值（亿元）	比上年增长（%）
税收合计	278.52	11.3
第一产业	0.32	40.5
第二产业	128.07	8.5
#工 业	89.19	-2.3
第三产业	150.13	13.8

图 3　2010-2014 年全市财政收入

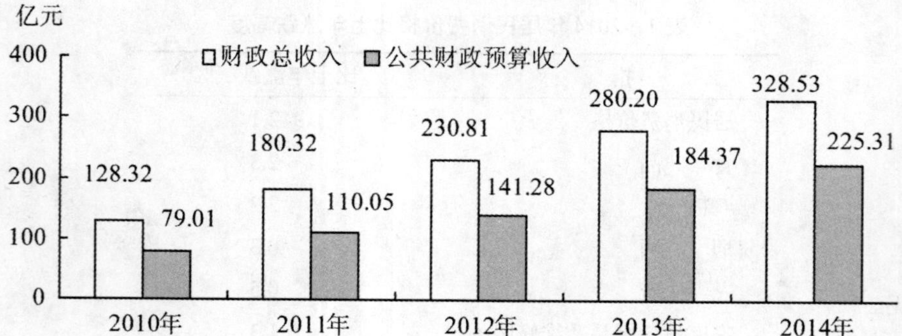

二、农业

全年粮食种植面积 768.45 万亩，比上年减少 1.98 万亩；烤烟面积 16.67 万亩，增加 1.81 万亩；蔬菜及食用菌类 166.68 万亩，增加 2.61 万亩；花生面积 49.86 万亩，增加 0.69 万亩。茶园面积 17.76 万亩，增加 0.99 万亩；果园面积 271.44 万亩，减少 12.59 万亩。其中，脐橙面积 168.36 万亩，减少 5.58 万亩。

图 4　2010-2014 年粮食产量

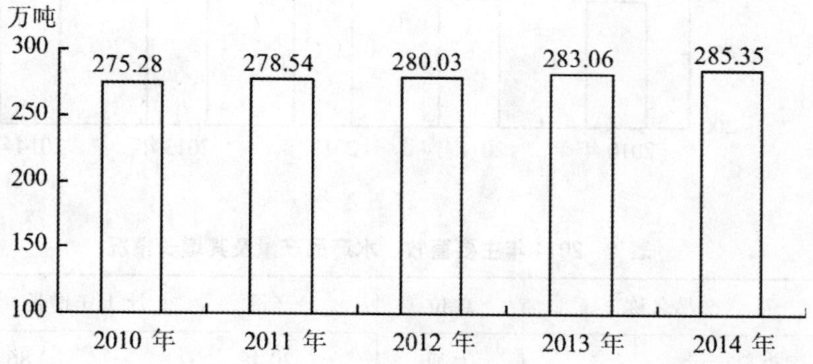

万吨
300
250
200
150
100
275.28　278.54　280.03　283.06　285.35
2010 年　2011 年　2012 年　2013 年　2014 年

全年粮食产量 285.35 万吨，比上年增长 0.81%；蔬菜及食用菌类产量 273.53 万吨，增长 4.91%；瓜果产量 24.56 万吨，下降 1.05%；水果产量 163.20 万吨，下降 16.43%。其中脐橙产量 122.27 万吨，下降 18.52%。

图 5　2010-2014 年脐橙产量

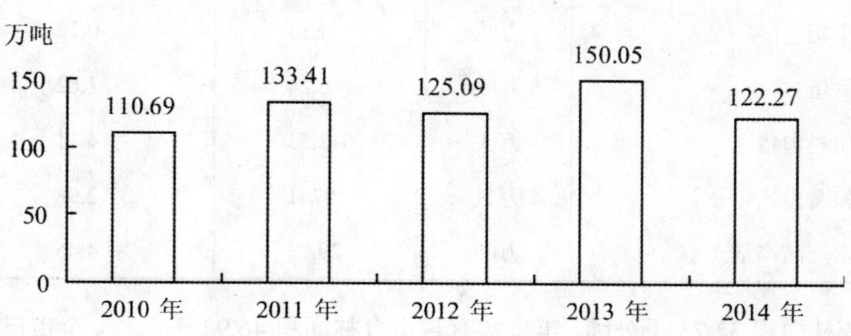

表 3　2014 年主要农产品产量及其增长速度

产品名称	单位	产　量	比上年增长（%）
粮 食	万吨	285.35	0.81
#早 稻	万吨	112.36	0.2
二 晚	万吨	134.05	0.88
油 料	万吨	9.87	3.56
#花 生	万吨	9.01	2.08
烤 烟	万吨	2.26	11.32
蔬菜类（含菜用瓜）	万吨	273.53	4.91
西 瓜	万吨	22.61	-4.03
莲 子	吨	9611	-0.22
茶 叶	吨	4140	1.97
水 果	万吨	163.20	-16.43
#脐 橙	万吨	122.27	-18.52

全年肉类总产量 70.48 万吨，比上年增长 3.86%。生猪年末存栏 366.32 万头，增长 0.03%，其中能繁殖母猪存栏 35.02 万头，下降 2.43%。生猪出栏 642.53 万头，增长 4.11%。全年水产品产量 29.73 万吨，增长 4.45%。

图 6　2010-2014 年生猪出栏头数

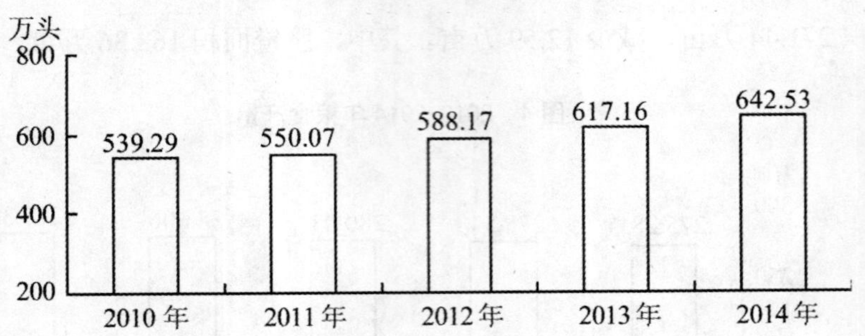

表 4　2014 年主要畜牧、水产品产量及其增长情况

产品名称	单位	产量	比上年增长（%）
肉类总产量	万吨	70.48	3.86
# 猪肉	万吨	51.85	3.99
牛肉	万吨	3.46	1.67
禽肉	万吨	14.71	3.95
牛奶	万吨	4.13	-0.12
禽蛋	万吨	6.24	1.62
出栏肉猪	万头	642.53	4.11
家禽出笼	万只	10741	2.98
水产品产量	万吨	29.73	4.45

当年荒山荒地造林面积 32.73 千公顷。年末实有封山育林面积 46.92 千公顷。全市已建成大型水库 5 座，中型水库 42 座，小型水库 997 座，全年有效灌溉面积 306.14 千公顷。年末机械总动力 305.18 万千瓦，比上年末增长 5.3%。

三、工业与建筑业

全年全部工业增加值 720.62 亿元，增长 12.2%。在规模以上工业企业中，轻工业增加值增长 9.5%；重工业增加值增长 13.6%。分企业类型看，国有企业增加值增长 9.7%；集体企业增加值下降 12.6%；股份制企业增加值增长 12.8%；私营企业增加值增长 17.8%；外商投资及港澳台企业增加值增长 8.4%。

图 7　2010-2014 年全部工业增加值及其增长速度

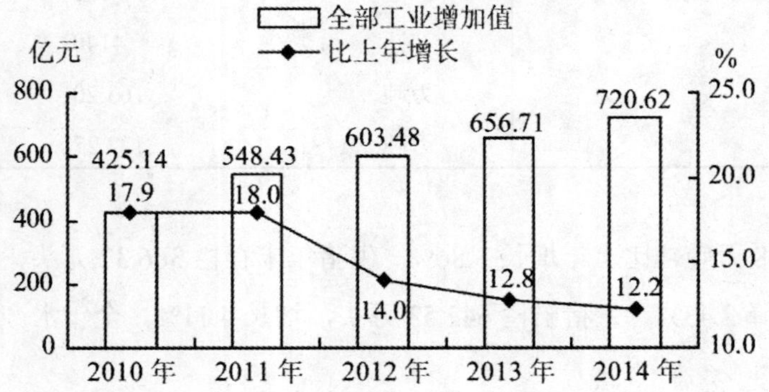

表 5　2014 年规模以上工业增加值主要分类情况

指　标	比上年增长(%)
合 计	**12.4**
# 中央、省属企业	-3.3
地方企业	12.8
# 轻工业	9.5
重工业	13.6
# 国有企业	9.7
集体企业	-12.6
股份制企业	12.8
私营企业	17.8
外商及港澳台投资企业	8.4
# 国有控股企业	5.9
# 非公有制工业	13.7
# 大中型工业企业	10.9
# 工业园区企业	12.8

表 6　2014 年规模以上工业主要产品产量及其增长情况

产品名称	单　位	产量	比上年增长（%）
原煤	万吨	31.06	-19.2
发电量	亿千瓦时	53.73	-1.1
# 火电	亿千瓦时	36.81	-3.4
水电	亿千瓦时	14.79	6.4
钢材	万吨	140.85	10.8
饲料	万吨	247.75	2.4
饮料酒	千升	87274	6.5
服装	万件	15035	-0.04
人造板	万立方米	173.72	14.6
家具	万件	821.45	19.3
机制纸及纸板	万吨	15.46	-42.9
水泥	万吨	1846.10	5.7
灯具及照明装置	万套（台，个）	286.05	23.6
十种有色金属	吨	31701	27.5
电力电缆	千米	152354	16.2
矿山专用设备	吨	9556	9.8
发电机组（发电设备）	万千瓦	24.55	13.7
自来水生产量	万立方米	25354	17.6

全年规模以上工业经济效益综合指数为 310.87%，比上年提高 11.29 个百分点。规模以上工业企业实现主营业务收入 3002.79 亿元，增长 14.9%；利润总额 202.90 亿元，增长 10.5%。

全市具有资质等级的总承包和专业承包建筑企业完成产值 236.43 亿元,比上年增长 15.4%。全市建筑业企业上缴税收 38.88 亿元，增长 45.2%。

四、固定资产投资

全年固定资产投资 1608.71 亿元，增长 20.9%。在固定资产投资中，第一产业投资 30.69 亿元，比上年增长 17.7%；第二产业投资 20.68 亿元，增长 14.3%，其中工业投资 620.22 亿元，增长 14.2%；第三产业投资 957.34 亿元，增长 25.8%。分企业类型看，国有企业投资 510.81 亿元，增长 17.0%；有限责任公司投资 372.02 亿元，增长 60.9%；股份有限公司投资 29.47 亿元，增长 102.1%；私营企业投资 524.98 亿元，增长 10.7%；港澳台企业投资 22.39 亿元，下降 44.5%；外商投资 44.78 亿元，增长 181.6%；个体经营投资 22.98 亿元，下降 40.5%。

表 7　2014 年分行业固定资产投资及其增长情况

行　业	投资额（亿元）	比上年增长（%）
总　　计	**1608.71**	**20.9**
农林牧渔业	36.69	28.6
#农、林、牧、渔服务业	6.00	143.6
采矿业	15.65	45.9
# 有色金属矿采选业	90.14	17.9
制造业	564.12	11.4
# 农副食品加工业	19.60	-14.9
纺织服装和服饰业	27.12	-2.4
家具制造业	8.11	-53.5
化学原料及化学制品制造业	27.60	52.6
非金属矿制品业	54.59	38.3
有色金属冶炼及压延加工业	87.49	13.7
电气机械及器材制造业	66.79	1.4
计算机、通信及其他电子设备制造业	83.25	57.8
电力、燃气及水的生产和供应业	41.68	61.4
# 电力、热力的生产和供应业	17.84	62.2
水的生产和供应业	19.54	44.6
批发和零售业	28.90	92.9
交通运输、仓储和邮政业	118.86	72.0
住宿和餐饮业	8.26	9.4
信息传输、软件和信息技术服务业	1.77	240.5
金融业	0.65	-74.3
房地产业	480.68	4.8
租赁和商务服务业	19.45	207.6
科学研究和技术服务业	1.74	30.5
水利、环境和公共设施管理业	186.40	34.0
居民服务、修理和其他服务业	1.20	-10.8
教育	40.29	91.1
卫生和社会工作	25.90	46.4
文化、体育和娱乐业	29.02	143.4
公共管理、社会保障和社会组织	7.58	-0.4

全年房地产开发投资 230.34 亿元，比上年增长 17.1%。房地产房屋施工面积 2244.26 万平方米，增长 16.9%；房地产房屋竣工面积 169.17 万平方米，下降 32.7%；商品房销售面积 583.74 万平方米，增长 0.1%；商品房待售面积 99.46 万平方米，下降 14.9%。商品房销售额 345.73 亿元，增长 11.5%。

全年保障性住房完成投资 19.96 亿元，其中市辖区完成投资 5.76 亿元；保障性住房施工面积 84.53 万平方米，其中市辖区 2.65 万平方米；保障性住房竣工面积 24.18 万平方米，其中市辖区 8.7 万平方米。

五、国内贸易

全年社会消费品零售总额 649.65 亿元，比上年增长 12.4%。按经营地统计，城镇消费品零售额 542.94 亿元，增长 12.4%；乡村消费品零售额 106.71 亿元，增长 12.5%。按消费形态统计，商品零售额 595.39 亿元，增长 11.9%；餐饮收入额 54.26 亿元，增长 18.8%。

在限额以上批发零售业零售额中，粮油、食品、饮料、烟酒类增长 19.9%，服装、鞋帽、针纺织品类下降 8.5%，化妆品类增长 5.1%，金银珠宝类增长 19.0%，日用品类增长 6.7%，五金、电料类增长 93.2%，体育、娱乐用品类增长 55.1%，书报杂志类下降 4.0%，电子出版物及音像制品类增长 119.8%，家用电器和音像器材类增长 7.1%，中西药品类增长 11.4%，文化办公用品类增长 19.4%，家具类增长 33.9%，通讯器材类增长 23.8%，石油及制品类增长 6.3%，建筑及装潢材料类增长 32.6%，机电产品及设备类增长 39.7%，汽车类增长 23.1%。

图 8　2010-2014 年社会消费品零售总额

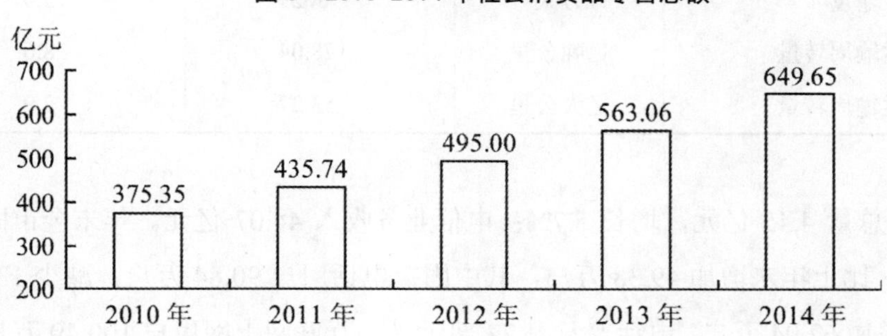

六、对外经济

全年货物进出口总额 390335 万美元，比上年增长 18.3%。其中，货物出口 320265 万美元，增长 9.8%；货物进口 70070 万美元，增长 82.3%。主要出口国家（地区）是：东盟 42019 万美元，增长 13.2%；欧盟（28 国） 37686 万美元，增长 10.5%；香港地区 79903 万美元，增长 9.3%；美国 64904 万美元，增长 18.2%；日本 21290 万美元，增长 11.7%；德国 9261 万美元，下降 9.0%；韩国 9694 万美元，增长 14.7%。主要出口产品有：机电产品出口 11.7 亿美元，增长 13.5%；高新技术产品出口 4.0 亿美元，增长 6.7%；服装及衣着附件出口 3.6 亿美元，增长 25.4%；集成电路出口 2.8 亿美元，增长 12.1 倍；鞋类出口 2.1 亿美元，增长 14.0%。

图 9　2010-2014 年进出口情况

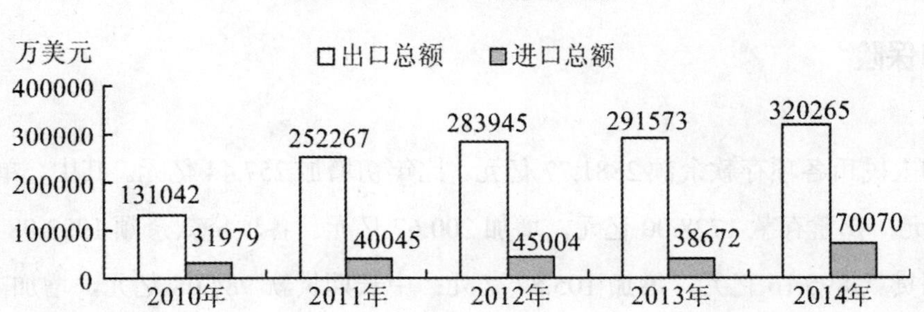

全年实际使用外资 12.22 亿美元，增长 10.4%；实际利用省外 5000 万元以上项目资金 524.16 亿元，增长 15.4%。

七、交通、邮电和旅游

全年交通运输、仓储及邮政业增加值 92.3 亿元，比上年增长 3.6%。

全市公路通车里程 29369.41 公里。其中，高速公路（赣州境内）通车里程 1015 公里。

全年公路货物运输量 17089 万吨，比上年增长 13.6%；旅客运输量 8629 万人，增长 3.0%。铁路货物运输量 171.5 万吨，下降 11.3%；旅客运输量 792.2 万人，增长 11.3%。机场旅客吞吐量 78.74 万人，增长 25.6%。

年末全市民用汽车保有量 47.04 万辆，比上年末增长 20.9%。年末私人汽车保有量 42.45 万辆，增长 23.9%。

表 8　2014 年公路运输量及周转量

指　　标	单位	指标值	比上年增长（%）
货物运输量	万吨	17089	13.6
旅客运输量	万人	8629	3.0
货物运输周转量	亿吨公里	178.04	8.6
旅客运输周转量	亿人公里	53.27	2.9

全年邮政业务总量 4.45 亿元，增长 5.7%；电信业务收入 44.07 亿元。年末全市固定及移动电话用户总数达 658.11 万户，比上年末增加 49.38 万户，其中固定电话用户 90.84 万户，减少 13.56 万户；移动电话用户 567.26 万户，增加 62.94 万户。电话普及率 77 部/百人。互联网上网用户 100.49 万户，增加 15.25 万户。

图 10　2010-2014 年年末电话用户数

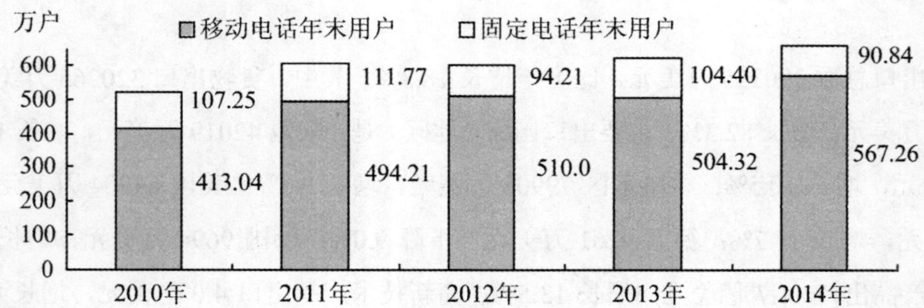

全年入境旅游人数 16.33 万人次，比上年增长 1.43%；旅游外汇收入 5068.83 万美元，增长 2.26%。国内旅游人数 3079.37 万人，增长 19.6%。旅游总收入 272.24 亿元，增长 31.6%。

八、金融和保险

年末金融机构人民币各项存款余额 2881.77 亿元，比年初增加 257.44 亿元。其中，单位存款 1070.44 亿元，增加 51.35 亿元；储蓄存款 1728.00 亿元，增加 200.67 亿元。各项贷款余额 1923.98 亿元，增加 331.06 亿元。其中，短期贷款 895.16 亿元，增加 105.87 亿元；中长期贷款 984.08 亿元，增加 195.89 亿元。存贷比 66.7%，提高 6 个百分点。

图 11　2010-2014 年城乡居民储蓄存款余额及其增长速度

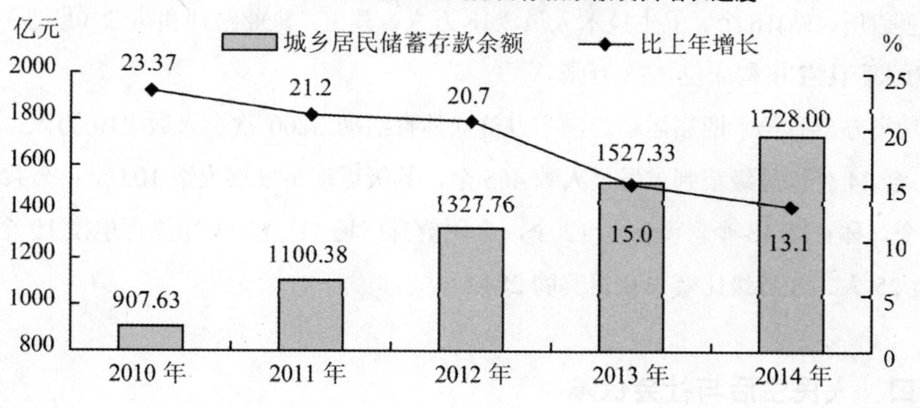

全年实现保费收入 61.44 亿元。其中，财产险保费收入 23.36 亿元，人寿险保费收入 38.08 亿元。

九、教育和科学技术

全年研究生教育招生 901 人，在校研究生 2718 人，毕业生 694 人。普通高等教育招生 2.67 万人，在校学生 8.74 万人，毕业生 2.29 万人。各类中等职业教育（包括中等专业和中等职业学校）招生 2.90 万人，在校学生 8.37 万人，毕业生 2.79 万人。普通高中招生 6.37 万人，在校学生 18.02 万人，毕业生 5.25 万人。普通初中招生 13.94 万人，在校学生 40.92 万人，毕业生 12.31 万人。普通小学招生 14.50 万人，在校学生 90.31 万人，毕业生 13.89 万人。

全年通过国家和省市鉴定的科技成果 51 项，其中达到国内先进水平的 15 项。获省级科技成果奖 6 项，地区科技成果奖 21 项。受理专利申请 3652 项，批准授权专利 2164 项。

十、文化、卫生和体育

电视人口覆盖率 99.4%。广播人口覆盖率 98.4%。

全市有群艺馆、文化馆 19 个，组织文艺活动 680 次；乡镇文化站 285 个，组织文艺活动 1569 次；艺术表演团体 19 个，演出场次 2502 次；图书馆 19 个，有藏书 319.1 万册，图书流通 181.9 万人次；博物馆 17 个，文物藏品 6.17 万件（套），参观人数 313.0 万人次。

图 12　2010-2014 年卫生机构床位与技术人员情况

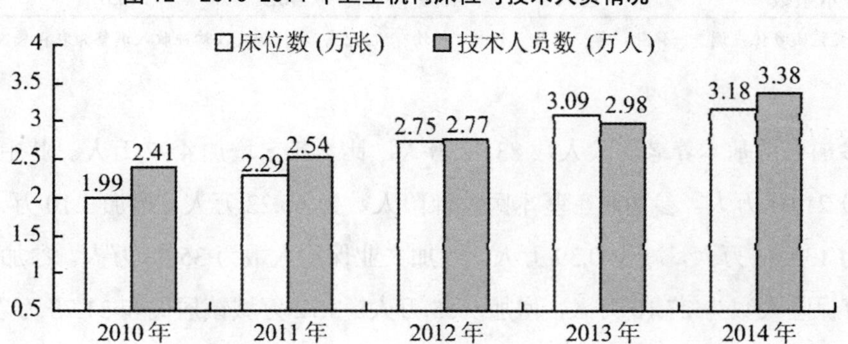

年末全市共有卫生机构 8935 个。其中，医院 58 个，社区卫生服务中心（站）41 个，卫生院 320 个，村卫生室 7449 个，诊所、卫生所、医务室 942 个，疾病预防控制中心 20 个，专科疾病防治院（所、站）27 个，妇幼保健院(所、站)16 个。卫生技术人员 3.18 万人，其中，执业医师和执业（助理）医师 1.09 万人，注册护士 1.31 万人。卫生机构床位 3.38 万张。

2014 年成功举办全省第十四届运动会，举办群众体育活动 3200 次，人数 210 万人；青少年俱乐部 7 个，市级体育协会 24 个；等级裁判员发展人数 465 个，等级运动员发展人数 103 个；公共体育场地 50 个，其中田径场 14 个，体育馆 13 个，游泳池 12 个，全民健身广场 11 个。少儿体育学校 19 个，在校学生 191 人，专职教练员 25 人。在省级比赛中获得奖牌 284.5 枚。

十一、人口、人民生活与社会保障

年末全市户籍总人口为 954.21 万人，比上年末增加 25.68 万人。

表 9　2014 年人口主要构成情况

指　　标	年末数（万人）	比重（%）
全市总人口	954.21	100.0
# 男	496.05	52.0
女	458.16	48.0
#18 岁以下	258.66	27.1
18-35 岁	236.13	24.7
35-60 岁	334.92	35.1
60 岁以上	124.50	13.1

全年农村居民人均可支配收入 6946 元，比上年增长 11.6%；城镇居民人均可支配收入 22935 元，增长 10.3%。农村居民家庭恩格尔系数为 38.6%，城市居民家庭恩格尔系数为 35.1%。城镇非私营单位就业人员年平均工资 45127 元，增幅 10.3%。

表 10　2010-2014 年城乡居民生活改善情况

指　　标	单位	2010 年	2011 年	2012 年	2013 年	2014 年
农村居民人均可支配收入	元	4182	4684	5301	6224	6946
城市居民人均可支配收入	元	14203	16058	18704	20797	22935
农村居民家庭恩格尔系数	%	45.6	46.9	45.4	38.1	38.6
城市居民家庭恩格尔系数	%	43.6	40.9	40.0	36.2	35.1

注：2013 年国家实施城乡住户调查一体化改革，收入、支出口径均有所变化。农村居民人均纯收入调整为农村居民人均可支配收入，城乡居民恩格系数也相应调整。

年末全市参加城镇基本养老保险人数 83.92 万人，比上年末增加 4.97 万人。其中参保职工 62.88 万人，参保离退休人员 21.04 万人。参加职工基本医疗保险人数为 66.22 万人，增加 3.10 万人。参加城镇居民基本医疗保险人数为 138.86 万人，减少 0.39 万人。参加失业保险人数为 35.08 万人。参加工伤保险人数为 42.07 万人。参加生育保险人数为 27.10 万人，增加 9.65 万人。8.72 万城镇居民和 31.73 万农村居民得到政府最低生活保障。全市有综合福利院 18 个，敬老院 248 个，光荣院 44 个，民办养老服务机构 26 个。

十二、资源、环境和安全生产

全市有森林公园30个，面积为14.54万公顷。其中，国家森林公园9个，面积为11.74万公顷；省级森林公园21个，面积2.81万公顷。全市有自然保护区54处，面积27.84万公顷，占全市国土面积的7.07%；其中国家级自然保护区3处，面积4.66万公顷。全市森林覆盖率76.2%。

空气质量稳定在国家二级标准，主要河流断面水质达标率保持在90%以上。全市有环境监测站18个，污水处理厂19座。

开展了“打非治违”行动和“小矿山整治”专项行动，全市发生各类生产安全事故503起，死亡153人，比上年分别下降20.9%和1.9%。

注：1. 2013年年报开始，根据《国民经济行业分类》(GB/T4754-2011)，第一产业剔除了农林牧渔业中的农林牧渔服务业，第二产业剔除工业中的开采辅助活动和金属制品、机械和设备修理业，这三个行业大类划入第三产业范围。

2. 部分数据因四舍五入的原因，存在着与分项合计不等的情况。

3. 生产总值（GDP）、各产业增加值绝对数按现价计算，增长速度按可比价计算。

4. 税收收入为国税与地税合计数。

5. 房地产业投资除房地产开发投资外，还包括建设单位自建住房以及物业管理、中介服务和其他房地产投资。

6. 城镇基本医疗保险人数包括参保职工和参保退休人员。城镇居民基本医疗保险的参保对象是指不属于城镇职工基本医疗保险覆盖范围的城镇非从业人员。

一、综合

本 篇 章
质量负责：孙有德
资料整理：张媛媛 何书君

1-1 行政区划和土地面积

县(市、区)别	县市级(个)			乡镇级(个)				土地面积(平方公里)
	县级市	县	市辖区	街道办事处	乡镇	镇	乡	
总 计	**1**	**15**	**2**	**7**	**283**	**141**	**142**	**39362.96**
章贡区			1	5	7	7		485.49
赣 县		1			19	11	8	2989.46
信丰县		1			16	13	3	2866.04
大余县		1			11	8	3	1343.70
上犹县		1			14	6	8	1541.71
崇义县		1			16	6	10	2207.70
安远县		1			18	8	10	2350.00
龙南县		1			13	8	5	1646.14
定南县		1			7	7		1321.13
全南县		1			9	6	3	1534.64
宁都县		1			24	12	12	4048.82
于都县		1			23	9	14	2892.32
兴国县		1			25	7	18	3214.96
会昌县		1			19	6	13	2711.86
寻乌县		1			15	7	8	2351.55
石城县		1			10	5	5	1567.40
瑞金市	1				17	7	10	2441.40
南康区			1	2	20	8	12	1848.63

1-2 主要年份国民经济和社会发展总量指标(一)

指　　标	单位	1978年	1985年	1987年	1990年	1995年	1996年
年末总人口	万人	604.20	655.33	672.46	710.52	746.81	755.62
#非农业人口	万人	57.33	81.92	85.27	91.81	114.28	118.12
年末社会从业人数	万人	223.73	289.49	304.86	340.50	410.16	417.14
#职工人数	万人	33.99	39.07	41.92	43.52	46.98	47.06
收入总值	亿元	11.59	25.84	33.36	63.25	175.48	212.18
地区生产总值	亿元	11.59	25.84	33.36	62.65	161.82	195.96
第一产业	亿元	7.08	14.03	16.07	30.58	71.75	84.57
第二产业	亿元	2.88	6.96	9.79	16.84	48.84	53.69
第三产业	亿元	1.63	4.85	7.50	15.23	41.23	57.70
人均生产总值	元/人	194	396	499	886	2127	2545
固定资产投资							
全社会固定资产投资额	万元		34338	48721	71334	348086	360549
#城镇以上	万元		21039	26657	48274	274464	261129
#国有经济(控股)	万元	5991	18624	23680	43095	128640	134899
#地方投资	万元	5502	15123	16507	34429	111166	112538
财政							
财政总收入	万元	12555	23294	30180	51696	143164	167526
人均财政总收入	元/人	21	36	45	73	188	218
地方财政收入	万元					89186	109829
财政支出	万元	12103	27867	38787	60401	133608	167272
物价指数(以上年价格为100)							
居民消费价格总指数	%		107.0	107.2	102.7	115.8	108.6
商品零售价格总指数	%		107.0	107.5	102.0	115.4	106.1
农业生产资料价格总指数	%		103.7	109.0	104.7	121.7	105.8
人民生活							
在岗职工平均工资	元/人	561	925	1134	1717	3775	4225
城市住户人均可支配收入	元/人	356	564	741	1187	3083	3496
城市住户人均消费性支出	元/人	357	554	697	1097	2854	3076
农村住户人均年纯收入	元/人	111	322	366	602	1478	1803
农村住户人均年生活消费支出	元/人		266	332	504	1202	1357
居民储蓄存款年末余额	万元	4968	38812	73444	172558	751165	954839
居民人均年末储蓄存款	元/人	8	59	109	243	981	1233
农业							
农林牧渔业总产值	万元	81189	189641	227955	419154	1151867	1334631
主要农产品产量							
粮食	万吨	172.84	207.80	211.67	237.16	255.50	265.09
油料折油	万吨	1.31	2.05	2.06	3.03	5.22	5.74
油料	万吨	3.42	4.43	4.90	8.36	16.13	17.28
甘蔗	万吨	44.75	117.6	111.37	122.23	92.94	76.51
烟叶	吨	3155	4917	5123	13369	8955	10722
茶叶	吨	956	1103	1208	1469	2277	2268
蚕茧	吨	6	20	50	475	3022	1337
水果	万吨	0.96	2.00	3.42	5.91	24.48	27.27
水产品	万吨	0.73	2.27	2.75	3.63	8.07	9.73
肉类总产量	万吨	6.12	11.47	14.54	19.57	40.41	39.89
#猪肉产量	万吨	6.08	10.61	12.54	15.95	29.59	28.72
生猪年末存栏	万头	131.55	168.41	191.54	201.65	290.26	286.73
当年出栏肉猪	万头	93.53	142.71	170.27	195.68	379.91	373.42
年末耕地面积	公顷	364994	358116	357412	355388	349116	347110

1-2 续表 1

指　标	单位	1997年	1998年	1999年	2000年	2001年	2002年
年末总人口	万人	764.90	773.36	782.32	794.16	807.73	818.49
#非农业人口	万人	122.73	126.20	126.96	134.06	140.82	148.86
年末社会从业人数	万人	427.52	423.68	416.09	413.59	418.31	416.60
#职工人数	万人	47.01	46.08	45.44	33.19	32.90	32.66
收入总值	亿元	241.22	253.66	266.46	283.94	308.38	340.60
地区生产总值	亿元	222.64	239.70	250.52	266.20	290.34	321.82
第一产业	亿元	91.66	92.78	92.10	92.04	96.28	101.50
第二产业	亿元	61.02	67.88	71.57	78.22	85.77	97.16
第三产业	亿元	69.96	79.04	86.85	95.94	108.30	123.16
人均生产总值	元/人	2860	3047	3152	3407	3679	4039
固定资产投资							
全社会固定资产投资额	万元	380000	501893	529247	614896	729165	1092123
#城镇以上	万元	273500	402427	442810	466425	586627	946302
#国有经济(控股)	万元	143504	201503	207151	221799	251440	460958
#地方投资	万元	120489	167624	163951	163164	177677	400948
财政							
财政总收入	万元	182739	200345	200109	203797	233464	260358
人均财政总收入	元/人	235	255	252	261	296	327
地方财政收入	万元	132809	148434	149467	151444	164951	173351
财政支出	万元	198896	215957	240239	272503	346349	422538
物价指数(以上年价格为100)							
居民消费价格总指数	%	104.2	100.5	98.5	99.0	100.2	100.7
商品零售价格总指数	%	100.5	99.1	96.9	98.2	97.8	100.2
农业生产资料价格总指数	%	98.2	95.0	96.6	96.9	103.8	99.1
人民生活							
在岗职工平均工资	元/人	4568	4690	5664	6608	7570	8552
城市住户人均可支配收入	元/人	3729	3922	4599	4811	5304	6175
城市住户人均消费性支出	元/人	2964	3213	3636	3484	4022	4784
农村住户人均年纯收入	元/人	2034	2045	2095	2100	2113	2191
农村住户人均年生活消费支出	元/人	1417	1402	1644	1422	1496	1640
居民储蓄存款年末余额	万元	1114787	1320644	1525142	1670654	1919402	2270537
居民人均年末储蓄存款	元/人	1424	1670	1909	2138	2421	2836
农业							
农林牧渔业总产值	万元	1402237	1395317	1394442	1383585	1420592	1466745
主要农产品产量							
粮食	万吨	258.85	266.20	265.15	248.06	243.09	225.30
油料折油	万吨	5.25	4.73	4.58	4.84	4.75	4.18
油料	万吨	15.57	14.44	13.94	15.23	15.56	13.79
甘蔗	万吨	88.22	81.30	64.97	36.06	27.24	32.16
烟叶	吨	23427	12470	9982	10388	11677	12650
茶叶	吨	2143	1985	2022	1803	1674	1581
蚕茧	吨	887	785	802	781	1073	1642
水果	万吨	33.80	23.89	34.30	19.90	20.75	28.36
水产品	万吨	12.00	13.60	13.99	14.81	15.60	15.93
肉类总产量	万吨	41.05	41.68	41.99	42.84	45.39	46.40
#猪肉产量	万吨	29.30	28.15	27.11	26.10	26.69	26.78
生猪年末存栏	万头	303.15	302.84	266.14	258.98	233.35	210.51
当年出栏肉猪	万头	392.84	378.30	355.29	353.25	353.91	354.98
年末耕地面积	公顷	346848	345813	348863	344825	342331	310982

1-2 续表 2

指　　标	单位	2003年	2004年	2005年	2006年	2007年	2008年
年末总人口	万人	831.20	845.65	845.69	861.15	877.04	888.95
#非农业人口	万人	159.22	168.09	169.35	175.11	181.01	185.30
年末社会从业人数	万人	419.55	422.65	429.60	435.40	441.45	449.67
#职工人数	万人	32.57	33.81	35.57	37.71	38.26	39.84
收入总值	亿元	386.21	447.23	523.04	607.52	729.54	871.51
地区生产总值	亿元	366.39	426.23	500.11	582.73	701.97	840.85
第一产业	亿元	107.60	123.09	129.22	135.58	153.19	173.04
第二产业	亿元	117.77	137.39	181.97	226.59	287.40	359.26
第三产业	亿元	141.02	165.74	188.93	220.56	261.38	308.56
人均生产总值	元/人	4558	5263	6134	7098	8487	10089
固定资产投资							
全社会固定资产投资额	万元	1554900	1580000	1860000	2230240	3003219	4060021
#城镇以上	万元	1391564	1419896	1488340	1849028	2430648	3464221
#国有经济	万元	838008	609328	532239	759245	1155836	1632040
财政							
财政总收入	万元	313950	383539	467070	566485	745215	1001314
人均财政总收入	元/人	391	474	573	690	901	1201
地方财政收入	万元	196765	228358	259012	304625	389331	554652
财政支出	万元	475415	564957	682319	866353	1111894	1571326
物价指数(以上年价格为100)							
居民消费价格总指数	%	100.9	102.8	101.4	100.7	104.2	106.2
商品零售价格总指数	%	99.5	102.3	99.8	100.2	104.1	106.2
农业生产资料价格总指数	%	110.9	113.7	108.4	102.2	103.3	120.3
人民生活							
在岗职工平均工资	元/人	9312	10323	11827	13122	16228	18421
城市住户人均可支配收入	元/人	6723	7388	8199	9147	10540	11834
城市住户人均消费性支出	元/人	5091	5509	5969	6882	8088	8842
农村住户人均年纯收入	元/人	2240	2553	2760	3000	3271	3570
农村住户人均年生活消费支出	元/人	1673	1837	2081	2176	2473	2771
居民储蓄存款年末余额	万元	2685922	3143463	3780057	4485646	5006397	6096264
居民人均年末储蓄存款	元/人	3328	3868	4622	5443	6031	7284
农　业							
农林牧渔业总产值	万元	1543196	1897587	1999934	2128342	2447378	2805547
主要农产品产量							
粮食	万吨	199.07	257.39	259.33	260.53	263.11	269.04
油料	万吨	12.72	8.36	8.58	8.33	8.49	9.08
烟叶	吨	11002	9677	12463	16291	18273	21611
茶叶	吨	1500	1456	1596	1708	1744	1902
蚕茧	吨	1688	1757	1770	1904	1977	1302
水果	万吨	34.56	45.50	62.19	78.93	108.48	132.95
水产品	万吨	17.50	18.58	20.03	21.59	24.14	24.53
肉类总产量	万吨	47.47	52.62	62.54	59.29	57.59	59.61
#猪肉产量	万吨	27.00	30.43	37.11	35.52	35.92	38.02
生猪年末存栏	万头	220.90	237.99	243.06	227.43	229.87	269.44
当年出栏肉猪	万头	360.00	404.05	477.46	455.03	460.07	488.53
年末耕地面积	公顷	295709	293486	292919	294438	304094	328580

1-2 续表 3

指　标	单位	2009年	2010年	2011年	2012年	2013年	2014年
年末总人口	万人	896.99	907.27	918.26	926.70	928.52	954.21
#非农业人口	万人	187.46	187.93	188.67	189.10	194.30	193.24
年末社会从业人数	万人	458.02	480.15	491.69	506.35	522.53	532.40
#职工人数	万人	40.01	41.21	45.01	48.75	54.33	55.31
收入总值	亿元	975.33	1159.02	1379.56	1554.24	1729.36	1891.33
地区生产总值	亿元	940.63	1119.74	1336.00	1508.49	1684.68	1843.59
第一产业	亿元	195.25	211.89	232.70	252.40	267.46	282.58
第二产业	亿元	398.07	496.70	631.16	696.78	766.12	843.42
第三产业	亿元	347.32	411.14	472.14	559.30	648.10	717.60
人均生产总值	元/人	11201	13397	15895	17873	19866	21708
固定资产投资							
全社会固定资产投资额	万元	5947000	7810000	10023000	10359054	13308676	16087125
#城镇以上	万元	4955557	6500695	7967113	9275177	11741044	14253351
#国有经济	万元	2366770	2577549	3908405	3847337	4563140	5108079
财政							
财政总收入	万元	1112939	1283245	1803154	2308055	2802013	3285327
人均财政总收入	元/人	1325	1535	2145	2735	3299	3868
公共财政预算收入	万元	680858	790079	1100508	1412773	1843666	2253118
财政支出	万元	2083492	2396873	3118366	4041635	4808080	5362745
物价指数(以上年价格为100)							
居民消费价格总指数	%	100.1	103.1	104.9	102.8	102.4	102.1
商品零售价格总指数	%	98.8	102.7	104.1	102.6	101.2	100.7
农业生产资料价格总指数	%	98.2	104.1	118.3	110.3	105.3	103.4
人民生活							
在岗职工平均工资	元/人	20732	23602	27775	32869	40922	45127
城镇居民人均可支配收入	元/人	12901	14203	16058	18704	20797	22935
城镇居民人均消费支出	元/人	9882	10662	11609	12708	13353	14661
农村居民人均可支配收入	元/人	3856	4182	4684	5301	6224	6946
农村居民人均消费支出	元/人	2933	3197	3788	3945	5267	5867
居民储蓄存款年末余额	万元	7356983	9076342	11003770	13277612	15273291	17279990
居民人均年末储蓄存款	元/人	8728	10828	13057	15710	18015	20312
农　业							
农林牧渔业总产值	万元	3053856	3377855	3750930	4053589	4359037	4607883
主要农产品产量							
粮食	万吨	277.71	275.28	278.54	280.03	283.06	285.35
油料	万吨	9.33	9.73	9.97	10.43	9.53	9.87
烟叶	吨	18952	16862	18541	20388	20352	22779
茶叶	吨	1988	2267	2623	3600	4060	4140
蚕茧	吨	834	820	396	590	268	225
水果	万吨	154.62	147.55	176.14	169.02	195.28	163.20
水产品	万吨	24.60	24.99	25.33	27.50	28.46	29.73
肉类总产量	万吨	58.04	60.69	61.41	65.08	67.85	70.48
#猪肉产量	万吨	42.25	43.33	44.31	47.44	49.86	51.85
生猪年末存栏	万头	311.05	319.02	331.73	349.30	366.22	366.32
当年出栏肉猪	万头	525.25	539.29	550.07	588.17	617.16	642.53

注：1、因统计调查制度改变，农民人均纯收入2014年调整为农村居民人均可支配收入。

2、地方财政收入从2012年起更名为公共财政预算收入。

1-3 主要年份国民经济和社会发展总量指标(二)

指 标	单位	1978年	1985年	1987年	1990年	1995年	1996年
农作物播种面积	公顷	762882	670622	718893	830457	910796	904723
农业机械总动力	万瓦特	231270	51230	66762	78491	80192	80912
化肥施用折纯量	吨	20445	81600	106000	113800	153452	163700
农村用电量	万千瓦时	3349	12598	15726	18872	35257	38186
工 业							
主要工业产品产量							
纱	吨	1670	2368	2556	2495	3476	3565
布	万米	1115	1578	2015	1611	1484	1806
机制纸及纸板	万吨	1.45	2.90	3.34	3.46	4.87	4.20
机制糖	万吨	3.28	10.02	8.74	7.85	5.98	5.67
原 煤	万吨	76.96	75.29	77.74	81.05	187.57	145.62
发电量	亿千瓦时	4.69	7.45	6.85	7.26	9.69	10.44
水 泥	万吨	12.35	31.09	35.57	39.06	110.08	109.97
木材	万立方米	63.05	88.75	72.45	41.24	38.45	42.35
松香	万吨	2.34	1.72	1.87	1.64	0.98	0.96
卷烟	万箱	6.00	8.60	11.10	18.53	16.69	11.45
独立核算工业企业							
年末固定资产原值	万元	89369	158186	181401	247229	567679	749459
工业总产值	万元	84939	144416	196867	312562	752389	761780
工业增加值	万元		56093			204844	218152
产品销售收入(主营业务收入)	万元	74426	145452	192225	283187	710845	713741
利润和税金总额	万元	14904	24418	31266	38077	69766	54244
运输、邮电							
公路通车里程	公里	10653	12945	14073	14530	16082	16278
客运量	万人	859	2218	2581	2909	4823	5030
客运周转量(公路、水运)	万人公里	31871	94113	128636	147270	268531	279635
货运量	万吨	292	144	1693	1532	2880	2976
货运周转量(公路、水运)	万吨公里	27071	43443	134170	163539	163701	176474
邮电业务总量	万元	1121	1839	2190	3113	15011	21388
年末固定电话用户	万户	1.64	1.78	2.01	2.68	10.47	13.75
内外贸易							
社会消费品零售总额	万元	51074	125021	158264	203882	528521	622852
出口贸易总额	万美元			2	72	12014	12680
实际利用外资额	万美元			17	389	6478	9003
教育							
高等学校在校学生	人	3646	5143	6074	6102	8950	9339
中等专业学校在校学生	人	2874	6260	7578	7732	12222	14294
普通中学在校学生	万人	29.47	25.34	27.89	28.86	31.61	35.61
职业中学在校学生	万人	0.70	1.48	1.75	2.13	2.59	2.65
小学在校学生	万人	87.45	108.4	98.89	76.16	73.41	76.41
小学毕业升学率	%	82.3	57.9	50.6	57.5	94.9	97.9
学龄儿童入学率	%	95.0	97.4	97.3	98.5	99.4	99.8
卫生							
卫生机构数	个	884	911	911	910	833	1115
#医院、卫生院	个	393	422	422	430	431	424
卫生技术人员	人	10156	14940	15320	16673	16948	15929
#医生	人	4654	6812	6746	7356	7425	6614
病床数	张	9675	11248	11833	12586	12347	11540

1-3 续表 1

指　　标	单位	1997年	1998年	1999年	2000年	2001年	2002年
农作物播种面积	公顷	886910	884446	866716	856577	848982	800429
农业机械总动力	千瓦特	91149	102865	113508	120054	132476	1433970
化肥施用折纯量	吨	180900	162758	162500	170900	174300	182100
农村用电量	万千瓦时	42348	42707	42826	46710	49292	51943
工　业							
主要工业产品产量							
纱	吨	2721	1058	1381	1518	1404	1758
布	万米	1961	1195	442	412	117	72
机制纸及纸板	万吨	3.22	2.59	2.17	0.97	0.94	3.57
机制糖	万吨	6.03	6.04	6.15	0.33	0.60	1.17
原　煤	万吨	160.68	125.05	84.22	86.13	92.18	63.25
发电量	亿千瓦时	12.26	11.60	9.98	11.85	12.96	14.33
水　泥	万吨	121.08	145.09	151.71	153.00	163.00	200.74
木材	万立方米	38.78	34.45	29.20	31.91	29.37	20.06
松香	万吨	1.29	0.65	0.30	0.12	0.06	0.06
卷烟	万箱	8.37	7.76	11.66	17.15	15.89	16.30
独立核算工业企业							
年末固定资产原值	万元	827940	879891	917148	831717	748156	811072
工业总产值	万元	861177	839742	783179	794409	795795	933476
工业增加值	万元	238245	239873	239653	216873	218647	260115
产品销售收入(主营业务收入)	万元	787896	718056	709600	753382	766497	884162
利润和税金总额	万元	44205	33662	39597	72385	77813	94692
运输、邮电							
公路通车里程	公里	16538	16986	17588	17911	11513	11514
客运量	万人	4720	4168	4223	4741	4892	5159
客运周转量(公路、水运)	万人公里	276504	320387	315895	363429	369150	386783
货运量	万吨	2826	3008	2716	2841	2841	3270
货运周转量(公路、水运)	万吨公里	167429	231847	206914	262902	271728	279721
邮电业务总量	万元	30923	46029	70597	91276	139550	154360
年末固定电话用户	万部	18.68	25.38	35.11	51.06	65.43	83.51
内外贸易							
社会消费品零售总额	万元	697355	775490	829787	946095	1044312	1150452
出口贸易总额	万美元	16333	16705	15414	6009	5709	8550
实际利用外资额	万美元	14620	11706	9341	9411	10645	23478
教育							
高等学校在校学生	人	10268	10827	13582	17523	24185	28188
中等专业学校在校学生	人	15073	15873	16862	16946	14277	12252
普通中学在校学生	万人	38.09	39.10	40.63	42.95	46.50	51.14
职业中学在校学生	万人	2.78	3.31	3.39	2.62	2.63	3.16
小学在校学生	万人	79.53	80.71	80.2	79.98	79.99	80.65
小学毕业升学率	%	99.1	96.3	95.5	95.2	97.1	99.6
学龄儿童入学率	%	99.6	99.6	99.9	99.9	98.1	96.7
卫生							
卫生机构数	个	1192	1223	1222	1204	1201	2374
#医院、卫生院	个	424	424	423	421	417	399
卫生技术人员	人	16360	16596	16678	16616	16534	15142
#医生	人	6918	7034	7140	7296	7344	6092
病床数	张	11830	11847	12285	12120	12187	12924

1-3 续表 2

指　　标	单位	2003年	2004年	2005年	2006年	2007年	2008年
农作物播种面积	公顷	722677	755635	752555	755760	757806	759207
农业机械总动力	千瓦特	1550434	1952378	2362962	2876319	3405788	4027003
化肥施用折纯量	吨	185700	209000	216600	219200	218792	221100
农村用电量	万千瓦时	59549	61601	68703	72072	77193	78852
工　业							
主要工业产品产量							
纱	吨	2417	2415	2712	3109	2933	2209
布	万米	80	1457	435	502	430	414
机制纸及纸板	万吨	6.31	6.56	8.12	8.54	9.68	10.50
原　煤	万吨	103.55	49.82	71.51	67.38	72.04	60.45
发电量	亿千瓦时	12.30	5.12	7.62	12.19	13.52	13.03
水　泥	万吨	213.17	308.57	452.44	516.85	653.09	783.55
卷烟	万箱	14.88	16.28	22.68	14.04	22.58	21.53
独立核算工业企业							
年末固定资产原值	万元	858321	938083	1095786	1106346	1588648	3790482
工业总产值	万元	1154092	1848862	2708710	3815297	5820883	7580092
工业增加值	万元	306660	531112	855097	1233729	1885578	2331517
产品销售收入(主营业务收入)	万元	1114624	1771251	2668929	3804122	5704993	7502107
利润和税金总额	万元	136209	260710	315723	453250	671752	757884
运输、邮电							
公路通车里程	公里	11551	11731	11748	23472	23899	25126
客运量	万人	5087	5301	5922	6334	6558	9643
客运周转量(公路、水运)	万人公里	390701	402341	396335	409082	429567	554330
货运量	万吨	3556	3859	4316	4858	5131	13681
货运周转量(公路、水运)	万吨公里	293767	304981	373710	396968	414802	1363337
年末固定电话用户	万户	103.12	107.91	128.40	137.43	135.65	131.52
内外贸易							
社会消费品零售总额	万元	1262040	1417244	1606897	1846037	2162410	2669496
出口贸易总额	万美元	13085	28950	38229	49918	67108	97310
实际利用外资额	万美元	47626	53900	61600	67639	74810	83000
教育							
高等学校在校学生	人	35913	42796	55695	63376	73336	74223
中等专业学校在校学生	人	12322	19262	22141	31426	33384	30734
普通中学在校学生	万人	56.12	58.21	57.28	51.62	45.91	44.90
职业中学在校学生	万人	3.22	3.22	4.15	5.21	5.90	6.03
小学在校学生	万人	79.82	78.69	78.06	84.24	91.40	93.36
小学毕业升学率	%	97.9	99.5	99.3	97.9	100.1	100.6
学龄儿童入学率	%	97.8	97.5	97.7	98.7	99.5	99.8
卫生							
卫生机构数	个	2258	2273	2260	2221	1954	1641
#医院、卫生院	个	393	387	385	377	376	368
卫生技术人员	人	15088	17669	17006	17665	19196	20785
#医生	人	8498	9953	9579	9697	10287	10913
病床数	张	12530	11928	12467	12713	14242	15977

注：2011年“医生”是指执业(助理)医师。

1-3 续表 3

指 标	单位	2009年	2010年	2011年	2012年	2013年	2014年
农作物播种面积	公顷	761464	764111	772050	773257	766556	768804
农业机械总动力	千瓦特	4741943	5482821	6085291	6674417	2897280	3051752
化肥施用折纯量	吨	224100	224109	226426	229679	238905	236385
农村用电量	万千瓦时	84164	88129	93972	101217	107109	116062
工 业							
主要工业产品产量							
纱	吨	1985	2408		9561	16515	22384
布	万米	1142	1301	905	1030	2226	2325
机制纸及纸板	万吨	15.43	22.24	21.27	23.87	25.03	15.46
原 煤	万吨	63.54	76.67	52.68	37.28	38.43	31.06
发电量	亿千瓦时	45.26	50.15	47.22	43.04	53.33	53.73
水 泥	万吨	1004.81	1130.30	1067.04	1229.58	1744.72	1846.10
卷烟	万箱	23.76	24.10	25.70			
独立核算工业企业							
年末固定资产原值	万元	2753014	3140574	3663322	4637037	5701757	7038883
工业总产值	万元	8860755	12871559	18827578	21785351	26064536	29983797
工业增加值	万元	2504900	2909336	4303518	5669709	6357829	—
产品销售收入(主营业务收入)	万元	8712786	12754705	18503629	21328448	26071419	29576000
利润和税金总额	万元	828796	1510550	2366232	2481686	3030528	3446865
运输、邮电							
公路通车里程	公里	25526	26135	27120	28171	28805	29369
客运量	万人	10183	10225	9511	10645	8944	9637
客运周转量(公路、水运)	万人公里	550447	645538	631945	790470	519043	533873
货运量	万吨	13881	15650	17897	24416	20510	24370
货运周转量(公路、水运)	万吨公里	1381637	1757120	1811438	2328090	1693427	1832865
年末固定电话用户	万户	116.19	107.25	111.77	94.21	104.40	90.84
内外贸易							
社会消费品零售总额	万元	3171375	3753530	4357432	4950017	5630644	6496454
出口贸易总额	万美元	97385	131042	252267	283945	291573	320265
实际利用外资额	万美元	87999	83560	92862	102445	110714	122204
教育							
高等学校在校学生	人	77055	80029	83317	85479	84800	87434
中等专业学校在校学生	人	26856	26427	24520	27572	28272	28869
普通中学在校学生	万人	48.74	52.77	54.91	56.35	57.77	58.94
职业中学在校学生	万人	7.04	10.32	10.24	10.82	8.61	8.37
小学在校学生	万人	92.33	92.44	93.04	92.83	90.92	90.31
小学毕业升学率	%	100.21	100.70	100.70	99.92	107.55	100.45
学龄儿童入学率	%	99.87	99.90	99.90	110.18	104.67	102.21
卫生							
卫生机构数	个	1630	1645	1393	9023	8948	8935
#医院、卫生院	个	375	378	378	378	359	378
卫生技术人员	人	22361	24102	25355	27707	29766	31767
#医生	人	11466	12586	8866	9414	10140	10852
病床数	张	18507	19900	22874	27532	30945	33832

注：1、2011年“医生”是指执业(助理)医师。2、2012年卫生机构数含村卫生室。3、根据省农机局要求，2013年我市对已经无法使用的农机进行了统一报废，2013年和2014年农业机械总动力为报废后的数据。

1-4 主要指标占全省的比重

项　　目	单位	全省	赣州市	赣州市占全省比重(%)
土地面积	万平方公里	16.69	3.94	23.58
年末总人口(常住人口)	万人	4542.16	850.75	18.73
生产总值	亿元	15708.59	1843.59	11.74
财政总收入	亿元	2680.46	328.53	12.26
#公共财政预算收入	亿元	1881.50	225.31	11.98
固定资产投资额	亿元	14677.00	1608.71	10.96
社会消费品零售总额	亿元	5129.20	649.65	12.67
#限额以上消费品零售额	亿元	1978.90	223.28	11.28
进出口总额	亿美元	427.80	39.03	9.12
#出口总额	亿美元	320.38	32.03	10.00
实际使用外资	亿美元	84.51	12.22	14.46
实际使用省外资金	亿元	4540.49	524.16	11.54
金融机构人民币存款余额	亿元	21537.74	2881.77	13.38
金融机构人民币贷款余额	亿元	15466.11	1923.98	12.44
城镇居民人均可支配收入	元	24309	22935	94.35
农村居民人均可支配收入	元	10117	6946	68.66
全社会用电量	亿千瓦时	1018.52	138.99	13.65
#工业用电量	亿千瓦时	696.67	85.00	12.20
主要农产品产量				
农业总产值	亿元	2727.00	460.79	16.90
粮食	万吨	2144.00	285.35	13.31
园林水果	万吨	420.80	163.20	38.78
肉类总产量	万吨	355.20	70.48	19.84
水产品	万吨	253.80	29.73	11.71
主要工业产品产量				
机制纸及纸板	万吨	154.50	15.46	10.01
白酒	万千升	16.38	4.92	30.04
啤酒	万千升	131.00	3.65	2.78
发电量	亿千瓦时	782.10	53.73	6.87
水泥	万吨	9804.00	1846.10	18.83
高等学校在校学生	万人	91.60	8.74	9.54
中等专业学校在校学生	万人	57.90	2.89	4.99
卫生技术人员	万人	20.00	3.18	15.90
#医　生	万人	7.00	1.09	15.57
病床数	万张	18.00	3.38	18.78

1-5 主要指标每人年平均水平

项　　目	单位	1949年	1952年	1978年	1987年	1990年	2000年	2001年	2002年	2003年	2004年
收入总值	元	73	124	194	499	894	3634	3908	4275	4805	5523
生产总值	元	73	124	194	499	886	3407	3679	4039	4558	5263
农业总产值	元	229	303	150	341	593	1771	1800	1840	1920	2343
主要农产品产量											
粮食	公斤	259	290	289	317	335	318	308	283	248	318
油料折油	公斤	3.32	3.63	2.18	3.08	4.28	6.20	6.02			11.14
甘蔗	公斤	25.76	35.62	74.82	167.00	173.00	46.20	34.52	40.36	31.71	56.19
水果	公斤	0.53	1.19	1.60	5.12	8.35	25.47	26.29	35.59	43.00	64.98
肉类总产量	公斤	4.0	5.4	10.2	21.8	27.7	54.8	57.5	58.2	59.1	22.9
水产品产品量	公斤	0.8	1.7	1.2	4.1	5.1	19.0	19.8	20.0	21.8	
主要工业产品产量											
机制纸及纸板	公斤		0.53	2.42	4.99	4.89	1.24	1.19	4.48	7.85	8.10
机制糖	公斤	0.08	0.22	5.48	13.08	11.1					
饮料酒	公斤	0.15	0.16	1.49	4.01	5.02	13.76	13.48	10.73	8.08	6.43
发电量	千瓦小时	0.59	1.48	78.00	103.00	103.00	151.62	164.24	179.79	153.15	63.23
松香	公斤		0.07	3.92	2.80	2.32	1.54	0.08			
社会消费品零售总额	元	19	33	85	237	288	1211	1259	1444	1570	1750
财政总收入	元		9	20	45	73	261	296	327	391	474
人民生活											
在岗职工平均工资	元			561	1134	1717	6608	7570	8552	9312	10323
城市住户人均可支配收入	元		126	356	741	1187	4811	5304	6175	6723	7388
农村住户人均纯收入	元			111	366	532	2100	2113	2191	2240	2553
居民年末储蓄存款	元		0.45	8.22	109	243	2138	2421	2836	3328	3868

1-5 续表

项　　目	单位	2005年	2006年	2007年	2008年	2009年	2010年	2011年	2012年	2013年	2014年
收入总值	元	6416	7400	8821	10457	11614	13867	16414	18416	20430	22270
生产总值	元	6134	7098	8487	10089	11201	13397	15895	17873	19866	21708
农业总产值	元	2453	2592	2959	3366	3637	4041	4463	4444	5149	5426
主要农产品产量											
粮食	公斤	318	317	318	323	331	329	331	330	331	336
甘蔗	公斤	2.63	2.25	2.58	2.27			1.64	1.55	1.36	1.19
水果	公斤	76.5	96.2	131.2	159.5	184.1	176.5	209.6	208.7	199.7	192.2
肉类总产量	公斤	77.0	72.2	69.6	71.5	69.1	72.6	73.1	72.8	76.9	83.0
水产品产量	公斤	24.7	26.3	29.2	29.4	29.3	29.9	30.1	30.0	32.5	35.0
主要工业产品产量											
机制纸及纸板	公斤	9.99	10.4	11.70	12.60	18.37	26.61	25.31	25.20	28.19	18.20
饮料酒	公斤	7.99	8.30	7.69	4.91	4.70					
发电量	千瓦小时	93.78	148.48	163.46	156.33	538.96	600.03	561.85	559.52	508.43	632.66
社会消费品零售总额	元	1971	2249	2614	3203	3776	4491	5184	5163	5848	7649
财政总收入	元	573	690	901	1201	1325	1535	2145	2145	2727	3868
人民生活											
在岗职工平均工资	元	11827	13122	16228	18421	20732	23602	27775	32869	40922	45127
城镇居民人均可支配收入	元	8199	9147	10540	11834	12901	14203	16058	16058	20797	22935
农村居民人口可支配收入	元	2760	3000	3271	3570	3856	4182	4684	4684	6224	6946
居民年末储蓄存款	元	4622	5443	6031	7284	8728	10828	13057	13057	18015	20312

1-6 历年收入总值和生产总值

(按当年价格计算)

年份	收入总值（万元）	生产总值（万元）				人均收入总值（元/人）	人均生产总值（元/人）
			第一产业	第二产业	第三产业		
1949	22200	22200	16682	1537	3981	73	73
1950	31300	31300	22878	3503	4919	101	101
1951	34800	34800	25249	4444	5107	108	108
1952	40800	40800	29325	5810	5665	124	124
1953	43700	43700	30313	7107	6280	131	131
1954	46500	46500	31892	8246	6362	137	137
1955	47500	47500	32122	8910	6468	137	137
1956	48500	48500	32605	9225	6670	136	136
1957	59900	59900	39642	12106	8152	164	164
1958	66100	66100	41931	15378	8791	177	177
1959	67700	67700	38424	17227	12049	179	179
1960	68500	68500	36624	19440	12436	180	180
1961	63400	63400	33681	20019	9700	167	167
1962	61800	61800	33125	20271	8404	161	161
1963	57900	57900	34659	15656	7585	147	147
1964	66100	66100	39052	18455	8593	164	164
1965	76600	76600	44436	22283	9881	185	185
1966	80700	80700	43777	25867	11056	189	189
1967	84800	84800	46135	27471	11194	193	193
1968	80500	80500	45257	24778	10465	178	178
1969	88200	88200	50962	25507	11731	189	189
1970	92700	92700	51857	28885	11958	193	193
1971	97000	97000	54150	30531	12319	197	197
1972	98000	98000	53582	31286	13132	194	194
1973	99600	99600	55730	30922	12948	191	191
1974	100100	100100	58925	27161	14014	186	186
1975	101300	101300	60120	26795	14385	183	183
1976	96100	96100	58060	24105	13935	169	169
1977	101700	101700	62473	24277	14950	174	174
1978	115900	115900	70777	28781	16342	194	194
1979	129100	129100	79660	30591	18849	212	212
1980	131500	131500	80662	31113	19725	214	214

1-6 续表

(按当年价格计算)

年份	收入总值(万元)	生产总值(万元)				人均收入总值(元/人)	人均生产总值(元/人)
			第一产业	第二产业	第三产业		
1981	152500	152500	90001	38861	23638	245	245
1982	176900	176900	101903	45066	29931	280	280
1983	208903	208903	121282	53682	33939	327	327
1984	227228	227228	131777	56925	38526	352	352
1985	258425	258425	140260	69613	48552	396	396
1986	273061	273061	134428	81787	56846	414	414
1987	333628	333628	160743	97875	75010	499	499
1988	451478	451478	209613	142321	99544	664	664
1989	503547	494107	216675	159940	117492	726	712
1990	632452	626539	305829	168399	152311	894	886
1991	694712	682240	324044	179716	178480	965	947
1992	817557	785691	359979	210592	215120	1119	1076
1993	1053483	963066	402931	295753	264382	1423	1301
1994	1465842	1342233	580602	436097	325534	1953	1788
1995	1754765	1618154	717445	488399	412310	2307	2127
1996	2121768	1959645	845686	536950	577009	2756	2545
1997	2412181	2226367	916537	610205	699625	3098	2860
1998	2536565	2397016	927771	678837	790408	3224	3047
1999	2664587	2505231	920970	715763	868498	3353	3152
2000	2839416	2661989	920387	782233	959369	3634	3407
2001	3083764	2903350	962750	857650	1082950	3908	3679
2002	3406046	3218193	1014963	971590	1231640	4275	4039
2003	3862128	3663943	1076026	1177713	1410204	4805	4558
2004	4472263	4262257	1230907	1373938	1657412	5523	5263
2005	5230432	5001106	1292150	1819685	1889271	6416	6134
2006	6075221	5827320	1355774	2265936	2205610	7400	7098
2007	7295358	7019653	1531890	2874005	2613758	8821	8487
2008	8715113	8408486	1730355	3592577	3085554	10457	10089
2009	9753263	9406290	1952451	3980677	3473162	11614	11201
2010	11590815	11197412	2118943	4967021	4111448	13867	13397
2011	13795587	13359972	2327018	6311579	4721375	16414	15895
2012	15542421	15084851	2524038	6967828	5592985	18416	17873
2013	17293588	16816800	2674648	7661175	6480977	20430	19866
2014	18913251	18435921	2825752	8434189	7175980	22270	21708

注：2013年年报开始，根据《国民经济行业分类》(GB/T4754-2011)，第一产业剔除了农林牧渔业中的农林牧渔服务业，第二产业剔除工业中的开采辅助活动和金属制品、机械和设备修理业，这三个行业大类划入第三产业范围。

1-7 历年收入总值指数及生产总值构成

(指数按可比价格计算，构成按当年价格计算)

年份	以1952年为100		以上年为100		生产总值构成(以地区生产总值为100)		
	收入总值	人均收入总值	收入总值	人均收入总值	第一产业	第二产业	第三产业
1949	57.99	62.54			75.2	6.9	17.9
1950	81.25	86.00	140.11	137.51	73.1	11.2	15.7
1951	85.48	87.45	105.21	101.69	72.5	12.8	14.7
1952	100.00	100.00	116.99	114.36	71.9	14.2	13.9
1953	105.38	104.34	105.38	104.34	69.4	16.2	14.4
1954	108.97	105.82	103.41	101.42	68.6	17.7	13.7
1955	111.26	105.22	102.10	99.44	67.6	18.8	13.6
1956	113.49	104.98	102.00	99.77	67.2	19.0	13.8
1957	124.28	112.01	109.51	106.69	66.2	20.2	13.6
1958	136.89	120.84	110.15	107.89	63.4	23.3	13.3
1959	139.66	121.51	102.02	100.55	56.8	25.4	17.8
1960	141.00	122.05	100.96	100.45	53.5	28.4	18.1
1961	129.79	112.62	92.05	92.27	53.1	31.6	15.3
1962	125.87	107.84	96.98	95.75	53.6	32.8	13.6
1963	117.12	97.81	93.05	90.71	59.9	27.0	13.1
1964	131.34	107.23	112.14	109.63	59.1	27.9	13.0
1965	145.75	115.95	110.97	108.13	58.0	29.1	12.9
1966	150.50	116.09	103.26	100.12	54.2	32.1	13.7
1967	156.64	117.40	104.08	101.13	54.4	32.4	13.2
1968	146.97	106.95	93.83	91.10	56.2	30.8	13.0
1969	155.42	109.59	105.75	102.47	57.8	28.9	13.3
1970	162.79	111.50	104.74	101.75	55.9	31.2	12.9
1971	169.09	112.93	103.87	101.28	55.8	31.5	12.7
1972	169.42	110.34	100.20	97.70	54.7	31.9	13.4
1973	171.17	108.19	101.03	98.06	56.0	31.0	13.0
1974	171.49	105.02	100.19	97.06	58.9	27.1	14.0
1975	173.59	103.16	101.22	98.23	59.3	26.5	14.2
1976	163.20	94.25	94.01	91.36	60.4	25.1	14.5
1977	170.80	96.10	104.66	101.96	61.4	23.9	14.7
1978	192.39	105.83	112.64	110.13	61.1	24.8	14.1
1979	212.71	115.19	110.56	108.84	61.7	23.7	14.6
1980	220.15	117.75	103.50	102.23	61.3	23.7	15.0

1-7 续表

（指数按可比价格计算，构成按当年价格计算）

年份	以1952年为100		以上年为100		生产总值构成（以地区生产总值为100）		
	收入总值	人均收入总值	收入总值	人均收入总值	第一产业	第二产业	第三产业
1981	243.84	128.77	110.76	109.36	59.0	25.5	15.5
1982	268.44	140.01	110.09	108.73	57.6	25.5	16.9
1983	300.14	154.76	111.81	110.53	58.1	25.7	16.2
1984	319.86	163.18	106.57	105.44	58.0	25.0	17.0
1985	348.97	176.12	109.10	107.93	54.3	26.9	18.8
1986	363.21	181.13	104.08	102.85	49.2	30.0	20.8
1987	410.03	201.86	112.89	111.44	48.2	29.3	22.5
1988	471.53	228.03	115.00	112.97	46.4	31.5	22.1
1989	494.63	234.56	104.90	102.86	43.8	32.4	23.8
1990	526.29	244.77	106.40	104.35	48.8	26.9	24.3
1991	563.45	257.44	107.06	105.18	47.5	26.3	26.2
1992	631.29	284.34	112.04	110.45	45.8	26.8	27.4
1993	722.95	321.23	114.52	112.97	41.8	30.7	27.5
1994	840.79	368.48	116.30	114.72	43.3	32.5	24.2
1995	956.90	413.92	113.81	112.33	44.3	30.2	25.5
1996	1094.69	467.82	114.40	113.02	43.2	27.4	29.4
1997	1222.55	516.65	111.68	110.44	41.2	27.4	31.4
1998	1300.06	543.66	106.34	105.24	38.7	28.3	33.0
1999	1396.71	578.19	107.43	106.35	36.7	28.6	34.7
2000	1505.65	633.93	107.81	109.64	34.6	29.4	36.0
2001	1620.08	675.14	107.60	106.50	33.2	29.5	37.3
2002	1785.33	736.58	110.20	109.10	31.5	30.2	38.3
2003	1999.57	818.27	112.00	111.06	29.4	32.1	38.5
2004	2233.52	907.05	111.70	110.85	28.9	32.2	38.9
2005	2512.71	1013.57	112.50	111.77	25.8	36.4	37.8
2006	2829.31	1133.36	112.60	111.82	23.3	38.9	37.8
2007	3205.61	1274.69	113.30	112.47	21.8	41.0	37.2
2008	3622.34	1429.50	113.00	112.14	20.6	42.7	36.7
2009	4096.87	1604.47	113.10	112.24	20.8	42.3	36.9
2010	4654.04	1811.45	113.60	112.90	18.9	44.4	36.7
2011	5221.83	2021.36	112.20	111.59	17.4	47.2	35.4
2012	5832.79	2249.59	111.70	111.29	16.7	46.2	37.1
2013	6431.82	2473.20	110.27	109.94	15.9	45.6	38.5
2014	7067.92	2708.90	109.89	109.53	15.3	45.8	38.9

1-8 历年生产总值指数

年份	以1952年为100					以上年为100				
	生产总值	第一产业	第二产业	第三产业	人均生产总值	生产总值	第一产业	第二产业	第三产业	人均生产总值
1949	57.99	57.82	27.66	76.66	62.54					
1950	81.25				86.00	140.11				137.51
1951	85.48				87.45	105.21				101.69
1952	100.00	100.00	100.00	100.00	100.00	116.99	114.20	139.91	108.01	114.36
1953	105.38				104.34	105.38				104.34
1954	108.97				105.82	103.41				101.42
1955	111.26				105.22	102.10				99.44
1956	113.49				104.98	102.00				99.77
1957	124.28	118.78	200.21	146.85	112.01	109.51	109.30	111.10	108.17	106.69
1958	136.89				120.84	110.15				107.89
1959	139.66				121.51	102.02				100.55
1960	141.00				122.05	100.96				100.45
1961	129.79				112.62	92.05				92.27
1962	125.87				107.84	96.98				95.75
1963	117.12				97.81	93.05				90.71
1964	131.34				107.23	112.14				109.63
1965	145.75	109.16	301.49	134.11	115.95	110.97	111.43	112.03	106.52	108.13
1966	150.50				116.09	103.26				100.12
1967	156.64				117.40	104.08				101.13
1968	146.97				106.95	93.83				91.10
1969	155.42				109.59	105.75				102.47
1970	162.79	125.25	354.81	212.86	111.50	104.74	102.17	110.43	102.14	101.75
1971	169.09				112.93	103.87				101.28
1972	169.42				110.34	100.20				97.70
1973	171.17				108.19	101.03				98.06
1974	171.49				105.02	100.19				97.06
1975	173.59				103.16	101.22				98.23
1976	163.20				94.25	94.01				91.36
1977	170.80				96.10	104.66				101.96
1978	192.39	151.10	361.07	248.99	105.83	112.64	106.97	118.00	106.56	110.13
1979	212.71				115.19	110.56				108.84
1980	220.15	168.89	387.68	287.13	117.75	103.50	101.00	104.07	102.65	102.23

1-8 续表

年份	以1952年为100					以上年为100				
	生产总值	第一产业	第二产业	第三产业	人均生产总值	生产总值	第一产业	第二产业	第三产业	人均生产总值
1981	243.84	173.62	461.18	341.31	128.77	110.76	102.80	118.96	118.87	109.36
1982	268.44	180.96	515.18	412.07	140.01	110.09	104.23	111.71	120.73	108.73
1983	300.14	203.49	603.07	453.15	154.76	111.81	112.45	117.06	109.97	110.53
1984	319.86	214.66	635.94	506.03	163.18	106.57	105.49	105.45	111.67	105.44
1985	348.97	227.54	764.33	583.55	176.12	109.10	106.00	120.19	115.32	107.93
1986	363.21	223.88	890.22	660.28	181.13	104.08	98.39	116.47	113.15	102.85
1987	410.03	252.02	985.56	822.25	201.86	112.89	112.57	110.71	124.53	111.44
1988	471.53	269.21	1286.46	940.74	228.03	115.00	106.82	130.53	114.41	112.97
1989	494.63	274.29	1383.46	982.98	234.56	104.90	101.89	107.54	104.49	102.86
1990	526.29	294.29	1501.19	1000.28	244.77	106.40	107.29	108.51	101.76	104.35
1991	563.45	301.15	1614.68	1190.23	257.44	107.06	102.33	107.56	118.99	105.18
1992	631.29	326.66	1827.98	1413.64	284.34	112.04	108.47	113.21	118.77	110.45
1993	722.95	347.89	2342.55	1627.52	321.23	114.52	106.50	128.15	115.13	112.97
1994	846.50	369.32	3274.41	1781.32	370.98	117.09	106.16	139.78	109.45	115.50
1995	974.07	410.31	3988.88	2031.95	421.35	115.07	111.10	121.82	114.07	113.57
1996	1117.94	449.71	4556.10	2513.12	477.75	114.77	109.60	114.22	123.68	113.39
1997	1249.97	478.98	5209.43	2929.04	528.24	111.81	106.51	114.34	116.55	110.57
1998	1359.97	495.61	5854.36	3276.13	568.72	108.80	103.47	112.38	111.85	107.67
1999	1461.70	513.18	6372.50	3626.68	605.10	107.48	103.55	108.85	110.70	106.40
2000	1572.72	525.49	6990.63	4025.61	662.10	107.60	102.40	109.70	111.00	109.42
2001	1698.54	537.05	7738.63	4516.73	707.78	108.00	102.20	110.70	112.20	106.90
2002	1878.59	554.77	8992.29	5135.52	775.09	110.60	103.30	116.20	113.70	109.51
2003	2113.41	571.41	10916.64	5869.90	863.99	112.50	103.00	121.40	114.30	111.47
2004	2369.13	595.41	12586.88	6803.21	961.11	112.10	104.20	115.30	115.90	111.24
2005	2670.01	621.01	15280.48	7612.79	1075.48	112.70	104.30	121.40	111.90	111.90
2006	3011.77	645.23	17954.56	8716.65	1204.76	112.80	103.90	117.50	114.50	112.02
2007	3418.36	671.04	21599.34	9814.94	1357.76	113.50	104.00	120.30	112.60	112.70
2008	3869.59	701.91	25789.61	10963.29	1524.76	113.20	104.60	119.40	111.70	112.30
2009	4384.24	737.00	30431.74	12322.74	1713.83	113.30	105.00	118.00	112.40	112.40
2010	4989.27	768.69	35392.12	14245.09	1938.35	113.80	104.30	116.30	115.60	113.10
2011	5612.93	799.44	41090.25	16011.48	2168.02	112.50	104.00	116.10	112.40	111.85
2012	6280.86	837.82	46719.61	18125.00	2416.95	111.90	104.80	113.70	113.20	111.48
2013	6940.36	880.54	52793.16	19883.12	2661.07	110.50	105.10	113.00	109.70	110.10
2014	7634.39	924.57	59233.93	21692.48	2916.53	110.00	105.00	112.20	109.10	109.60

1-9 收入总值和生产总值

项目	按当年价格计算(万元)			按可比价格计算2014年比2013年增长(%)
	2014年	2013年	2013比2012年增减额	
收入总值	18913251	17209928	1703323	9.9
生产总值	18435921	16733140	1702781	10.0
按产业分				
第一产业(农业、林业、畜牧业和渔业)	2825752	2674647	151105	5.0
第二产业	8434189	7639577	794612	12.2
工业	7206207	6567121	639086	12.2
建筑业	1227982	1072456	155526	12.2
第三产业	7175980	6418916	757064	9.1
#交通运输、仓储及邮政业	923030	887894	35136	3.6
信息传输、计算机服务和软件业	457572	422860	34712	8.2
批发和零售业	1095079	995881	99198	8.7
金融业	860991	728465	132526	11.2
房地产业	770541	697072	73469	11.1
教育	700212	668224	31988	6.3
公共管理和社会组织	795261	668948	126313	16.2
按使用分:				
最终消费	13714410	11447013	2267397	19.6
居民消费	11337301	9422211	1915090	20.2
农村居民消费	4037422	3131093	906329	28.8
城镇居民消费	7299879	6291118	1008761	15.9
政府消费	2377109	2024802	352307	17.2
资本形成总额	13788629	12739613	1049016	8.1
固定资产形成总额	13393077	12416957	976120	7.7
存货增加	395552	322656	72896	22.4
货物和服务净出口(+)净进口(-)	-9067118	-7453486	-1613632	21.5
按结构项目分:				
劳动者报酬	8861733	7859062	1002671	
固定资产折旧	1601497	1324444	277053	
生产税净额	2486950	2322385	164565	
营业盈余	5485740	5227249	258491	
地区外净要素收入	477330	476788	542	7.5

1-10 全市及县(市、区)生产总值

(按当年价格计算)　　单位:万元

县(市、区)别	生产总值	第一产业	第二产业			第三产业					人均生产总值(元)
				工业	建筑业		#批零贸易业	#交通运输、仓储及邮政业	#金融业	#房地产业	
赣州市	**18435921**	**2825752**	**8434189**	**7206207**	**1227982**	**7175980**	**1095079**	**923030**	**860991**	**770541**	**21708**
章贡区	2629865	42253	961435	767482	193953	1626177	240714	122104	165333	285681	49667
赣　县	1255529	189142	737740	655373	82367	328647	68104	71685	7747	26376	22675
信丰县	1438334	260484	606074	503073	103001	571776	69797	100659	23601	156869	21382
大余县	861213	104535	448343	394145	54198	308335	71068	51843	10015	48281	29447
上犹县	469442	96484	190598	172529	18069	182360	20236	20834	18288	26112	17968
崇义县	629940	92295	373398	360289	13109	164247	26513	51972	7065	10766	33102
安远县	488067	143982	118911	101776	17135	225174	23887	41925	8115	47000	14143
龙南县	1158867	112476	666815	598731	68084	379576	30509	70032	13594	52675	38071
定南县	580176	87017	265864	202697	63167	227295	37574	38926	5615	62550	33172
全南县	500437	77768	264652	248066	16586	158017	22367	50420	7834	14084	27383
宁都县	1224612	272510	495463	402995	92468	456639	61379	79348	20665	58503	15232
于都县	1534273	223315	799035	701101	97934	511923	40250	88869	57398	77205	17744
兴国县	1218243	272430	587354	503463	83891	358459	60896	59767	15192	52395	16693
会昌县	733059	150783	313046	288476	24570	269230	37497	51783	18984	58476	16250
寻乌县	524181	157207	164787	151096	13691	202187	32626	42624	12323	19959	17964
石城县	389120	114825	122157	90101	32056	152138	29642	16401	4640	40844	13789
瑞金市	1131575	182824	393634	329615	64019	555117	82899	103216	34669	88833	18035
南康区	1484801	223128	790565	713922	76643	471108	91005	73765	35351	95711	20481

1-11 全市及县(市、区)生产总值指数

(可比价格，以上年为100)　　单位：%

县(市、区)别	生产总值	第一产业	第二产业			第三产业					人均生产总值
				工业	建筑业		#批零贸易业	#交通运输、仓储及邮政业	#金融业	#房地产业	
赣州市	**110.0**	**105.0**	**112.2**	**112.2**	**112.2**	**109.1**	**108.7**	**103.6**	**111.2**	**111.1**	**109.6**
章贡区	111.4	104.5	113.1	113.2	112.8	110.6	108.7	102.9	117.5	103.2	111.1
赣　县	110.0	104.9	112.0	112.1	111.1	108.3	109.4	103.1	124.6	103.1	109.6
信丰县	111.0	105.8	113.5	113.4	114.3	110.6	108.2	101.7	112.0	128.9	110.7
大余县	108.8	104.5	110.4	110.4	110.5	107.8	108.7	103.8	111.9	104.0	108.5
上犹县	109.6	105.8	112.0	112.0	111.4	109.0	108.8	105.6	125.1	101.2	109.2
崇义县	109.1	104.5	110.9	110.9	110.4	107.3	108.6	104.5	109.0	108.5	108.6
安远县	109.3	104.2	111.6	111.6	111.8	111.4	108.5	103.0	118.0	114.6	109.0
龙南县	111.5	105.0	113.4	113.4	112.9	110.7	109.5	102.0	116.1	99.4	111.2
定南县	109.4	105.3	111.3	111.1	112.0	108.6	108.2	103.7	116.7	105.8	109.1
全南县	109.5	104.7	112.4	112.2	114.6	107.9	108.4	104.5	121.4	100.5	109.2
宁都县	109.7	105.8	112.2	112.4	111.4	108.9	108.1	103.4	117.1	115.1	109.3
于都县	110.4	105.4	113.5	113.5	113.5	107.5	109.1	106.2	118.6	103.6	110.0
兴国县	110.9	105.8	113.5	113.5	113.2	110.5	108.8	102.8	116.0	115.8	110.5
会昌县	109.1	105.0	111.2	111.0	113.5	108.8	108.1	107.0	111.0	108.8	108.7
寻乌县	109.2	102.4	113.8	114.0	112.0	109.6	107.6	103.9	121.6	106.8	108.8
石城县	110.0	105.1	113.4	113.3	113.9	111.3	108.5	105.1	117.8	110.1	109.7
瑞金市	110.9	105.8	113.7	113.8	113.4	110.1	108.7	102.6	116.4	111.6	110.5
南康区	110.1	104.0	111.7	111.7	111.4	109.8	108.5	101.7	121.8	104.0	109.7

1-12 县(市、区)地区生产总值结构项目

(按当年价格计算)

县(市、区)别	生产总值	劳动者报酬	生产税净额	固定资产折旧	营业盈余
章贡区	2629865	960239	414574	227637	1027415
赣　县	1255529	700190	145888	230986	178465
信丰县	1438334	827003	216847	139170	255314
大余县	861213	417550	82299	108959	252405
上犹县	469442	305291	64572	49992	49587
崇义县	629940	295963	59200	148382	126395
安远县	488067	363393	29705	65893	29076
龙南县	1158867	673688	118754	175502	190923
定南县	580176	359044	92954	58170	70008
全南县	500437	232367	53193	62485	152392
宁都县	1224612	786817	91131	99722	246942
于都县	1534273	966274	133134	245423	189442
兴国县	1218243	704767	143450	224692	145334
会昌县	733059	430529	115925	68174	118431
寻乌县	524181	308532	34779	97437	83433
石城县	389120	274724	30152	53927	30317
瑞金市	1131575	827728	93897	132520	77430
南康区	1484801	609962	308036	282932	283871

1-13 县(市、区)支出法生产总值

(按当年价格计算)　　单位：万元

县(市、区)别	最终消费	居民消费			政府消费	资本形成总额			货物和服务净流出
			农村居民	城镇居民			固定资本形成	存货增加	
章贡区	1212994	957634	216425	741209	255360	1376834	1301262	75572	40037
赣　县	385158	311978	191557	120421	73180	883545	1029629	-146084	-13174
信丰县	710847	428678	265141	163537	282169	765819	746779	19040	-38332
大余县	438083	365155	196951	168204	72928	440941	424961	15980	-17811
上犹县	279571	203784	108774	95010	75787	303011	298813	4198	-113140
崇义县	270935	212211	132178	80033	58724	352645	201332	151313	6360
安远县	363142	174716	125657	49059	188426	326370	299713	26657	-201445
龙南县	347776	284694	193636	91058	63082	795714	774062	21652	15377
定南县	326010	250258	134436	115822	75752	274326	263283	11043	-20160
全南县	256031	183875	121515	62360	72156	130362	121511	8851	114044
宁都县	750717	614085	428507	185578	136632	475859	442775	33084	-1964
于都县	987165	837145	578025	259120	150020	705046	640459	64587	-148938
兴国县	883660	676697	564500	112197	206963	667142	626336	40806	-332559
会昌县	401806	311758	212305	99453	90048	403446	353702	49744	-72193
寻乌县	349694	225816	129012	96804	123878	172141	144932	27209	2346
石城县	219532	190980	142346	48634	28552	174927	159208	15719	-5339
瑞金市	965384	850412	483036	367376	114972	553352	491998	61354	-387161
南康区	1052482	887995	321647	566348	164487	1231642	1175380	56262	-799323

主要统计指标解释

可比价格 指计算各种总量指标所采用的扣除了价格变动因素的价格，可进行不同时期总量指标的对比。按可比价格计算总量指标有两种方法：一种是直接用产品产量乘某一年的不变价格计算；另一种是用价格指数进行缩减。

不变价格 指以同类产品某年的平均价格作为固定价格，用于计算各年的产品价值。按不变价格计算的产品价值消除了价格变动因素，不同时期对比可以反映生产的发展速度。新中国成立后，随着工农业产品价格水平的变化，国家统计局先后五次制定了全国统一的工业产品不变价格和农业产品不变价格。从1952年到1957年使用1952年工（农）业产品不变价格，从1957年到1970年使用1957年不变价格，从1971年到1980年使用1970年不变价格，从1981年到1990年使用1980年不变价格，从1991年开始使用1990年不变价格。

平均增长速度 我国计算平均增长速度有两种方法：一种是习惯上经常使用的“水平法”，又称几何平均法，是以间隔期最后一年的水平同基期水平对比来计算平均每年增长（或下降）速度；另一种是"累计法"，又称代数平均法或方程法，是以间隔期内各年水平的总和同基期水平对比来计算平均每年增长（或下降）速度。在一般正常情况下，两种方法计算的平均每年增长速度比较接近；但在经济发展不平衡、出现大起大落时，两种方法计算的结果差别较大。

本《年鉴》内所列的平均增长速度，除固定资产投资用“累计法”计算外，其余均用“水平法”计算。从某年到某年平均增长速度的年份，均不包括基期年在内。如建国四十三年的平均增长速度是以1949年为基期计算的，则写为1950-1992年平均增长速度，其余类推。

收入总值 指一个国家（或地区）所有常住单位在一定时期内收入初次分配的最终结果。一国（地区）常住单位从事生产活动所创造的增加值在初次分配中主要分配给该国的常住单位，但也有一部分以生产税及进口税（扣除生产和进口补贴）、劳动者报酬和财产收入等形式分配给非常住单位；同时，国（地区）外生产所创造的增加值也有一部分以生产税及进口税（扣除生产和进口补贴）、劳动者报酬和财产收入等形式分配给该国（地区）的常住单位，从而产生了地区收入总值的概念。它等于地区生产总值加上来自国（区）外的净要素收入。与地区生产总值不同，地区收总值是个收入概念，而国内生产总值是个生产概念。

生产总值（GDP） 指一个国家（或地区）所有常住单位在一定时期内生产活动的最终成果。地区生产总值有三种表现形态，即价值形态、收入形态和产品形态。从价值形态看，它是所有常住单位在一定时期内生产的全部货物和服务价值超过同期中间投入的全部非固定资产货物和服务价值的差额，即所有常住单位的增加值之和；从收入形态看，它是所有常住单位在一定时期内创造并分配给常住单位和非常住单位的初次收入分配之和；从产品形态看，它是所有常住单位在一定时期内最终使用的货物和服务价值与货物和服务净出口价值之和。在实际核算中，国内生产总值有三种计算方法，即生产法、收入法和支出法。三种方法分别从不同的方面反映国内生产总值及其构成。

三次产业 是根据社会生产活动历史发展的顺序对产业结构的划分，产品直接取自自然界的部门称为第一产业，对初级产品进行再加工的部门称为第二产业，为生产和消费提供各种服务的部门称为第三产业。它是世界上较为通用的产业结构分类，但各国的划分不尽一致。

从2013年年报开始，根据《国民经济行业分类》（GB/T4754-2011），我国的三次产业划分是：

第一产业 包括农业、林业、畜牧业和渔业，不含农林牧渔服务业。

第二产业 工业（包括采掘业，制造业，电力、煤气及水的生产和供应业）和建筑业，但不含工业中的开采辅助活动和金属制品、机械和设备修理业。

第三产业 除第一、第二产业以外的其他各业。第三产业包括：农林牧渔服务业、开采辅助活动、金属制品、机械和设备修理业，批发和零售业，交通运输、仓储和邮政业，住宿和餐饮业，信息传输、软件和信息技术服务业，金融业，房地产业，租赁和商务服务业，科学研究和技术服务业，水利、环境和公共设施管理业，居民服务、修理和其他服务业，教育，卫生和社会工作，文化、体育和娱乐业，公共管理、社会保障和社会组织，国际组织。

二、人口

本 篇 章
质量负责：孙有德
资料整理：陈 刚

2-1 历年户数和人口数

年份	年末总户数 (户)	年末总人口 (人)		平均人数 (人)	人口密度 (人/平方公里)
		男	女		
1949	713223	3050937	1524199	1526738		77
1950	729537	3166191	1588707	1577484	3108546	80
1951	741725	3266001	1628732	1637269	3216096	83
1952	809863	3314148	1645177	1668971	3290075	84
1953	822591	3331753	1656023	1675730	3322951	85
1954	825352	3444573	1717489	1727084	3388163	87
1955	826777	3513148	1751099	1762049	3478861	89
1956	832417	3600445	1813524	1786921	3556797	91
1957	857975	3700730	1865105	1835625	3650588	94
1958	843532	3753245	1882127	1871118	3726988	95
1959	852569	3810047	1909642	1900432	3781660	97
1960	851186	3791884	1892312	1899572	3800979	96
1961	887689	3791525	1885395	1906130	3791705	96
1962	892516	3889019	1932431	1956588	3840272	99
1963	902165	3989899	1989583	200316	3939459	101
1964	905246	4069798	2039126	2030672	4029849	103
1965	911091	4201599	2099034	2102565	4135699	107
1966	917687	4329198	2165627	2163571	4265399	110
1967	920638	4450041	2226621	2223420	4389620	113
1968	940102	4592351	2283549	2308802	4521196	117
1969	974069	4739858	2365830	2374028	4666105	120
1970	984258	4866936	2435679	2431257	4803397	124
1971	1006539	4985576	2496293	2489283	4926256	127
1972	1009951	5118220	2562463	2555757	5051898	130
1973	1018591	5291969	2655597	2636372	5205095	134
1974	1030466	5453446	2743616	2709830	5372708	138
1975	1042704	5619211	2868896	2750315	5536329	143
1976	1066300	5775092	2916398	2858694	5697152	147
1977	1083950	5920392	2994132	2926260	5847742	150
1978	1100291	6042038	3051148	2990890	5981215	153
1979	1117864	6109909	3087852	3022057	6075974	155

注：本表及后5张表为公安年报数。

2-1 续表

年份	年末总户数(户)	年末总人口(人)			平均人数(人)	人口密度(人/平方公里)
			男	女		
1980	1134202	6192320	3127760	3064560	6151115	157
1981	1151244	6267642	3177497	3090145	6229981	159
1982	1157040	6348296	3226320	3121976	6307969	161
1983	1183105	6413502	3263162	3150340	6380899	163
1984	1207252	6484903	3302135	3182768	6449203	165
1985	1238359	6553290	3341866	3211424	6519097	166
1986	1272739	6641873	3386657	3255216	6597582	169
1987	1321491	6724620	3435945	3288675	6683247	171
1988	1349702	6881935	3510509	3371426	6803278	175
1989	1423389	6994242	3569302	3424940	6938088	178
1990	1493474	7105217	3637570	3467647	7049730	180
1991	1531353	7196780	3692470	3504310	7150999	183
1992	1554379	7244337	3719452	3524885	7220559	184
1993	1589945	7287637	3738780	3548857	7265987	185
1994	1621168	7352945	3791991	3560954	7320291	187
1995	1659878	7468126	3845324	3622802	7410536	190
1996	1696861	7556171	3884429	3671742	7512148	192
1997	1732796	7648959	3936598	3712361	7602565	194
1998	1806878	7733634	3975286	3758348	7691297	196
1999	1875326	7823205	4024683	3798522	7778420	199
2000	1994489	7941569	4092857	3848712	7882387	202
2001	2054606	8077290	4159050	3918240	8009430	205
2002	2115719	8184850	4204532	3980318	8131070	208
2003	2206247	8311991	4285047	4026944	8248450	211
2004	2257165	8456471	4356137	4100334	8384231	215
2005	2342874	8456939	4383679	4073260	8456705	215
2006	2402628	8611512	4471132	4140380	8534226	219
2007	2480795	8770399	4554342	4216057	8690956	223
2008	2557243	8889521	4623547	4265974	8829960	226
2009	2607758	8969895	4658311	4311584	8929708	228
2010	2686887	9072674	4714715	4357959	9021285	230
2011	2751820	9182605	4769151	4413454	9127640	233
2012	2773952	9267014	4821640	4445374	9224810	235
2013	2768824	9285202	4835256	4449946	9276108	236
2014	2778181	9542050	4960641	4581589	9413626	242

2-2 历年农业、非农业人口数

年份	按农业与非农业分		年份	按农业与非农业分	
	非农业人口	农业人口		非农业人口	农业人口
1949	253650	2797287	1982	733076	5615220
1950	290656	2875535	1983	745025	5668477
1951	332479	2933522	1984	789852	5695051
1952	364888	2949260	1985	819166	5734124
1953	385484	2946269	1986	826269	5815604
1954	416339	3028234	1987	852759	5871861
1955	420822	3092326	1988	876646	6005289
1956	449989	3150456	1989	900169	6094073
1957	473053	3227677	1990	918090	6187127
1958	516885	3236360	1991	935200	6261580
1959	552869	3257205	1992	973753	6270584
1960	582411	3209473	1993	1005054	6282583
1961	530337	3261188	1994	1047564	6305381
1962	470953	3418066	1995	1142789	6325337
1963	459181	3530718	1996	1181241	6374930
1964	479500	3590289	1997	1227293	6421666
1965	488117	3713482	1998	1261978	6471656
1966	494191	3835007	1999	1269608	6553597
1967	480800	3969241	2000	1340643	6600926
1968	413258	4179093	2001	1408248	6669042
1969	430454	4309404	2002	1488570	6696280
1970	493781	4373155	2003	1592168	6719823
1971	528898	4456678	2004	1680865	6775606
1972	520501	4597719	2005	1693530	6763409
1973	519536	4772433	2006	1751076	6860436
1974	524738	4928708	2007	1810057	6960342
1975	534815	5084396	2008	1853007	7036514
1976	550731	5224361	2009	1874575	7095320
1977	559689	5360703	2010	1879327	7193347
1978	573338	5468700	2011	1886717	7295888
1979	598253	5511656	2012	1891015	7375999
1980	641888	5550432	2013	1942969	7342233
1981	710195	5557447	2014	1932363	7609687

2-3 县(市、区)户数和人口

县(市、区)别	年末总户数 (户)	年末总人口 (人)	年平均人数 (人)	平均每户人口数 (人)
全 市	**2778181**	**9542050**	**9409079**	**3.39**
章贡区	141130	477834	471814	3.34
赣 县	170729	641677	631943	3.70
信丰县	220508	758415	752493	3.41
大余县	116107	312564	309991	2.67
上犹县	102128	320961	316567	3.10
崇义县	64376	214557	212881	3.31
安远县	89743	398126	390804	4.35
龙南县	102218	331635	326343	3.19
定南县	59988	219821	216775	3.61
全南县	59580	196168	194203	3.26
宁都县	286049	818724	805963	2.82
于都县	270937	1091354	1070902	3.95
兴国县	239671	826422	815105	3.40
会昌县	150571	526835	520734	3.46
寻乌县	91994	326055	320833	3.49
石城县	94063	328223	323754	3.44
瑞金市	180321	693738	687036	3.81
南康区	279329	858978	845049	3.03
赣州经开区	58739	199963	195893	3.33

2-4 县(市、区)年末总人口分组情况

单位：人

县(市、区)	年末总人口	按农业与非农业分		按性别分		按年龄分			
		非农业人口	农业人口	男	女	18岁以下	18-35岁	35-60岁	60岁以上
全 市	**9542050**	**1932363**	**7609687**	**4960461**	**4581589**	**2586577**	**2361267**	**3349229**	**1244977**
章贡区	477834	341895	135939	239933	237901	100922	102967	189102	84843
赣 县	641677	101546	540131	336054	305623	182481	152610	226004	80582
信丰县	758415	104473	653942	392232	366183	196921	185214	286579	89701
大余县	312564	86978	225586	161379	151185	80011	88451	119421	24681
上犹县	320961	44281	276680	167437	153524	81440	71676	120810	47035
崇义县	214557	35906	178651	112077	102480	50516	49186	83609	31246
安远县	398126	67037	331089	207483	190643	116486	112752	125881	43007
龙南县	331635	115072	216563	169217	162418	75693	86586	124713	44643
定南县	219821	44989	174832	113633	106188	54736	57202	79517	28366
全南县	196168	55105	141063	101844	94324	46229	45304	77723	26912
宁都县	818724	132123	686601	434509	384215	222345	198881	290791	106707
于都县	1091354	185566	905788	565015	526339	338245	277852	344161	131096
兴国县	826422	114639	711783	436660	389762	233554	203956	280477	108435
会昌县	526835	81302	445533	273183	253652	156760	133430	173757	62888
寻乌县	326055	53487	272568	171142	154913	85206	89039	108311	43499
石城县	328223	52222	276001	173309	154914	84388	88878	114418	40539
瑞金市	693738	126373	567365	362602	331136	186976	189986	228807	87969
南康区	858978	148294	710684	442012	416966	239110	198975	305719	115174
赣州经开区	199963	41075	158888	100740	99223	54558	48322	69429	27654

2-5　县(市、区)出生、死亡人口

单位：人

县(市、区)	出生人口	死亡人口	县(市、区)	出生人口	死亡人口
总　计	**143141**	**102442**	全南县	2456	1493
章贡区	7160	2105	宁都县	14177	8024
赣　县	9881	12656	于都县	17353	6447
信丰县	10240	9279	兴国县	11632	12173
大余县	4738	3234	会昌县	7505	3409
上犹县	3277	2914	寻乌县	2887	1808
崇义县	3220	2001	石城县	4831	4189
安远县	6275	3796	瑞金市	9786	11025
龙南县	4755	4552	南康区	15432	10840
定南县	3519	1499	赣州经开区	4017	998

2-6　人口变动抽样调查人口情况

(抽样调查推算数)

年份	总人口(人)	#城镇人口(人)	#乡村人口(人)	年平均人口(人)	出生人口(人)	人口出生率(‰)	死亡人口(人)	人口死亡率(‰)	自然增加人数(人)	人口自然增长率(‰)
1996	7742740			7698929	145125	18.85	55124	7.16	90001	11.69
1997	7828068			7785404	139903	17.97	54575	7.01	95328	10.96
1998	7906751			7867410	138230	17.57	56645	7.20	81585	10.37
1999	7987571			7947161	135817	17.09	54994	6.92	80823	10.17
2000	7852053			7812496	126641	16.21	50385	6.34	78359	9.87
2001	7929620			7890837	126017	15.97	48450	6.14	77567	9.83
2002	8005812			7967716	126766	15.91	50754	6.37	78323	9.54
2003	8069491			8037651	120002	14.93	51602	6.42	68400	8.51
2004	8126433			8097962	117082	14.45	50884	6.28	66198	8.17
2005	8179221	2650300	5528921	8152827	115444	14.16	49325	6.05	66119	8.11
2006	8240465	2783800	5456665	8209843	115841	14.11	49237	6.00	66604	8.11
2007	8301348	2905057	5396291	8270907	115710	13.99	49295	5.96	66415	8.03
2008	8366609	3074729	5291880	8333978	116842	14.02	50087	6.01	66755	8.01
2009	8428813	3222335	5206478	8397711	117316	13.97	50386	6.00	66930	7.97
2010	8368428	3140671	5227757	8357925	115507	13.82	50482	6.04	65025	7.78
2011	8427758	3315480	5112278	8404930	113719	13.53	50514	6.01	63205	7.52
2012	8451853	3478783	4973070	8439806	114106	13.52	52158	6.18	61948	7.34
2013	8478051	3608259	4869792	8464952	112245	13.26	53547	6.33	58698	6.93
2014	8507458	3742431	4765027	8492754	113148	13.32	53844	6.34	59304	6.98

主要统计指标解释

人口数　指一定时点、一定地区范围内的有生命的个人的总和。年度统计的年末人口数指每年 12 月 31 日 24 时的人口数。

出生率（又称粗出生率）　指在一定时期内(通常为一年)平均每千人所出生的人数的比率，一般用千分率表示。计算公式为：

出生率＝年出生人数 / 年平均人数×1000‰

式中：出生人数指活产婴儿，即胎儿脱离母体时(不管怀孕月数)，有过呼吸或其他生命现象。年平均人数指年初、年底人口数的平均数，也可用年中人口数代替。

死亡率（又称粗死亡率）　指在一定时期内(通常为一年)一定地区的死亡人数与同期平均人数(或期中人数)之比，一般用千分率表示。计算公式为：

死亡率＝年死亡人数 / 年平均人数×1000‰

人口自然增长率　指在一定时期内(通常为一年)人口自然增加数(出生人数减死亡人数)与该时期内平均人数(或期中人数)之比，一般用千分率表示。计算公式为：

人口自然增长率＝（本年出生人数－本年死亡人数）/ 年平均人数×1000‰

＝人口出生率－人口死亡率

三、从业人口和职工工资

本 篇 章

质量负责：黎运平

资料整理：黎运平

3-1 历年社会从业人数

（年末数）

单位：万人

年份	社会从业人数	职工人数	国有经济单位	城镇集体单位	其他各种经济单位	城镇个体劳动者	乡村劳动力
1957	163.89	15.82	12.44				148.07
1962	168.26	20.50	14.91				147.76
1965	171.68	21.74	15.81				149.94
1970	192.73	25.46	21.06				167.27
1978	223.73	33.99	28.87	5.12			189.74
1980	233.59	35.26	30.07	5.19		0.18	198.15
1981	237.47	35.83	30.27	5.56		0.60	201.04
1982	244.20	36.72	31.37	5.35		1.07	206.42
1983	251.02	36.15	30.62	5.53		1.78	213.09
1984	260.78	37.37	30.26	7.11		2.34	221.06
1985	289.49	39.07	31.45	7.62		3.43	246.99
1986	297.53	40.61	32.57	8.03	0.01	3.18	253.74
1987	304.86	41.92	33.77	8.12	0.03	3.27	259.67
1988	327.01	42.78	34.89	7.86	0.03	4.34	279.89
1989	331.00	43.23	35.62	7.56	0.05	5.65	282.11
1990	340.50	43.52	35.96	7.50	0.06	5.97	291.01
1991	345.59	45.26	37.31	7.82	0.13	7.55	292.77
1992	346.58	46.54	38.31	7.93	0.30	7.32	292.72
1993	356.90	46.74	38.77	7.50	0.47	8.61	300.11
1994	400.10	46.82	38.89	7.54	0.39	11.37	339.41
1995	410.16	46.98	39.17	7.26	0.55	14.91	344.24
1996	417.14	47.06	39.23	6.84	0.99	15.84	349.87
1997	427.57	47.01	39.05	6.77	1.19	18.34	357.23
1998	423.68	46.08	38.58	6.20	1.30	19.22	353.08
1999	416.09	45.44	38.22	5.88	1.34	16.55	349.23
2000	413.59	33.19	28.41	3.00	1.78	16.27	349.78
2001	418.31	32.90	26.85	2.50	3.45	18.14	351.80
2002	416.60	32.66	25.38	2.12	5.16	18.14	351.93
2003	419.55	32.57	23.91	1.79	6.87	18.78	353.04
2004	422.65	33.81	23.56	1.64	8.61	18.33	352.62
2005	429.60	35.57	23.56	1.53	10.48	18.31	357.56
2006	435.40	37.71	24.06	1.41	12.24	25.43	357.76
2007	441.45	38.26	24.25	1.49	12.52	29.96	359.55
2008	449.67	39.84	24.62	1.23	14.00	28.19	362.81
2009	458.02	40.01	24.67	1.29	14.05	22.86	366.17
2010	480.15	41.21	25.04	1.29	14.88	33.38	382.13
2011	491.69	45.01	27.25	1.37	16.39	38.52	387.87
2012	506.35	48.75	26.81	1.61	20.33	36.63	397.66
2013	522.53	54.33	26.56	1.55	26.22	41.82	403.81
2014	532.40	55.31	26.94	1.32	27.05	41.29	405.18

3-2 历年按三次产业分的社会从业人数

(年末数)　　　　单位：万人

年份	社会从业人数	第一产业	第二产业	第三产业	构成(以合计数为100) 第一产业	第二产业	第三产业
1957	163.89	144.58	9.80	9.51	88.22	5.98	5.80
1962	168.26	145.06	11.95	11.25	86.21	7.10	6.69
1965	171.68	147.42	12.65	11.61	85.87	7.37	6.76
1970	192.73	164.92	14.69	13.12	85.57	7.62	6.81
1978	223.73	187.82	18.11	17.80	83.95	8.09	7.96
1980	233.59	195.43	18.97	19.19	83.66	8.12	8.22
1981	237.47	198.14	19.43	19.90	83.44	8.18	8.38
1982	244.20	202.76	20.05	21.39	83.03	8.21	8.76
1983	251.02	208.20	20.70	22.12	82.94	8.25	8.81
1984	260.78	209.28	24.70	26.80	80.25	9.47	10.28
1985	289.49	223.00	32.87	33.62	77.03	11.36	11.61
1986	297.53	227.64	33.38	36.51	76.51	11.22	12.27
1987	304.86	233.22	36.06	35.58	76.50	11.83	11.67
1988	327.01	249.18	38.18	39.65	76.20	11.68	12.13
1989	330.99	249.90	39.53	41.56	75.50	11.94	12.56
1990	340.50	257.14	40.70	42.66	75.52	11.95	12.53
1991	345.58	261.13	42.35	42.10	75.56	12.26	12.18
1992	346.58	247.73	43.66	55.19	71.48	12.60	15.92
1993	356.90	226.50	45.66	84.74	63.46	12.80	23.74
1994	400.10	246.37	55.34	98.39	61.58	13.83	24.59
1995	410.16	251.70	59.38	99.08	61.36	14.48	24.16
1996	417.14	260.25	56.20	100.69	62.39	13.47	24.14
1997	427.57	261.58	54.53	111.46	61.18	12.75	26.07
1998	423.68	255.05	52.58	116.05	60.20	12.41	27.39
1999	416.09	250.50	54.44	111.15	60.20	13.09	26.71
2000	413.59	228.46	62.82	122.31	55.24	15.19	29.57
2001	418.31	228.08	57.19	133.04	54.52	13.67	31.80
2002	416.60	214.14	60.65	141.81	51.40	14.56	34.04
2003	419.55	216.82	69.93	132.80	51.68	16.67	31.65
2004	422.65	218.68	81.21	122.76	51.74	19.21	29.05
2005	429.60	218.45	94.05	117.10	50.85	21.89	27.26
2006	435.40	205.30	107.10	123.00	47.15	24.60	28.25
2007	441.45	200.08	116.74	124.63	45.32	26.45	28.23
2008	449.67	194.30	129.57	125.80	43.21	28.81	27.98
2009	458.02	191.88	137.41	128.73	41.89	30.00	28.11
2010	480.15	195.26	148.23	136.66	40.67	30.87	28.46
2011	491.69	191.25	153.97	146.47	38.90	31.31	29.79
2012	506.35	185.19	162.66	158.50	36.57	32.12	31.31
2013	522.53	183.07	166.60	172.86	35.04	31.88	33.08
2014	532.40	176.69	170.89	184.82	33.19	32.10	34.71

3-3 从业人员数

单位：万人

项 目	合计	城镇	乡村
总 计	**532.40**	**127.22**	**405.18**
按经济成分分组			
国有	26.94	26.94	
集体	283.80	1.32	282.48
股份合作	0.12	0.12	
联营	0.03	0.03	
有限责任公司	11.07	11.07	
股份有限公司	2.53	2.53	
私营	61.77	30.40	31.37
个体	131.83	41.29	90.54
港澳台投资	9.72	9.72	
外商投资	3.27	3.27	
其他	1.32	0.53	0.79
按国民经济行业分组			
农、林、牧、渔业	176.69	2.46	174.23
采矿业	13.71	1.26	12.45
制造业	113.09	31.13	81.96
电力、热力、燃气及水生产和供应业	7.34	2.09	5.25
建筑业	36.75	6.29	30.46
批发和零售业	81.88	25.64	56.24
交通运输、仓储和邮政业	12.61	3.42	9.19
住宿和餐饮业	17.63	5.72	11.91
信息传输、软件和信息技术服务业	4.91	2.39	2.52
金融业	2.51	2.51	
房地产业	3.75	3.75	
租赁和商务服务业	4.08	4.08	
科学研究和技术服务业	2.03	1.16	0.87
水利、环境和公共设施管理业	1.11	1.11	
居民服务、修理和其他服务业	13.66	6.11	7.55
教育	20.45	13.53	6.92
卫生和社会工作	8.26	5.07	3.19
文化、体育和娱乐业	3.79	1.32	2.47
公共管理、社会保障和社会组织	8.15	8.15	

3-4 城镇失业人员情况

单位：人

项　　目	2001年	2002年	2003年	2004年	2005年	2006年
上期末结转登记失业人数	7983	20326	16664	28382	26834	24364
本期新登记的失业人数	48489	24419	46801	63196	73776	90395
其中:女性	7766	12387	17549	30166	32079	40219
就业转失业	4768	5359	8501	12191	9016	15063
本期登记失业人员就业人数	22373	28081	35083	64744	76246	87730
其中:女性	13386	13786	14443	27192	32148	46349
期末实有登记失业人数	20326	16664	28382	26834	24364	27029
其中:女性	15487	8510	8555	7795	11976	13592
长期失业者	9874	2702	2382	3384	1646	1615
登记失业率	3.70	3.10	3.70	3.40	3.00	3.30

3-4 续表

单位：人

项　　目	2007年	2008年	2009年	2010年	2011年	2012年	2013年	2014年
上期末结转登记失业人数	27029	22919	31758	32655	34409	33243	29720	38764
本期新登记的失业人数	84518	95319	76844	71851	72086	65133	48002	44435
其中:女性	41464	82084	41593	32279	29070	25580	22331	18994
就业转失业	10502	9243	6607	7581	8531	7634	7776	3863
本期登记失业人员就业人数	88628	86480	75947	70097	73252	62540	34352	46087
其中:女性	42264	44010	39028	33145	32595	30992	15037	17798
期末实有登记失业人数	22919	31758	32655	34409	33243	29720	38764	37112
其中:女性	11414	14317	12890	18404	18225	11200	19062	18528
长期失业者	1317	2065	1523	3103	1985	3118	3027	2088
登记失业率	2.72	3.73	3.20	3.20	3.20	3.23	3.32	3.30

3-5 城镇非私营单位从业人员

单位：人

项目	各单位从业人员	在岗职工	劳务派遣人员	其他从业人员
总　　计	**553130**	**529338**	**11717**	**23792**
按经济类型分组				
国有单位合计	269376	256439	5387	12937
城镇集体单位合计	13246	12597	379	649
其他单位合计	270508	260302	5951	10206
内资	140558	130752	3922	9806
股份合作	1199	1080	74	119
联营	268	247	40	21
国有联营	70	70	33	
集体联营	198	177	7	21
有限责任公司	110711	105696	1612	5015
国有独资	3572	3559	39	13
股份有限公司	25328	20710	2196	4618
其他	3052	3019		33
港、澳、台商投资	97226	96865	2006	361
外商投资	32724	32685	23	39
按企业、事业、机关分组				
企业	313829	300176	10828	13653
事业	165884	160075	622	5809
机关	72112	67999	267	4113
民间非盈利组织				
其他	1305	1088		217
按国民经济行业分组				
农、林、牧、渔业	6674	6269	1	405
农业	826	826		
林业	3363	3144	1	219
畜牧业	376	376		
渔业	3	3		
农、林、牧、渔服务业	2106	1920		186
采矿业	10634	10345		289
煤炭开采和洗选业	1068	1068		
有色金属矿采选业	9156	8867		289
非金属矿采选业	410	410		
制造业	180283	179366	293	917
农副食品加工业	3233	3072	35	161
食品制造业	3062	3060	9	2
酒、饮料和精制茶制造业	1469	1469	24	

3-5 续表 1

单位:人

项目	各单位从业人员	在岗职工	劳务派遣人员	其他从业人员
烟草制品业	558	171		387
纺织业	1098	1098		
纺织服装、服饰业	30075	30065	20	10
皮革、毛皮、羽毛及其制品和制鞋业	23707	23642	23	65
木材加工和木、竹、藤、棕、草制品业	1555	1555		
家具制造业	6139	6138		1
造纸和纸制品业	2444	2444		
印刷和记录媒介复制业	1556	1556		
文教、工美、体育和娱乐用品制造业	19706	19704		2
石油加工、炼焦和核燃料加工业	84	84		
化学原料和化学制品制造业	3653	3650	13	3
医药制造业	2274	2272	47	2
橡胶和塑料制品业	3345	3305		40
非金属矿物制品业	4611	4575	27	36
黑色金属冶炼和压延加工业	554	554		
有色金属冶炼和压延加工业	15949	15892	7	57
金属制品业	2468	2442	23	26
通用设备制造业	2135	2135		
专用设备制造业	1819	1819		
汽车制造业	3679	3679		
铁路、船舶、航空航天和其他运输设备制造业	474	474		
电气机械和器材制造业	28968	28938	63	30
计算机、通信和其他电子设备制造业	12459	12364		95
仪器仪表制造业	440	440	2	
其他制造业	2719	2719		
废弃资源综合利用业	50	50		
电力、热力、燃气及水生产和供应业	10000	9205	320	795
电力、热力生产和供应业	7896	7183	260	713
燃气生产和供应业	308	308		
水的生产和供应业	1796	1714	60	82

3-5 续表 2

单位：人

项目	各单位从业人员	在岗职工	劳务派遣人员	其他从业人员
建筑业	39793	33936	2024	5857
房屋建筑业	32958	28555	1684	4403
土木工程建筑业	5675	4376	290	1299
建筑安装业	191	117	9	74
建筑装饰和其他建筑业	969	888	41	81
批发和零售业	12025	11741	2163	284
批发业	6265	6088	1894	177
零售业	5760	5653	269	107
交通运输、仓储和邮政业	14199	13934	2130	265
道路运输业	9076	8960	110	116
水上运输业	49	49		
装卸搬运和运输代理业	80	80		
仓储业	651	625	4	26
邮政业	4343	4220	2016	123
住宿和餐饮业	4823	4781	12	42
住宿业	3348	3347		1
餐饮业	1475	1434	12	41
信息传输、软件和信息技术服务业	6884	5833	2536	1051
电信、广播电视和卫星传输服务	6776	5734	2536	1042
互联网和相关服务	63	63		
软件和信息技术服务业	45	36		9
金融业	16935	13711	1145	3224
货币金融服务	12146	11585	906	561
资本市场服务	157	157	15	
保险业	4632	1969	224	2663
房地产业	7533	7247	151	286
房地产开发经营	5091	4945	110	146
物业管理	1858	1718	41	140
房地产中介服务	297	297		
租赁和商务服务业	3403	3326		77
租赁业	13	13		

3-5 续表 3

单位：人

项 目	各单位从业人员	在岗职工		其他从业人员
			劳务派遣人员	
商务服务业	3390	3313		77
科学研究和技术服务业	5984	5719	46	265
研究和试验发展	782	767		15
专业技术服务业	5083	4833	46	250
科技推广和应用服务业	119	119		
水利、环境和公共设施管理业	8676	6369		2307
水利管理业	812	806		6
生态保护和环境治理业	54	54		
公共设施管理业	7810	5509		2301
居民服务、修理和其他服务业	1517	1456	28	61
居民服务业	939	900	28	39
机动车、电子产品和日用产品修理业	290	268		22
其他服务业	288	288		
教育	96433	95556	171	877
初等教育	47039	46955		84
中等教育	42841	42262		579
高等教育	4855	4798	171	57
卫生和社会工作	42144	40336	283	1808
卫生	40816	39028	283	1788
社会工作	1328	1308		20
文化、体育和娱乐业	3624	3422	48	202
新闻和出版业	696	687	26	9
广播、电视、电影和影视录音制作业	1139	1077	11	62
文化艺术业	1658	1527	11	131
体育	11	11		
娱乐业	120	120		
公共管理、社会保障和社会组织	81527	76747	366	4780
中国共产党机关	3367	3295	16	72
国家机构	73598	69314	348	4284
人民政协、民主党派	443	437		6
社会保障	1027	981		46
群众团体、社会团体和其他成员组织	3055	2689	2	366

3-6 城镇各单位女性从业人员

单位：人

分组	女性从业人员合计	国有单位	城镇集体单位	其他单位
总 计	**237921**	**107717**	**5287**	**124917**
按企业、事业、机关分组				
企业	141989	13672	3509	124808
事业	78202	76377	1778	47
机关	17011	17011		
民间非盈利组织				
其他	719	657		
按国民经济行业分组				
农、林、牧、渔业	1483	1034	2	447
农业	486	78		408
林业	509	489		20
畜牧业	57	38		19
渔业				
农、林、牧、渔服务业	431	429	2	
采矿业	1464	19	5	1440
煤炭开采和洗选业	116		5	111
有色金属矿采选业	1262	19		1243
非金属矿采选业	86			86
制造业	97794	52	148	97594
农副食品加工业	759	23		736
食品制造业	1468	2		1466
酒、饮料和精制茶制造业	699	6		693
烟草制品业	250			250
纺织业	727			727
纺织服装、服饰业	22768		28	22740
皮革、毛皮、羽毛及其制品和制鞋业	11258			11258
木材加工和木、竹、藤、棕、草制品业	497	10		487
家具制造业	1705			
造纸和纸制品业	884	2		882
印刷和记录媒介复制业	713		24	689
文教、工美、体育和娱乐用品制造业	15092			15092
石油加工、炼焦和核燃料加工业	11			11
化学原料和化学制品制造业	1357	2		1355
医药制造业	1151			1151
橡胶和塑料制品业	1316			1316
非金属矿物制品业	1090			1090
黑色金属冶炼和压延加工业	79			79
有色金属冶炼和压延加工业	4621		22	4599
金属制品业	711			711
通用设备制造业	954			954
专用设备制造业	592		49	543
汽车制造业	1110	7		1103

3-6 续表 1

单位：人

分组	女性从业人员合计	#国有单位	城镇集体单位	其他单位
铁路、船舶、航空航天和其他运输设备制造业	47			47
电气机械和器材制造业	17132		25	17107
计算机、通信和其他电子设备制造业	8705			8705
仪器仪表制造业	223			223
其他制造业	1868			1868
废弃资源综合利用业	7			7
电力、热力、燃气及水生产和供应业	3001	427	1	2573
电力、热力生产和供应业	2205	77		2128
燃气生产和供应业	150			150
水的生产和供应业	646	350	1	295
建筑业	6649	664	1218	4767
房屋建筑业	5262	566	1190	3506
土木工程建筑业	1074	88	28	958
建筑安装业	28	5		23
建筑装饰和其他建筑业	285	5		280
批发和零售业	5531	1277	60	4194
批发业	1955	1030	50	875
零售业	3576	247	10	3319
交通运输、仓储和邮政业	5168	3406		1762
道路运输业	2533	801		1732
水上运输业	17	17		
装卸搬运和运输代理业	6	3		3
仓储业	157	130		27
邮政业	2455	2455		
住宿和餐饮业	2917	986	49	1882
住宿业	2134	723	49	1362
餐饮业	783	263		520
信息传输、软件和信息技术服务业	3082	557	8	2517
电信、广播电视和卫星传输服务	3041	524		2517
互联网和相关服务	25	25		
软件和信息技术服务业	16	8	8	
金融业	8305	3797	1833	2675
货币金融服务	5753	2421	1833	1499
资本市场服务	71	63		8
保险业	2481	1313		1168
房地产业	2955	576		2379
房地产开发经营	1780	238		1542
物业管理	912	107		805
房地产中介服务	138	106		32

3-6 续表 2

单位：人

分　　组	女性从业人员合计	#国有单位	城镇集体单位	其他单位
租赁和商务服务业	795	555	79	161
租赁业				
商务服务业	795	555	79	161
科学研究和技术服务业	1335	1253		82
研究和试验发展	276	276		
专业技术服务业	1023	941		82
科技推广和应用服务业	36	36		
水利、环境和公共设施管理业	4038	3509	275	254
水利管理业	140	140		
生态保护和环境治理业	11	11		
公共设施管理业	3887	3358	275	254
居民服务、修理和其他服务业	420	154		266
居民服务业	245	46		199
机动车、电子产品和日用产品修理业	96	79		17
其他服务业	79	29		50
教育	45244	44791	67	386
初等教育	24352	24311	41	
中等教育	17936	17747		189
高等教育	1930	1930		
卫生和社会工作	25999	23043	1542	1414
卫生	25257	22306	1537	1414
社会工作	742	737	5	
文化、体育和娱乐业	1635	1511		124
新闻和出版业	317	317		
广播、电视、电影和影视录音制作业	456	410		46
文化艺术业	800	758		42
体育	1	1		
娱乐业	61	25		36
公共管理、社会保障和社会组织	20101	20101		
中国共产党机关	796	796		
国家机构	17959	17959		
人民政协、民主党派	79	79		
社会保障	362	362		
群众团体、社会团体和其他成员组织	887	887		

3-7 县(市、区)城镇各单位从业人员

单位：人

县(市、区)别	各单位从业人员	#女性	#在岗职工	劳务派遣人员	其他从业人员
全　市	**553130**	**237921**	**529338**	**11717**	**23792**
章贡区	95408	41322	88074	5861	7334
赣　县	32025	16545	31412	319	613
信丰县	37849	17131	37314	368	535
大余县	17910	6914	17771	69	139
上犹县	13461	5101	13229	127	232
崇义县	12914	4751	12309	50	605
安远县	18282	7952	18198	92	84
龙南县	35647	19353	34416	269	1231
定南县	17855	7344	17705	247	150
全南县	18240	9713	17000	148	1240
宁都县	25993	11266	25020	378	973
于都县	41373	20392	39969	249	1404
兴国县	30388	12107	28384	371	2004
会昌县	15903	5305	15622	200	281
寻乌县	10944	4354	10416	181	528
石城县	13631	6090	13362	420	269
瑞金市	27492	13253	26485	390	1007
南康区	31238	14128	29241	733	1997
赣州经开区	56577	14900	53411	1245	3166

3-8 在岗职工年末人数

单位：人

项　　目	在岗职工合　计	国有单位	城镇集体单位	其他单位
总　计	**529338**	**256439**	**12597**	**260302**
按企业、事业、机关分组				
企业	300176	30457	9662	260057
事业	160075	156999	2935	141
机关	67999	67999		
民间非盈利组织				
其他	1088	984		104
按国民经济行业分组				
农、林、牧、渔业	6269	5201	13	1055
农业	826	191		635
林业	3144	2975		169
畜牧业	376	125		251
渔业	3	3		
农、林、牧、渔服务业	1920	1907	13	
采矿业	10345	145	162	10038
煤炭开采和洗选业	1068	80	162	826
有色金属矿采选业	8867	65		8802
非金属矿采选业	410			410
制造业	179366	229	514	178623
农副食品加工业	3072	86		2986
食品制造业	3060	3		3057
酒、饮料和精制茶制造业	1469	23		1446
烟草制品业	171			171
纺织业	1098	3	3	1092
纺织服装、服饰业	30065		47	30018
皮革、毛皮、羽毛及其制品和制鞋业	23642		3	23639
木材加工和木、竹、藤、棕、草制品业	1555	37		1518
家具制造业	6138		2	6136
造纸和纸制品业	2444	13	1	2430
印刷和记录媒介复制业	1556	4	101	1451
文教、工美、体育和娱乐用品制造业	19704			19704
石油加工、炼焦和核燃料加工业	84			84
化学原料和化学制品制造业	3650	18		3632
医药制造业	2272		1	2271
橡胶和塑料制品业	3305	4	1	3300
非金属矿物制品业	4575			4575
黑色金属冶炼和压延加工业	554			554
有色金属冶炼和压延加工业	15892		60	15832
金属制品业	2442		1	2441
通用设备制造业	2135			2135
专用设备制造业	1819		207	1612
汽车制造业	3679			3679
铁路、船舶、航空航天和其他运输设备制造业	474	38		436

3-8 续表 1

单位:人

项目	在岗职工合计	国有单位	城镇集体单位	其他单位
电气机械和器材制造业	28938			28938
计算机、通信和其他电子设备制造业	12364		87	12277
仪器仪表制造业	440			440
其他制造业	2719			2719
废弃资源综合利用业	50			50
电力、热力、燃气及水生产和供应业	9205	1225	2	7978
电力、热力生产和供应业	7183	260		6923
燃气生产和供应业	308			308
水的生产和供应业	1714	965	2	747
建筑业	33936	2597	4068	27271
房屋建筑业	28555	1875	3925	22755
土木工程建筑业	4376	640	143	3593
建筑安装业	117	43		74
建筑装饰和其他建筑业	888	39		849
批发和零售业	11741	4397	271	7073
批发业	6088	3949	196	1943
零售业	5653	448	75	5130
交通运输、仓储和邮政业	13934	7917	1	6016
道路运输业	8960	3102		5858
水上运输业	49	48	1	
装卸搬运和运输代理业	80	37		43
仓储业	625	510		115
邮政业	4220	4220		
住宿和餐饮业	4781	1418	70	3293
住宿业	3347	1052	70	2225
餐饮业	1434	366		1068
信息传输、软件和信息技术服务业	5833	1624	19	4190
电信、广播电视和卫星传输服务	5734	1544		4190
互联网和相关服务	63	63		
软件和信息技术服务业	36	17	19	
金融业	13711	6711	3583	3417
货币金融服务	11585	5428	3583	2574
资本市场服务	157	140		17
保险业	1969	1143		826
房地产业	7247	1438		5809
房地产开发经营	4945	714		4231
物业管理	1718	200		1518
房地产中介服务	297	237		60
租赁和商务服务业	3326	1879	859	588
租赁业	13	13		
商务服务业	3313	1866	859	588

3-8 续表 2

单位：人

项　　目	在岗职工合　计	国有单位	城镇集体单位	其他单位
科学研究和技术服务业	5719	5178		541
研究和试验发展	767	767		
专业技术服务业	4833	4292		541
科技推广和应用服务业	119	119		
水利、环境和公共设施管理业	6369	5552	457	360
水利管理业	806	806		
生态保护和环境治理业	54	54		
公共设施管理业	5509	4692	457	360
居民服务、修理和其他服务业	1456	617		839
居民服务业	900	235		665
机动车、电子产品和日用产品修理业	268	185		83
其他服务业	288	197		91
教育	95556	94625	95	836
初等教育	46955	46887	68	
中等教育	42262	41638		624
高等教育	4798	4798		
卫生和社会工作	40336	35777	2483	2076
卫生	39028	34476	2476	2076
社会工作	1308	1301	7	
文化、体育和娱乐业	3422	3123		299
新闻和出版业	687	687		
广播、电视、电影和影视录音制作业	1077	999		78
文化艺术业	1527	1378		149
体育	11	11		
娱乐业	120	48		72
公共管理、社会保障和社会组织	76747	76747		
中国共产党机关	3295	3295		
国家机构	69314	69314		
人民政协、民主党派	437	437		
社会保障	981	981		
群众团体、社会团体和其他成员组织	2689	2689		

3-9 县(市、区)在岗职工年末人数

单位：人

县(市、区)别	在岗职工合计	国有单位	城镇集体单位	其他单位	股份合作	联营	有限责任
全　市	**529338**	**256439**	**12597**	**260302**	**1080**	**247**	**105696**
章贡区	88074	42421	1531	44122	637		27772
赣　县	31412	14604	1114	15694			3432
信丰县	37314	16133	500	20681			11825
大余县	17771	8543	342	8886			6619
上犹县	13229	9460	395	3374	228		1197
崇义县	12309	6939	231	5139	25		1232
安远县	18198	13692	680	3826			1072
龙南县	34416	8609	631	25176			3918
定南县	17705	8744	1445	7516			5443
全南县	17000	6498	473	10029	135	63	3333
宁都县	25020	15413	882	8725			2979
于都县	39969	24042	1156	14771			5660
兴国县	28384	16387	346	11651			3818
会昌县	15622	11101	173	4348		7	2386
寻乌县	10416	8816	851	749			749
石城县	13362	8939	292	4131		177	1434
瑞金市	26485	14684	308	11493			2797
南康区	29241	18078	1247	9916	55		3893
赣州经开区	53411	3336		50075			16137

3-9 续表

单位：人

县(市、区)别	股份有限公司	其他	港、澳、台商投资	外商投资	#企业	事业	机关
全　市	**20710**	**3019**	**96865**	**32685**	**300176**	**160075**	**67999**
章贡区	5766	70	7430	2447	54573	26163	7234
赣　县	392		7471	4399	17547	9394	4465
信丰县	492	755	6888	721	21998	11134	3887
大余县	271		1438	558	9883	4779	3109
上犹县	202		1231	516	4926	5277	3026
崇义县	3482		400		5937	3711	2661
安远县	145		1451	1158	4853	9138	4207
龙南县	712	822	17860	1864	27208	4159	3049
定南县	147	281	1205	440	9646	5751	2308
全南县	286	26	2885	3301	11061	3798	2141
宁都县	516		4824	406	10793	10155	4072
于都县	427	527	5771	2386	19116	15267	5586
兴国县	2059	392	3962	1420	14106	10351	3836
会昌县	544	40	1371		5167	6829	3626
寻乌县					2329	5310	2777
石城县	1871		649		5404	4850	2597
瑞金市	118		6858	1720	12840	9315	4330
南康区	365	106	3678	1819	12427	12485	4329
赣州经开区	2915		21493	9530	50362	2209	759

3-10 县(市、区)分行业在岗职工年末人数

单位：人

县(市、区)别	合计	农、林、牧渔业	采矿业	制造业	电力、燃气及水的生产和供应业	建筑业	批发和零售业	交通运输、仓储和邮政业	住宿和餐饮业	信息传输、计算机服务和软件业
全　市	**529338**	**6269**	**10345**	**179366**	**9205**	**33936**	**11741**	**13973**	**4781**	**5833**
章贡区	88074	59	38	18971	654	7318	5593	6270	2519	4004
赣　县	31412	155		13004	798	1972	72	444	77	72
信丰县	37314	1101	300	12903	683	3813	431	795	176	174
大余县	17771	311	2669	5415	274	26	321	286	6	148
上犹县	13229	730		1782	476	580	113	501		108
崇义县	12309		373	3967	193	346	81	279		29
安远县	18198	535	225	2975	391		394	245	150	71
龙南县	34416	403	835	22346	288	1435	255	260	65	79
定南县	17705	394	82	4751	252	1850	276	481	120	119
全南县	17000	295	1868	7373	201	330	194	271	199	164
宁都县	25020	625	242	5831	870	1775	382	439	146	105
于都县	39969	137	1971	11670	669	1444	208	415	197	107
兴国县	28384	311		8397	675	1738	444	559	207	120
会昌县	15622	273		2334	542	255	223	1019	183	69
寻乌县	10416	356	13	94	349	633	206	241	75	102
石城县	13362	56		1775	481	1657	306	242	135	70
瑞金市	26485	130	119	10049	404	60	467	490	149	97
南康区	29241	167	94	8514	458	153	453	311	70	195
赣州经开区	53411	231	1516	37215	547	8551	1322	425	307	

3-10 续表

单位：人

县(市、区)别	金融业	房地产业	租赁和商务服务业	科学研究技术服务地质勘查	水利、环境公共设施管理业	居民服务其他服务	教育	卫生、社会保障和社会福利	文化体育和娱乐业	公共管理社会组织
全　市	**13711**	**7247**	**3326**	**5719**	**6369**	**1456**	**95556**	**40336**	**3422**	**76747**
章贡区	5119	2829	1189	4399	1401	327	10426	8186	1074	7698
赣　县	588	386	42	60	30	203	5273	2488	68	5680
信丰县	580	832	137	87	811	25	7009	2652	85	4720
大余县	429	83	64	105	355	5	2715	1313	96	3150
上犹县	386	41	154	37	333	17	2836	1311	159	3665
崇义县	381	148	13	12	90	298	1839	1008	65	3187
安远县	356	86	55	89	208	22	6206	1868	115	4207
龙南县	428	130	390	148	104		2870	1215	37	3128
定南县	363	557	253	14	10		3466	1503	78	3136
全南县	177	72	194	16	204	6	1767	1025	25	2619
宁都县	769	322	214	98	178	20	5686	2281	218	4819
于都县	915	225	120	52	302	38	11543	3967	248	5741
兴国县	654	199	94	122	182	26	8194	1827	269	4366
会昌县	246	221	144	67	391	217	5033	640	56	3709
寻乌县	411	73	89	100	291	8	3325	919	81	3050
石城县	423	90		15	183	30	2913	1787	154	3045
瑞金市	594	538	84	63	439		6178	1818	247	4559
南康区	892	215	22	205	857	34	8088	3500	51	4962
赣州经开区		200	68	30		180	189	1028	296	1306

3-11 国有单位在岗职工年末人数

单位：人

项　目	在岗职工合计	劳务派遣人员	其他从业人员
总　计	**256439**	**5387**	**12937**
按隶属关系分组			
中央	14219	1875	1228
省、自治区、直辖市	16964	1764	511
地区	23250	1177	2316
县及县以下	201879	571	8770
其他	127		112
按企业、事业、机关分组			
企业	30457	4498	3056
地方	21585	2654	1987
事业	156999	622	5679
地方	153855	620	5586
机关	67999	267	4113
地方	65796	238	4047
其他	984		89
按国民经济行业分组			
农、林、牧、渔业	5201	1	405
农业	191		
林业	2975	1	219
畜牧业	125		
渔业	3		
农、林、牧、渔服务业	1907		186
采矿业	145		150
煤炭开采和洗选业	80		
有色金属矿采选业	65		150
制造业	229		
农副食品加工业	86		
食品制造业	3		
酒、饮料和精制茶制造业	23		
纺织业	3		
木材加工和木、竹、藤、棕、草制品业	37		
造纸和纸制品业	13		
印刷和记录媒介复制业	4		
化学原料和化学制品制造业	18		
橡胶和塑料制品业	4		
汽车制造业	38		
电力、热力、燃气及水生产和供应业	1225	4	197
电力、热力生产和供应业	260	4	134
水的生产和供应业	965		63
建筑业	2597		384
房屋建筑业	1875		304
土木工程建筑业	640		80
建筑安装业	43		
建筑装饰和其他建筑业	39		
批发和零售业	4397	1350	176
批发业	3949	1266	175
零售业	448	84	1
交通运输、仓储和邮政业	7917	2018	134
道路运输业	3102	2	5
水上运输业	48		
装卸搬运和运输代理业	37		
仓储业	510		6
邮政业	4220	2016	123

3-11 续表

单位：人

项目	在岗职工合计	劳务派遣人员	其他从业人员
住宿和餐饮业	1418		32
住宿业	1052		
餐饮业	366		32
信息传输、软件和信息技术服务业	1624	453	7
电信、广播电视和卫星传输服务	1544	453	7
互联网和相关服务	63		
软件和信息技术服务业	17		
金融业	6711	658	1350
货币金融服务	5428	500	139
资本市场服务	140	12	
保险业	1143	146	1211
房地产业	1438		95
房地产开发经营	714		20
物业管理	200		75
房地产中介服务	237		
租赁和商务服务业	1879		61
租赁业	13		
商务服务业	1866		61
科学研究和技术服务业	5178	46	135
研究和试验发展	767		15
专业技术服务业	4292	46	120
科技推广和应用服务业	119		
水利、环境和公共设施管理业	5552		2305
水利管理业	806		6
生态保护和环境治理业	54		
公共设施管理业	4692		2299
居民服务、修理和其他服务业	617		18
居民服务业	235		18
机动车、电子产品和日用产品修理业	185		
其他服务业	197		
教育	94625	171	877
初等教育	46887		84
中等教育	41638		579
高等教育	4798	171	57
卫生和社会工作	35777	283	1667
卫生	34476	283	1648
社会工作	1301		19
文化、体育和娱乐业	3123	37	164
新闻和出版业	687	26	9
广播、电视、电影和影视录音制作业	999		24
文化艺术业	1378	11	131
体育	11		
娱乐业	48		
公共管理、社会保障和社会组织	76747	366	4780
中国共产党机关	3295	16	72
国家机构	69314	348	4284
人民政协、民主党派	437		6
社会保障	981		46
群众团体、社会团体和其他成员组织	2689	2	366

3-12 县(市、区)国有单位在岗职工年末人数

单位：人

县(市、区)别	在岗职工合计	#中央属	省属	市属(原地属)	县市区及以下	其他	#企业	#事业	#机关
全 市	**256439**	**14219**	**16964**	**23250**	**201879**	**127**	**30457**	**156999**	**67999**
章贡区	42421	5249	10591	19773	6808		9405	25782	7234
赣 县	14604	377	258	384	13583	2	807	9326	4465
信丰县	16133	766	565	446	14316	40	1247	10704	3887
大余县	8543	674	473	59	7337		655	4779	3109
上犹县	9460	436	362	216	8446		1358	5076	3026
崇义县	6939	360	285	81	6213		578	3700	2661
安远县	13692	478	344	93	12777		834	8651	4207
龙南县	8609	521	280	181	7627		1696	3864	3049
定南县	8744	263	215	195	8071		948	5488	2308
全南县	6498	193	417	56	5832		575	3782	2141
宁都县	15413	557	404	151	14301		1205	10136	4072
于都县	24042	1295	170	27	22550		3202	15254	5586
兴国县	16387	677	191	315	15204		2109	10351	3836
会昌县	11101	408	472	119	10102		661	6814	3626
寻乌县	8816	198	373	324	7921		925	5114	2777
石城县	8939	244	417	166	8112		987	4844	2597
瑞金市	14684	788	634	157	13105		1041	9313	4330
南康区	18078	735	513	140	16605	85	1937	11812	4329
赣州经开区	3336			367	2969		287	2209	759

3-13 县(市、区)国有单位分行业在岗职工年末人数

单位：人

县(市、区)别	合计	农、林、牧渔业	采矿业	制造业	电力、燃气及水的生产和供应业	建筑业	批发和零售业	交通运输、仓储和邮政业	住宿和餐饮业	信息传输、计算机服务和软件业
全 市	**256439**	**5201**	**145**	**229**	**1225**	**2597**	**4397**	**7956**	**1418**	**1624**
章贡区	42421	59				1362	1619	3585	307	154
赣 县	14604	155				8	47	384	77	
信丰县	16133	616					220	345	102	174
大余县	8543	142	48				216	188		148
上犹县	9460	730		3	70		46	187		108
崇义县	6939				193		51	229		10
安远县	13692	535			51		230	177	114	71
龙南县	8609	403			52	788	156	195		79
定南县	8744	143			84		22	171	82	119
全南县	6498	295			34		128	144	53	63
宁都县	15413	625	80	108	129		192	298	146	7
于都县	24042	124		18	104	378	192	182	141	107
兴国县	16387	311			122		388	447	91	120
会昌县	11101	273			122		184	314	81	69
寻乌县	8816	356	13	7			182	241	75	102
石城县	8939	56		42	118	61	168	215		70
瑞金市	14684	130			27		258	344	149	97
南康区	18078	17	4	13	119		98	310		126
赣州经开区	3336	231		38						

3-13 续表

县(市、区)别	金融业	房地产业	租赁和商务服务业	科学研究、技术服务和地质勘查业	水利、环境和公共设施管理业	居民服务和其他服务业	教育	卫生、社会保障和社会福利业	文化、体育和娱乐业	公共管理和社会组织业
全市	**6711**	**1438**	**1879**	**5178**	**5552**	**617**	**94625**	**35777**	**3123**	**76747**
章贡区	2377	364	242	4001	1401	63	10399	7788	1002	7698
赣县	212	148	42	60	30		5205	2488	68	5680
信丰县	366	109	137	51	493	25	6761	1957	57	4720
大余县	241	60	64	105	355	5	2715	1010	96	3150
上犹县	184		138	37	291	17	2836	1110	38	3665
崇义县	169	50	13	12	90	161	1839	870	65	3187
安远县	180	51	55	89	19	22	6206	1570	115	4207
龙南县	223	101	259	116	104		2870	98	37	3128
定南县	196		218	14	10		3466	1005	78	3136
全南县	112	11	138	16	204	6	1767	883	25	2619
宁都县	169	164	195	98	178	20	5686	2281	218	4819
于都县	915		82	52	228	20	11543	3967	248	5741
兴国县	167	118	94	77	182	26	7802	1827	249	4366
会昌县	31	65	66	67	391		5033	640	56	3709
寻乌县	159	27	68	100	103	8	3325	919	81	3050
石城县	246	4		15	183	30	2803	1787	96	3045
瑞金市	373	82		63	439		6098	1818	247	4559
南康区	391	84		205	851	34	8082	2731	51	4962
赣州经开区			68			180	189	1028	296	1306

3-14 城镇集体单位在岗职工年末人数

单位：人

项目	在岗职工合计	劳务派遣人员	其他从业人员
总计	**12597**	**379**	**649**
按企业、事业、机关分组			
企业	9662	379	519
事业	2935		130
按国民经济行业分组			
农、林、牧、渔业	13		
农、林、牧、渔服务业	13		
采矿业	162		
煤炭开采和洗选业	162		
制造业	514		
纺织业	3		
纺织服装、服饰业	47		
皮革、毛皮、羽毛及其制品和制鞋业	3		
家具制造业	2		
造纸和纸制品业	1		
印刷和记录媒介复制业	101		
医药制造业	1		
橡胶和塑料制品业	1		
有色金属冶炼和压延加工业	60		
金属制品业	1		
专用设备制造业	207		
计算机、通信和其他电子设备制造业	87		
电力、热力、燃气及水生产和供应业	2		
水的生产和供应业	2		
建筑业	4068	251	156
房屋建筑业	3925	251	132
土木工程建筑业	143		24
批发和零售业	271		
批发业	196		
零售业	75		
交通运输、仓储和邮政业	1		
水上运输业	1		
住宿和餐饮业	70		
住宿业	70		
餐饮业			
信息传输、软件和信息技术服务业	19		9
软件和信息技术服务业	19		9
金融业	3583	128	354
货币金融服务	3583	128	354
租赁和商务服务业	859		2
商务服务业	859		2
水利、环境和公共设施管理业	457		
公共设施管理业	457		
教育	95		
初等教育	68		
卫生和社会工作	2483		128
卫生	2476		127
社会工作	7		1

3-15 县(市、区)城镇集体单位在岗职工年末人数

单位：人

县(市、区)别	在岗职工合计	#企业	#事业
全　市	**12597**	**9662**	**2935**
章贡区	1531	1193	338
赣　县	1114	1046	68
信丰县	500	168	332
大余县	342	342	
上犹县	395	194	201
崇义县	231	220	11
安远县	680	193	487
龙南县	631	336	295
定南县	1445	1182	263
全南县	473	457	16
宁都县	882	863	19
于都县	1156	1143	13
兴国县	346	346	
会昌县	173	158	15
寻乌县	851	655	196
石城县	292	286	6
瑞金市	308	306	2
南康区	1247	574	673

3-16 县(市、区)分行业城镇集体单位在岗职工年末人数

单位：人

县(市、区)别	合计	农、林、牧、渔业	采矿业	制造业	电力、热力、燃气及水生产和供应业	建筑业	批发和零售业	交通运输、仓储和邮政业
全　市	**12597**	**13**	**162**	**514**	**2**	**4068**	**271**	**1**
章贡区	1531			75		62	15	
赣　县	1114					775		
信丰县	500							
大余县	342			48			15	
上犹县	395							
崇义县	231							
安远县	680						17	
龙南县	631							
定南县	1445					1015		
全南县	473					330	15	
宁都县	882		162			297	52	
于都县	1156	13		43		1020	6	
兴国县	346						56	
会昌县	173							
寻乌县	851					416		
石城县	292			282			10	
瑞金市	308				2		85	
南康区	1247			66		153		1

3-16 续表

县(市、区)别	住宿和餐饮业	信息传输、软件和信息技术服务业	金融业	租赁和商务服务业	水利、环境和公共设施管理业	教育	卫生和社会工作
全　市	**70**	**19**	**3583**	**859**	**457**	**95**	**2483**
章贡区	70		358	586		27	338
赣　县			271			68	
信丰县			168				332
大余县			188				91
上犹县			178	16			201
崇义县		19	212				
安远县			176		189		298
龙南县			205	131			295
定南县			167	5			258
全南县			65	56			7
宁都县			352	19			
于都县					74		
兴国县			290				
会昌县			158	15			
寻乌县			226	21	188		
石城县							
瑞金市			221				
南康区			348	10	6		663

3-17 城镇其他单位在岗职工年末人数

单位：人

项　目	在岗职工合计	劳务派遣人员	其他从业人员
总　计	**260302**	**5951**	**10206**
按登记注册类型分组			
内资	130752	3922	9806
股份合作	1080	74	119
联营	247	40	21
国有联营	70	33	
集体联营	177	7	21
有限责任公司	105696	1612	5015
国有独资	3559	39	13
股份有限公司	20710	2196	4618
其他	3019		33
港、澳、台商投资	96865	2006	361
外商投资	32685	23	39
按企业、事业、机关分组			
企业	260057	5951	10078
事业	141		
其他	104		
按国民经济行业分组			
农、林、牧、渔业	1055		
农业	635		
林业	169		
畜牧业	251		
采矿业	10038		139
煤炭开采和洗选业	826		
有色金属矿采选业	8802		139
非金属矿采选业	410		
制造业	178623	293	917
农副食品加工业	2986	35	161
食品制造业	3057	9	2
酒、饮料和精制茶制造业	1446	24	
烟草制品业	171		387
纺织业	1092		
纺织服装、服饰业	30018	20	10
皮革、毛皮、羽毛及其制品和制鞋业	23639	23	65
木材加工和木、竹、藤、棕、草制品业	1518		

3-17 续表 1

单位：人

项目	在岗职工合计	劳务派遣人员	其他从业人员
家具制造业	6136		1
造纸和纸制品业	2430		
印刷和记录媒介复制业	1451		
文教、工美、体育和娱乐用品制造业	19704		2
石油加工、炼焦和核燃料加工业	84		
化学原料和化学制品制造业	3632	13	3
医药制造业	2271	47	2
橡胶和塑料制品业	3300		40
非金属矿物制品业	4575	27	36
黑色金属冶炼和压延加工业	554		
有色金属冶炼和压延加工业	15832	7	57
金属制品业	2441	23	26
通用设备制造业	2135		
专用设备制造业	1612		
汽车制造业	3641		
铁路、船舶、航空航天和其他运输设备制造业	474		
电气机械和器材制造业	28938	63	30
计算机、通信和其他电子设备制造业	12277		95
仪器仪表制造业	440	2	
其他制造业	2719		
废弃资源综合利用业	50		
电力、热力、燃气及水生产和供应业	7978	316	598
电力、热力生产和供应业	6923	256	579
燃气生产和供应业	308		
水的生产和供应业	747	60	19
建筑业	27271	1773	5317
房屋建筑业	22755	1433	3967
土木工程建筑业	3593	290	1195
建筑安装业	74	9	74
建筑装饰和其他建筑业	849	41	81
批发和零售业	7073	813	108
批发业	1943	628	2
零售业	5130	185	106

3-17 续表 2

单位：人

项　目	在岗职工合计	劳务派遣人员	其他从业人员
交通运输、仓储和邮政业	6016	112	131
道路运输业	5858	108	111
装卸搬运和运输代理业	43		
仓储业	115	4	20
住宿和餐饮业	3293	12	10
住宿业	2225		1
餐饮业	1068	12	9
信息传输、软件和信息技术服务业	4190	2083	1035
电信、广播电视和卫星传输服务	4190	2083	1035
金融业	3417	359	1520
货币金融服务	2574	278	68
资本市场服务	17	3	
保险业	826	78	1452
房地产业	5809	151	191
房地产开发经营	4231	110	126
物业管理	1518	41	65
房地产中介服务	60		
租赁和商务服务业	588		14
商务服务业	588		14
科学研究和技术服务业	541		130
专业技术服务业	541		130
水利、环境和公共设施管理业	360		2
公共设施管理业	360		2
居民服务、修理和其他服务业	839	28	43
居民服务业	665	28	21
机动车、电子产品和日用产品修理业	83		22
其他服务业	91		
教育	836		
中等教育	624		
卫生和社会工作	2076		13
卫生	2076		13
文化、体育和娱乐业	299	11	38
广播、电视、电影和影视录音制作业	78	11	38
文化艺术业	149		
娱乐业	72		

3-18 历年职工工资总额和平均工资

年份	在岗职工工资总额(万元)	国有经济单位	城镇集体经济单位	其他各种经济单位	在岗职工平均工资(元/人)	国有经济单位	城镇集体经济单位	其他各种经济单位
1957		6960				571		
1962		8876				520		
1970		9949				526		
1978	19029	16476	2553		561	572	499	
1980	24613	21658	2955		711	733	585	
1981	25644	22438	3206		725	749	589	
1982	26937	23795	3142		743	767	600	
1983	26455	23349	3106		739	768	576	
1984	30141	25825	4316		828	873	632	
1985	34914	29695	5219		925	977	708	
1986	42322	35902	6405	15	1075	1137	822	1060
1987	46249	39337	6879	33	1134	1195	879	1076
1988	58438	50134	8254	50	1402	1473	1083	1497
1989	65380	56799	8515	66	1539	1620	1147	1514
1990	73212	63631	9468	113	1717	1802	1302	1836
1991	79992	68948	10846	198	1811	1890	1429	1829
1992	93136	80862	11791	483	2049	2153	1549	1744
1993	107239	91684	14528	1027	2328	2397	1980	2190
1994	149993	132210	16885	898	3284	3472	2332	2507
1995	174530	152481	20257	1792	3775	3949	2865	3297
1996	191681	166246	21092	4343	4225	4284	3165	4328
1997	194676	168274	20561	5841	4568	4702	3626	5033
1998	182776	158003	17436	7737	4690	4820	3707	5022
1999	204722	176990	18142	9590	5664	5799	4551	5983
2000	221128	194650	15554	10924	6608	6782	5133	6306
2001	250829	212360	15208	23261	7570	7816	5840	6922
2002	280850	230626	13964	36260	8552	8833	6681	7812
2003	309935	244330	14795	50810	9312	9712	8026	8086
2004	349910	260826	14826	74259	10323	10906	8683	8975
2005	403223	296573	15190	91460	11827	12708	9777	9939
2006	481716	335229	16175	130312	13122	14069	11841	11315
2007	611982	434794	21657	155530	16228	17998	14652	12882
2008	724902	501419	21170	202313	18421	20602	17560	14651
2009	822479	561927	24829	235723	20732	22962	19994	16889
2010	962667	640607	28779	293281	23602	25875	22698	19867
2011	1166951	754427	38298	374226	27775	29786	29354	24329
2012	1517057	901609	50316	565132	32869	35854	34915	28882
2013	2084249	1068063	57106	959080	40922	43536	41477	38328
2014	2368784	1228177	60398	1080209	45127	48350	48103	41684

3-19 城镇各单位从业人员劳动报酬和生活费

单位：千元

项 目	从业人员劳动报酬合计	在岗职工工资总额	劳务派遣人员工资总额	其他从业人员劳动报酬
总 计	**24320214**	**23687842**	**518051**	**632372**
按经济类型分组				
国有单位合计	12585972	12281774	251873	304198
城镇集体单位合计	625562	603982	14824	21580
其他单位合计	11108680	10802086	251354	306594
内资	5879174	5583392	118040	295782
股份合作	79502	76972	2476	2530
联营	15404	15011	1323	393
国有联营	2591	2591	1166	
集体联营	12813	12420	157	393
有限责任公司	4632355	4458747	53561	173608
国有独资	176836	173446	2509	3390
股份有限公司	1012058	893577	60680	118481
其他	139855	139085		770
港、澳、台商投资	3922759	3914167	132224	8592
外商投资	1306747	1304527	1090	2220
按企业、事业、机关分组				
企业	13297085	12890277	495321	406808
事业	7811137	7684464	16070	126673
机关	3154321	3062179	6660	92142
其他	57671	50922		6749
按国民经济行业分组				
农、林、牧、渔业	220415	213932	12	6483
农业	17253	17253		
林业	107472	103412	12	4060
畜牧业	15963	15963		
渔业	82	82		
农、林、牧、渔服务业	79645	77222		2423
采矿业	469577	456462		13115
煤炭开采和洗选业	41684	41684		
有色金属矿采选业	414696	401581		13115
非金属矿采选业	13197	13197		
制造业	7138643	7111569	14981	27074
农副食品加工业	119424	114927	1010	4497
食品制造业	131043	130707	668	336
酒、饮料和精制茶制造业	45648	45648	463	
烟草制品业	22426	14384		8042
纺织业	32889	32649		240
纺织服装、服饰业	1172787	1172077	684	710
皮革、毛皮、羽毛及其制品和制鞋业	1047612	1045497	968	2115
木材加工和木、竹、藤、棕、草制品业	46033	46033		
家具制造业	256544	256525		19
造纸和纸制品业	103914	103914		

3-19 续表 1

项目	从业人员劳动报酬合计	在岗职工工资总额	劳务派遣人员工资总额	其他从业人员劳动报酬
印刷和记录媒介复制业	50203	50203		
文教、工美、体育和娱乐用品制造业	648750	648729		21
石油加工、炼焦和核燃料加工业	3493	3493		
化学原料和化学制品制造业	125725	125665	780	60
医药制造业	100210	100060	1253	150
橡胶和塑料制品业	107234	105763		1471
非金属矿物制品业	193755	192839	581	916
黑色金属冶炼和压延加工业	23813	23813		
有色金属冶炼和压延加工业	697778	695282	156	2496
金属制品业	112433	110044	1090	2389
通用设备制造业	76838	76838		
专用设备制造业	82082	82082		
汽车制造业	152266	152266		
铁路、船舶、航空航天和其他运输设备制造业	29851	29851		
电气机械和器材制造业	1147368	1145613	2349	1755
计算机、通信和其他电子设备制造业	498797	496940		1857
仪器仪表制造业	11074	11074	84	
其他制造业	96253	96253	4895	
废弃资源综合利用业	2400	2400		
电力、热力、燃气及水生产和供应业	616930	584981	12201	31949
电力、热力生产和供应业	520493	490346	10462	30147
燃气生产和供应业	16315	16315		
水的生产和供应业	80122	78320	1739	1802
建筑业	1425592	1257294	49073	168298
房屋建筑业	1183611	1066285	38944	117326
土木工程建筑业	185202	137083	9339	48119
建筑安装业	4797	3651	340	1146
建筑装饰和其他建筑业	51982	50275	450	1707
批发和零售业	553804	542806	102208	10998
批发业	379357	369596	94041	9761
零售业	174447	173210	8167	1237
交通运输、仓储和邮政业	695207	684020	121548	11187
道路运输业	414913	407593	2494	7320
水上运输业	1962	1962		
装卸搬运和运输代理业	2939	2939		
仓储业	29797	29019	1040	778
邮政业	245596	242507	118014	3089
住宿和餐饮业	152588	151701	1100	887
住宿业	104500	104497		3
餐饮业	48088	47204	1100	884
信息传输、软件和信息技术服务业	426480	384819	143111	41661
电信、广播电视和卫星传输服务	420725	379332	143111	41393
互联网和相关服务	3795	3795		
软件和信息技术服务业	1960	1692		268

3-19 续表 2

项目	从业人员劳动报酬合计	在岗职工工资总额	劳务派遣人员工资总额	其他从业人员劳动报酬
金融业	1066931	987739	44988	79192
货币金融服务	864448	846593	37204	17855
资本市场服务	18627	18627	438	
保险业	183856	122519	7346	61337
房地产业	325280	319986	3681	5294
房地产开发经营	237874	235238	2326	2636
物业管理	64389	61731	1355	2658
房地产中介服务	10380	10380		
租赁和商务服务业	121811	119955		1856
租赁业	524	524		
商务服务业	121287	119431		1856
科学研究和技术服务业	285609	278441	1258	7168
研究和试验发展	40164	39914		250
专业技术服务业	240281	233363	1258	6918
科技推广和应用服务业	5164	5164		
水利、环境和公共设施管理业	271886	230018		41868
水利管理业	39372	39286		86
生态保护和环境治理业	2961	2961		
公共设施管理业	229553	187771		41782
居民服务、修理和其他服务业	63215	59269	1760	3946
居民服务业	43539	40443	1760	3096
机动车、电子产品和日用产品修理业	7792	6942		850
其他服务业	11884	11884		
教育	4606083	4586661	3602	19422
初等教育	2146609	2145002		1607
中等教育	2007510	1994397		13113
高等教育	380813	379255	3602	1558
卫生和社会工作	2183205	2137610	8058	45595
卫生	2123036	2077806	8058	45230
社会工作	60169	59804		365
文化、体育和娱乐业	152469	148308	1648	4161
新闻和出版业	33543	33264	1007	279
广播、电视、电影和影视录音制作业	47466	46682	420	784
文化艺术业	66910	63812	221	3098
体育	769	769		
娱乐业	3781	3781		
公共管理、社会保障和社会组织	3542867	3430649	8822	112218
中国共产党机关	160377	159019	512	1358
国家机构	3176976	3081825	8294	95151
人民政协、民主党派	21444	21310		134
社会保障	47426	46629		797
群众团体、社会团体和其他成员组织	134939	120269	16	14670

3-20 县(市、区)城镇各单位从业人员劳动报酬和生活费

单位：千元

县(市、区)别	从业人员劳动报酬合计	在岗职工工资总额	劳务派遣人员工资总额	其他从业人员劳动报酬
全　市	**24320214**	**23687842**	**518051**	**632372**
章贡区	5396125	5170142	323812	225983
赣　县	1285757	1264280	12183	21477
信丰县	1512961	1502261	11888	10700
大余县	752699	749771	2427	2928
上犹县	582571	577715	3515	4856
崇义县	537257	520437	2997	16820
安远县	776639	774529	3748	2110
龙南县	1440994	1406502	9098	34492
定南县	714146	708800	7594	5346
全南县	631709	603738	5104	27971
宁都县	1064264	1038039	12412	26225
于都县	2045100	2004502	10290	40598
兴国县	1267759	1228294	15253	39465
会昌县	649100	640986	8109	8114
寻乌县	474357	462125	5785	12232
石城县	534923	529797	19905	5126
瑞金市	1094285	1071099	18036	23186
南康区	1347591	1292134	23533	55457
赣州经开区	2211977	2142691	22362	69286

3-21 在岗职工工资总额

单位：千元

项　　目	合计	国有单位	城镇集体单位	其他单位
总　计	**23687842**	**12281774**	**603982**	**10802086**
按企业、事业、机关分组				
企业	12890277	1623084	476600	10790593
事业	7684464	7550398	127382	6684
机关	3062179	3062179		
其他	50922	46113		4809
按国民经济行业分组				
农、林、牧、渔业	213932	180618	546	32768
农业	17253	1809		15444
林业	103412	97908		5504
畜牧业	15963	4143		11820
渔业	82	82		
农、林、牧、渔服务业	77222	76676	546	
采矿业	456462	4089	4000	448373
煤炭开采和洗选业	41684	1499	4000	36185
有色金属矿采选业	401581	2590		398991
非金属矿采选业	13197			13197
制造业	7111569	6435	13906	7091228
农副食品加工业	114927	1968		112959
食品制造业	130707	120		130587
酒、饮料和精制茶制造业	45648	446		45202
烟草制品业	14384	36		14348
纺织业	32649	36	38	32575
纺织服装、服饰业	1172077		1043	1171034
皮革、毛皮、羽毛及其制品和制鞋业	1045497		36	1045461
木材加工和木、竹、藤、棕、草制品业	46033	708		45325
家具制造业	256525		24	256501
造纸和纸制品业	103914	326	12	103576
印刷和记录媒介复制业	50203	48	3913	46242
文教、工美、体育和娱乐用品制造业	648729			648729
石油加工、炼焦和核燃料加工业	3493			3493
化学原料和化学制品制造业	125665	576		125089
医药制造业	100060		12	100048
橡胶和塑料制品业	105763	52	35	105676
非金属矿物制品业	192839			192839
黑色金属冶炼和压延加工业	23813			23813
有色金属冶炼和压延加工业	695282		1030	694252
金属制品业	110044		12	110032

3-21 续表 1

单位：千元

项　目	合计	国有单位	城镇集体单位	其他单位
通用设备制造业	76838			76838
专用设备制造业	82082		5469	76613
汽车制造业	152266	2155		150111
铁路、船舶、航空航天和其他运输设备制造业	29851			29851
电气机械和器材制造业	1145613			1145613
计算机、通信和其他电子设备制造业	496940		2282	494658
仪器仪表制造业	11074			11074
其他制造业	96253			96253
废弃资源综合利用业	2400			2400
电力、热力、燃气及水生产和供应业	584981	54930	79	529972
电力、热力生产和供应业	490346	12488		477858
燃气生产和供应业	16315			16315
水的生产和供应业	78320	42442	79	35799
建筑业	1257294	74324	166343	1016627
房屋建筑业	1066285	49572	162038	854675
土木工程建筑业	137083	21247	4305	111531
建筑安装业	3651	1895		1756
建筑装饰和其他建筑业	50275	1610		48665
批发和零售业	542806	294766	8341	239699
批发业	369596	282402	6255	80939
零售业	173210	12364	2086	158760
交通运输、仓储和邮政业	684020	405832	12	278176
道路运输业	407593	136131		271462
水上运输业	1962	1950	12	
装卸搬运和运输代理业	2939	1301		1638
仓储业	29019	23943		5076
邮政业	242507	242507		
住宿和餐饮业	151701	42011	1560	108130
住宿业	104497	30867	1560	72070
餐饮业	47204	11144		36060
信息传输、软件和信息技术服务业	384819	64661	827	319331
电信、广播电视和卫星传输服务	379332	60001		319331
互联网和相关服务	3795	3795		
软件和信息技术服务业	1692	865	827	
金融业	987739	491820	250077	245842
货币金融服务	846593	394243	250077	202273
资本市场服务	18627	14561		4066
保险业	122519	83016		39503

3-21 续表 2

单位：千元

项　　目	合计	国有单位	城镇集体单位	其他单位
房地产业	319986	62665		257321
房地产开发经营	235238	31324		203914
物业管理	61731	9524		52207
房地产中介服务	10380	9180		1200
租赁和商务服务业	119955	73046	28085	18824
租赁业	524	524		
商务服务业	119431	72522	28085	18824
科学研究和技术服务业	278441	254728		23713
研究和试验发展	39914	39914		
专业技术服务业	233363	209650		23713
科技推广和应用服务业	5164	5164		
水利、环境和公共设施管理业	230018	207639	13562	8817
水利管理业	39286	39286		
生态保护和环境治理业	2961	2961		
公共设施管理业	187771	165392	13562	8817
居民服务、修理和其他服务业	59269	22037		37232
居民服务业	40443	10332		30111
机动车、电子产品和日用产品修理业	6942	3222		3720
其他服务业	11884	8483		3401
教育	4586661	4549076	3217	34368
初等教育	2145002	2142442	2560	
中等教育	1994397	1964915		29482
高等教育	379255	379255		
卫生和社会工作	2137610	1920419	113427	103764
卫生	2077806	1860865	113177	103764
社会工作	59804	59554	250	
文化、体育和娱乐业	148308	140407		7901
新闻和出版业	33264	33264		
广播、电视、电影和影视录音制作业	46682	43694		2988
文化艺术业	63812	60634		3178
体育	769	769		
娱乐业	3781	2046		1735
公共管理、社会保障和社会组织	3430649	3430649		
中国共产党机关	159019	159019		
国家机构	3081825	3081825		
人民政协、民主党派	21310	21310		
社会保障	46629	46629		
群众团体、社会团体和其他成员组织	120269	120269		

3-22 县(市、区)在岗职工工资总额

单位：千元

县(市、区)别	在岗职工合计	国有单位	城镇集体单位	其他单位			
					股份合作	联营	有限责任
全　市	**23687842**	**12281774**	**603982**	**10802086**	**76972**	**15011**	**4458747**
章贡区	5170142	2787848	87623	2294671	60109		1229072
赣　县	1264280	668751	69784	525745			173982
信丰县	1502261	687703	19913	794645			524751
大余县	749771	434039	11671	304061			234248
上犹县	577715	448617	20162	108936	6672		53163
崇义县	520437	288733	15719	215985	610		45099
安远县	774529	631400	25497	117632			39596
龙南县	1406502	437493	28783	940226			184032
定南县	708800	364578	67314	276908			201981
全南县	603738	236537	20169	347032	6499	2271	143230
宁都县	1038039	620777	49635	367627			112967
于都县	2004502	1091305	39088	874109			271044
兴国县	1228294	749712	13757	464825			160487
会昌县	640986	440633	4930	195423		320	97894
寻乌县	462125	388928	29925	43272			43272
石城县	529797	400651	7800	121346		12420	44886
瑞金市	1071099	646140	11653	413306			124113
南康区	1292134	799657	80559	411918	3082		161074
赣州经开区	2142691	158272		1984419			613856

3-22 续表

单位：千元

县(市、区)别				#企业	事业	机关
	股份有限公司	港、澳、台、商	外商投资			
全　市	**893577**	**3914167**	**1304527**	**12890277**	**7684464**	**3062179**
章贡区	350631	507954	143979	3025453	1711919	427961
赣　县	16383	218004	117376	631376	446537	186110
信丰县	15134	191852	30969	851225	471154	167904
大余县	14241	42391	13181	342289	255001	152481
上犹县	6603	31103	11395	177489	253117	147109
崇义县	158953	11323		262447	141056	116934
安远县	3363	37293	37380	160415	447947	166167
龙南县	26076	629836	57491	1029453	224055	152994
定南县	4341	43684	12202	373325	236825	98650
全南县	9085	87132	98183	389502	128657	85579
宁都县	21589	216075	16996	463490	410667	163882
于都县	29164	401044	152431	1062508	719496	222498
兴国县	75153	141992	66976	595168	466660	164136
会昌县	24053	71896		227273	267986	145727
寻乌县				98848	223800	139477
石城县	48422	15618		179446	217145	105798
瑞金市	2910	216199	70084	462350	428969	179780
南康区	13088	145677	84803	560219	528086	203829
赣州经开区	74388	905094	391081	1998001	105387	35163

3-23 县(市、区)国有单位在岗职工工资总额

单位：千元

县(市、区)别	在岗职工工资合计	#中央属	省属	市属(原地属)	县(市、区)及以下	#企业	事业	机关
全　市	**12281774**	**906332**	**1110886**	**1349474**	**8910321**	**1623084**	**7550398**	**3062179**
章贡区	2787848	417749	813381	1205549	351169	667222	1692665	427961
赣　县	668751	24773	10315	13138	620460	38407	443977	186110
信丰县	687703	39016	24478	18137	605008	53534	454287	167904
大余县	434039	29984	23736	2894	377425	26557	255001	152481
上犹县	448617	26361	21775	5002	395479	55600	245908	147109
崇义县	288733	19403	13460	3849	252021	31260	140539	116934
安远县	631400	25138	13640	3917	588705	36565	428668	166167
龙南县	437493	32094	15377	9511	380511	75114	209385	152994
定南县	364578	15817	9452	7634	331675	38368	227560	98650
全南县	236537	11515	15209	1877	207936	22707	128251	85579
宁都县	620777	31496	19822	6929	562530	47087	409808	163882
于都县	1091305	71597	7194	1054	1011460	149857	718950	222498
兴国县	749712	36667	8247	11355	693443	116586	466660	164136
会昌县	440633	20427	19203	5109	395894	27590	267316	145727
寻乌县	388928	13215	17542	12951	345220	30714	218737	139477
石城县	400651	17367	24149	8736	350399	50495	216950	105798
瑞金市	646140	31091	27813	6426	580810	37470	428890	179780
南康区	799657	42622	26093	6802	720508	104369	491459	203829
赣州经开区	158272			18604	139668	13582	105387	35163

3-24 县(市、区)国有单位分行业在岗职工工资总额

单位：千元

县(市、区)别	合计	农、林、牧渔业	采矿业	制造业	电力、燃气及水的生产和供应业	建筑业	批发和零售业	交通运输、仓储和邮政业	住宿和餐饮业	信息传输、计算机服务和软件业
全　市	**12281774**	**180618**	**4089**	**6435**	**54930**	**74324**	**294766**	**407454**	**42011**	**64661**
章贡区	2787848	1562				34373	168106	217429	10045	8742
赣　县	668751	4431				384	1618	15233	2440	
信丰县	687703	24137					9069	14284	2384	6380
大余县	434039	4939	1978				8727	7471		5934
上犹县	448617	22302		120	3096		4320	10878		5101
崇义县	288733				10458		4179	8835		600
安远县	631400	18918			1989		10842	7771	3405	2762
龙南县	437493	17164			2998	26810	6303	10754		2580
定南县	364578	6841			2982		1439	6611	1798	4330
全南县	236537	9182			1726		5909	4976	2311	2245
宁都县	620777	23278	1499	2429	4622		11520	13410	4720	265
于都县	1091305	4568		576	5667	10547	7380	9782	4625	4782
兴国县	749712	12830			7074		11185	20520	2330	3529
会昌县	440633	9921			4638		9694	12541	2003	2900
寻乌县	388928	5484	564	101			7183	9208	2100	3546
石城县	400651	1404		894	3240	2210	11673	10243		2535
瑞金市	646140	3805			956		9240	12258	3850	3106
南康区	799657	348	48	160	5484		6379	15250		5324
赣州经开区	158272	9504		2155						

3-24 续表

单位：千元

县(市、区)别	金融业	房地产业	租赁和商务服务业	科学研究、技术服务和地质勘查业	水利、环境和公共设施管理业	居民服务和其他服务业	教育	卫生、社会保障和社会福利业	文化、体育和娱乐业	公共管理和社会组织业
全　市	**491820**	**62665**	**73046**	**254728**	**207639**	**22037**	**4549076**	**1920419**	**140407**	**3430649**
章贡区	228644	13286	10678	206496	64665	3608	679849	633648	50443	456274
赣　县	14353	7860	1991	1944	1019		275117	104510	2389	235462
信丰县	19737	4684	4679	2346	13475	996	303715	82495	1702	197620
大余县	10562	2286	2320	4526	12226	199	163918	50421	4413	154119
上犹县	12788		4929	1973	8977	816	141843	47214	1926	182334
崇义县	10969	1812	683	600	4139	2898	58259	44173	2977	138151
安远县	11373	2271	2390	4200	969	1002	312146	80530	4665	166167
龙南县	18923	5902	12329	6199	5439		161558	4144	1541	154849
定南县	13094		7175	706	425		146731	43516	3321	125609
全南县	6952	261	4206	618	7230	220	51706	34953	898	103144
宁都县	9461	6605	5342	3923	6563	777	224234	100519	8357	193253
于都县	53283		3198	1972	8628	720	552050	181901	10923	230703
兴国县	11602	4917	3549	3445	6621	998	358356	107085	9921	185750
会昌县	2247	2350	2699	2886	16134		201144	20396	2019	149061
寻乌县	8971	1354	3682	4324	4199	132	152847	29852	3688	151693
石城县	18946	155		824	5566	858	134149	79517	3681	124756
瑞金市	16272	3717		2397	13633		288265	90023	10437	188181
南康区	23643	5205		5349	27731	1146	334932	135950	2087	230621
赣州经开区			3196			7667	8257	49572	15019	62902

3-25　县(市、区)集体单位在岗职工工资总额

单位：千元

县(市、区)别	在岗职工工资合计	企业	事业
全　市	**603982**	**476600**	**127382**
章贡区	87623	71187	16436
赣　县	69784	67224	2560
信丰县	19913	6912	13001
大余县	11671	11671	
上犹县	20162	12953	7209
崇义县	15719	15202	517
安远县	25497	6218	19279
龙南县	28783	14113	14670
定南县	67314	58049	9265
全南县	20169	19763	406
宁都县	49635	48776	859
于都县	39088	38542	546
兴国县	13757	13757	
会昌县	4930	4260	670
寻乌县	29925	24862	5063
石城县	7800	7605	195
瑞金市	11653	11574	79
南康区	80559	43932	36627

3-26 县(市、区)集体单位分行业在岗职工工资总额

县(市、区)别	合计	农、林、牧渔业	采矿业	制造业	电力、燃气及水的生产和供应业	建筑业	批发和零售业	交通运输、仓储和邮政业
全　市	**603982**	**546**	**4000**	**13906**	**79**	**166343**	**8341**	**12**
章贡区	87623			1391		1497	448	
赣　县	69784					47332		
信丰县	19913							
大余县	11671			1078			466	
上犹县	20162							
崇义县	15719							
安远县	25497						675	
龙南县	28783							
定南县	67314					45026		
全南县	20169					14500	558	
宁都县	49635		4000			8772	1650	
于都县	39088	546		1548		34080	216	
兴国县	13757						1291	
会昌县	4930							
寻乌县	29925					11100		
石城县	7800			7531			269	
瑞金市	11653				79		2768	
南康区	80559			2358		4036		12

3-26　续表

县(市、区)别	住宿和餐饮业	信息传输、计算机服务和软件业	金融业	租赁和商务服务业	水利、环境和公共设施管理业	教育	卫生、社会保障和社会福利业
全　市	**1560**	**827**	**250077**	**28085**	**13562**	**3217**	**113427**
章贡区	1560		47066	18568		657	16436
赣　县			19892			2560	
信丰县			6912				13001
大余县			6959				3168
上犹县			12174	779			7209
崇义县		827	14892				
安远县			5543		5636		13643
龙南县			9950	4163			14670
定南县			13023	341			8924
全南县			3500	1361			250
宁都县			34354	859			
于都县					2698		
兴国县			12466				
会昌县			4260	670			
寻乌县			13010	843	4972		
石城县							
瑞金市			8806				
南康区			37270	501	256		36126

3-27 各种分组的在岗职工年平均工资

单位：元/人

项 目	合计	国有单位	城镇集体单位	其他单位
总 计	**45127**	**48350**	**48103**	**41684**
按经济类型分组				
国有单位合计	48350			
城镇集体单位合计	48103			
其他单位合计	41684			
内资	43295			
股份合作	72342			
联营	60044			
国有联营	37014			
集体联营	69000			
有限责任公司	42824			
国有独资	51514			
股份有限公司	43472			
其他	46751			
港、澳、台商投资	40025			
外商投资	40279			
按企业、事业、机关分组				
企业	43135	53594	49430	41677
事业	48592	48683	43714	49881
机关	45247	45247		
其他	47949	48034		47147
按国民经济行业分组				
农、林、牧、渔业	34147	34708	42000	31267
农业	20787	9277		24321
林业	33071	33099		32568
畜牧业	43143	32881		48443
渔业	27333	27333		
农、林、牧、渔服务业	39908	39894	42000	
采矿业	43685	28200	25000	44201
煤炭开采和洗选业	39699	18738	25000	44673
有色金属矿采选业	44655	39846		44690
非金属矿采选业	32505			32505
制造业	39580	27737	27160	39631
农副食品加工业	37497	22884		37918
食品制造业	43627	40000		43631
酒、饮料和精制茶制造业	31159	19391		31347
烟草制品业	84117			84117
纺织业	29493	12000	12667	29587
纺织服装、服饰业	39217		22191	39244
皮革、毛皮、羽毛及其制品和制鞋业	43048		12000	43051
木材加工和木、竹、藤、棕、草制品业	29718	19135		29977
家具制造业	40867		12000	40877
造纸和纸制品业	43100	25077	12000	43211

3-27 续表 1

单位：元/人

项　　目	合计	国有单位	城镇集体单位	其他单位
印刷和记录媒介复制业	32161	12000	38743	31760
文教、工美、体育和娱乐用品制造业	33139			33139
石油加工、炼焦和核燃料加工业	43663			43663
化学原料和化学制品制造业	34878	32000		34892
医药制造业	44118		12000	44132
橡胶和塑料制品业	33041	13000	35000	33065
非金属矿物制品业	42504			42504
黑色金属冶炼和压延加工业	43296			43296
有色金属冶炼和压延加工业	43450		17167	43549
金属制品业	44390		12000	44404
通用设备制造业	35839			35839
专用设备制造业	45830		26809	48275
汽车制造业	42237	52561		42119
铁路、船舶、航空航天和其他运输设备制造业	63378			63378
电气机械和器材制造业	39307			39307
计算机、通信和其他电子设备制造业	40937		25932	41047
仪器仪表制造业	25168			25168
其他制造业	34156			34156
废弃资源综合利用业	48000			48000
电力、热力、燃气及水生产和供应业	64143	45359	39500	67026
电力、热力生产和供应业	68966	48973		69709
燃气生产和供应业	52971			52971
水的生产和供应业	46016	44395	39500	48117
建筑业	38436	30448	41410	38724
房屋建筑业	38728	28473	41698	39016
土木工程建筑业	32392	34325	32863	32031
建筑安装业	31748	45119		24055
建筑装饰和其他建筑业	60499	41282		61446
批发和零售业	47160	67206	31123	34962
批发业	61141	71567	31913	42532
零售业	31694	28100	28972	32053
交通运输、仓储和邮政业	48796	50990	12000	45919
道路运输业	45561	44765		45972
水上运输业	41745	42391	12000	
装卸搬运和运输代理业	39187	35162		43105
仓储业	46579	47132		44139
邮政业	56045	56045		
住宿和餐饮业	31783	29627	22286	32916
住宿业	31249	29230	22286	32493
餐饮业	33033	30785		33796
信息传输、软件和信息技术服务业	66086	39816	43526	76395
电信、广播电视和卫星传输服务	66270	38861		76395
互联网和相关服务	60238	60238		
软件和信息技术服务业	47000	50882	43526	

3-27 续表 2

单位：元/人

项目	合计	国有单位	城镇集体单位	其他单位
金融业	72853	73450	69932	74815
货币金融服务	73919	72860	69932	82025
资本市场服务	109571	97725		193619
保险业	63317	73077		49441
房地产业	44455	42456		44970
房地产开发经营	48254	43385		49100
物业管理	35437	40876		34597
房地产中介服务	35068	38898		20000
租赁和商务服务业	36098	39378	30999	33495
租赁业	40308	40308		
商务服务业	36082	39371	30999	33495
科学研究和技术服务业	48892	49548		42803
研究和试验发展	52657	52657		
专业技术服务业	48446	49179		42803
科技推广和应用服务业	43033	43033		
水利、环境和公共设施管理业	37022	38502	29676	24289
水利管理业	48561	48561		
生态保护和环境治理业	52875	52875		
公共设施管理业	35111	36527	29676	24289
居民服务、修理和其他服务业	40128	35949		43093
居民服务业	44056	44154		44022
机动车、电子产品和日用产品修理业	25807	17230		45366
其他服务业	40979	44182		34704
教育	48522	48580	33863	43394
初等教育	46130	46142	37647	
中等教育	47764	47721		50831
高等教育	79944	79944		
卫生和社会工作	54173	54974	46109	50225
卫生	54438	55302	46138	50225
社会工作	46324	46382	35714	
文化、体育和娱乐业	44126	45454		29048
新闻和出版业	49796	49796		
广播、电视、电影和影视录音制作业	43224	43694		37350
文化艺术业	42884	44518		25222
体育	69909	69909		
娱乐业	33167	42625		26288
公共管理、社会保障和社会组织	44833	44833		
中国共产党机关	48511	48511		
国家机构	44583	44583		
人民政协、民主党派	49329	49329		
社会保障	47825	47825		
群众团体、社会团体和其他成员组织	44876	44876		

3-28 县(市、区)在岗职工年平均工资

单位：元/人

县(市、区)别	在岗职工合计	国有单位	城镇集体单位	其他单位	股份合作	联营	有限责任
全　市	**45127**	**48350**	**48103**	**41684**	**72342**	**60044**	**42824**
章贡区	59785	67276	55704	52791	95868		45672
赣　县	40294	45984	63613	33410			51596
信丰县	40797	42746	40805	39248			45441
大余县	42478	51372	34126	34318			35444
上犹县	44148	47904	51697	32704	30054		43936
崇义县	42519	41574	68048	42651	24400		37272
安远县	43049	46138	37662	32406			36937
龙南县	40174	51181	45833	36395			44431
定南县	40415	41934	46909	37375			37725
全南县	35344	36035	44037	34496	48141	36048	43801
宁都县	42053	40776	56339	42852			38927
于都县	50515	45636	33813	59821			48057
兴国县	43643	46113	38972	40304			42819
会昌县	41496	40358	28497	44863		45714	40857
寻乌县	44710	44282	35753	60436			60436
石城县	40115	44951	26897	30306		69000	31258
瑞金市	40922	44069	37834	36889			44677
南康区	44763	45130	65019	41574	56036		41718
赣州经开区	39754	47874		39223			38501

3-28 续表

单位：元/人

县(市、区)别	4、股份有限	5、港、澳、台商投资	6.外商投资	#企业	事业	机关
全　市	**43472**	**40025**	**40279**	**43135**	**48592**	**45247**
章贡区	59359	67936	58173	56128	67216	61094
赣　县	42116	28527	27089	35933	47845	41673
信丰县	30949	28234	44115	39474	42473	43185
大余县	52941	29438	24319	34725	54429	49045
上犹县	36280	26471	21024	36490	48250	49432
崇义县	46087	29797		44771	38051	43779
安远县	24021	27789	34740	34476	48903	39762
龙南县	36727	34455	30976	36955	54303	50543
定南县	29938	36617	27858	39235	41410	42817
全南县	31113	29347	29707	35160	33875	38794
宁都县	42002	45499	41053	43537	41265	40108
于都县	67981	71006	64398	56081	47479	39867
兴国县	38324	35190	47001	42612	45488	42889
会昌县	44053	52787		43917	40244	40334
寻乌县				43184	42266	50682
石城县	27797	24176		34038	44865	40849
瑞金市	24661	32594	41841	36852	46106	41577
南康区	36055	39468	46239	45219	43417	47248
赣州经开区	25563	40522	41591	39269	48343	46328

3-29 县(市、区)国有单位在岗职工年平均工资

单位：元/人

县(市、区)别	在岗职工年平均工资	#中央	省属	市属	县市区及以下	#企业	事业	机关
全　市	**48350**	**63930**	**66262**	**59391**	**44502**	**53594**	**48683**	**45247**
章贡区	67276	79602	78180	62444	54184	71475	67440	61094
赣　县	45984	65711	39826	38303	45750	47651	47920	41673
信丰县	42746	51269	43324	42277	42338	42965	42552	43185
大余县	51372	44487	50182	49051	52109	40545	54429	49045
上犹县	47904	61021	60994	23594	47283	41431	48724	49432
崇义县	41574	53305	47063	46939	40563	54083	38025	43779
安远县	46138	53146	39422	41670	46093	44054	49408	39762
龙南县	51181	61838	56533	52839	50219	44446	54655	50543
定南县	41934	62766	43963	39760	41279	41079	41708	42817
全南县	36035	59663	36472	33518	35255	39422	33911	38794
宁都县	40776	56647	48943	45288	39867	39012	41266	40108
于都县	45636	54948	42318	39037	45128	46962	47484	39867
兴国县	46113	54564	43867	36394	45966	56024	45488	42889
会昌县	40358	50066	40684	42933	39913	41740	40234	40334
寻乌县	44282	66407	47029	39727	43782	32955	42898	50682
石城县	44951	73589	57498	52627	43307	51316	44880	40849
瑞金市	44069	39708	44078	40930	44367	36168	46107	41577
南康区	45130	58627	50963	48586	44328	54529	42769	47248
赣州经开区	47874			50417	47555	47324	48343	46328

主要统计指标解释

各单位的从业人员　指在各级国家机关、政党机关、社会团体及企业、事业单位中工作，取得工资或其他形式的劳动报酬的全部人员。包括在岗职工、再就业的离退休人员、民办教师以及在各单位中工作的外方人员和港澳台方人员、兼职人员、借用的外单位人员和第二职业者。不包括离开本单位仍保留劳动关系的职工。各单位的从业人员反映了各单位实际参加生产或工作的全部劳动力。

城镇私营从业人员　指在工商管理部门注册登记，其经营地址设在县城关镇(含城关镇)以上的私营企业从业人员；包括私营企业投资者和雇工。

城镇个体从业人员　指在工商管理部门注册登记，并持有城镇户口或在城镇长期居住，经批准从事个体工商经营的从业人员；包括个体经营者和在个体工商户劳动的家庭帮工和雇工。

城镇登记失业率　指城镇登记失业人数同城镇从业人数与城镇登记失业人数之和的比。计算公式为：

城镇登记失业率=城镇登记失业人数／（城镇从业人数+城镇登记失业人数）×100%

职工　指在国有经济、城镇集体经济、联营经济、股份制经济、外商和港、澳、台投资经济、其他经济单位及其附属机构工作，并由其支付工资的各类人员，不包括返聘的离退休人员、民办教师、在国有经济单位工作的外方人员和港、澳、台人员（1998 年以后的数据均为在岗职工数据，其他相关指标如职工工资总额，职工平均工资等指标也从 1998 年按此口径进行了相应调整）。

国有单位职工　指在国有经济单位及其附属机构工作，并由其支付工资的各类人员。

城镇集体单位职工　指在城镇集体经济单位及其管理部门工作，并由其支付工资的各类人员。

其他单位职工　指在联营经济、股份制经济、外商投资经济、港、澳、台投资经济单位工作，并由其支付工资的各类人员。

在岗职工　指在本单位工作并由单位支付工资的人员，以及有工作岗位，但由于学习、病伤产假等原因暂未工作，仍由单位支付工资的人员。

职工工资总额　指各单位在一定时期内直接支付给本单位全部职工的劳动报酬总额。工资总额的计算原则应以直接支付给职工的全部劳动报酬为根据。各单位支付给职工的劳动报酬以及其他根据有关规定支付的工资，不论是计入成本的还是不计入成本的，不论是按国家规定列入计征奖金税项目的，还是未列入计征奖金税项目的，不论是以货币形式支付的还是以实物形式支付的，均包括在工资总额内。

奖金　指支付给职工的超额劳动报酬和增收节支的劳动报酬。

职工平均工资　指企业、事业、机关单位的职工在一定时期内平均每人所得的货币工资额。它表明一定时期职工工资收入的高低程度，是反映职工工资水平的主要指标。

计算公式为：

职工平均工资＝报告期实际支付的全部职工工资总额／报告期全部职工平均人数。

四、农业

本 篇 章
质量负责：曾广明
资料整理：杨嘉盛

4-1 农村基层组织情况

项目	单位	2012年	2013年	2014年
农村基层组织情况				
乡镇政府	个	283	283	283
镇政府	个	140	141	141
乡镇府		143	142	142
村民委员会	个	3460	3461	3461
村民小组	个	48932	48945	48962
乡村户数、人口、从业人员				
乡村总户数	户	1776777	1798841	1830393
乡村总人口	人	7358040	7439879	7565920
#男	人	3775484	3816631	3880869
女	人	3582556	3623248	3685051
乡村劳动资源数	人	4094234	4176167	4283712
#男	人	2109856	2160652	2216219
女	人	1984378	2015515	2067493
乡村从业人员数	人	3741472	3822104	3918731
#男	人	1911595	1958913	2006666
女	人	1829877	1863191	1912065
#农业从业人员	人	1851395	1831405	1851616
外出(离乡)的从业人员	人	1529208	1533237	1534119
#出省从业的	人	1154311	1146295	1148429

4-2 县(市、区)农村基本基层组织情况

县(市、区)别	乡(镇)、村个数(个)			乡村户数、人口、劳动力		
	乡(镇)政府	村民委员会	村民小组	总户数(户)	总人口(人)	乡村从业人员(人)
全　市	**283**	**3461**	**48962**	**1830393**	**7565920**	**3918731**
章贡区	5	57	754	32053	125530	66659
赣　县	19	276	3237	126705	532779	268973
信丰县	16	260	4098	154417	626610	348917
大余县	11	105	1386	57292	220502	112221
上犹县	14	131	2452	74447	280160	144203
崇义县	16	124	1480	45265	175052	86384
安远县	18	151	1863	73769	318986	166516
龙南县	13	94	1690	68447	269659	151971
定南县	7	119	1878	39357	172224	89889
全南县	9	86	980	35479	141959	74667
宁都县	24	299	3517	172194	715604	371497
于都县	23	353	4986	205196	868885	430582
兴国县	25	304	4362	154672	673083	349314
会昌县	19	242	3120	101536	455629	241841
寻乌县	15	173	2092	73486	279687	144308
石城县	10	131	1881	62409	276995	137720
瑞金市	17	223	3603	131820	557892	280041
南康区	18	278	4676	183158	722746	376321
赣州经开区	4	55	907	38691	151938	76707

4-3 历年农林牧渔业总产值及构成

(按当年价格计算)

年份	农林牧渔业总产值(万元)	农业产值	林业产值	牧业产值	渔业产值	农林牧渔服务业产值	构成(以农林牧渔服务业总产值为100)				
							农业产值	林业产值	牧业产值	渔业产值	农林牧渔服务业产值
1949	27571	21858	2385	3105	223		79.28	8.65	11.26	0.81	
1952	37486	28482	4453	4326	225		75.98	11.88	11.54	0.6	
1957	47714	35485	5201	6599	429		74.37	10.9	13.83	0.9	
1965	67235	53589	4747	8256	643		79.7	7.06	12.28	0.96	
1970	75193	57405	6083	10557	1148		76.34	8.09	14.04	1.53	
1978	81189	60399	7968	11438	1384		74.39	9.81	14.09	1.71	
1980	92999	69416	7224	15099	1260		74.64	7.77	16.24	1.35	
1981	111282	80308	12192	16905	1877		72.17	10.95	15.19	1.69	
1982	133663	98518	11990	20471	2684		73.71	8.97	15.31	2.01	
1983	159270	115249	13841	27127	3053		72.36	8.69	17.03	1.92	
1984	174951	122265	17537	31451	3698		69.89	10.02	17.98	2.11	
1985	189641	123772	20073	40299	5497		65.27	10.58	21.25	2.90	
1986	186737	115879	19758	45155	5945		62.06	10.58	24.18	3.18	
1987	227955	142466	25207	51923	8359		62.5	11.06	22.78	3.66	
1988	300318	166500	29861	92789	11168		55.44	9.94	30.9	3.72	
1989	317647	171635	28352	104711	12949		54.03	8.93	32.96	4.08	
1990	419154	251085	36401	116026	15642		59.9	8.69	27.68	3.73	
1991	455301	261754	55671	121323	16553		57.49	12.23	26.65	3.63	
1992	504575	277872	63324	145046	18333		55.07	12.55	28.75	3.63	
1993	573131	299264	57820	192564	23483		52.21	10.09	33.60	4.10	
1994	924337	400604	66441	410313	46979		43.34	7.19	44.39	5.08	
1995	1155367	586243	64345	431341	73438		50.74	5.57	37.33	6.36	
1996	1334631	645689	69769	499602	119571		48.38	5.23	37.43	8.96	
1997	1402237	658254	72766	525530	145687		46.94	5.19	37.48	10.39	
1998	1395317	641306	74689	526772	152550		45.96	5.35	37.76	10.93	
1999	1394442	670936	72418	508558	142530		48.12	5.19	36.47	10.22	
2000	1383585	642827	80090	515723	144945		46.46	5.79	37.27	10.48	
2001	1420592	655654	80776	525843	158319		46.15	5.69	37.02	11.14	
2002	1466745	674860	84213	533881	173791		46.01	5.74	36.4	11.85	
2003	1543196	657094	96554	571602	185402	32544	42.58	6.26	37.04	12.01	2.11
2004	1897587	822424	129497	714928	200347	30391	43.34	6.83	37.67	10.56	1.6
2005	1999934	880632	131954	735993	220135	31220	44.03	6.60	36.80	11.01	1.56
2006	2128342	973753	136103	753108	229671	35707	45.75	6.39	35.38	10.79	1.69
2007	2447378	1136312	148880	865299	259477	37410	46.43	6.08	35.36	10.60	1.53
2008	2805547	1284503	183553	1010987	289483	37021	45.78	6.54	36.04	10.32	1.32
2009	3053856	1404894	196073	1097697	301659	53533	46.00	6.42	35.94	9.88	1.76
2010	3377855	1560450	211299	1208367	334517	62952	46.20	6.26	35.77	9.90	1.87
2011	3750930	1737458	228697	1355635	357619	71521	46.32	6.10	36.14	9.53	1.91
2012	4053589	1897601	254279	1399876	427094	74739	46.81	6.27	34.53	10.54	1.84
2013	4359037	2053886	280872	1466797	477885	79597	47.12	6.44	33.65	10.96	1.83
2014	4607883	2178400	309378	1515803	518501	85801	47.28	6.71	32.90	11.25	1.86

4-4 历年农林牧渔总产值指数

(按可比价格计算)

年份	以1952年为100					以上年为100					
	农林牧渔业总产值	农业产值	林业产值	牧业产值	渔业产值	农林牧渔业总产值	农业产值	林业产值	牧业产值	渔业产值	农林牧渔服务业总产值
1949	70.0	69.1	70.0	73.7	79.7						
1952	100.0	100.0	100.0	100.0	100.0	116.9	117.1	119.2	113.9	115.8	
1957	133.5	126.7	149.0	155.1	138.9	111.9	109.4	117.6	119.2	109.2	
1965	155.7	156.1	147.8	164.4	133.4	113.3	111.3	123.3	115.7	117.9	
1970	197.1	194.3	181.3	221.5	238.3	110.7	109.2	130.3	104.4	114.5	
1978	215.3	206.7	240.4	236.9	222.8	102.6	100.6	108.1	109.1	92.6	
1980	241.3	236.5	239.1	281.5	169.7	101.3	102.2	97.3	107.3	60.8	
1981	245.7	236.2	262.7	284.2	226.0	101.8	99.9	109.9	101.0	133.2	
1982	271.6	271.3	232.5	313.8	259.5	110.6	114.9	88.5	110.4	114.8	
1983	305.8	296.7	271.8	391.2	294.0	112.6	109.4	116.9	124.7	113.3	
1984	326.2	303.4	334.9	439.5	346.0	106.6	102.3	123.2	112.3	117.7	
1985	355.1	317.2	368.8	534.5	449.5	108.9	104.6	110.1	121.6	129.9	
1986	349.3	300.0	344.5	603.9	483.7	98.4	94.6	93.4	113.0	107.6	
1987	394.9	347.3	392.0	634.0	552.0	113.0	115.8	113.8	105.0	114.1	
1988	426.1	365.8	405.6	746.7	622.5	107.9	105.3	103.5	117.8	112.8	
1989	444.3	382.6	393.2	795.1	682.9	104.3	104.6	96.9	106.5	109.7	
1990	470.9	406.8	408.6	842.3	736.0	106.0	106.3	103.9	105.9	107.8	
1991	494.1	411.6	505.5	896.6	743.3	104.9	101.2	123.7	106.4	101.0	
1992	534.6	434.1	564.7	1013.1	814.1	108.2	105.5	111.7	113.0	109.5	
1993	567.4	430.7	533.0	1285.3	986.0	106.1	99.2	94.4	126.9	121.1	
1994	613.4	410.1	599.0	1596.1	1553.7	108.1	95.2	112.4	124.2	157.6	
1995	675.4	452.0	541.2	1750.5	2472.7	110.1	110.2	90.4	109.7	159.2	
1996	736.1	457.6	546.1	1966.1	3819.3	109.0	101.2	100.9	112.3	154.5	
1997	787.8	475.4	550.9	2069.0	5022.7	107.0	103.9	100.9	105.2	131.5	
1998	810.6	471.7	535.0	2162.9	5761.5	102.9	99.2	97.1	104.5	114.7	
1999	826.5	516.6	515.2	2104.7	5456.3	102.0	109.5	96.3	97.3	94.7	
2000	839.7	517.6	549.2	2155.2	5510.8	101.6	100.2	106.6	102.4	101.0	
2001	856.5	523.8	531.1	2200.5	5946.2	102.0	101.2	96.7	102.1	107.9	
2002	883.1	536.9	549.7	2253.3	6323.8	103.1	102.5	103.5	102.4	106.4	
2003	910.5	528.3	592.0	2338.9	6611.5	103.1	98.3	107.7	103.8	104.5	149.2
2004	950.4	544.8	608.4	2485.8	7231.0	104.4	103.1	102.8	106.3	109.4	81.3
2005	992.3	565.6	608.9	2613.1	7402.4	104.4	103.8	100.1	105.1	105.3	102.4
2006	1031.7	601.4	622.1	2593.2	8345.2	103.9	106.3	102.2	99.2	109.6	106.8
2007	1073.1	648.3	635.2	2543.9	9079.6	104.0	107.8	102.1	98.1	108.8	100.3
2008	1123.5	684.6	719.0	2615.1	9460.9	104.7	105.6	113.2	102.8	104.2	91.9
2009	1181.9	718.1	721.2	2785.1	9583.9	105.2	104.9	100.3	106.5	101.3	135.7
2010	1235.1	749.0	740.7	2910.4	10139.8	104.5	104.3	102.7	104.5	105.8	109.7
2011	1284.5	790.2	748.1	3003.5	10373.0	104.0	105.5	101.0	103.2	102.3	101.4
2012	1346.2	813.1	796.7	3183.7	11265.1	104.8	102.9	106.5	106.0	108.6	104.5
2013	1414.9	866.0	844.5	3288.8	11681.9	105.1	106.5	106.0	103.3	103.7	106.5
2014	1485.6	895.4	914.6	3499.3	12242.6	105.0	103.4	108.3	106.4	104.8	107.4

4-5 农林牧渔业总产值

单位：万元

项　　目	按当年价格计算		按可比价格计算		
	2014年	2013年	2014年	2013年	2014年比2013年增长%
农林牧渔业总产值	4607883	4359037	4574854	4359037	4.95
农业产值	2178400	2053886	2123101	2053886	3.37
谷物及其他作物	898439	850913	883938	850913	3.88
谷物	676502	651651	665529	651651	2.13
薯类	21398	19447	20747	19447	6.68
油料	63470	59122	61768	59122	4.48
豆类	19348	17941	19188	17941	6.95
棉花	48	56	48	56	-14.29
生麻	145	144	138	144	-4.17
糖类	947	820	876	820	6.83
烟叶	49299	39037	48016	39037	23.00
其他农作物	67282	62695	67628	62695	7.87
蔬菜、食用菌及花卉盆景园艺产品	698615	657382	685737	657382	4.31
蔬菜(含菜用瓜)	570961	537699	559321	537699	4.02
食用菌	36275	37959	37072	37959	-2.34
花卉	61160	55420	60249	55420	8.71
盆景园艺	30219	26304	29095	26304	10.61
水果、坚果、茶、饮料和香料	574407	534913	546680	534913	2.20
水果(园林水果)	560838	523093	533303	523093	1.95
坚果	1300	1664	1264	1664	-24.04
茶及饮料原料	12269	10156	12113	10156	19.27
中草药材	6939	10678	6746	10678	-36.82
林业产值	309378	280872	304184	280872	8.30
林木的培育和种植	99770	89750	98060	89750	9.26
竹木采运	109339	95224	107691	95224	13.09
林产品	100269	95898	98433	95898	2.64
牧业产值	1515803	1466797	1561259	1466797	6.44
牲畜饲养	122639	127392	123591	127392	-2.98
猪的饲养	1009398	977203	1050821	977203	7.53
家禽饲养	354168	340064	357398	340064	5.10
狩猎和捕捉动物	5925	4009	5843	4009	45.75
其他畜牧业	23673	18129	23606	18129	30.21
渔业产值	518501	477885	500823	477885	4.80
鱼　类	401601	365413	388036	365413	6.19
虾蟹类	22877	13787	21878	13787	58.69
贝　类	11302	10662	10953	10662	2.73
其　他	82721	88023	79956	88023	-9.16
农林牧渔服务业产值	85801	79597	85487	79597	7.40

4-6 县(市、区)农林牧渔业总产值

(按当年价格计算)

单位：万元

县(市、区)别	农林牧渔业总产值	农业产值	林业产值	牧业产值	渔业产值	农林牧渔服务业产值
全　市	**4607883**	**2178400**	**309378**	**1515803**	**518501**	**85801**
章贡区	70097	29016	1921	29276	7548	2336
赣　县	308575	154251	20834	107394	20821	5275
信丰县	408665	208761	26690	132472	37537	3205
大余县	177186	89385	7489	45603	19409	15300
上犹县	147869	51506	22183	41274	30138	2768
崇义县	135766	38418	56862	13535	23516	3435
安远县	235048	148182	20617	53413	9751	3085
龙南县	178894	91869	6457	67640	12203	725
定南县	153793	31828	4261	102764	12925	2015
全南县	119459	67506	10958	24670	15379	946
宁都县	454734	257047	25719	104943	48755	18270
于都县	351070	160953	18713	113223	50814	7367
兴国县	421401	162256	19709	197403	38903	3130
会昌县	239048	109732	18862	79302	26657	4495
寻乌县	324731	212467	9615	85470	15729	1450
石城县	189492	74788	16619	35751	58785	3549
瑞金市	296277	141956	10174	98712	42555	2880
南康区	356715	127925	11014	173126	42360	2290
赣州经开区	39063	20554	681	9832	4716	3280

4-7 县(市、区)农林牧渔业总产值

(按可比价格计算)

单位：万元

县(市、区)别	农林牧渔业总产值	农业产值	林业产值	牧业产值	渔业产值	农林牧渔服务业产值
全　市	**4574854**	**2123101**	**304184**	**1561259**	**500823**	**85487**
章贡区	69976	28315	1895	30137	7293	2336
赣　县	307581	151545	20278	110663	19959	5136
信丰县	407241	204488	26081	137034	36212	3426
大余县	175179	86977	7363	46828	18811	15200
上犹县	147119	51225	21717	42251	29191	2735
崇义县	133452	37539	56165	13956	22431	3361
安远县	230772	143955	20565	53881	9286	3085
龙南县	177797	89588	6391	69295	11806	717
定南县	156974	31054	4155	107195	12553	2017
全南县	118362	66380	10815	25353	14896	918
宁都县	453827	254497	25168	107979	47413	18770
于都县	348714	157350	18304	116487	49399	7174
兴国县	421024	158379	19388	203239	37069	2949
会昌县	238550	107278	18809	82405	25636	4422
寻乌县	310882	198699	9268	86313	15272	1330
石城县	187070	74284	16478	36816	56009	3483
瑞金市	295604	139189	9853	102257	41425	2880
南康区	355821	123034	10833	178356	41330	2268
赣州经开区	38909	19325	658	10814	4832	3280

4-8 县(市、区)农林牧渔业总产值构成及指数

县(市、区)别	构成(以农林牧渔业总产值为100)					指数(以上年为100)					
	农业产值	林业产值	牧业产值	渔业产值	农林牧渔服务业产值	农林牧渔业总产值	农业产值	林业产值	牧业产值	渔业产值	农林牧渔服务业产值
全 市	**47.28**	**6.71**	**32.90**	**11.25**	**1.86**	**104.95**	**103.37**	**108.30**	**106.44**	**104.80**	**107.40**
章贡区	41.39	2.74	41.76	10.77	3.33	104.47	103.91	107.67	104.86	104.71	103.00
赣 县	49.99	6.75	34.80	6.75	1.71	104.96	104.22	102.84	106.41	104.55	106.49
信丰县	51.08	6.53	32.42	9.19	0.78	105.86	104.18	110.81	107.45	105.20	117.41
大余县	50.45	4.23	25.74	10.95	8.63	104.63	104.35	108.98	104.59	103.09	106.29
上犹县	34.83	15.00	27.91	20.38	1.87	105.80	103.47	106.79	107.06	107.11	109.53
崇义县	28.30	41.88	9.97	17.32	2.53	104.53	101.75	106.13	104.92	104.96	105.66
安远县	63.04	8.77	22.72	4.15	1.31	104.30	102.22	112.28	106.42	104.75	117.97
龙南县	51.35	3.61	37.81	6.82	0.41	105.01	104.10	108.82	105.54	106.75	106.86
定南县	20.70	2.77	66.82	8.40	1.31	105.25	103.96	107.48	105.66	104.88	101.51
全南县	56.51	9.17	20.65	12.87	0.79	104.64	102.57	113.07	106.86	104.93	100.77
宁都县	56.53	5.66	23.08	10.72	4.02	105.95	104.71	111.22	107.28	105.14	110.91
于都县	45.85	5.33	32.25	14.47	2.10	105.44	104.07	107.36	107.14	104.88	107.70
兴国县	38.50	4.68	46.84	9.23	0.74	105.80	104.84	108.68	106.56	104.22	107.04
会昌县	45.90	7.89	33.17	11.15	1.88	105.00	103.54	107.83	106.51	104.48	104.46
寻乌县	65.43	2.96	26.32	4.84	0.45	102.43	99.98	104.53	107.86	104.80	101.53
石城县	39.47	8.77	18.87	31.02	1.87	105.11	103.41	111.62	106.58	104.56	106.77
瑞金市	47.91	3.43	33.32	14.36	0.97	105.86	104.85	111.26	106.89	105.34	108.68
南康区	35.86	3.09	48.53	11.88	0.64	104.03	101.93	107.79	105.21	104.11	109.94
赣州经开区	52.62	1.74	25.17	12.07	8.40	96.44	93.12	90.14	104.85	97.05	91.93

注：构成按当年价格计算，指数按可比价格计算

4-9 县(市、区)粮食作物和多种经营产值

(按当年价格计算)

县(市、区)别	绝对数(万元)				构成(%)			
	农林牧渔业总产值	粮食作物	多种经营	茶、果	农林牧渔业总产值	粮食作物	多种经营	茶、果
全 市	**4607883**	**717248**	**3890635**	**574407**	**100**	**15.57**	**84.43**	**12.47**
章贡区	70097	6151	63946	936	100	8.77	91.23	1.34
赣 县	308575	41584	266991	13087	100	13.48	86.52	4.24
信丰县	408665	66349	342316	55019	100	16.24	83.76	13.46
大余县	177186	21438	155748	8569	100	12.10	87.90	4.84
上犹县	147869	24495	123374	9765	100	16.57	83.43	6.60
崇义县	135766	11970	123796	13961	100	8.82	91.18	10.28
安远县	235048	27898	207150	82099	100	11.87	88.13	34.93
龙南县	178894	17381	161513	11644	100	9.72	90.28	6.51
定南县	153793	14290	139503	5541	100	9.29	90.71	3.60
全南县	119459	3500	115959	25778	100	2.93	97.07	21.58
宁都县	454734	110178	344556	44671	100	24.23	75.77	9.82
于都县	351070	67820	283250	35136	100	19.32	80.68	10.01
兴国县	421401	72863	348538	24149	100	17.29	82.71	5.73
会昌县	239048	42319	196729	27514	100	17.70	82.30	11.51
寻乌县	324731	36193	288538	156482	100	11.15	88.85	48.19
石城县	189492	23186	166306	3979	100	12.24	87.76	2.10
瑞金市	296277	57035	239242	27902	100	19.25	80.75	9.42
南康区	356715	59629	297086	24902	100	16.72	83.28	6.98
赣州经开区	39063	12969	26094	3273	100	33.20	66.80	8.38

4-10 县(市、区)粮食作物和多种经营产值

(按可比价格计算)

县(市、区)别	绝对数(万元)				构成(%)			
	农林牧渔业总产值	粮食作物	多种经营	茶、果	农林牧渔业总产值	粮食作物	多种经营	茶、果
全 市	**4574854**	**705464**	**3869390**	**546680**	**100**	**15.42**	**84.58**	**11.95**
章贡区	69976	6105	63871	872	100	8.72	91.28	1.25
赣 县	307581	40208	267373	13448	100	13.07	86.93	4.37
信丰县	407241	65127	342114	54615	100	15.99	84.01	13.41
大余县	175179	20832	154347	7985	100	11.89	88.11	4.56
上犹县	147119	24084	123035	9820	100	16.37	83.63	6.67
崇义县	133452	11627	121825	13817	100	8.71	91.29	10.35
安远县	230772	27147	203625	79174	100	11.76	88.24	34.31
龙南县	177797	17173	160624	10362	100	9.66	90.34	5.83
定南县	156974	13607	143367	5520	100	8.67	91.33	3.52
全南县	118362	3255	115107	25316	100	2.75	97.25	21.39
宁都县	453827	109873	343954	43026	100	24.21	75.79	9.48
于都县	348714	67331	281383	33150	100	19.31	80.69	9.51
兴国县	421024	72149	348875	21866	100	17.14	82.86	5.19
会昌县	238550	41471	197079	26306	100	17.38	82.62	11.03
寻乌县	310882	36092	274790	143772	100	11.61	88.39	46.25
石城县	187070	23110	163960	3950	100	12.35	87.65	2.11
瑞金市	295604	56859	238745	25303	100	19.23	80.77	8.56
南康区	355821	57240	298581	25289	100	16.09	83.91	7.11
赣州经开区	38909	12174	26735	3089	100	31.29	68.71	7.94

4-11 农林牧渔业商品产值

(按当年价格计算)

项 目	农林牧渔业商品产值(万元)		农林牧渔业商品率(%)	
	2014年	2013年	2014年	2013年
农林牧渔业总产值	3197423	3059606	69.39	70.19
农业产值	1263899	1236070	58.02	60.18
粮食作物产值	246437	242560	34.36	35.20
茶、果(含果用瓜)	526438	497841	91.65	93.07
林业产值	146316	137397	47.29	48.92
牧业产值	1266405	1210257	83.55	82.51
渔业产值	449396	409459	86.67	85.68
农林牧渔服务业产值	71407	66423	83.22	83.45

4-12 县(市、区)农林牧渔业商品产值

(按当年价格计算)

县(市、区)别	农林牧渔业商品产值(万元)	农业	林业	牧业	渔业	农林牧渔服务业	农林牧渔业商品率(%)
全 市	**3197423**	**1263899**	**146316**	**1266405**	**449396**	**71407**	**69.39**
章贡区	51035	18524	925	23055	6587	1944	72.81
赣 县	215250	85802	4535	102165	18358	4390	69.76
信丰县	260367	107751	5224	110145	34580	2667	63.71
大余县	117768	49728	5736	34551	15020	12733	66.47
上犹县	98644	25152	12376	35507	23305	2304	66.71
崇义县	85970	19151	35450	9174	19336	2859	63.32
安远县	180573	112134	7056	50420	8396	2567	76.82
龙南县	120758	46842	2927	59467	10919	603	67.50
定南县	123075	19102	2121	88269	11906	1677	80.03
全南县	100706	53538	9018	22290	15073	787	84.30
宁都县	339224	168400	10927	100751	43941	15205	74.60
于都县	210857	63893	8150	90095	42588	6131	60.06
兴国县	324799	85462	13318	187871	35543	2605	77.08
会昌县	142393	47177	9929	64036	17510	3741	59.57
寻乌县	275030	178559	2602	79743	12919	1207	84.69
石城县	141068	51763	8084	29071	49196	2954	74.45
瑞金市	209943	74458	4592	88053	40443	2397	70.86
南康区	173580	45295	3014	82305	41060	1906	48.66
赣州经开区	26383	11168	332	9437	2716	2730	67.54

4-13 农林牧渔业总产出、中间消耗及增加值

(按当年价格计算) 单位：万元

项 目	合计	农业	林业	牧业	渔业	农林牧渔服务业
农业总产出	4607883	2178400	309378	1515803	518501	85801
农业中间消耗	1735506	796703	71663	677997	149967	39176
农业中间物质消耗	1516873	685865	54163	638724	115846	22275
用种量	218835	108876	15511	94448		
饲料、饲草	589508	22098		491213	76197	
肥料	401475	382023	19452			
燃料	49623	28738	3343	10724	6818	
农药、畜禽用药	84680	58288	3266	23126		
用电	20399	9851	1627	3337	5584	
农用塑料薄膜	21188	21188				
小农具购置	27311	24157	3154			
办公用品购置	3588	1493	652		1443	
其他	100266	29153	7158	15876	25804	22275
生产服务支出	218633	110838	17500	39273	34121	16901
农业增加值	2872377	1381697	237715	837806	368534	46625

4-14 县(市、区)农业总产值、中间消耗及增加值

(按当年价格计算)

单位：万元

县(市、区)别	农林牧渔业总产值	农林牧渔业中间消耗	农林牧渔业增加值	占农林牧渔业总产值的比重(%)	
				中间消耗	增加值
全　市	**4607883**	**1735506**	**2872377**	**37.66**	**62.34**
章贡区	70097	26539	43558	37.86	62.14
赣　县	308575	116547	192028	37.77	62.23
信丰县	408665	146426	262239	35.83	64.17
大余县	177186	64252	112934	36.26	63.74
上犹县	147869	49843	98026	33.71	66.29
崇义县	135766	41611	94155	30.65	69.35
安远县	235048	89361	145687	38.02	61.98
龙南县	178894	66039	112855	36.92	63.08
定南县	153793	65714	88079	42.73	57.27
全南县	119459	41197	78262	34.49	65.51
宁都县	454734	172349	282385	37.90	62.10
于都县	351070	123723	227347	35.24	64.76
兴国县	421401	147294	274107	34.95	65.05
会昌县	239048	85780	153268	35.88	64.12
寻乌县	324731	166744	157987	51.35	48.65
石城县	189492	72798	116694	38.42	61.58
瑞金市	296277	111898	184379	37.77	62.23
南康区	356715	132402	224313	37.12	62.88
赣州经开区	39063	14989	24074	38.37	61.63

4-15 农林牧渔业中间消耗

(按当年价格计算)

项　　目	绝对数(万元)	构成(%)
农林牧渔业中间消耗总计	1735506	100.00
中间物质消耗	1494598	86.12
用种费	218835	12.61
种植业用种	108876	6.27
林业用种	15511	0.89
牧业用种	94448	5.44
饲料、饲草费	589508	33.97
肥料费	401475	23.13
燃料费	49623	2.86
农药、畜禽用药费	84680	4.88
用电费	20399	1.18
农用塑料薄膜费	21188	1.22
小农具购置费	27311	1.57
办公用品购置费	3588	0.21
其他物质消耗	77991	4.49
生产服务支出	201732	11.62
农林牧渔服务业中间消耗	39176	2.26

4-16　县(市、区)农林牧渔业中间消耗率

(按当年价格计算)　　　　单位：%

县(市、区)别	农业	林业	牧业	渔业	农林牧渔服务业
全　市	**36.57**	**23.16**	**44.73**	**28.92**	**45.66**
章贡区	36.23	23.22	44.55	19.97	44.14
赣　县	36.25	23.00	44.52	27.04	45.29
信丰县	35.84	22.43	41.58	24.22	45.24
大余县	34.66	24.46	44.61	21.59	45.10
上犹县	33.00	23.63	44.63	26.41	44.29
崇义县	33.35	24.42	41.34	32.93	45.85
安远县	36.85	23.77	47.01	34.51	44.73
龙南县	34.23	18.60	45.10	20.80	47.72
定南县	33.23	23.91	47.16	36.34	47.3
全南县	35.91	20.64	41.34	26.30	47.78
宁都县	36.36	24.57	48.22	27.86	45.95
于都县	33.64	21.44	44.30	23.76	45.27
兴国县	31.65	20.29	40.48	27.24	46.42
会昌县	35.71	20.98	44.29	20.65	44.72
寻乌县	50.73	31.64	59.83	26.14	46.21
石城县	36.72	24.51	41.65	42.01	47.34
瑞金市	35.21	20.89	41.71	40.62	46.01
南康区	33.53	21.65	43.91	23.60	48.25
赣州经开区	36.76	27.31	44.67	28.75	45.73

4-17 历年农作物播种面积及复种指数

年份	农作物总播种面积(公顷)	粮食作物	经济及其它农作物	占总播种面积的比重(%)		复种指数(%)
				粮食作物	经济及其它农作物	
1949	557933	470940	86993	84.41	15.59	151.60
1952	647080	546513	100567	84.46	15.54	161.35
1957	754733	606400	148333	80.35	19.65	183.26
1965	790120	599707	190413	75.90	24.10	204.44
1970	848447	599953	248494	70.71	29.29	229.20
1978	762880	585573	177307	76.76	23.24	209.01
1980	703207	558193	145014	79.38	20.62	193.49
1981	691793	553053	138740	79.94	20.06	190.83
1982	695627	554480	141147	79.71	20.29	192.16
1983	688333	551207	137126	80.08	19.92	190.37
1984	678967	535960	143007	78.94	21.06	188.39
1985	670620	518760	151860	77.36	22.64	187.26
1986	679500	518307	161193	76.28	23.72	190.28
1987	718893	533393	185500	74.20	25.80	201.14
1988	729313	525980	203333	72.12	27.88	204.28
1989	784227	550120	234107	70.15	29.85	220.57
1990	830460	553633	276827	66.67	33.33	233.68
1991	841040	541620	299420	64.40	35.60	236.85
1992	848180	518953	329227	61.18	38.82	239.24
1993	829929	504053	325876	60.73	39.27	235.74
1994	844975	524221	320754	62.04	37.96	241.13
1995	910784	541836	368948	59.49	40.51	260.88
1996	904723	538733	365990	59.55	40.45	260.64
1997	886910	530662	356248	59.83	40.17	255.71
1998	884446	537255	347191	60.74	39.26	255.76
1999	866716	531912	334804	61.37	38.63	248.44
2000	856577	505675	350902	59.03	40.97	248.41
2001	848982	494333	354649	58.23	41.77	248.00
2002	800429	475334	325095	59.38	40.62	257.39
2003	722677	417797	304880	57.81	42.19	244.38
2004	755635	512101	243534	67.77	32.23	257.47
2005	752555	511998	240557	68.03	31.97	240.88
2006	755760	513092	242668	67.89	32.11	256.68
2007	757806	514165	243641	67.85	32.15	249.20
2008	759207	515310	243897	67.87	32.13	241.19
2009	761464	515748	245716	67.73	32.27	242.81
2010	764111	515006	249105	67.40	32.60	244.10
2011	772050	514074	257976	66.59	33.41	246.47
2012	773257	513087	260170	66.35	33.65	248.37
2013	766556	513621	252935	67.00	33.00	246.74
2014	768804	512297	256507	66.64	33.36	247.77

4-18　历年主要农产品产量

年份	粮食总产量（万吨）	烤烟（吨）	油料产量（吨）			油茶籽（吨）	水果产量（吨）	
				花生	油菜籽			脐橙
1949	78.95		24117	21753	2279	19605	1604	
1952	95.39	2	29206	24217	4771	21368	3927	
1957	116.23	81	34706	30968	3266	43264	6393	
1965	130.37	1526	34384	31615	2399	40052	5313	
1970	151.72	1559	31586	28181	3052	40923	5166	
1978	172.84	2236	34246	29927	4043	20792	9576	
1980	181.77	902	26064	21028	4734	27684	14167	
1981	192.87	2349	30472	23069	7103	51452	19393	
1982	209.52	3357	35329	26201	8805	20697	17735	
1983	222.34	1997	37311	27928	9034	23579	19005	
1984	211.51	2726	34813	27206	7284	38709	24025	
1985	207.80	2895	44317	26500	7489	44018	19971	
1986	174.61	1591	50166	41909	8006	22691	34440	
1987	211.67	3421	48986	42938	5705	39439	34243	
1988	216.35	6170	54178	43149	10749	30502	35064	
1989	225.61	7135	59453	41965	17151	44224	52345	
1990	237.16	11597	83624	42355	40939	32278	58986	
1991	233.46	17306	101543	40633	60662	37663	70095	
1992	229.43	21186	103271	56593	46368	38854	77689	
1993	228.17	23544	103810	66505	36850	32832	100687	
1994	237.38	10638	116652	77099	39165	38871	153167	
1995	255.50	7818	161307	84674	76296	32477	244794	
1996	265.09	9560	172784	84069	88440	39798	272735	
1997	258.85	22250	155658	82336	73068	42123	338036	
1998	266.20	11645	144374	87140	56902	35757	238948	
1999	265.15	9286	139419	95413	43680	39322	342978	
2000	248.06	9603	152294	113483	38323	37633	198996	
2001	243.09	11091	155619	122619	32661	31290	207459	39851
2002	225.30	12199	137939	114338	23245	28273	283616	84498
2003	199.07	10554	127187	107455	19451	37739	345643	133901
2004	257.39	9402	83556	65749	17674	32420	454957	222360
2005	259.33	12040	85828	68121	17551	35838	621911	361303
2006	260.53	16020	83253	65653	17444	35258	789344	497768
2007	263.11	18007	84887	68670	16069	26952	1084817	749809
2008	269.04	21340	90834	76495	14157	27734	1329548	991115
2009	277.71	18695	93262	78327	14722	34382	1546170	1168907
2010	275.28	16679	97313	81193	15891	32826	1475546	1106877
2011	278.54	18351	99679	83195	16263	63939	1761358	1334109
2012	280.03	20270	104302	87219	16853	79325	1690161	1250860
2013	283.06	20283	95273	88296	6739	71272	1952762	1500542
2014	285.35	22580	98667	90140	8307	70076	1631976	1222655

4-19 主要农作物播种面积

项目	播种面积(公顷)		比重(%)	
	2014年	2013年	2014年	2013年
农作物总播种面积	768804	766556	100.00	100.00
粮食作物	512297	513621	66.64	67.00
谷物	468865	469671	60.99	61.27
稻谷	466045	466790	60.62	60.89
早稻	200511	201493	26.08	26.29
中稻及一季晚稻	42376	41705	5.51	5.44
双季晚稻	223155	223592	29.03	29.17
小麦	37	37		
玉米	2769	2815	0.36	0.37
高粱	14	29		
豆类	25100	25181	3.26	3.28
大豆	9727	10146	1.27	1.32
绿豆	697	586	0.09	0.08
蚕豌豆	14677	14446	1.91	1.88
薯类(折粮计算)	18335	18769	2.38	2.45
#红薯	18052	18564	2.35	2.42
油料作物	40389	38978	5.25	5.08
#花生	33239	32778	4.32	4.28
油菜籽	6938	5985	0.90	0.78
芝麻	213	215	0.03	0.03
棉花	12	20		
麻类	15	19		
#黄红麻	14	18		
甘蔗	218	249	0.03	0.03
烟叶类	11160	9946	1.45	1.30
#烤烟	11115	9907	1.45	1.29
药材类	897	1159	0.12	0.15
蔬菜及食用菌	111121	109378	14.45	14.27
瓜果类	9264	9364	1.20	1.22
#西瓜	8589	8913	1.12	1.16
甜瓜	618	445	0.08	0.06
草莓	58	6	0.01	
其他农作物	83429	83822	10.85	10.93
#莲子	5997	6009	0.78	0.78
青饲料	16492	16439	2.15	2.14
席草	696	672	0.09	0.09
红瓜子	810	784	0.11	0.10
荸荠	566	782	0.07	0.10
绿肥	46382	55490	6.03	7.24
其它	2786	3648	0.36	0.48

4-20 农作物面积和产量对比表

项　目	单位面积产量(公斤/公顷)			总产量(吨)		
	2014年	2013年	2014年比2013年增长%	2014年	2013年	2014年比2013年增长%
粮食作物	5570	5511	1.07	2853539	2830623	0.81
谷物	5834	5777	0.99	2735364	2713419	0.81
稻谷	5844	5789	0.95	2723786	2702075	0.80
早稻	5604	5565	0.70	1123620	1121325	0.20
中稻及一季晚稻	6128	6042	1.42	259684	251993	3.05
双季晚稻	6007	5943	1.08	1340482	1328757	0.88
小麦	2568	2541	1.06	95	94	1.06
玉米	4135	3973	4.08	11450	11185	2.37
高粱	2357	2241	5.18	33	65	-49.23
豆类	1586	1540	2.99	39801	38775	2.65
大豆	2238	2158	3.71	21765	21893	-0.58
绿豆	1646	1608	2.36	1147	942	21.76
蚕豌豆	1150	1099	4.64	16873	15877	6.27
薯类(折粮计算)	4275	4179	2.30	78374	78429	-0.07
#红薯	4278	4186	2.20	77222	77709	-0.63
油料作物	2443	2444	-0.04	98667	95276	3.56
#花生	2712	2694	0.67	90140	88299	2.08
油菜籽	1197	1126	6.31	8307	6739	23.27
芝麻	1033	1107	-6.68	220	238	-7.56
棉花	1417	1200	18.08	17	24	-29.17
麻类	5533	5684	-2.66	83	108	-23.15
#黄红麻	5857	5944	-1.46	82	107	-23.36
甘蔗	46546	46096	0.98	10147	11478	-11.60
烟叶类	2041	2046	-0.24	22779	20352	11.93
#烤烟	2031	2047	-0.78	22580	20283	11.32
蔬菜及食用菌	24615	23837	3.26	2735269	2607247	4.91
瓜果类	26516	26512	0.02	245643	248261	-1.05
#西瓜	26327	26435	-0.41	226122	235617	-4.03
甜瓜	29049	28169	3.12	17952	12535	43.21
草莓	19517	18167	7.43	1132	109	938.53
其他农作物						
#莲子	1603	1603		9611	9632	-0.22
席草	10941	10436	4.84	7615	7013	8.58
红瓜子	1109	1074	3.26	898	842	6.65
荸荠	14295	13916	2.72	8091	10882	-25.65

4-21 县(市、区)主要农作物播种面积

单位：公顷

项　　目	章贡区	赣县	信丰县	大余县	上犹县	崇义县	安远县
农作物总面积	8972	53237	74067	26124	24306	10654	23040
粮食作物	5011	37873	48398	16683	15848	7384	17853
谷物	4665	34030	43714	15099	14173	6838	17477
稻谷	4663	33953	42977	14501	14096	6787	17404
早稻	2267	15225	19202	5620	5122	98	6430
中稻及一季晚稻	75	2538	2030	2348	3390	6553	2552
双季晚稻	2321	16189	21745	6533	5583	136	8422
小麦							
玉米	2	77	737	597	77	51	73
高粱							
豆类	138	2667	1867	1005	956	220	243
大豆	2	734	1127	227	447	200	243
绿豆	1	177	93	33	78		
蚕豌豆	134	1757	647	745	431	20	
薯类(折粮计算)	208	1176	2817	580	719	327	133
#红薯	208	1160	2817	580	719	327	133
油料作物	217	4015	5252	1207	795	609	271
#花生	217	1613	5243	1207	795	609	271
油菜籽		2399					
芝麻		3	9				
棉花						3	
麻类		7					
#黄红麻		7					
甘蔗		6		27	15		
烟叶类		265	1465				1628
#烤烟		263	1457				1618
药材类		3	750			37	
蔬菜及食用菌	3268	6095	12360	5478	4217	1935	2532
瓜果类	45	681	1302	259	177	166	663
#西瓜	44	632	1302	259	177	153	663
甜瓜		49				14	
草莓	1						
其他农作物	432	4292	4541	2470	3255	520	93
#莲子	4	2	4				1
青饲料	251	1064	1867	564	540	186	31
席草		17				27	
红瓜子		109	644				
荸荠		40	135	23	52		
绿肥	177	1715	164	1569	2561	318	
其它		1276		314	101		

4-21 续表 1

单位：公顷

项　　目	龙南县	定南县	全南县	宁都县	于都县	兴国县
农作物总面积	24088	17504	22757	107820	72754	78685
粮食作物	11644	11986	12676	70063	50151	55325
谷物	10373	10817	11706	65131	44193	50100
稻谷	10076	10786	11605	65058	44122	50077
早稻	4706	4808	5192	26324	21524	22673
中稻及一季晚稻	553	860	1186	7679	652	2487
双季晚稻	4817	5118	5226	31056	21945	24917
小麦					37	
玉米	298	31	87	36	72	24
高粱			14			
豆类	671	629	597	2866	3895	2759
大豆	667	584	261	898	949	663
绿豆	3		5	48	80	19
蚕豌豆		45	331	1920	2866	2078
薯类(折粮计算)	600	541	373	2066	2063	2466
#红薯	600	541	373	2066	2063	2466
油料作物	930	242	1563	3088	6531	2301
#花生	930	242	1438	3042	4887	2295
油菜籽			125	43	1523	6
芝麻				3	121	
棉花			2			
麻类						
#黄红麻						
甘蔗		21	9	72	16	
烟叶类				579		833
#烤烟				579		833
药材类		9		75		8
蔬菜及食用菌	9412	3427	6681	6347	9262	9051
瓜果类	273	170	599	1847	487	63
#西瓜	273	170	599	1293	487	63
甜瓜				508		
草莓				46		
其他农作物	1830	1648	1226	25749	6306	11103
#莲子	4		112	1976		2
青饲料	662	449	676	1030	2629	3367
席草				615		37
红瓜子			44			13
荸荠	13		27	87	15	11
绿肥	1047	1093	229	22008	3614	7190
其它	99	106	22		49	483

4-21 续表 2

单位：公顷

项目	会昌县	寻乌县	石城县	瑞金市	南康区	赣州经开区
农作物总面积	42401	25534	26167	55705	67194	7795
粮食作物	30140	21304	17031	35988	40953	5986
谷物	28486	20207	16463	31133	38649	5611
稻谷	28405	19816	16444	31079	38593	5603
早稻	12805	9164	4753	14335	17659	2604
中稻及一季晚稻	1014	1576	4377	1563	943	
双季晚稻	14586	9076	7314	15181	19991	2999
小麦						
玉米	81	391	19	53	55	8
高粱						
豆类	1103	621	166	3486	1068	143
大豆	463	621	107	1140	344	50
绿豆			21	15	110	14
蚕豌豆	640		38	2332	614	79
薯类(折粮计算)	551	477	402	1369	1236	231
#红薯	551	477	402	1369	1027	173
油料作物	1380	763	997	3650	5913	665
#花生	490	763	417	2309	5808	663
油菜籽	890		580	1324	48	
芝麻				17	58	2
棉花				7		
麻类				1	7	
#黄红麻					7	
甘蔗	15		9	18	10	
烟叶类	2367	23	2267	1708	25	
#烤烟	2367	23	2267	1708		
药材类				14		1
蔬菜及食用菌	5834	3003	1710	8622	11035	852
瓜果类	469	441	410	611	563	38
#西瓜	469	441	392	582	552	38
甜瓜			18	29		
草莓					11	
其他农作物	2195		3743	5086	8687	253
#莲子	21		2952	912		7
青饲料	1057		17	1010	1007	85
席草						
红瓜子						
荸荠	18		32	113		
绿肥	1098		737	2862		
其它				174		162

4-22 县(市、区)主要农作物单位面积产量

单位：公斤/公顷

项目	章贡区	赣县	信丰县	大余县	上犹县	崇义县	安远县
粮食作物	5811	5189	5576	5396	5894	6026	5550
谷物	5956	5578	5858	5648	6102	6277	5605
稻谷	5957	5584	5849	5751	6107	6303	5613
早稻	5820	5215	5716	5714	5764	5888	5632
中稻及一季晚稻	6013	5377	6216	6219	6234	6324	5847
双季晚稻	6090	5964	5932	5615	6346	5566	5528
小麦							
玉米	2500	2740	6369	3152	5195	2804	3740
高粱							
豆类	1094	987	2217	1065	1918	2377	2263
大豆	1500	1451	2712	2035	2557	2390	2263
绿豆	2000	955	1731	1242	1628		
蚕豌豆	1090	795	1425	761	1309	1450	
薯类(折粮计算)	5702	3458	3438	6333	7078	3220	4233
#红薯	5702	3422	3438	6281	7078	3220	4233
油料作物	2926	1687	2602	2999	2740	2255	2203
#花生	2926	2409	2605	2999	2740	2255	2203
油菜籽		1203					
芝麻		1333	1111				
棉花						1333	
麻类		5429					
#黄红麻		5429					
甘蔗		30833		38037	64467		
烟叶类		2038	2234				2062
#烤烟		2038	2234				2062
蔬菜及食用菌	32023	21281	26568	26583	18403	22221	20249
瓜果类	40444	18010	30175	29409	18785	13452	15549
#西瓜	40977	17734	30175	29409	18785	14536	15549
甜瓜		20286				643	
草莓	17000						
其他农作物							
#莲子	1500	1500	7500				2000
席草		7647				22222	
红瓜子		1046	876				
荸荠		12325	15415	7739	22962		

4-22 续表 1

单位：公斤/公顷

项目	龙南县	定南县	全南县	宁都县	于都县	兴国县
粮食作物	5568	5059	5628	6213	5133	5312
谷物	5823	5167	5761	6432	5560	5625
稻谷	5888	5175	5776	6437	5564	5627
早稻	5822	5094	5376	5954	5245	5323
中稻及一季晚稻	6002	5037	5906	6649	5839	5595
双季晚稻	5939	5274	6145	6793	5868	5908
小麦					2568	
玉米	3614	2548	4333	2528	2986	1250
高粱			2357			
豆类	2635	1747	2151	1721	1224	1525
大豆	2640	1818	3057	2638	1759	2707
绿豆	2333		2800	2000	1463	1368
蚕豌豆		822	1426	1285	1040	1149
薯类(折粮计算)	4440	6728	7011	5522	3371	3180
#红薯	4440	6728	7011	5522	3371	3180
油料作物	2855	926	2995	2851	2119	2861
#花生	2855	926	3132	2872	2355	2866
油菜籽			1416	1488	1450	1167
芝麻				1667	1008	
棉花			1500			
麻类						
#黄红麻						
甘蔗		23095	55556	63528	27813	
烟叶类				1839		2247
#烤烟				1839		2247
蔬菜及食用菌	26218	20081	30769	37380	22387	30093
瓜果类	37923	13059	42058	30957	17965	24905
#西瓜	37923	13059	42058	31344	17965	24905
甜瓜				30955		
草莓				20087		
其他农作物						
#莲子	2250		5455	1616		1500
席草				10198		16568
红瓜子			4614			1308
荸荠	5385		17630	7000	18000	9000

4-22 续表 2

单位：公斤/公顷

项目	会昌县	寻乌县	石城县	瑞金市	南康区	赣州经开区
粮食作物	5623	5055	5652	5605	5870	5358
谷物	5824	5156	5714	6114	6040	5514
稻谷	5832	5189	5716	6119	6045	5519
早稻	5715	4990	5241	6092	5970	6202
中稻及一季晚稻	5959	5310	6241	5979	6744	
双季晚稻	5925	5369	5711	6160	6078	4927
小麦						
玉米	3012	3460	3737	2830	2545	1875
高粱						
豆类	1481	3237	1145	1501	1427	1769
大豆	1829	3237	1178	1678	1831	560
绿豆			1000	6867	1318	8429
蚕豌豆	1230		1132	1380	1220	1354
薯类(折粮计算)	3521	3168	4998	4496	4404	3805
#红薯	3521	3168	4998	4492	4601	3335
油料作物	1446	2959	1805	2015	3019	2657
#花生	2137	2959	2724	2620	3053	2661
油菜籽	1065		1145	985	1000	
芝麻				118	1276	1500
棉花				1429		
麻类				1000	6286	
#黄红麻					6286	
甘蔗	22600		31222	38944	63200	
烟叶类	1832	2870	1999	2164	1720	
#烤烟	1832	2870	1999	2098		
蔬菜及食用菌	20694	17690	22659	16806	22723	10175
瓜果类	25765	19549	28315	29876	22597	6184
#西瓜	25765	19549	28791	29174	22701	6184
甜瓜			17944	31069		
草莓					17364	
其他农作物						
#莲子	1381		977	3043		9429
席草						
红瓜子						
荸荠	5278		22313	15965		

4-23 县(市、区)主要农作物总产量

单位：吨

项　　目	章贡区	赣县	信丰县	大余县	上犹县	崇义县	安远县
粮食作物	29121	196505	269883	90019	93408	44497	99078
谷物	27784	189807	256060	85276	86485	42921	97965
稻谷	27779	189596	251366	83394	86085	42778	97692
早稻	13194	79400	109759	32110	29525	577	36211
中稻及一季晚稻	451	13647	12619	14602	21133	41444	14921
双季晚稻	14134	96549	128988	36682	35427	757	46560
小麦							
玉米	5	211	4694	1882	400	143	273
高粱							
豆类	151	2631	4139	1070	1834	523	550
大豆	3	1065	3056	462	1143	478	550
绿豆	2	169	161	41	127		
蚕豌豆	146	1397	922	567	564	29	
薯类(折粮计算)	1186	4067	9684	3673	5089	1053	563
#红薯	1186	3970	9684	3643	5089	1053	563
油料作物	635	6775	13668	3620	2178	1373	597
#花生	635	3885	13658	3620	2178	1373	597
油菜籽		2886					
芝麻		4	10				
棉花						4	
麻类		38					
#黄红麻		38					
甘蔗		185		1027	967		11
烟叶类		540	3273				3357
#烤烟		536	3255				3336
蔬菜及食用菌	104650	129707	328380	145624	77607	42997	51270
瓜果类	1820	12265	39288	7617	3325	2233	10309
#西瓜	1803	11208	39288	7617	3325	2224	10309
甜瓜		994				9	
草莓	17						
其他农作物							
#莲子	6	3	30			1	2
席草		130				600	
红瓜子		114	564				
荸荠	8	493	2081	178	1194		

4-23 续表 1

单位：吨

项　　目	龙南县	定南县	全南县	宁都县	于都县	兴国县
粮食作物	64834	60632	71336	435293	257415	293875
谷物	60402	55893	67437	418952	245695	281826
稻谷	59325	55814	67027	418766	245480	281796
早稻	27397	24492	27910	156735	112894	120683
中稻及一季晚稻	3319	4332	7005	51058	3807	13915
双季晚稻	28609	26990	32112	210973	128779	147198
小麦					95	
玉米	1077	79	377	91	215	30
高粱			33			
豆类	1768	1099	1284	4933	4766	4208
大豆	1761	1062	798	2369	1669	1795
绿豆	7		14	96	117	26
蚕豌豆		37	472	2468	2980	2387
薯类(折粮计算)	2664	3640	2615	11408	6954	7841
#红薯	2664	3640	2615	11408	6954	7841
油料作物	2655	224	4681	8805	13842	6584
#花生	2655	224	4504	8736	11511	6577
油菜籽			177	64	2209	7
芝麻				5	122	
棉花			3			
麻类						
#黄红麻						
甘蔗		485	500	4574	445	
烟叶类				1065		1872
#烤烟				1065		1872
蔬菜及食用菌	246766	68817	205565	237248	207353	272371
瓜果类	10353	2220	25193	57177	8749	1569
#西瓜	10353	2220	25193	40528	8749	1569
甜瓜				15725		
草莓				924		
其他农作物						
#莲子	9		611	3193		3
席草				6272		613
红瓜子			203			17
荸荠	70		476	609	270	99

4-23 续表 2

单位：吨

项目	会昌县	寻乌县	石城县	瑞金市	南康区	赣州经开区
粮食作物	169468	107700	96266	201725	240413	32071
谷物	165894	104179	94067	190336	233446	30939
稻谷	165650	102826	93996	190186	233306	30924
早稻	73184	45730	24911	87328	105431	16149
中稻及一季晚稻	6042	8369	27315	9345	6360	
双季晚稻	86424	48727	41770	93513	121515	14775
小麦						
玉米	244	1353	71	150	140	15
高粱						
豆类	1634	2010	190	5234	1524	253
大豆	847	2010	126	1913	630	28
绿豆			21	103	145	118
蚕豌豆	787		43	3218	749	107
薯类(折粮计算)	1940	1511	2009	6155	5443	879
#红薯	1940	1511	2009	6150	4725	577
油料作物	1995	2258	1800	7356	17854	1767
#花生	1047	2258	1136	6050	17732	1764
油菜籽	948		664	1304	48	
芝麻				2	74	3
棉花				10		
麻类				1	44	
#黄红麻					44	
甘蔗	339		281	701	632	
烟叶类	4336	66	4531	3696	43	
#烤烟	4336	66	4531	3583		
蔬菜及食用菌	120726	53122	38747	144900	250750	8669
瓜果类	12084	8621	11609	18254	12722	235
#西瓜	12084	8621	11286	16979	12531	235
甜瓜			323	901		
草莓					191	
其他农作物						
#莲子	29		2883	2775		66
席草						
红瓜子						
荸荠	95		714	1804		

4-24 县(市、区)粮食总产量

县(市、区)别	粮食总产量(吨)			粮食单产(公斤/公顷)		
	2014年	2013年	2014年比2013年增长%	2014年	2013年	2014年比2013年增长%
全　市	**2853539**	**2830623**	**0.81**	**5570**	**5511**	**1.07**
章贡区	29121	29952	-2.77	5811	5767	0.76
赣　县	196505	197625	-0.57	5189	5202	-0.25
信丰县	269883	270515	-0.23	5576	5551	0.45
大余县	90019	88958	1.19	5396	5334	1.16
上犹县	93408	92849	0.60	5894	5888	0.10
崇义县	44497	44511	-0.03	6026	5998	0.47
安远县	99078	100644	-1.56	5550	5559	-0.16
龙南县	64834	64405	0.67	5568	5550	0.32
定南县	60632	60414	0.36	5059	5047	0.24
全南县	71336	70157	1.68	5628	5619	0.16
宁都县	435293	421438	3.29	6213	6020	3.21
于都县	257415	256922	0.19	5133	5122	0.21
兴国县	293875	289495	1.51	5312	5231	1.55
会昌县	169468	168259	0.72	5623	5605	0.32
寻乌县	107700	107308	0.37	5055	5045	0.20
石城县	96266	92581	3.98	5652	5394	4.78
瑞金市	201725	201272	0.23	5605	5505	1.82
南康区	240413	238358	0.86	5870	5827	0.74
赣州经开区	32071	34960	-8.26	5358	5608	-4.46

4-25 县(市、区)花生和蔬菜及食用菌产量

单位：吨

县(市、区)别	花生产量			蔬菜及食用菌产量		
	2014年	2013年	2014年比2013年增长%	2014年	2013年	2014年比2013年增长%
全　市	**90140**	**88299**	**2.08**	**2735269**	**2607247**	**4.91**
章贡区	635	629	0.95	104650	97880	6.92
赣　县	3885	3928	-1.09	129707	130891	-0.90
信丰县	13658	12973	5.28	328380	296567	10.73
大余县	3620	3583	1.03	145624	140156	3.90
上犹县	2178	2144	1.59	77607	74913	3.60
崇义县	1373	1353	1.48	42997	43748	-1.72
安远县	597	608	-1.81	51270	46977	9.14
龙南县	2655	2514	5.61	246766	240276	2.70
定南县	224	215	4.19	68817	68375	0.65
全南县	4504	4257	5.80	205565	198896	3.35
宁都县	8736	8595	1.64	237248	233030	1.81
于都县	11511	11230	2.50	207353	200991	3.17
兴国县	6577	7050	-6.71	272371	270063	0.85
会昌县	1047	939	11.50	120726	117269	2.95
寻乌县	2258	2118	6.61	53122	52967	0.29
石城县	1136	1048	8.40	38747	31290	23.83
瑞金市	6050	6105	-0.90	144900	123811	17.03
南康区	17732	17443	1.66	250750	230676	8.70
赣州经开区	1764	1567	12.57	8669	8471	2.34

4-26 茶叶、水果及食用坚果生产情况

项　　目	单位	2014年	2013年	2014年比2013年增长%
茶 叶	吨	4140	4060	1.97
水果	吨	1631976	1952762	-16.43
柑桔类	吨	1550880	1873641	-17.23
#脐橙	吨	1222655	1500542	-18.52
柚子	吨	38066	40551	-6.13
梨	吨	14910	15652	-4.74
其他水果	吨	66186	63469	4.28
#桃	吨	15251	12254	24.46
柿子	吨	14821	13545	9.42
食用坚果	吨	2700	2604	3.69
年末实有茶园面积	公顷	11838	11177	5.91
#当年采摘面积	公顷	8830	8500	3.88
当年新增面积	公顷	1027	1015	1.18
年末实有果园面积	公顷	180958	189350	-4.43
柑桔园(含脐、甜橙)	公顷	157482	165802	-5.02
#脐橙	公顷	112240	115956	-3.20
梨园	公顷	4310	4563	-5.54
桃园	公顷	2664	2382	11.84
当年产果面积	公顷	154694	149201	3.68
#柑桔类(含脐、甜橙)	公顷	133937	129675	3.29
#脐橙	公顷	90979	96617	-5.84
当年新增面积	公顷	2311	4172	-44.61
#柑桔(含脐、甜橙)	公顷	1105	3576	-69.10
#脐橙	公顷	227	1335	-83.00

4-27 县(市、区)茶叶、水果及食用坚果产量

单位：吨

县(市、区)别	茶叶	水果								食用坚果
			柑桔类			梨	其他水果			
				脐橙	柚子			桃	柿子	
全　市	**4140**	**1631976**	**1550880**	**1222655**	**38066**	**14910**	**66186**	**15251**	**14821**	**2700**
章贡区		1590	982	605	179	66	542	150	43	
赣　县	42	42581	35905	32026	956	1763	4913	859	820	142
信丰县	47	162930	156520	152576	90	248	6162	463	368	31
大余县	13	28171	24778	17558	1591	1452	1941	394	163	
上犹县	1682	10796	9280	7984	303	245	1271	114	75	
崇义县	885	50919	50375	49620	116	103	441	122	140	7
安远县	7	219604	219231	173468	3428		373			
龙南县	23	64751	58040	54966	1185	386	6325	2904	247	723
定南县	166	22105	20181	14862		1154	770	263	122	174
全南县	50	45258	36695	20426	281	254	8309	854	607	224
宁都县	96	104773	98953	89936	77	744	5076	1349	909	948
于都县	430	85764	74576	65701	975	1626	9562	1778	7784	
兴国县	432	58055	52621	47812	377	1718	3716	446	650	
会昌县	142	132270	125567	118000	392	544	6159	2729	31	
寻乌县	65	447064	445662	276862	100		1402	610	150	
石城县	18	10806	7796	6493	10	322	2688	188	1302	98
瑞金市	23	78469	73932	71590	277	183	4354	1533	580	247
南康区	19	56727	52283	17406	26438	2302	2142	486	827	106
赣州经开区		9343	7503	4764	1291	1800	40	9	3	

4-28 县(市、区)年末茶园和果园面积

单位：公顷

县(市、区)别	茶园			年末实有果园面积			果园当年产果面积		果园当年新增面积	
		当年采摘面积	当年新增面积		柑桔			柑桔		柑桔
						脐橙				
全　市	**11838**	**8830**	**1027**	**180958**	**157482**	**112240**	**154694**	**133936**	**2311**	**1105**
章贡区				336	195	127	246	154	20	13
赣　县	101	101		7411	5342	4915	5264	3807	337	55
信丰县	104	95		18809	18240	17899	17385	14919		
大余县	75	72		5374	4553	3323	3508	2827		
上犹县	6175	4195	614	5661	4616	1567	4866	4138	17	17
崇义县	1363	1183	7	4295	4199	4092	3833	3741	3	3
安远县	7	7		19252	19184	15413	19240	19185	5	
龙南县				6076	3884	3515	4413	2670	547	12
定南县	212	212		3612	2625	1565	2875	2068		
全南县	52	52		2914	2296	1308	2834	2076	60	17
宁都县	1027	1027		14370	13449	8982	13167	12315	40	40
于都县	655	521	133	14702	12174	8217	13060	10393	314	133
兴国县	829	654	7	11804	9067	5791	11114	9099		
会昌县	860	380	227	18760	14192	9449	10255	9517	267	267
寻乌县	51	45	6	26681	26601	15250	26681	26601		
石城县	29	23		3062	1377	1270	2608	1354		
瑞金市	283	249	33	8697	7870	7339	8009	6690	108	100
南康区	15	14		8387	6963	1876	5033	2080	593	448
赣州经开区				755	655	342	303	302		

4-29 林业生产情况

项 目	单位	2014年	2013年	2014年比2013年增长%
一、当年造林作业面积合计	千公顷	32.73	35.78	-8.52
1.按造林方式分:				
(1)人工造林面积	千公顷	32.65	33.04	-1.18
(2)无林地和疏林地新封	千公顷	0.08	2.73	-97.07
2.按主要林种用途分:				
用 材 林	千公顷	20.73	19.20	7.97
经 济 林	千公顷	7.81	11.17	-30.08
防 护 林	千公顷	3.82	5.22	-26.82
二、更新造林面积	千公顷	2.06	2.23	-7.62
三、低产低效林改造面积	千公顷	5.76	2.43	137.04
四、年末实有封山育林面积	千公顷	46.92	42.97	9.19
五、零星(四旁)植树	万株	854.08	1045.87	-18.34
六、当年苗木产量	万株	18841.88	22786.48	-17.31
八、未成林抚育作业面积	千公顷	92.55	102.12	-9.37
九、中、幼龄林抚育面积	千公顷	21.67	38.85	-44.22
十、森林覆盖率	%	76.20	76.20	

4-30 县(市、区)造林面积

单位：公顷

单位名称	当年造林面积	按造林方式分		按经济类型分		按用途分				年末实有封山(沙)育林面积
		人工造林	无林地和疏林地新封	公有经济造林	非公有经济造林	用材林	经济林	防护林	特种用途林	
全 市	**32731**	**32651**	**80**	**3316**	**29415**	**20733**	**7813**	**3822**	**363**	**46920**
章贡区	366	366		33	333			33	333	983
赣 县	1981	1981		352	1629	1310	415	256		1333
信丰县	1062	982	80	166	896	589	243	200	30	2766
大余县	2223	2223		2223		2223				1533
上犹县	1932	1932		205	1727	266	1000	666		1800
崇义县	1427	1427			1427	1427				2000
安远县	1666	1666		133	1533	1450	83	133		5533
龙南县	1819	1819		69	1750	582	170	1067		3367
定南县	2167	2167		35	2132	1167	533	467		4127
全南县	1665	1665			1665	1265	200	200		6033
宁都县	4947	4947			4947	3300	1647			2133
于都县	2888	2888		57	2831	992	1896			1333
兴国县	2493	2493			2493	1641	585	267		2333
会昌县	1320	1320			1320	1067	120	133		1666
寻乌县	1666	1666			1666	1200	333	133		5933
石城县	823	823		43	780	361	195	267		1933
瑞金市	1420	1420			1420	1360	60			1667
南康区	866	866			866	533	333			447

4-31 县(市、区)有林抚育情况

县(市、区)别	未成林抚育作业面积(公顷)	中、幼龄林抚育面积(公顷)	当年苗木产量株(万株)
全　市	**92551**	**21667**	**18841.88**
章贡区		867	800.49
赣　县	8533	800	76.80
信丰县	5400	1600	1059.00
大余县	5233	2200	750.00
上犹县	2933	666	4.52
崇义县	7500	2733	2600.00
安远县	8600		2283.57
龙南县	3000	2667	870.00
定南县	3330	1067	3000.00
全南县	5267	1067	2258.00
宁都县	7400	3333	1342.00
于都县	5067	1600	278.00
兴国县		533	1265.00
会昌县	8267	267	1200.00
寻乌县	7334	333	3.50
石城县	5820		480.00
瑞金市	6400	1467	480.00
南康区	2467	467	91.00

4-32 主要林产品产量

项　目	单位	2014年	2013年	2014年比2013年增长%
油 桐 籽	吨	3653	3702	-1.32
油 茶 籽	吨	70076	71272	-1.68
棕　　片	吨	1289	1264	1.98
松　　脂	吨	26103	16560	57.63
竹 笋 干	吨	3822	3637	5.09
板　　栗	吨	3414	3680	-7.23

4-33 县(市、区)主要林产品产量

县(市、区)别	油桐籽(吨)	油茶籽(吨)	棕片(吨)	松脂(吨)	竹笋干(吨)	板栗(吨)
全　市	**3653**	**70076**	**1289**	**26103**	**3822**	**3414**
章贡区		1355	5	66		
赣　县	1494	9671	131	254	317	74
信丰县	250	1319		2800	110	12
大余县		878		150	47	
上犹县		8589				28
崇义县		5360			2000	
安远县	55	1220			73	131
龙南县	175	1978	9		23	723
定南县	30	950	35	460	163	154
全南县	125	2042		33	199	300
宁都县	350	5000		7000	250	948
于都县	590	4800	931	860	99	
兴国县		9494	43	6000	10	
会昌县	115	3686	54	5320	180	89
寻乌县	21	1050	41			6
石城县		4959		210	195	294
瑞金市	28	3225	40	2800	156	205
南康区	420	4500		150		450

4-34 历年肉类、水产品产量及猪、牛年末头数

年份	肉类总产量（吨）	猪肉	水产品产量（吨）	养殖产量	生猪年末存栏数（万头）	当年出栏肉猪（万头）	牛年末存头数（万头）
1949	12180	10347	2518	1768	38.18		28.72
1952	17642	15035	5527	3875	49.57	34.10	38.46
1957	25072	22093	7317	5820	73.95	51.38	48.19
1965	40761	37704	7196	6097	103.95	88.03	40.72
1970	31692	29901	7990	6885	122.74	70.53	44.77
1978	61180	60795	7308	7161	131.55	93.53	39.17
1980	75964	75738	8216	7895	141.48	116.52	40.19
1981	76185	75303	11565	10978	138.19	115.85	40.08
1982	77771	77217	13232	12411	140.46	112.06	40.10
1983	77106	76595	14924	14435	150.99	122.56	41.05
1984	85254	84993	17906	17399	150.10	130.69	43.68
1985	114669	106117	22681	22119	168.41	142.71	46.76
1986	130690	117504	23941	23051	187.41	155.90	49.46
1987	145358	125352	27546	26153	191.54	170.27	52.96
1988	177163	149195	30499	28715	200.23	183.54	53.36
1989	188246	154911	33227	31274	199.45	192.92	55.25
1990	195703	159512	36310	34470	201.65	195.68	57.11
1991	206974	167963	36744	34802	204.42	207.39	58.74
1992	230180	184294	40070	38051	216.09	226.56	60.47
1993	276372	221217	45951	43258	238.55	268.98	61.91
1994	348794	272835	62500	57139	268.94	335.80	66.92
1995	404148	300116	80672	72181	290.26	379.91	71.75
1996	398924	287196	97320	89540	286.73	373.42	72.74
1997	410512	293031	120011	110392	303.15	392.84	80.73
1998	416805	281524	136003	126656	302.84	378.30	85.54
1999	419906	271053	139864	130858	266.14	355.29	82.54
2000	428421	260994	148077	139972	258.98	353.25	82.82
2001	453859	266911	156004	148019	233.35	353.91	79.35
2002	463996	267846	159310	151011	210.51	354.98	79.98
2003	474736	269968	175028	166151	220.90	360.00	80.96
2004	526222	304278	185792	173596	237.99	404.05	81.57
2005	625360	371130	200348	187852	243.06	477.46	84.11
2006	592899	355173	215889	203693	227.43	455.03	83.50
2007	575900	359225	241382	227357	229.87	460.07	83.70
2008	596062	380239	245318	230258	269.44	488.53	79.70
2009	580428	422535	246000	229672	311.05	525.25	63.01
2010	606909	433285	249900	225936	319.02	539.29	66.22
2011	614067	443122	253310	241654	331.73	550.07	65.45
2012	650792	474355	275000	260071	349.30	588.17	64.54
2013	678538	498632	284629	270402	366.22	617.16	65.67
2014	704758	518507	297288	282930	366.32	642.53	65.95

4-35 牧业生产情况

项目	单位	2014年	2013年	2014年比2013年增长%
当年出售和自宰肉猪	头	6425342	6171602	4.11
当年出售和自宰肉牛	头	320548	315951	1.45
当年出售和自宰肉羊	只	80555	78350	2.81
当年出售和自宰肉兔	只	1746686	1655950	5.48
当年出售和自宰肉禽	百只	1074146	1043063	2.98
肉类总量	吨	704758	678538	3.86
猪 肉	吨	518507	498632	3.99
牛 肉	吨	34629	34061	1.67
羊 肉	吨	1260	1234	2.11
兔 肉	吨	2703	2565	5.38
禽 肉	吨	147122	141532	3.95
其他肉产量	吨	537	514	4.47
牛奶产量	吨	41255	41305	-0.12
养蜂箱数	箱	92530	85661	8.02
蜂蜜产量	吨	2022	1934	4.55
家禽产蛋量	吨	62393	61396	1.62
期末大牲畜(牛)存栏	头	659483	656749	0.42
#能繁殖母牛	头	358904	359346	-0.12
年末生猪存栏	头	3663163	3662168	0.03
#能繁殖母猪	头	350161	358877	-2.43
年末羊存栏	只	62732	61309	2.32
年末兔存栏	只	569705	546804	4.19
年末家禽存栏	百只	439760	426201	3.18

4-36 县(市、区)牧业生产情况

项目	单位	章贡区	赣县	信丰县	大余县	上犹县	崇义县	安远县
当年出售和自宰肉猪	头	92900	507510	788470	242510	164275	84042	215745
当年出售和自宰肉牛	头	11470	24100	40511	8390	4729	9354	19456
当年出售和自宰肉羊	只	1283	515	440	9650	5244	10204	
当年出售和自宰肉兔	只	52170	64060	15692	93560	40558	16002	38694
当年出售和自宰肉禽	百只	46930	30399	58817	77543	17305	8045	26121
肉类总量	吨	14873	47986	72153	30002	16988	9226	23488
猪 肉	吨	7800	40527	60701	19416	13095	6721	17385
牛 肉	吨	1185	2755	4140	964	476	1066	1967
羊 肉	吨	21	7	7	135	79	175	
兔 肉	吨	83	102	23	112	55	29	72
禽 肉	吨	5755	4595	7158	9375	3283	1235	4064
其他肉产量	吨	29		124				
牛奶产量	吨	97						
养蜂箱数	箱	965	5020	6200	601	1487	3353	7398
蜂蜜产量	吨	16	165	167	24	38	48	188
家禽产蛋量	吨	1507	4360	3021	2024	2080	507	2541
期末大牲畜(牛)存栏	头	6303	54940	119665	7560	18836	28344	30645
#能繁殖母牛	头	2431	31256	53729	2865	16664	17443	17052
年末生猪存栏	头	43560	271230	430896	130220	86079	51713	167010
#能繁殖母猪	头	4110	25015	42698	12480	8358	5118	16512
年末羊存栏	只	629	498	740	7215	2158	4575	816
年末兔存栏	只	7490	14695	5601	16678	12568	12060	7146
年末家禽存栏	百只	15455	17565	18600	23020	17049	8042	10541

4-36 续表 1

项 目	单位	龙南县	定南县	全南县	宁都县	于都县	兴国县
当年出售和自宰肉猪	头	233800	757525	113751	203291	481068	558820
当年出售和自宰肉牛	头	3800	4140	4023	23438	40377	18893
当年出售和自宰肉羊	只	16400	1440	1751	1237	255	2553
当年出售和自宰肉兔	只	66100	9010	8215	82547	42689	680915
当年出售和自宰肉禽	百只	44100	11912	13887	338910	80403	75062
肉类总量	吨	26613	65848	11322	56075	55279	68203
猪 肉	吨	18798	63650	9210	16912	37817	47041
牛 肉	吨	435	475	403	2478	4441	1927
羊 肉	吨	246	21	26	23	3	38
兔 肉	吨	99	15	13	124	63	1021
禽 肉	吨	6715	1687	1670	36474	12955	18176
其他肉产量	吨	320			64		
牛奶产量	吨	245	5		95	40582	
养蜂箱数	箱	11250	2478	1357	3722	6251	4638
蜂蜜产量	吨	180	28	24	64	172	39
家禽产蛋量	吨	12320	238	511	657	8609	3202
期末大牲畜(牛)存栏	头	29950	10810	20672	48562	65545	31174
#能繁殖母牛	头	18200	6550	12998	27959	32616	7642
年末生猪存栏	头	158500	423825	78173	117730	242311	301729
#能繁殖母猪	头	15500	41163	7574	11392	21088	29558
年末羊存栏	只	9750	1705	3915	1156	390	1320
年末兔存栏	只	28300	5110	4354	36021	21079	246614
年末家禽存栏	百只	35850	8405	6172	97060	62568	20539

4-36 续表 2

项 目	单位	会昌县	寻乌县	石城县	瑞金市	南康区	赣州经开区
当年出售和自宰肉猪	头	387235	207437	135826	425500	800470	25167
当年出售和自宰肉牛	头	20134	14080	7502	43700	21395	1056
当年出售和自宰肉羊	只	11037	15530	616	2400		
当年出售和自宰肉兔	只	101834	308000	3467	107000	7523	8650
当年出售和自宰肉禽	百只	62528	27500	9712	68000	58915	18057
肉类总量	吨	41562	23818	13297	50138	73364	4523
猪 肉	吨	30987	17187	10960	34724	63371	2205
牛 肉	吨	2337	1610	850	4785	2220	115
羊 肉	吨	171	259	10	39		
兔 肉	吨	182	462	6	215	15	12
禽 肉	吨	7885	4300	1471	10375	7758	2191
其他肉产量	吨						
牛奶产量	吨	92			139		
养蜂箱数	箱	6254	5183	9393	5850	10310	820
蜂蜜产量	吨	253	58	181	150	218	9
家禽产蛋量	吨	404	2530	2389	7810	7527	156
期末大牲畜(牛)存栏	头	33129	37623	10511	52770	49453	2991
#能繁殖母牛	头	16886	17870	6059	39300	29890	1494
年末生猪存栏	头	204057	124990	90242	254700	464328	21870
#能繁殖母猪	头	18114	12050	8869	24030	44509	2023
年末羊存栏	只	8478	15103	748	3536		
年末兔存栏	只	69031	40670	3410	33100	3228	2550
年末家禽存栏	百只	6407	17740	5271	25580	40020	3876

4-37 渔业生产情况

项　　目	单位	2014年	2013年	2014年比2013年增长%
渔业村	个	38	38	
渔业户	户	82375	82957	-0.70
渔业人口	万人	41.67	42.6	-2.18
渔业从业人员	万人	26.95	28.54	-5.57
专业从业人员	万人	11.72	12.17	-3.70
捕捞从业人员	万人	0.50	0.53	-5.66
养殖从业人员	万人	9.83	10.26	-4.19
其它专业从业	万人	1.40	1.39	0.72
兼业从业人员	万人	13.93	15.17	-8.17
养殖面积	公顷	45313	45337	-0.05
#池　塘	公顷	26531	26461	0.26
水　库	公顷	17429	17542	-0.64
河　沟	公顷	602	599	0.44
水产品总产量	吨	297288	284629	4.45
#养殖产量	吨	282930	270402	4.63
#池　塘	吨	198737	187557	5.96
水　库	吨	53578	54285.86	-1.30
河　沟	吨	1476	1200	23.00
鱼　类	吨	262042	250445	4.63
甲壳类	吨	4961	4822	2.88
贝　类	吨	5973	5664	5.46
藻　类	吨	2218	2152	
其　他	吨	7736	7319	5.70
鱼苗产量	亿尾	74.3	63.9	16.28
鱼种产量	吨	32270	32600	-1.01

4-38 县(市、区)渔业从业人员及生产情况

县(市、区)别	渔业人口(人)	渔业从业人员	捕捞劳动力	养殖劳动力	其它劳动力	兼业劳动力	养殖面积(公顷)	池塘	水库
全市	**416697**	**269510**	**4977**	**98271**	**13979**	**139345**	**45313**	**26531**	**17429**
章贡区	4717	6524	153	2501	115	3755	910	725	123
赣县	12072	11150	800	3500	200	5550	2743	1100	1640
信丰县	32200	17643	343	10800	200	5500	4373	3252	808
大余县	15291	7017	32	6118	254	613	2003	792	1205
上犹县	12610	15560	320	6150	158	8500	3179	427	2751
崇义县	9633	5036	380	3360	189	768	2463	465	1925
安远县	7363	8634	102	2387	330	4665	1598	1247	332
龙南县	8736	6523	168	918	204	5138	969	734	196
定南县	13343	11136	103	5192		5226	1259	974	258
全南县	16200	13395	119	3610	720	5145	1271	780	429
宁都县	29340	19662	102	1683	86	17725	4691	2968	1648
于都县	11750	10163	285	1375	124	8205	3251	2583	668
兴国县	30321	24905	1308	14534	1197	7542	4233	1953	1927
会昌县	44510	15746	182	8190		5682	2342	1337	987
寻乌县	13401	11162	257	4178	331	6396	1428	675	740
石城县	51365	35097	66	3625	9786	21620	3410	2741	482
瑞金市	49735	23122	202	2100	10	20810	2951	1779	1070
南康区	54110	27035	55	18050	75	6505	2239	1999	240

4-38 续表

县(市、区)别	水产品总产量(吨)	养殖产量						鱼苗产量(亿尾)	鱼种产量(吨)
			鱼类	甲壳类	贝类	藻类	其它		
全　市	**297288**	**282930**	**262042**	**4961**	**5973**	**2218**	**7736**	**74.31**	**32270**
章贡区	10708	10607	9610	588	103		306	1.00	1350
赣　县	15069	12887	12872	10			5	3.50	1890
信丰县	31710	30610	27680	210	1450	850	420	2.75	5065
大余县	10785	10686	9853	150	141		542	7.00	1179
上犹县	16043	15513	14079	572	596		266	3.80	1483
崇义县	12730	11870	11337	202	263		68	1.20	473
安远县	7402	7215	6879	21		180	135	0.67	670
龙南县	8706	8560	6952	225	663	475	245		477
定南县	8629	8622	8359		187		76	1.32	650
全南县	9419	9307	9230	40	33		4	0.55	1412
宁都县	31349	30653	29039	251			1363	43.60	4148
于都县	28051	25623	21393	1303	1052		1875	0.70	3730
兴国县	25897	22090	22061	23	4		2	0.36	1580
会昌县	15674	15254	15159		62		33	2.60	480
寻乌县	8536	8319	7538	437	154		190	0.80	1205
石城县	11205	11015	10107	192			716	0.81	
瑞金市	22375	21879	20327	414	425	713		0.65	3628
南康区	23000	22220	19567	323	840		1490	3.00	2850

4-39　主要农业机械年末拥有量和机耕情况

项　　目	单位	2014年	2013年	2014年比2013年增长%
农业机械总动力	千瓦	3051752	2897280	5.33
耕作机械				
大中型拖拉机	台	481	342	40.64
	千瓦	14998	11424	31.29
小型拖拉机	台	9738	7664	27.06
	千瓦	103229	85837	20.26
耕整机	台	63121	53466	18.06
农用排灌动力机械	台	78492	68646	14.34
	千瓦	462605	421222	9.82
农用水泵	台	88874	77227	15.08
收获机械				
联合收获机	台	2964	2269	30.63
	千瓦	87248	68460	27.44
机动脱粒机	台	48067	27577	74.30
植保机械				
机动喷雾(粉)机	台	33300	26336	26.44
	千瓦	117465	86816	35.30
畜牧机械				
饲草料加工机械	台	3447	3803	-9.36
农产品初加工动力机械	台	51876	48061	7.94
	千瓦	442774	433658	2.10
农产品初加工作业机械	台	41655	30444	36.82
粮食加工机械	台	31196	24036	29.79
油料加工机械	台	8155	5373	51.78
运输机械				
农用运输车	台	20611	20237	1.85
	千瓦	573469	566980	1.14
农田基本建设机械	台	2213	2408	-8.10
	千瓦	148614	156520	-5.05

注：2013年农机系统对机具进行了集中报废，2013年数据为报废后重新核定数据。

4-40 县(市、区)主要农业机械年末拥有量和机耕情况

县(市、区)别	农业机械总动力(千瓦)	农用运输车(辆)	大中型拖拉机(台)	小型拖拉机(台)	耕整机(台)	联合收割机(台)
全　市	**3051752**	**20611**	**481**	**9738**	**63121**	**2964**
章贡区	30884	878	15	85	1412	29
赣　县	211807	1221	89	510	12223	259
信丰县	302758	1070	30	948	4862	256
大余县	202041	1094	94	193	945	170
上犹县	108106	170	7	258	1436	114
崇义县	69476	644		501	4556	92
安远县	108432	51	16	525	2236	207
龙南县	137461	934	7	424	768	52
定南县	99430	1726	11	506	1679	129
全南县	99184	393	14	450	2226	191
宁都县	315900	2038	26	707	9130	733
于都县	236429	2967	15	1206	4186	70
兴国县	293150	2528	13	1088	5258	129
会昌县	95821	798	7	531	497	111
寻乌县	144627	360		270	3200	35
石城县	140223	526	2	392	2152	130
瑞金市	169183	1382	78	537	2770	47
南康区	286840	1831	57	607	3585	210

4-40 续表

县(市、区)别	农产品初加工动力机械		农产品初加工作业机械(台)	农用排灌动力机械		农用水泵(台)
	台	千瓦		台	千瓦	
全　市	**51876**	**442774**	**41655**	**78492**	**462605**	**88874**
章贡区	240	1735	240	2658	7488	3129
赣　县	1793	11889	2793	7600	28170	4997
信丰县	1005	10864	793	7529	28838	8531
大余县	5081	38481	1660	2985	51640	1459
上犹县	2273	22730	1585	5401	31148	11328
崇义县	1617	11842	870	1180	4430	1180
安远县	1162	16589	908	4835	22368	2820
龙南县	1294	11548	957	1672	20555	1404
定南县	3046	22945	1149	2547	7482	9794
全南县	1518	17912	1334	1024	3584	1068
宁都县	6542	58865	3910	6580	57486	2732
于都县	874	7866	3595	3565	32085	8395
兴国县	9241	85015	11607	10882	58829	14032
会昌县	1789	14223	2017	2214	14019	2212
寻乌县	3600	29684	2100	1500	6300	
石城县	3049	36888	1896	2368	16445	3296
瑞金市	3381	26223	1687	4502	49105	2575
南康区	4371	17475	2554	9450	22633	9922

4-41 农村小水电和农业电气化、化学化、水利化情况

项目	单位	2014年	2013年	2014年比2013年增长%
农村小水电情况				
乡镇(场)及以下办水电站个数	个	660	633	4.27
装机容量	千瓦	256719	243736	5.33
发电量	万千瓦小时	89501	82344	8.69
农村电气化情况				
农村用电量	万千瓦小时	116062	107109	8.36
农业化学化情况				
农用化肥施用量(实物量)	吨	757520	769138	-1.51
氮肥	吨	266710	275058	-3.03
磷肥	吨	133165	137417	-3.09
钾肥	吨	83591	86132	-2.95
复合肥	吨	274054	270531	1.30
农用化肥施用量(折纯量)	吨	236385	238905	-1.05
氮肥	吨	62235	64476	-3.48
磷肥	吨	29884	30957	-3.47
钾肥	吨	36782	37360	-1.55
复合肥	吨	107484	106112	1.29
农用塑料薄膜使用量	吨	12523	11782	6.29
农药使用量	吨	15327	14457	6.02
农村水利情况				
有效灌溉面积	千公顷	306.14	305.45	0.23

4-42 县(市、区)农村小水电和农业电气化、化学化、水利化情况

项目	单位	章贡区	赣县	信丰县	大余县	上犹县	崇义县	安远县
农村小水电情况								
乡镇(场)及以下办水电站个数	个	2	29	34	49	35	95	
装机容量	千瓦	260	3480	18213	12020	21445	61330	
发电量	万千瓦小时	50	1681	10724	9503	4154	21979	
农村电气化情况								
农村用电量	万千瓦小时	4416	6550	8154	3748	3645	6028	2240
农业化学化情况								
农用化肥施用量(实物量)	吨	8641	45350	60843	26266	18619	16349	41601
氮肥	吨	2732	18121	21124	8957	5431	4265	12688
磷肥	吨	1837	8344	10545	9455	4720	3968	6676
钾肥	吨	1243	4117	7231	3234	1646	1517	10499
复合肥	吨	2829	14768	21943	4620	6822	6599	11738
农用化肥施用量(折纯量)	吨	2802	15254	19500	7563	5996	4233	14314
氮肥	吨	672	4457	5356	2101	1253	855	3173
磷肥	吨	398	1931	2285	1919	1124	858	1669
钾肥	吨	547	1982	2794	1616	752	750	4193
复合肥	吨	1185	6884	9065	1927	2867	1770	5279
农用塑料薄膜使用量	吨	155	1048	2010	196	231	16	591
农药使用量	吨	143	1358	1811	551	255	668	1164
农村水利情况								
有效灌溉面积	千公顷	4.40	21.14	25.07	10.74	7.97	9.45	9.50

4-42 续表 1

	单 位	龙南县	定南县	全南县	宁都县	于都县	兴国县
农村小水电情况							
乡镇(场)及以下办水电站个数	个	25			46	20	61
装机容量	千瓦	16500			7614	2852	22212
发 电 量	万千瓦小时	4714			2464	674	7007
农村电气化情况							
农村用电量	万千瓦小时	4022	1157	5721	7384	10937	6096
农业化学化情况							
农用化肥施用量(实物量)	吨	26041	15642	31061	114867	62985	41795
氮 肥	吨	13219	7126	12017	30448	25686	15159
磷 肥	吨	5433	3266	4124	17227	11050	5029
钾 肥	吨	3022	1540	3841	3099	6146	3365
复合肥	吨	4367	3710	11079	64093	20103	18242
农用化肥施用量(折纯量)	吨	7476	4877	10073	32899	18700	13736
氮 肥	吨	2907	1783	2703	7928	5291	3595
磷 肥	吨	1196	687	970	3630	2401	1111
钾 肥	吨	1452	738	1690	1518	2766	1350
复合肥	吨	1921	1669	4710	19823	8242	7680
农用塑料薄膜使用量	吨	425	555	758	1553	2294	586
农药使用量	吨	259	165	873	1589	2171	1121
农村水利情况							
有效灌溉面积	千公顷	10.23	8.97	8.37	38.03	33.65	24.46

4-42 续表 2

项 目	单位	会昌县	寻乌县	石城县	瑞金市	南康区	赣州经开区
农村小水电情况							
乡镇(场)及以下办水电站个数	个	51	145	29	29	10	
装机容量	千瓦	9699	65743	9930	3463	1958	
发 电 量	万千瓦小时	3362	19720	1968	1140	361	
农村电气化情况							
农村用电量	万千瓦小时	7061	7138	3614	8602	12603	6946
农业化学化情况							
农用化肥施用量(实物量)	吨	55880	50699	27657	47421	60387	5416
氮 肥	吨	15144	9665	11120	23536	28569	1703
磷 肥	吨	9781	5967	4338	10280	10338	787
钾 肥	吨	6818	9005	3916	5558	6875	919
复合肥	吨	24137	26062	8283	8047	14605	2007
农用化肥施用量(折纯量)	吨	20222	17871	8799	13076	17436	1558
氮 肥	吨	3726	2000	2520	5013	6502	400
磷 肥	吨	2452	1237	991	2149	2700	176
钾 肥	吨	3313	3752	1715	2615	2840	399
复合肥	吨	10731	10882	3573	3299	5394	583
农用塑料薄膜使用量	吨	681	179	267	740	197	41
农药使用量	吨	1104	521	340	572	578	84
农村水利情况							
有效灌溉面积	千公顷	17.89	19.40	14.21	16.28	26.38	

4-43 水利灌溉设施年末建成达到情况

项　目	单位	2012年	2013年	2014年
水　库	座	1021	1044	1044
大型水库	座	5	5	5
中型水库	座	37	42	42
小(一)型水库	座	195	199	199
小(二)型水库	座	784	798	798
塘　坝	座	77582	84066	84135
规模以上机电井	眼	512	565	565

4-44 县(市、区)水土治理情况

单位：千公顷

	水土流失综合治理面积	新增水土流失综合治理面积	新增小流域综合治理面积	封禁治理保有面积
全　市	**1654.38**	**84.08**	**39.55**	**602.96**
章贡区	26.99	3.54	1.36	9.55
赣　县	139.88	6.16	2.59	62.39
信丰县	117.77	5.23	1.81	41.34
大余县	59.32	4.11	1.36	28.85
上犹县	88.07	6.07	2.59	30.24
崇义县	86.18	4.80	1.36	73.63
安远县	132.71	5.15	1.81	32.20
龙南县	74.49	4.13	1.81	21.51
定南县	61.15	5.04	1.81	14.85
全南县	35.46	4.55	1.36	11.32
宁都县	118.38	4.11	3.45	52.86
于都县	149.25	4.09	2.59	11.97
兴国县	141.18	5.63	3.58	49.51
会昌县	87.17	4.65	3.45	40.88
寻乌县	108.98	3.58	1.55	32.55
石城县	44.36	3.56	1.89	13.97
瑞金市	90.88	4.52	2.59	49.61
南康区	92.16	5.16	2.59	25.73

主要统计指标解释

农林牧渔服务业总产值 指以货币表现的农、林、牧、渔业全部产品和对农林牧渔业生产活动进行各种支持性服务活动的价值总量，它反映一定时期内农业生产总规模和总成果。是观查农林牧渔业生产水平和发展速度，研究农林牧渔业内部比例关系、农林牧渔业与工业、农林牧渔业与国家建设、人民生活比例关系的重要指标，同时也是计算农林牧渔业劳动生产率和农林牧渔业增加值的基础资料。

农林牧渔业总产值的计算方法通常是按农、林、牧、渔业产品及其副产品的产量分别乘以各自单位产品价格求得；少数生产周期较长，当年没有产品或产品产量不易统计的，则采用间接方法匡算其产值；然后将四业产品产值相加即为农林牧渔总产值。

粮食产量 指全社会的产量。粮食除包括稻谷、小麦、玉米、高粱、谷子及其他杂粮外，还包括薯类和豆类。其产量计算方法，豆类按去豆荚后的干豆计算；薯类(包括甘薯和马铃薯，不包括芋头和木薯)1963年以前按每4公斤鲜薯折1公斤粮食计算，从1964年开始改为按5公斤鲜薯折1公斤粮食计算。城市郊区作为蔬菜的薯类(如马铃薯等)按鲜品计算，并且不作粮食统计。其他粮食一律按脱粒后的原粮计算。

油料产量 指全部油料作物的生产量。包括花生、油菜籽、芝麻、向日葵籽、胡麻籽（亚麻籽）和其他油料。不包括大豆、木本油料和野生油料。花生以带壳干花生计算。

水产品产量 指渔业（捕捞和养殖）生产活动的最终有效成果，包括全部海水和淡水鱼类、虾蟹类、贝类、头足类、藻类和其它类渔业产品的最终产量。不包括渔业生产过程中的中间成果，如鱼苗、鱼种、亲鱼、转塘鱼、存塘鱼和自用作饵料的产品等。水产品在上岸前已经腐烂变质，不能供人食用或加工成其它制品的，不统计在水产品产量中。

猪、牛、羊肉产量 指当年出栏并已屠宰、除去头蹄下水后带骨肉(即胴体重)的重量。

期初(末)畜禽存栏头(只)数 指报告期初(末)农村各种合作经济组织和国营农场、农民个人、机关、团体、学校、工矿企业、部队等单位以及城镇居民饲养的大牲畜、猪、羊、家禽等畜禽的存栏数。

农作物播种面积 指实际播种或移植有农作物的面积。凡是实际种植有农作物的面积，不论种植在耕地上还是种植在非耕地上，均包括在农作物播种面积中。在播种季节基本结束后，因遭灾而重新改种和补种的农作物面积，也包括在内。目前，农作物播种面积主要包括粮食、棉花、油料、糖料、麻类、烟叶、蔬菜和瓜类、药材和其他农作物九大类。

有效灌溉面积 指具有一定的水源，地块比较平整，灌溉工程或设备已经配套，在一般年景下当年能够进行正常灌溉的耕地面积。

农用化肥施用量 指本年内实际用于农业生产的化肥数量，包括氮肥、磷肥、钾肥和复合肥。化肥施用量要求按折纯量计算数量。折纯量是指把氮肥、磷肥、钾肥分别按含氮、含五氧化二磷、含氧化钾的百分之一百成份进行折算后的数量。复合肥按其所含主要成分折算。公式为：

折纯量＝实物量×某种化肥有效成份含量的百分比

农业机械总动力 指主要用于农、林、牧、渔业的各种动力机械的动力总和。包括耕作机械、农用排灌机械、收获机械、植保机械、林业机械、畜牧机械、渔业机械和农产品加工机械、农用运输机械等。从事农副产品初级加工的村、户工业的机械动力也应包括在内。

乡村从业人员 指乡村人口中劳动年龄在16周岁以上实际参加生产经营活动并取得实物或货币收入的人员，包括劳动年龄内经常参加劳动的人员，也包括超过劳动年龄但经常参加劳动的人员，但不包括户口在家的在外学生、现役军人和丧失劳动能力的人，也不包括待业人员和家务劳动者。

造林 指在宜林地、无立木林地、疏林地、灌木林地和有林地上通过人工措施形成、恢复或改善森林、林木、灌木林的过程。

森林覆盖率 指一个国家或地区森林面积占土地面积的百分比。在计算森林覆盖率时，森林面积包括郁闭度 0．2 以上的乔木林地面积和竹林地面积，国家特别规定的灌木林地面积、农田林网以及四旁（村旁、路旁、水旁、宅旁）林木的覆盖面积。森林覆盖率是反映森林资源的丰富程度和生态平衡状况的重要指标。计算公式为：

森林覆盖率（%）=森林面积 / 土地总面积×100%

五、工业

本 篇 章

质量负责：黄子珑

资料整理：杜兴来　丁少扬

5-1　历年全社会工业增加值及指数

(绝对数按当年价格计算，指数按可比价格计算)

年份	绝对数 (万元)	指数 (以上年为100)
1983	42486	117.0
1984	46006	107.7
1985	59785	127.8
1986	68761	114.0
1987	84726	114.0
1988	120214	127.4
1989	134803	107.3
1990	144612	110.6
1991	153575	107.1
1992	176352	111.9
1993	222289	119.0
1994	337672	146.0
1995	378451	126.7
1996	413591	117.0
1997	483622	117.8
1998	532468	111.2
1999	552876	108.1
2000	602035	109.4
2001	653117	110.5
2002	716778	112.1
2003	830217	117.3
2004	991538	117.9
2005	1387338	125.1
2006	1762913	118.9
2007	2395610	126.4
2008	3051517	122.5
2009	3353900	118.3
2010	4251400	117.9
2011	5484300	118.0
2012	6034838	114.0
2013	6567121	112.8
2014	7206207	112.2

5-2 历年主要工业产品产量

年份	原煤(万吨)	发电量(万千瓦小时)	#水电	饮料酒(吨、千升)	布(万米)	机制纸及纸板(吨)	水泥(万吨)	原盐(吨)
1949	1.53	179		461	156			
1952	3.69	488		542	265	1757		
1957	5.69	5567	876	1411	183	3710		
1965	10.56	15786	10974	2590	187	9460		
1970	24.7	41457	32408	4628	472	12276	2.02	1508
1978	76.96	46911	33882	8919	1115	14482	12.35	2610
1980	70.04	53242	36474	11303	1455	20188	16.26	4042
1981	57.95	60412	50793	13304	1808	19806	18.69	4811
1982	60.49	66117	57060	14106	1884	20067	21.45	5361
1983	67.07	63901	61227	15122	1717	22142	23.1	6674
1984	79.04	67473	52079	17365	1178	25165	25.74	6999
1985	75.29	74516	61863	19120	1578	29007	31.09	7332
1986	80.43	71994	53761	20618	2080	29856	32.67	7609
1987	77.74	68525	52533	26805	2015	33365	35.57	7018
1988	89.74	80490	67233	30678	2395	33250	41.58	8270
1989	91.79	77441	59884	32480	2400	35107	41.82	8005
1990	81.05	72637	65128	35488	1611	34589	39.06	8144
1991	81.68	70564	61051	36078	1571	32180	47.59	14600
1992	93.33	96135	88976	41357	1889	41361	56.37	16100
1993	119.29	77600	73700	51300	1556	44000	71.67	30900
1994	167.84	98479	96157	54495	1866	38877	92.56	34263
1995	187.57	96945	95176	76573	1484	48700	110.08	30703
1996	145.62	104437	102878	76607	1806	42044	109.97	26726
1997	160.68	122620	120980	79719	1961	32219	121.08	19673
1998	125.05	116030	113874	99310	1195	25879	145.09	26868
1999	84.22	99779	98566	97212	442	21707	151.71	26061
2000	86.13	118449	117602	107504	412	9703	152.6	22591
2001	92.18	129569	129415	106439	117	9384	162.5	23899
2002	63.25	143253	142994	85520	72	35670	200.8	28753
2003	103.55	122920	122520	64984	80	63129	213.17	30358
2004	49.82	51162	51162	52110	1457	65628	308.57	29550
2005	71.51	76213	76213	64934	435	81163	452.44	45262
2006	67.38	121896	121896	68133	502	85357	516.85	91680
2007	72.04	135245	135245	70870	430	96751	653.09	174142
2008	60.45	130285	130285	45574	414	104992	783.55	527599
2009	63.53	452594	112008	44097	1142	154315	1004.81	598891
2010	76.67	501476	260363	62660	1301	222430	1130.3	428409
2011	52.68	472227	93992	70354	905	212708	1067.04	20624
2012	37.28	430381	93689	82654	1030	238654	1229.58	244203
2013	38.43	533329	128881	79898	2226	250292	1744.72	251851
2014	31.06	537303	147875	87274	2325	154596	1846.10	329831

注：2004年起主要工业产品产量为规模以上工业企业统计口径。饮料酒的计量单位：2004年以前为吨，2004年起为千升。

5-3 规模以上工业产品产量

产品名称	单 位	2014年生产量	与上年同比增长%
原煤	吨	310609	-19.17
铁矿石原矿	吨	34168	-22.46
锰矿石原矿	吨	181	27.46
铜金属含量	吨	15146	-2.93
铅金属含量	吨	7764	24.40
锌金属含量	吨	1631	-2.23
锡金属含量	吨	3739	6.28
稀有稀土金属矿	吨	36779	-4.26
钨精矿折合量(折三氧化钨65%)	吨	36294	-4.10
钼精矿折合量(折纯钼45%)	吨	387	-15.33
萤石	吨	60463	-2.72
硫铁矿石(折含硫35%)	吨	108841	93.20
原盐	吨	329831	30.96
大米	吨	219079	40.51
饲料	吨	2477473	2.44
配合饲料	吨	1064072	-5.71
精制食用植物油	吨	24583	-9.95
冷冻水产品	吨	4926	73.94
乳制品	吨	9765	-7.22
液体乳	吨	9765	-7.22
罐头	吨	21522	-28.77
食品添加剂	吨	2413	-25.73
饮料酒	千升	87274	6.45
白酒(折65度，商品量)	千升	49216	31.28
啤酒	千升	36477	-15.08
软饮料	吨	162585	-7.45
包装饮用水	吨	115827	-13.08
精制茶	吨	3836	328.59
纱	吨	22384	35.54
棉纱	吨	22384	35.54
布	万米	2325	4.44
其中：棉布	万米	412	-21.69
棉混纺布	万米	1913	12.52
蚕丝	吨	894	17.25
服装	万件	15035	-0.04
梭织服装	万件	7935	-0.96
羽绒服装	万件	74	26.62
西服套装	万件	179	-43.94
针织服装	万件	7100	1.00
轻革	平方米	429423	-21.36
手提包(袋)、背包	万个	825	2.01
鞋	万双	8399	-7.84
皮革鞋靴	万双	7270	-12.01
塑料鞋	万双	861	52.14
人造板	立方米	1737236	14.57
胶合板	立方米	110979	37.14
纤维板	立方米	1017972	13.93
刨花板	立方米	364944	9.61
细木工板	立方米	167002	12.83
竹地板	平方米	481075	-0.95

5-3 续表 1

产品名称	单 位	2014年生产量	与上年同比增长%
家具	件	8214534	19.34
木质家具	件	7564481	19.17
金属家具	件	140988	25.68
软体家具	件	119150	226.83
机制纸及纸板(外购原纸加工除外)	吨	154596	-42.90
包装用纸及纸板	吨	10600	-77.27
箱纸板	吨	10600	-77.27
纸制品	吨	519332	38.01
瓦楞纸箱	吨	446597	37.21
硫酸(折100%)	吨	146100	-0.83
农用氮、磷、钾化学肥料(折纯)	吨	39243	19.59
氮肥(折含氮100%)	吨	39243	19.59
涂料	吨	34071	14.27
初级形态塑料	吨	10429	20.32
活性炭	吨	8904	2.54
中成药	吨	3299	-8.34
塑料制品	吨	106287	3.29
塑料薄膜	吨	9651	20.13
日用塑料制品	吨	28642	22.43
硅酸盐水泥熟料	吨	8915369	-5.34
窑外分解窑水泥熟料	吨	8915369	-4.79
水泥	吨	18460950	5.70
强度等级42.5水泥(含R型)	吨	5101552	26.91
强度等级52.5水泥(含R型)	吨	232370	100.81
商品混凝土	立方米	3949919	12.99
水泥混凝土排水管	千米	982	-4.47
水泥混凝土电杆	根	13421	6.72
预应力混凝土桩	米	3861112	102.45
砖	万块	67623	13.08
钢化玻璃	平方米	266908	19.55
夹层玻璃	平方米	65237	1.59
中空玻璃	平方米	8721	21.68
玻璃纤维纱	吨	93578	95.47
钢材	吨	1408451	10.81
钢筋	吨	384235	22.66
热轧薄宽钢带	吨	24778	-58.61
镀层板(带)	吨	314245	0.28
其他钢材	吨	685193	17.41
铁合金	吨	9392	-5.52
十种有色金属	吨	31701	27.51
精炼铜(电解铜)	吨	10007	36.27
镍	吨	38	-96.25
锡	吨	21657	31.20
白银(银锭)	千克	773	-21.59
单一稀土金属	千克	12403846	20.65
铜材	吨	3987	4.43
铝材	吨	3562	-42.23
钢丝	吨	8982	20.24
泵	台	1041	8.21

5-3 续表 2

产品名称	单 位	2014年生产量	与上年同比增长%
气体压缩机	台	266	-12.21
非制冷设备用压缩机	台	266	-12.21
阀门	吨	662	-0.45
齿轮	吨	5647	2.52
气体分离及液化设备	台	603	47.07
金属密封件	万件	86	29.02
矿山专用设备	台	9556	9.81
模具	套	2456	47.24
机械化农业及园艺机具	台	6790	17.23
土壤耕整机械	台	6790	17.23
改装汽车	辆	1172	-8.22
发电机组(发电设备)	千瓦	245506	13.68
水轮发电机组	千瓦	180984	30.96
电力电容器	千乏	359	-39.21
低压开关板	面	296	-61.15
通信及电子网络用电缆	对千米	80460	87.27
电力电缆	千米	152354	16.20
蓄电池	千伏安时	101270	258.54
铅酸蓄电池	千伏安时	101270	258.54
电光源	万只	3535	-6.53
灯具及照明装置	套(台、个	2860465	23.64
移动通信手持机(手机)	台	1854189	-
数字激光音、视盘机	台	317659	9.05
光电子器件	万只(片、套)	206255	27.03
发光二极管(LED管)	万只	203052	26.28
液晶显示屏	万片	3045	108.85
液晶显示模组	万套	157	42.69
电子元件	万只	74844	20.50
电声器件	万只	444	5.97
射频元器件	万只	22640	38.99
印制电路板	平方米	1085687	8.92
钟	只	691000	2.75
表	只	598000	-61.26
自来水生产量	万立方米	25354	17.65
发电量	万千瓦小时	537304	-1.13
火力发电量	万千瓦小时	368073	-3.41
水力发电量	万千瓦小时	147875	6.41

5-4 县(市、区)主要工业产品产量

产品名称	单 位	合 计	章贡区	赣县	信丰县	大余县	上犹县	崇义县
原煤	吨	310609			82737			76286
铁矿石原矿	吨	34168						
锰矿石原矿	吨	181						
铜金属含量	吨	15146				99		
铅金属含量	吨	7764				383	2216	360
锌金属含量	吨	1631				326	1127	
锡金属含量	吨	3739				688		88
稀有稀土金属矿	吨	36779				14731	1440	8887
钨精矿折合量(折三氧化钨65%)	吨	36294				14633	1440	8887
钼精矿折合量(折纯钼45%)	吨	387				98		
萤石	吨	60463				22090		
硫铁矿石(折含硫35%)	吨	108841						
原盐	吨	329831						
大米	吨	219079						
饲料	吨	2477473	247691	230709	490367			
配合饲料	吨	1064072	201605	230709	490367			
精制食用植物油	吨	24583	2022		1572			
冷冻水产品	吨	4926						
乳制品	吨	9765						
液体乳	吨	9765						
罐头	吨	21522						
食品添加剂	吨	2413		2364				
饮料酒	千升	87274			37439			
白酒(折65度，商品量)	千升	49216			35858			
啤酒	千升	36477						
软饮料	吨	162585						
包装饮用水	吨	115827						
精制茶	吨	3836	3618					
纱	吨	22384						
棉纱	吨	22384						
布	万米	2325		1541				
其中：棉布	万米	412						
棉混纺布	万米	1913		1541				
蚕丝	吨	894						
服装	万件	15035	848	1193	214	41		
梭织服装	万件	7935		370	152	41		
羽绒服装	万件	74				41		
西服套装	万件	179						
针织服装	万件	7100	848	823	62			
轻革	平方米	429423						
手提包(袋)、背包	万个	825						
鞋	万双	8399						
皮革鞋靴	万双	7270						
塑料鞋	万双	861						
人造板	立方米	1737236			118225			198492
胶合板	立方米	110979						31490
纤维板	立方米	1017972			118225			
刨花板	立方米	364944						
细木工板	立方米	167002						167002
竹地板	平方米	481075						481075

5-4 续表 1

产品名称	单 位	合 计	章贡区	赣县	信丰县	大余县	上犹县	崇义县
家具	件	8214534	426971	611097				
木质家具	件	7564481	426971	611097				
金属家具	件	140988						
软体家具	件	119150						
机制纸及纸板(外购原纸加工除外)	吨	154596	122965	13005				
包装用纸及纸板	吨	10600						
箱纸板	吨	10600						
纸制品	吨	519332			44971			
瓦楞纸箱	吨	446597			44971			
硫酸(折100%)	吨	146100						
农用氮、磷、钾化学肥料(折纯)	吨	39243		39243				
氮肥(折含氮100%)	吨	39243		39243				
涂料	吨	34071						
初级形态塑料	吨	10429						
活性炭	吨	8904						
化学药品原药	吨	0	0					
中成药	吨	3299	1035					
塑料制品	吨	106287			32342		4762	
塑料薄膜	吨	9651						
日用塑料制品	吨	28642			19653			
硅酸盐水泥熟料	吨	8915369			1624607			
窑外分解窑水泥熟料	吨	8915369			1624607			
水泥	吨	18460950	1777985	1630500	1464194	104500		
强度等级42.5水泥(含R型)	吨	5101552		1630500				
强度等级52.5水泥(含R型)	吨	232370						
商品混凝土	立方米	3949919	2464841	213625				135344
水泥混凝土排水管	千米	982	147					
水泥混凝土电杆	根	13421						
预应力混凝土桩	米	3861112		681112	3180000			
砖	万块	67623					2658	
钢化玻璃	平方米	266908						
夹层玻璃	平方米	65237						
中空玻璃	平方米	8721						
玻璃纤维纱	吨	93578		68521			25057	
钢材	吨	1408451	120119					
钢筋	吨	384235	120119					
热轧薄宽钢带	吨	24778						
镀层板(带)	吨	314245						
其他钢材	吨	685193						
铁合金	吨	9392				3267		6125
十种有色金属	吨	31701	1091	1437				
精炼铜(电解铜)	吨	10007	1091					
镍	吨	38						
锡	吨	21656.75		1437				
白银(银锭)	千克	773.37	773.37					
单一稀土金属	千克	12403845.8	9537061.83				1110010	
铜材	吨	3987						
铝材	吨	3562.4		3562.4				
钢丝	吨	8982	8982					
泵	台	1041	1041					

5-4 续表 2

产品名称	单 位	合 计	章贡区	赣县	信丰县	大余县	上犹县	崇义县
气体压缩机	台	266	266					
非制冷设备用压缩机	台	266	266					
阀门	吨	662						
齿轮	吨	5647						
气体分离及液化设备	台	603		603				
金属密封件	万件	86						
矿山专用设备	台	9556	1825					
模具	套	2456		2456				
机械化农业及园艺机具	台	6790						
土壤耕整机械	台	6790						
改装汽车	辆	1172	975					
发电机组(发电设备)	千瓦	245506	245506					
水轮发电机组	千瓦	180984	180984					
电力电容器	千乏	359						
低压开关板	面	296	296					
通信及电子网络用电缆	对千米	80460	10758		7285			
电力电缆	千米	152354	13603	46806				
蓄电池	千伏安时	101270			45870			
铅酸蓄电池	千伏安时	101270			45870			
电光源	万只	3535						
灯具及照明装置	套(台、个)	2860465			288197			
移动通信手持机(手机)	台	1854189						
数字激光音、视盘机	台	317659			317659			
光电子器件	万只(片、套)	206255	3045			203052		
发光二极管(LED管)	万只	203052				203052		
液晶显示屏	万片	3045	3045					
液晶显示模组	万套	157						
电子元件	万只	74844	5163			2336		444
电声器件	万只	444						444
射频元器件	万只	22640						
印制电路板	平方米	1085687	339339		545431			
钟	只	691000						
表	只	598000						
自来水生产量	万立方米	25354	7900	1363				
发电量	万千瓦小时	537304		354368	18266		20505	
火力发电量	万千瓦小时	368073		333013	3778			
水力发电量	万千瓦小时	147875			14488		20505	

5-4 续表 3

产品名称	单位	安远县	龙南县	定南县	全南县	宁都县	于都县	兴国县
原煤	吨		105544			46043		
铁矿石原矿	吨		34168					
锰矿石原矿	吨						181	
铜金属含量	吨						1459	
铅金属含量	吨						4806	
锌金属含量	吨						178	
锡金属含量	吨				98			
稀有稀土金属矿	吨	279	304	927	2926	1139	5529	617
钨精矿折合量(折三氧化钨65%)	吨		304	927	2822	1139	5525	617
钼精矿折合量(折纯钼45%)	吨	279			6		4	
萤石	吨							
硫铁矿石(折含硫35%)	吨					108841		
原盐	吨							
大米	吨			43258		79126		67606
饲料	吨					161094		
配合饲料	吨					141391		
精制食用植物油	吨					14141		6847
冷冻水产品	吨							
乳制品	吨						9765	
液体乳	吨						9765	
罐头	吨					19983		1539
食品添加剂	吨		49					
饮料酒	千升				2977			
白酒(折65度，商品量)	千升				2977			
啤酒	千升							
软饮料	吨					46758		54458
包装饮用水	吨							54458
精制茶	吨	218						
纱	吨							22384
棉纱	吨							22384
布	万米							
其中：棉布	万米							
棉混纺布	万米							
蚕丝	吨					894		
服装	万件		293	87	2438	1371	2448	1817
梭织服装	万件		256			944	2287	528
羽绒服装	万件					33		
西服套装	万件		137			42		
针织服装	万件		37	87	2438	427	161	1289
轻革	平方米					429423		
手提包(袋)、背包	万个					421		
鞋	万双					983	1527	
皮革鞋靴	万双					715	1527	
塑料鞋	万双							
人造板	立方米	19351		60138				
胶合板	立方米	19351		60138				
纤维板	立方米							
刨花板	立方米							
细木工板	立方米							
竹地板	平方米							

5-4 续表 4

产品名称	单 位	安远县	龙南县	定南县	全南县	宁都县	于都县	兴国县
家具	件		3050026		18407			
木质家具	件		3050026		18407			
金属家具	件							
软体家具	件							
机制纸及纸板(外购原纸加工除外)	吨						8026	
包装用纸及纸板	吨							
箱纸板	吨							
纸制品	吨	24618				2346	4180	308998
瓦楞纸箱	吨	24618						273868
硫酸(折100%)	吨					146100		
农用氮、磷、钾化学肥料(折纯)	吨							
氮肥(折含氮100%)	吨							
涂料	吨			1093	3013	5954		
初级形态塑料	吨			10429				
活性炭	吨							
化学药品原药	吨							
中成药	吨	853	46	462				
塑料制品	吨	12791	368			26907		86
塑料薄膜	吨	9651						
日用塑料制品	吨							86
硅酸盐水泥熟料	吨						1442813	1578410
窑外分解窑水泥熟料	吨						1442813	1578410
水泥	吨		890856			695961	1010794	1514266
强度等级42.5水泥(含R型)	吨		748656					1078482
强度等级52.5水泥(含R型)	吨							
商品混凝土	立方米	110230					186929	497449
水泥混凝土排水管	千米						835	
水泥混凝土电杆	根							
预应力混凝土桩	米							
砖	万块						64965	
钢化玻璃	平方米		266908					
夹层玻璃	平方米		65237					
中空玻璃	平方米		8721					
玻璃纤维纱	吨							
钢材	吨		681775	105557	28196	43598		314245
钢筋	吨			105557		43598		
热轧薄宽钢带	吨				24778			
镀层板(带)	吨							314245
其他钢材	吨		681775		3418			
铁合金	吨							
十种有色金属	吨			862			38	
精炼铜(电解铜)	吨							
镍	吨						38	
锡	吨			862				
白银(银锭)	千克							
单一稀土金属	千克	1055000		701774				
铜材	吨							
铝材	吨							
钢丝	吨							
泵	台							

5-4 续表 5

产品名称	单 位	安远县	龙南县	定南县	全南县	宁都县	于都县	兴国县
气体压缩机	台							
非制冷设备用压缩机	台							
阀门	吨							
齿轮	吨	1445				3067		
气体分离及液化设备	台							
金属密封件	万件							86
矿山专用设备	台							
模具	套							
机械化农业及园艺机具	台					6790		
土壤耕整机械	台					6790		
改装汽车	辆							
发电机组(发电设备)	千瓦							
水轮发电机组	千瓦							
电力电容器	千乏							359
低压开关板	面							
通信及电子网络用电缆	对千米							
电力电缆	千米				34865	6424	2545	
蓄电池	千伏安时							
铅酸蓄电池	千伏安时							
电光源	万只							
灯具及照明装置	套(台、个)	1423073	1050501				98694	
移动通信手持机(手机)	台		1854189					
数字激光音、视盘机	台							
光电子器件	万只(片、套)			157				
发光二极管(LED管)	万只							
液晶显示屏	万片							
液晶显示模组	万套			157				
电子元件	万只				12035	24441	7785	22640
电声器件	万只							
射频元器件	万只							22640
印制电路板	平方米				197139		3778	
钟	只							691000
表	只							598000
自来水生产量	万立方米						970	15121
发电量	万千瓦小时		4756		8841	2121	3736	4941
火力发电量	万千瓦小时					2121	3736	4941
水力发电量	万千瓦小时		4756		8841			

5-4 续表 6

产品名称	单 位	会昌县	寻乌县	石城县	瑞金市	南康市	赣州经开区
原煤	吨						
铁矿石原矿	吨						
锰矿石原矿	吨						
铜金属含量	吨					6254	7334
铅金属含量	吨						
锌金属含量	吨						
锡金属含量	吨	2865					
稀有稀土金属矿	吨						
钨精矿折合量(折三氧化钨65%)	吨						
钼精矿折合量(折纯钼45%)	吨						
萤石	吨				38373		
硫铁矿石(折含硫35%)	吨						
原盐	吨	329831					
大米	吨					29089	
饲料	吨						1347613
配合饲料	吨						
精制食用植物油	吨						
冷冻水产品	吨				4926		
乳制品	吨						
液体乳	吨						
罐头	吨						
食品添加剂	吨						
饮料酒	千升				15818		31040
白酒(折65度，商品量)	千升						10381
啤酒	千升				15818		20659
软饮料	吨					61369	
包装饮用水	吨					61369	
精制茶	吨						
纱	吨						
棉纱	吨						
布	万米	613		171			
其中：棉布	万米	412					
棉混纺布	万米	201		171			
蚕丝	吨						
服装	万件	911		1270	1223	563	319
梭织服装	万件	911		342	1223	563	319
羽绒服装	万件						
西服套装	万件						
针织服装	万件			928			
轻革	平方米						
手提包(袋)、背包	万个			404			
鞋	万双	861			1651	692	2685
皮革鞋靴	万双				1651	692	2685
塑料鞋	万双	861					
人造板	立方米					1341030	
胶合板	立方米						
纤维板	立方米					899747	
刨花板	立方米					364944	
细木工板	立方米						
竹地板	平方米						

5-4 续表 7

产品名称	单 位	会昌县	寻乌县	石城县	瑞金市	南康市	赣州经开区
家具	件					4108033	
木质家具	件					3457980	
金属家具	件					140988	
软体家具	件					119150	
机制纸及纸板(外购原纸加工除外)	吨				10600		
包装用纸及纸板	吨				10600		
箱纸板	吨				10600		
纸制品	吨	26410	31079			76731	
瓦楞纸箱	吨	26410				76731	
硫酸(折100%)	吨						
农用氮、磷、钾化学肥料(折纯)	吨						
氮肥(折含氮100%)	吨						
涂料	吨					24011	
初级形态塑料	吨						
活性炭	吨					8904	
化学药品原药	吨						
中成药	吨	704			199		
塑料制品	吨				19234		9796
塑料薄膜	吨						
日用塑料制品	吨				8903		
硅酸盐水泥熟料	吨	350693			3918846		
窑外分解窑水泥熟料	吨	350693			3918846		
水泥	吨	3173784	789184	1090100	3465607		853219
强度等级42.5水泥(含R型)	吨				1643914		
强度等级52.5水泥(含R型)	吨				232370		
商品混凝土	立方米		150001			191500	
水泥混凝土排水管	千米						
水泥混凝土电杆	根						13421
预应力混凝土桩	米						
砖	万块						
钢化玻璃	平方米						
夹层玻璃	平方米						
中空玻璃	平方米						
玻璃纤维纱	吨						
钢材	吨		81024		33937		
钢筋	吨		81024		33937		
热轧薄宽钢带	吨						
镀层板(带)	吨						
其他钢材	吨						
铁合金	吨						
十种有色金属	吨	12043				16231	
精炼铜(电解铜)	吨	8916					
镍	吨						
锡	吨	3127				16231	
白银(银锭)	千克						
单一稀土金属	千克						
铜材	吨						3987
铝材	吨						
钢丝	吨						
泵	台						

5-4 续表 8

产品名称	单 位	会昌县	寻乌县	石城县	瑞金市	南康市	赣州经开区
气体压缩机	台						
非制冷设备用压缩机	台						
阀门	吨						662
齿轮	吨		1135				
气体分离及液化设备	台						
金属密封件	万件						
矿山专用设备	台			6795			936
模具	套						
机械化农业及园艺机具	台						
土壤耕整机械	台						
改装汽车	辆						197
发电机组(发电设备)	千瓦						
水轮发电机组	千瓦						
电力电容器	千乏						
低压开关板	面						
通信及电子网络用电缆	对千米						62417
电力电缆	千米				48111		
蓄电池	千伏安时				55400		
铅酸蓄电池	千伏安时				55400		
电光源	万只				3535		
灯具及照明装置	套(台、个)						
移动通信手持机(手机)	台						
数字激光音、视盘机	台						
光电子器件	万只(片、套)						
发光二极管(LED管)	万只						
液晶显示屏	万片						
液晶显示模组	万套						
电子元件	万只						
电声器件	万只						
射频元器件	万只						
印制电路板	平方米						
钟	只						
表	只						
自来水生产量	万立方米						
发电量	万千瓦小时	56111	32641		26328	4692	
火力发电量	万千瓦小时	8307			12179		
水力发电量	万千瓦小时	47804	32641		14149	4692	

5-5　规模以上工业企业单位数和工业总产值

单位：万元

项　　目	企业单位数	#亏损企业	工业总产值	工业销售产值	#出口交货值
总　计	**1164**	**95**	**29983797.3**	**29576000.1**	**3498164.1**
按隶属关系分					
中央省属企业	24	7	782087.6	793327.1	
地方企业	1140	88	29201709.7	28782673.0	3498164.1
市属企业	12	3	993591.1	983804.4	2004.4
县(市、区)企业	101	11	2910092.0	2879890.2	7111.6
乡属企业	5		230634.8	239682.7	54393.2
其它企业	1022	74	25067391.8	24679295.7	3434654.9
按经济类型分					
内资企业	924	73	22762314.3	22405799.9	1110770.6
国有企业	3		52179.6	52179.6	
地方国有企业	3		52179.6	52179.6	
集体企业	6		65532.4	65455.7	
有限责任公司	301	31	8258812.8	8169420.6	307539.0
股份有限公司	30	3	1581518.0	1516916.8	45902.6
私营企业	584	39	12804271.5	12601827.2	757329.0
港、澳、台商投资企业	172	12	4236241.2	4193857.4	1612887.6
外商投资企业	68	10	2985241.8	2976342.8	774505.9
总计中：国有控股企业	85	16	4178909.1	4144141.7	121095.8
按轻重工业分					
轻工业	500	31	9030662.5	8951982.0	1927865.3
重工业	664	64	20953134.8	20624018.1	1570298.8
#地方企业					
轻工业	499	31	9016271.5	8936773.3	1927865.3
重工业	641	57	20185438.2	19845899.7	1570298.8
按企业规模分					
大型企业	21		2935920.6	2915954.5	978832.8
中型企业	245	21	11335585.8	11183769.6	1709820.3
小型企业	863	69	15508448.0	15274997.7	801362.4
微型企业	35	5	203842.9	201278.3	8148.6
#地方企业					
大型企业	21		2935920.6	2915954.5	978832.8
中型企业	232	16	10975139.9	10813445.2	1709820.3
小型企业	852	67	15086806.3	14851995.0	801362.4
微型企业	35	5	203842.9	201278.3	8148.6

5-5 续表 1

项　　目	企　业单位数	#亏损企业	工　业总产值	工　业销售产值	#出口交货值
按工业行业大类分					
采矿业	118	17	3208558.4	3150759.3	117.5
煤炭开采和洗选业	5		32887.4	32104.0	
黑色金属矿采选业	4		61468.7	61468.7	
有色金属矿采选业	80	17	2552407.2	2498127.7	117.5
非金属矿采选业	29		561795.1	559058.9	
制造业	1001	75	25810300.7	25461167.8	3498046.6
农副食品加工业	51	4	1650089.0	1646296.5	99903.2
食品制造业	24	1	557807.1	555002.7	116765.3
酒、饮料和精制茶制造业	14	3	281001.2	276651.3	
烟草制品业	1		33518.2	33518.2	
纺织业	11		123929.9	120576.2	28388.4
纺织服装、服饰业	112	5	1497628.5	1488784.7	472803.1
皮革、毛皮、羽毛及其制品和制鞋业	33		809895.4	807194.6	385563.1
木材加工和木、竹、藤、棕、草制品业	30	4	494661.5	489329.2	2805.1
家具制造业	72	2	794628.7	784578.1	200961.3
造纸和纸制品业	14	1	295129.5	291242.7	
印刷和记录媒介复制业	20		239047.6	236925.6	
文教、工美、体育和娱乐用品制造业	36	3	530966.1	525994.4	321541.9
石油加工、炼焦和核燃料加工业	1	1	3564.0	3564.0	
化学原料和化学制品制造业	55	4	1281363.3	1275147.1	25168.6
医药制造业	20	1	633079.9	625513.8	12.0
橡胶和塑料制品业	24	2	349771.2	347083.3	61477.5
非金属矿物制品业	95	9	1611053.0	1593980.5	56994.2
黑色金属冶炼和压延加工业	13	1	755077.1	697812.0	
有色金属冶炼和压延加工业	142	18	9265999.2	9120094.8	950498.2
金属制品业	21		419364.4	414496.8	5566.8
通用设备制造业	18	1	162333.3	162064.6	4793.4
专用设备制造业	23		326001.9	324832.2	2360.1
汽车制造业	20	2	477305.1	466260.2	8015.3
铁路、船舶、航空航天和其他运输设备制造业	1		36123.2	36063.0	
电气机械和器材制造业	68	6	1641792.4	1617722.2	283391.1
计算机、通信和其他电子设备制造业	63	3	1323475.2	1315570.4	422780.5
仪器仪表制造业	3		76135.7	74482.6	1271.2
其他制造业	11	2	96889.7	89914.3	46986.3
废弃资源综合利用业	5	2	42669.4	40471.8	
电力、燃气及水的生产和供应业	45	3	964938.2	964073.0	
电力、热力生产和供应业	35	3	817767.8	816902.6	
燃气生产和供应业	2		50915.2	50915.2	
水的生产和供应业	8		96255.2	96255.2	

5-6 规模以上工业企业年初存货

单位：万元

项目	年初存货	#产存品
总 计	**2309966.8**	**978745.4**
按隶属关系分		
中央省属企业	87606.0	40707.4
地方企业	2222360.8	938038.0
市属企业	109099.0	96704.3
县(市、区)企业	200318.5	50562.6
乡属企业	67653.9	41895.7
其它企业	1845289.4	748875.4
按经济类型分		
内资企业	1905943.2	848261.2
国有企业	1662.9	
地方国有企业	1662.9	
集体企业	919.0	300.2
有限责任公司	764379.8	338313.8
股份有限公司	228366.6	142563.0
私营企业	910614.9	367084.2
港、澳、台商投资企业	202609.9	59688.1
外商投资企业	201413.7	70796.1
总计中：国有控股企业	455022.0	207102.1
按轻重工业分		
轻工业	550746.9	219449.6
重工业	1759219.9	759295.8
#地方企业		
轻工业	549563.7	218824.5
重工业	1672797.1	719213.5
按企业规模分		
大型企业	320767.8	194324.9
中型企业	1001733.0	442390.5
小型企业	973990.9	337859.1
微型企业	13475.1	4170.9
#地方企业		
大型企业	320767.8	194324.9
中型企业	957073.1	418859.4
小型企业	931044.8	320682.8
微型企业	13475.1	4170.9
按工业行业大类分		
采矿业	236750.6	176894.8

项目	年初存货	#产存品
煤炭开采和洗选业	577.2	164.9
黑色金属矿采选业	1276.0	149.8
有色金属矿采选业	215743.8	165608.3
非金属矿采选业	19153.6	10971.8
制造业	2057674.7	793678.1
农副食品加工业	93709.0	33188.3
食品制造业	66936.6	32989.2
酒、饮料和精制茶制造业	40009.7	20601.7
烟草制品业	8267.2	7829.0
纺织业	4354.3	437.5
纺织服装、服饰业	40600.1	13734.2
皮革、毛皮、羽毛及其制品和制鞋业	21206.1	9758.6
木材加工和木、竹、藤、棕、草制品业	50934.1	20142.9
家具制造业	42644.8	4982.1
造纸和纸制品业	10921.4	3477.6
印刷和记录媒介复制业	18319.3	4123.9
文教、工美、体育和娱乐用品制造业	68362.3	13549.0
石油加工、炼焦和核燃料加工业	8.6	
化学原料和化学制品制造业	127376.2	36009.4
医药制造业	46634.0	39979.2
橡胶和塑料制品业	8264.5	3981.1
非金属矿物制品业	68839.2	27522.5
黑色金属冶炼和压延加工业	33608.6	16421.2
有色金属冶炼和压延加工业	1076864.1	413237.4
金属制品业	13880.4	5436.0
通用设备制造业	17291.1	5879.0
专用设备制造业	18187.2	11625.2
汽车制造业	31147.4	15906.3
铁路、船舶、航空航天和其他运输设备制造业	310.9	162.4
电气机械和器材制造业	81538.3	27874.2
计算机、通信和其他电子设备制造业	46842.1	15788.3
仪器仪表制造业	3347.9	1606.0
其他制造业	12886.4	4497.9
废弃资源综合利用业	4382.9	2938.0
电力、燃气及水的生产和供应业	15541.5	8172.5
电力、热力生产和供应业	10363.8	6676.6
燃气生产和供应业	1976.9	

项　　目	资产总计	流动资产合　计	#应收帐款	存货
总　计	**14251879.2**	**7007915.5**	**1624085.8**	**2356908.2**
按隶属关系分				
中央省属企业	784276.5	199707.1	34875.7	71461.1
地方企业	13467602.7	6808208.4	1589210.1	2285447.1
市属企业	888880.2	465238.6	145985.8	159048.6
县(市、区)企业	1938078.4	731305.6	86449.6	158471.7
乡属企业	242560.9	167491.1	35098.2	80326.5
其它企业	10398083.2	5444173.1	1321676.5	1887600.3
按经济类型分				
内资企业	11656369.9	5634875.3	1201680.4	1953534.5
国有企业	42172.5	13819.6	31.8	1457.3
地方国有企业	42172.5	13819.6	31.8	1457.3
集体企业	23461.9	4009.3	1834.7	856.9
有限责任公司	4923481.5	2132502.7	420681.4	744795.4
股份有限公司	1375026.7	663547.4	149264.2	250345.0
私营企业	5292227.3	2820996.3	629868.3	956079.9
港、澳、台商投资企业	1506365.9	753032.6	227350.3	226337.3
外商投资企业	1089143.4	620007.6	195055.1	177036.4
总计中：国有控股企业	2954463.7	1263396.0	187618.0	442723.1
按轻重工业分				
轻工业	3755485.5	1901183.5	510375.6	556527.0
重工业	10496393.7	5106732.0	1113710.2	1800381.2
#地方企业				
轻工业	3740853.9	1895842.6	510105.5	555167.9
重工业	9726748.8	4912365.8	1079104.6	1730279.2
按企业规模分				
大型企业	2013626.1	1014456.8	295533.3	386904.7
中型企业	5729855.6	2916298.5	661404.9	977391.8
小型企业	6393356.4	3017081.4	655212.6	979186.7
微型企业	115041.1	60078.8	11935.0	13425.0
#地方企业				
大型企业	2013626.1	1014456.8	295533.3	386904.7
中型企业	5397172.2	2819411.7	656958.6	945623.9
小型企业	5941763.3	2914261.1	624783.2	939493.5
微型企业	115041.1	60078.8	11935.0	13425.0

企业年末资产总计

#产成品	在产品	固定资产合计	固定资产原价	累计折旧	#本年折旧	在建工程
1093663.8	**247064.8**	**5274847.4**	**7038883.4**	**2232462.4**	**497472.7**	**493027.9**
38529.4	11437.6	457801.9	713779.5	288328.0	39870.4	56180.0
1055134.4	235627.2	4817045.5	6325103.9	1944134.4	457602.3	436847.9
138703.0	2399.0	341154.7	488414.8	152337.0	28213.3	35120.0
70237.8	23327.2	965952.3	1322643.7	393550.2	78994.8	95895.8
43378.2	11.4	49831.3	66318.0	28866.3	4551.2	1826.9
802815.4	209889.6	3460107.2	4447727.4	1369380.9	345843.0	304005.2
952330.5	182894.1	4414736.4	5775281.0	1764711.5	387813.7	428365.5
1222.0		28204.7	48396.2	26890.2	4233.8	6630.1
1222.0		28204.7	48396.2	26890.2	4233.8	6630.1
182.4	26.0	17978.5	7927.8	2336.8	553.9	
397870.5	68832.5	2076701.1	2906465.8	941012.3	184496.8	201789.3
187845.0	30781.5	454384.0	617193.0	166222.4	36604.7	29181.2
365210.6	83254.1	1837468.1	2195298.2	628249.8	161924.5	190764.9
71867.7	47653.0	521349.8	669586.6	196608.4	57676.5	49169.7
69465.6	16517.7	338761.2	594015.8	271142.5	51982.5	15492.7
266433.7	48146.7	1409405.8	2121285.4	774328.3	136829.8	116223.7
204376.1	70126.3	1261292.7	1607276.8	453319.2	115210.5	178037.1
889287.7	176938.5	4013554.7	5431606.6	1779143.2	382262.2	314990.8
203454.3	69699.0	1255147.9	1598276.8	450464.0	114663.0	175818.2
851680.1	165928.2	3561897.6	4726827.1	1493670.4	342939.3	261029.7
236072.7	30336.5	697143.4	936399.2	240540.9	66054.3	59376.3
412602.3	119833.8	2114972.9	2918007.5	1044527.8	224131.2	245884.0
436563.1	96791.5	2449540.5	3166896.1	935867.7	203361.2	186856.6
8425.7	103.0	13190.6	17580.6	11526.0	3926.0	911.0
236072.7	30336.5	697143.4	936399.2	240540.9	66054.3	59376.3
394113.6	111580.5	1905584.4	2592731.9	899632.6	204142.6	201878.9
416522.4	93607.2	2201127.1	2778392.2	792434.9	183479.4	174681.7
8425.7	103.0	13190.6	17580.6	11526.0	3926.0	911.0

项　　目	资产总计	流动资产合　计	#应收帐款	存货
按工业行业大类分				
采矿业	1651937.5	754882.5	138754.7	268879.4
煤炭开采和洗选业	40112.2	13345.8	474.5	804.4
黑色金属矿采选业	34394.6	6775.6	1313.6	1443.1
有色金属矿采选业	1299979.5	619850.4	113378.3	245365.9
非金属矿采选业	277451.2	114910.7	23588.3	21266
制造业	11570964.2	6083743.7	1464863.9	2067479.1
农副食品加工业	499404.1	357022.9	76275.4	79565
食品制造业	335441.1	135038.4	41504.3	59875.3
酒、饮料和精制茶制造业	188085.9	96926.8	8162.8	37606
烟草制品业	86918	47352.8	4217.9	2732.3
纺织业	23966.3	12460	2666	5167.9
纺织服装、服饰业	426361.2	205180.8	71957.2	45305.4
皮革、毛皮、羽毛及其制品和制鞋业	220177.8	85971.6	29771.3	21316.3
木材加工和木、竹、藤、棕、草制品业	252215.4	144735.8	57089.2	46718.8
家具制造业	263288.3	177752.5	46848	52796.9
造纸和纸制品业	333279.6	63512.5	6491.9	16928
印刷和记录媒介复制业	82955.9	50116.2	12598.6	14294.8
文教、工美、体育和娱乐用品制造业	260116.6	149959.4	32542.3	78187.5
石油加工、炼焦和核燃料加工业	3289.9	2207.1	805.3	77
化学原料和化学制品制造业	432147.3	257129.5	51964	122996.5
医药制造业	316729.3	188971.9	84395.7	54625.8
橡胶和塑料制品业	98318	56147.1	19781.1	12964.1
非金属矿物制品业	1268776	491230.4	110058.1	79674.1
黑色金属冶炼和压延加工业	127257.5	49699.3	5836.7	15394.4
有色金属冶炼和压延加工业	4345199.3	2544417.8	453754	1062234.5
金属制品业	127294.2	59688.3	7392.5	13355
通用设备制造业	121961.2	71663.5	10989.7	15291.1
专用设备制造业	150203.8	67564.8	21060.3	15041.4
汽车制造业	470516.9	207481.6	90174.1	45410.1
铁路、船舶、航空航天和其他运输设备制造业	14528.5	881.2	210.5	185.6
电气机械和器材制造业	569673.3	307184.2	122717.5	87250.8
计算机、通信和其他电子设备制造业	405258.6	185662.6	75362.9	54225.4
仪器仪表制造业	56663.1	17532.7	8355.6	4104.1
其他制造业	64795.2	35730.6	10280	15957.2
废弃资源综合利用业	26141.9	14521.4	1601	8197.8
电力、燃气及水的生产和供应业	1028977.5	169289.3	20467.2	20549.7
电力、热力生产和供应业	874708.8	113516.7	18918.9	14555.5
燃气生产和供应业	47086.7	8718.4	1185.6	2125.8
水的生产和供应业	107182	47054.2	362.7	3868.4

单位：万元

#产成品	在产品	固定资产合计	固定资产原价	累计折旧	#本年折旧	在建工程
215513.2	18318.3	628650.8	846018.8	255852.1	54368.6	58021.1
628.6	116.4	19355.6	23749.1	7561.5	1458.1	40.3
346.1	79.2	25758.1	20028.2	6113.5	1526.9	
202569.2	17869	462263.2	627017.6	186569.9	37664	52475.9
11969.3	253.7	121273.9	175223.9	55607.2	13719.6	5504.9
863218.4	228746.5	3873460.6	4954730.9	1461815.5	370255	376180.3
33105.4	4804.8	119414.2	143773.9	45787.3	11349.3	13893.7
8794.3	2027	96936	106092.2	30671	5939.5	20008.5
21536.1	842.3	61306.5	83750.3	24394.5	3929.8	3459.2
2328.1		39565.2	51438.8	11873.6	6069.8	4004.6
1538.2	1140.6	3422	7022.7	3677.8	469.3	306.6
14322.5	7867.1	163272.6	225196	76433.2	20890.7	11624.9
10525.4	1463.5	100749.3	123335.1	28129.1	12326.8	952.1
28706.8	1756.5	63780.8	196486.8	135597.3	17347.2	3041.2
11270.3	6281.8	43123.9	51854.7	9430	3750.2	2989
5309.4	143.6	185015.4	218405.7	33587.2	4923.9	53424.2
3917.4	323.8	28786.9	38754.7	10136.9	2972.5	3131.1
19503.6	27848.8	91270.7	121191.8	41502.8	9386.4	2269.1
		767.1	651.9	85.2	80.2	200.4
46899.5	13682.1	103422.6	152573	51592.4	11522.3	20377.1
39328.6	1161.9	54473.9	71091.1	22536.9	4676.7	19022.5
5971.5	1420.8	33032.7	42053.1	11693.3	3688.9	2018
28171.6	4935.9	616889.6	736378.5	205613.7	47524.6	73536.9
7084.7	172.4	60448.7	81128.6	23028.4	5448.5	475.9
474323.3	97930.4	1235222.5	1532702.2	443129.4	125547.6	85935.5
5544.4	2120.4	26772.8	47468.6	22928.1	4149.9	4355.2
6055.9	3181	44918.5	66109.5	26175.1	4472.4	5709.6
8264.4	2941.7	63895.2	83174.8	21896.9	7402.4	9404.8
15697.2	18663	238864	285596.2	55637.3	16964.6	4585.5
142.3	43.3	4641.8	5038.2	596.1	127.3	
35363.5	14503.9	189435.5	249221.1	66356.4	19556.3	9368.2
20496.1	7031.4	143801.7	157421.5	42003.4	14650.3	19997.8
1279.5	1254.2	32135.5	37414.8	5648.9	3061.2	83.5
4989.5	3478.6	20815.4	31801.8	11107.6	1673.5	311.5
2748.9	1725.7	7279.6	7603.3	565.7	352.9	1693.7
14932.2		772736	1238133.7	514794.8	72849.1	58826.5
11666.9		697599.4	1118543.3	464564.8	65696.3	41501.4
		26673.9	35828.9	9154.9	1413	7073.2
3265.3		48462.7	83761.5	41075.1	5739.8	10251.9

项　　目	负债合计	流动负债合计	#应付帐款	非流动负债合计	所有者权益合计
总　计	**7751439.7**	**6463812.9**	**1342022.0**	**809446.9**	**6402981.5**
按隶属关系分					
中央省属企业	547623.1	348035.2	56500.1	195293.6	236652.9
地方企业	7203816.6	6115777.7	1285521.9	614153.3	6166328.6
市属企业	477755.7	383303.6	69698.6	94451.9	409823.3
县(市、区)企业	1307497.9	1084930.7	165249.3	173433.9	620054.6
乡属企业	61399.6	58422.1	10399.4	1977.6	181161.3
其它企业	5357163.4	4589121.3	1040174.6	344289.9	4955289.4
按经济类型分					
内资企业	6527476.6	5397635.8	1017936.4	708943.8	5054197.7
国有企业	23651.2	16583.0	146.6	7068.1	18521.2
地方国有企业	23651.2	16583.0	146.6	7068.1	18521.2
集体企业	4953.5	4328.0	1431.6	373.4	18508.4
有限责任公司	2941209.5	2354104.1	440909.7	456840.6	1952739.8
股份有限公司	664496.5	577705.0	87521.0	66195.7	702997.9
私营企业	2893165.9	2444915.7	487927.5	178466.0	2361430.4
港、澳、台商投资企业	727245.2	621439.1	212446.5	58740.1	763110.5
外商投资企业	496717.9	444738.0	111639.1	41763.0	585673.3
总计中：国有控股企业	1925998.3	1497819.8	229662.1	379353.1	1020342.0
按轻重工业分					
轻工业	1915031.6	1644681.3	371375.0	144739.3	1790436.2
重工业	5836408.1	4819131.6	970647.0	664707.6	4612545.3
#地方企业					
轻工业	1908644.5	1639123.2	371128.6	143910.3	1782191.7
重工业	5295172.1	4476654.5	914393.3	470243.0	4384136.9
按企业规模分					
大型企业	967439.8	845521.6	190244.8	99657.0	1044672.5
中型企业	3162114.3	2703660.8	518246.2	350434.9	2534493.5
小型企业	3550349.3	2888616.9	624304.6	354155.0	2814555.1
微型企业	71536.3	26013.6	9226.4	5200.0	9260.4
#地方企业					
大型企业	967439.8	845521.6	190244.8	99657.0	1044672.5
中型企业	2907427.4	2534041.1	485758.0	268263.9	2456497.3
小型企业	3257413.1	2710201.4	600292.7	241032.4	2655898.4
微型企业	71536.3	26013.6	9226.4	5200.0	9260.4

单位：万元

#实收资本						
	#国家资本	集体资本	法人资本	个人资本	港、澳、台资本	外商资本
3246230.0	**288153.8**	**50691.1**	**1328415.0**	**904803.3**	**298857.7**	**375309.1**
164973.9	73707.2	10150.0	80454.2		662.5	
3081256.1	214446.6	40541.1	1247960.8	904803.3	298195.2	375309.1
238456.6	64648.9		42997.1		8977.5	121833.1
335853.8	27115.0	10212.6	259475.7	38428.6	621.9	
16233.0		1160.0	2825.0	12248.0		
2490712.7	122682.7	29168.5	942663.0	854126.7	288595.8	253476.0
2261100.9	286268.2	50181.1	1070844.8	850792.7	2424.1	590.0
7225.9	5395.9		1830.0			
7225.9	5395.9		1830.0			
3296.0		2803.5	464.5	28.0		
971372.3	212238.3	28962.0	555473.0	174699.0		
202623.0	54754.0	1775.6	133398.6	12694.8		
1076583.7	13880.0	16640.0	379678.7	663370.9	2424.1	590.0
537287.8			113901.2	43449.1	290638.5	89299.0
447841.3	1885.6	510.0	143669.0	10561.5	5795.1	285420.1
615686.8	270542.2	8500.0	316389.8	14162.7	662.5	5429.6
997205.6	103113.7	28132.0	294404.4	178928.3	202205.9	190421.3
2249024.4	185040.1	22559.1	1034010.6	725875.0	96651.8	184887.8
988205.6	103113.7	19132.0	294404.4	178928.3	202205.9	190421.3
2093050.5	111332.9	21409.1	953556.4	725875.0	95989.3	184887.8
391074.1	50000.0		149033.9	18345.0	12817.6	160877.6
1223351.8	139382.4	29610.0	555449.4	193649.5	177994.5	127266.0
1621907.1	98771.4	21081.1	621217.9	685625.6	108045.6	87165.5
9897.0			2713.8	7183.2		
391074.1	50000.0		149033.9	18345.0	12817.6	160877.6
1181920.5	128217.5	20610.0	534183.0	193649.5	177994.5	127266.0
1498364.5	36229.1	19931.1	562030.1	685625.6	107383.1	87165.5
9897.0			2713.8	7183.2		

项　　目	负债合计	流动负债合　　计	#应付帐款	非流动负债合计	所有者权益合计
按工业行业大类分					
采矿业	857281.1	701132	124641.2	123985.6	786021.4
煤炭开采和洗选业	16130.5	6296.6	4660.9		23945.7
黑色金属矿采选业	11516.1	2150.9	910.4	461.4	22878.5
有色金属矿采选业	710449.3	595443.4	109989	108375.4	587274.2
非金属矿采选业	119185.2	97241.1	9080.9	15148.8	151923
制造业	6129077.2	5318961.8	1159909.3	408746.8	5353189.9
农副食品加工业	301870.8	264432.2	90466	2863.7	190601.2
食品制造业	189257.8	167870.8	13059.1	16713.4	146183.3
酒、饮料和精制茶制造业	123995.8	104340.7	23843.1	10069.6	54996.4
烟草制品业	7229.1	7229.1	2279.3		79688.9
纺织业	12856.9	8852.4	387		8504.4
纺织服装、服饰业	205834.1	178474.1	54299.7	11873.7	216612.9
皮革、毛皮、羽毛及其制品和制鞋业	98091.7	85940.4	21843.6	7348.7	108695
木材加工和木、竹、藤、棕、草制品业	101465.2	84876.3	27080.3	13658.6	149100.5
家具制造业	124502.2	96726.6	18264.6	4948	134060
造纸和纸制品业	197263.4	169961.7	31560.9	22644.9	129121.2
印刷和记录媒介复制业	40882.6	38278.2	7884.6	1318.9	41504.9
文教、工美、体育和娱乐用品制造业	111273.6	103721.3	27215.7	3768.9	147868.2
石油加工、炼焦和核燃料加工业	2504.3	1179.3	468.9	1325	785.6
化学原料和化学制品制造业	236895	186846.2	39197.6	4265.2	195248.2
医药制造业	154390.5	140429.3	14499	12051.5	162238.7
橡胶和塑料制品业	48059.8	44444.3	9352.1	1071.4	49983.6
非金属矿物制品业	777272.5	668330.3	123939	88693.6	490981.4
黑色金属冶炼和压延加工业	82996.4	81856.1	5785.6		43402.7
有色金属冶炼和压延加工业	2360008.4	2064062	334934.8	106042.1	1963954.9
金属制品业	81775.8	51682.1	13319.4	24815.5	43962.4
通用设备制造业	49712.8	43146.7	16689.1	3408	71484.8
专用设备制造业	58547.7	49892.9	9533.6	8626.5	91502.2
汽车制造业	177562.6	158689.8	83010.4	13341.7	284514.4
铁路、船舶、航空航天和其他运输设备制造业	5874.2	3869.5	1635.8	2004.7	8654.3
电气机械和器材制造业	315742.2	278814.8	96509.6	36139.5	251944.5
计算机、通信和其他电子设备制造业	177521.2	162207	66548.6	6221.7	226343
仪器仪表制造业	39796.6	37771.3	9559		16866.5
其他制造业	34159.1	23901.5	11877.5	4932	30239
废弃资源综合利用业	11734.9	11134.9	4865.4	600	14146.8
电力、燃气及水的生产和供应业	765081.4	443719.1	57471.5	276714.5	263770.2
电力、热力生产和供应业	675268.4	379311.9	54097.3	255729.7	199344.8
燃气生产和供应业	35022	35022	2975.2		12064.5
水的生产和供应业	54791	29385.2	399	20984.8	52360.9

负债及所有者权益

单位：万元

#实收资本	#国家资本	集体资本	法人资本	个人资本	港澳台资本	外商资本
277696.6	67288.9	2743.5	113187.8	93861.4	615	
5334.5			719.5	4000	615	
928		100	600	228		
207422.1	53364.9	2643.5	81237.3	70176.4		
64012	13924		30631	19457		
2800806.1	129831.4	47947.6	1155973.3	793502	298242.7	375309.1
73087.6		2872	32395	26953	5921.9	4945.7
68071		12000	17777.2	11734.3	2691.3	23868.2
24912.5			21830.7	3081.8		
78000	78000					
6870.6			2660	952	1871.8	1386.8
125498.7			48817.5	26767.5	28456.3	21457.4
78118.3			5127.4	10520.7	27376.1	35094.1
72914.9		250	52235.2	16299.9	4129.8	
48172.5	1002		5482.8	31627.8		10059.9
71778.4			63288	2686	5804.4	
27218.3			7739	6449.1	13030.2	
116748.4			12028.1	2983.1	71863.8	29873.4
1000			1000			
82362.5	8156.4	2180	25528.2	26346	9089.8	11062.1
50681.8		13000	24148	11981.6		1552.2
21782.7			6797.9	2758	10176.2	2050.6
271832.7	4666.7	6000	181761.6	76782.9	1586.9	1034.6
27529.2	105		8279.2	17145	2000	
915354.4	21581.6	1410	456676.8	392698.5	12801.2	30186.3
34325.5	6600		15396.4	6582	1186.1	4561
55030.9		625.6	49058	4323.4		1023.9
41257.8	7650	7350	15830	5975	4452.8	
146302.5			16632.2	7330.2	2170.2	120169.9
200			200			
210738.4	2069.7	2260	41049.2	53884.1	56341	55134.4
90504.5			26631.3	25942.5	28133.1	9797.6
14923.6			14803.6		120	
30834.3				9743.5	9039.8	12051
14754.1			2800	11954.1		
167727.3	91033.5		59253.9	17439.9		
131921.8	68991.5		46075.9	16854.4		
6000			6000			
29805.5	22042		7178	585.5		

5-9 规模以上工业企业主营业务收入

单位：万元

项目	营业收入	#主营业务收入	营业成本	#主营业务成本	营业税金及附加	#主营业务税金及附加
总计	**30425295.3**	**30302935.1**	**26912047.0**	**26798845.4**	**199613.4**	**195760.6**
按隶属关系分						
中央省属企业	806379.1	798613.5	716018.3	707896.3	4159.1	4148.6
地方企业	29618916.2	29504321.6	26196028.7	26090949.1	195454.3	191612.0
市属企业	1033327.9	1007785.4	709971.2	690038.1	10200.5	10200.2
县(市、区)企业	2979173.4	2968327.1	2650363.1	2643930.0	17935.1	17895.3
乡属企业	239793.2	239793.2	203457.8	203457.8	5048.6	5048.6
其它企业	25366621.7	25288415.9	22632236.6	22553523.2	162270.1	158467.9
按经济类型分						
内资企业	23097758.6	23002926.0	20324631.3	20232777.1	157955.5	156921.3
国有企业	52343.2	52339.6	46708.4	46528.1	531.9	531.7
地方国有企业	52343.2	52339.6	46708.4	46528.1	531.9	531.7
集体企业	66155.6	66155.6	61149.3	61149.3	286.9	286.9
有限责任公司	8415036.0	8389917.1	7279716.0	7263829.6	54498.1	54431.5
股份有限公司	1565723.7	1560999.4	1381327.3	1377590.7	9922.1	9893.8
私营企业	12998500.1	12933514.3	11555730.3	11483679.4	92716.5	91777.4
港、澳、台商投资企业	4259298.9	4258350.3	3820070.9	3819419.0	19546.4	18956.6
外商投资企业	3068237.8	3041658.8	2767344.8	2746649.3	22111.5	19882.7
总计中：国有控股企业	4297496.8	4278199.9	3815099.1	3805249.6	26844.5	26827.5
按轻重工业分						
轻工业	9082596.2	9073416.8	7868853.4	7865369.6	54205.4	51873.2
重工业	21342699.1	21229518.3	19043193.6	18933475.8	145408.0	143887.4
#地方企业						
轻工业	9067339.2	9058159.8	7864946.4	7861462.6	53997.1	51664.9
重工业	20551577.0	20446161.8	18331082.3	18229486.5	141457.2	139947.1
按企业规模分						
大型企业	2975062.6	2940974.4	2602491.4	2573538.2	21871.6	21843.3
中型企业	11558895.4	11519526.9	9897748.2	9864475.7	89069.8	85470.3
小型企业	15691175.1	15642271.6	14221298.8	14170322.9	87971.6	87746.9
微型企业	200162.2	200162.2	190508.6	190508.6	700.4	700.1
#地方企业						
大型企业	2975062.6	2940974.4	2602491.4	2573538.2	21871.6	21843.3
中型企业	11180507.7	11143453.5	9563807.2	9531772.7	87095.6	83506.6
小型企业	15263183.7	15219731.5	13839221.5	13795129.6	85786.7	85562.0
微型企业	200162.2	200162.2	190508.6	190508.6	700.4	700.1

5-9 续表

单位：万元

项　　目	营业收入	#主营业务收入	营业成本	#主营业务成本	营业税金及附加	#主营业务税金及附加
按工业行业大类分						
采矿业	3260363.3	3247067.6	2876362.0	2874371.3	37659.5	37654.6
煤炭开采和洗选业	32002.1	32002.1	24084.2	24084.2	828.1	828.1
黑色金属矿采选业	60421.3	60421.3	56863.4	56863.4	228.1	228.1
有色金属矿采选业	2598072.2	2586174.1	2319264.8	2317299.0	16626.3	16621.4
非金属矿采选业	569867.7	568470.1	476149.6	476124.7	19977.0	19977.0
制造业	26192811.7	26090115.9	23145150.0	23037938.6	158511.6	154690.4
农副食品加工业	1637571.8	1637494.6	1481167.0	1481123.3	4781.9	4781.8
食品制造业	565116.6	565018.1	504730.3	504454.0	1437.9	1435.7
酒、饮料和精制茶制造业	291141.7	290793.0	230878.0	230601.9	6715.6	6715.6
烟草制品业	33518.2	33518.2	29661.7	29661.7	201.1	201.1
纺织业	120506.9	120506.2	105391.4	105391.4	690.6	690.6
纺织服装、服饰业	1497352.8	1497111.6	1337855.0	1337554.3	11359.7	9130.9
皮革、毛皮、羽毛及其制品和制鞋业	806349.2	806299.2	735422.1	735343.5	4346.5	4341.5
木材加工和木、竹、藤、棕、草制品业	477601.7	477601.6	423187.5	423187.5	4119.4	4107.6
家具制造业	788706.4	787269.9	670165.2	669420.1	8541.3	8468.5
造纸和纸制品业	352294.5	352294.5	322800.1	322800.1	867.5	867.5
印刷和记录媒介复制业	237479.0	237419.9	215877.5	215877.5	1168.9	1168.9
文教、工美、体育和娱乐用品制造业	528273.3	528098.2	469505.3	469351.8	2007.1	2007.1
石油加工、炼焦和核燃料加工业	3584.0	3564.0	2992.0	2992.0	5.3	5.3
化学原料和化学制品制造业	1311504.2	1306947.5	1141698.4	1140795.4	7517.7	7514.7
医药制造业	631048.3	631042.7	362106.9	362105.9	5732.6	5732.6
橡胶和塑料制品业	344360.4	344359.7	306541.4	306541.4	2868.8	2302.3
非金属矿物制品业	1607229.8	1603337.1	1388724.2	1388250.0	7200.2	6408.3
黑色金属冶炼和压延加工业	773386.3	749730.0	698413.4	674547.9	1906.2	1906.2
有色金属冶炼和压延加工业	9458158.2	9428008.6	8495512.1	8448321.7	63452.8	63411.6
金属制品业	421241.4	421193.1	361648.0	361612.4	6123.4	6121.8
通用设备制造业	161796.2	161794.8	145458.3	145379.8	1076.9	1076.6
专用设备制造业	327992.0	327500.5	286284.7	285951.7	1368.6	1368.6
汽车制造业	496794.9	471828.2	420203.9	397636.9	2050.4	2050.4
铁路、船舶、航空航天和其他运输设备制造业	36063.0	36063.0	34289.7	34289.7	31.2	31.2
电气机械和器材制造业	1723422.1	1719068.2	1571540.4	1568100.1	8375.3	8375.3
计算机、通信和其他电子设备制造业	1343899.0	1335852.4	1215567.1	1209118.2	3959.7	3863.7
仪器仪表制造业	76482.6	76482.6	63865.9	63865.9	10.2	10.2
其他制造业	99630.2	99625.1	86530.4	86530.4	439.1	439.1
废弃资源综合利用业	40307.0	40293.4	37132.1	37132.1	155.7	155.7
电力、燃气及水的生产和供应业	972120.3	965751.6	890535.0	886535.5	3442.3	3415.6
电力、热力生产和供应业	818931.4	816814.2	765034.0	762992.0	2759.5	2737.0
燃气生产和供应业	54182.2	53415.2	45882.8	44699.3	21.7	17.5
水的生产和供应业	99006.7	95522.2	79618.2	78844.2	661.1	661.1

5-10 规模以上工业企业销售费用和管理费用

单位：万元

项　　目	其他业务收　　入	其他业务利　　润	销售费用	管理费用	#税金
总　　计	**122360.2**	**45511.5**	**432908.5**	**605073.8**	**30589.5**
按隶属关系分					
省属企业	7765.6	1381.4	8274.5	60769.1	1894.8
地方企业	114594.6	44130.1	424634.0	544304.7	28694.7
市属企业	25542.5	5603.8	165732.8	43400.8	3245.9
县(市、区)企业	10846.3	659.7	36651.2	56704.2	3069.4
乡属企业			2263.3	13402.3	459.9
其它企业	78205.8	37866.6	219986.7	430797.4	21919.5
按经济类型分					
内资企业	94832.6	38389.6	357174.1	456989.0	23104.5
国有企业	3.6		119.8	1131.1	28.2
地方国有企业	3.6		119.8	1131.1	28.2
集体企业			337.2	817.3	54.3
有限责任公司	25118.9	8866.6	233046.6	219829.5	11461.8
股份有限公司	4724.3	192.0	13146.9	39430.9	3918.5
私营企业	64985.8	29331.0	110523.6	195780.2	7641.7
港、澳、台商投资企业	948.6	3829.8	39493.7	80192.2	4518.8
外商投资企业	26579.0	3292.1	36240.7	67892.6	2966.2
总计中：国有控股企业	19296.9	6220.6	35022.7	110723.0	5224.3
按轻重工业分					
轻工业	9179.4	11915.0	295775.0	229432.2	9146.4
重工业	113180.8	33596.5	137133.5	375641.6	21443.1
#地方企业					
轻工业	9179.4	11915.0	292119.3	227344.2	9031.1
重工业	105415.2	32215.1	132514.7	316960.5	19663.6
按企业规模分					
大型企业	34088.2	2692.9	28372.7	71302.7	5556.0
中型企业	39368.5	14160.0	257696.9	257947.2	10053.6
小型企业	48903.5	28658.6	145942.0	273551.7	14911.7
微型企业			896.9	2272.2	68.2
#地方企业					
大型企业	34088.2	2692.9	28372.7	71302.7	5556.0
中型企业	37054.2	13126.2	252829.3	223355.0	9314.5
小型企业	43452.2	28311.0	142535.1	247374.8	13756.0
微型企业			896.9	2272.2	68.2

5-10 续表

单位：万元

项 目	其他业务收入	其他业务利润	销售费用	管理费用	
					#税金
按工业行业大类分					
采矿业	13295.7	11169.1	16766.5	71779.2	3277.6
煤炭开采和洗选业			463.0	3808.3	6.3
黑色金属矿采选业			51.9	302.4	14.2
有色金属矿采选业	11898.1	11169.1	4752.4	53969.3	2955.3
非金属矿采选业	1397.6		11499.2	13699.2	301.8
制造业	102695.8	30040.4	411197.8	508938.6	25143.7
农副食品加工业	77.2	-1.5	24686.6	25051.6	709.6
食品制造业	98.5	2513.4	9735.1	13406.5	230.1
酒、饮料和精制茶制造业	348.7	21.5	13543.7	10156.5	617.5
烟草制品业			352.8	2405.4	288.6
纺织业	0.7	0.7	1776.5	2578.6	225.1
纺织服装、服饰业	241.2	3176.9	16265.5	36662.7	1316.1
皮革、毛皮、羽毛及其制品和制鞋业	50.0	1.9	6536.2	16899.9	371.7
木材加工和木、竹、藤、棕、草制品业	0.1	0.1	5234.8	6126.6	548.5
家具制造业	1436.5	107.5	25763.1	27401.3	247.1
造纸和纸制品业			6660.9	6507.4	549.9
印刷和记录媒介复制业	59.1	59.1	2871.2	4650.2	314.3
文教、工美、体育和娱乐用品制造业	175.1	69.3	5143.4	13868.1	934.4
石油加工、炼焦和核燃料加工业	20.0	4.3	211.9	360.5	1.3
化学原料和化学制品制造业	4556.7	1620.1	14297.0	20997.0	1080.4
医药制造业	5.6		166209.2	34366.4	462.0
橡胶和塑料制品业	0.7	0.7	5500.1	7769.7	666.8
非金属矿物制品业	3892.7	82.1	28717.3	38907.2	1611.2
黑色金属冶炼和压延加工业	23656.3	10.6	3267.4	5604.0	20.5
有色金属冶炼和压延加工业	30149.6	16239.5	24917.5	125636.5	8013.2
金属制品业	48.3		10147.9	14580.7	61.3
通用设备制造业	1.4		3377.0	6624.4	603.8
专用设备制造业	491.5	12.0	4113.2	7461.0	601.7
汽车制造业	24966.7	2569.7	10670.9	16846.4	1458.7
铁路、船舶、航空航天和其他运输设备制造业			180.2	341.5	
电气机械和器材制造业	4353.9	1205.2	11508.0	28452.4	1802.1
计算机、通信和其他电子设备制造业	8046.6	2328.6	5771.2	25938.5	1718.8
仪器仪表制造业			1079.5	4259.4	419.7
其他制造业	5.1	5.1	1737.8	3735.5	241.7
废弃资源综合利用业	13.6	13.6	921.9	1342.7	27.6
电力、燃气及水的生产和供应业	6368.7	4302.0	4944.2	24356.0	2168.2
电力、热力生产和供应业	2117.2	264.5	1219.3	18989.0	192.1
燃气生产和供应业	767.0	495.0	2477.5	861.1	1784.0
水的生产和供应业	3484.5	3542.5	1247.4	4505.9	192.1

5-11 规模以上工业企业财务费用和营业利润

单位：万元

项　　目	财务费用			营业利润
		#利息收入	利息支出	
总　计	**180018.0**	**16168.4**	**181820.6**	**2318695.9**
按隶属关系分				
中央省属企业	13924.8	654.5	14568.4	17912.0
地方企业	166093.2	15513.9	167252.2	2300783.9
市属企业	8136.1	174.7	8531.9	97713.2
县(市、区)企业	30993.0	4105.7	33209.5	200925.6
乡属企业	1609.9	945.9	2409.9	16482.7
其它企业	125354.2	10287.6	123100.9	1985662.4
按经济类型分				
内资企业	160202.6	13566.0	161243.6	1808557.4
国有企业	384.3	21.5	405.8	3655.2
地方国有企业	384.3	21.5	405.8	3655.2
集体企业	172.4	26.5		3331.7
有限责任公司	70211.2	7781.6	73441.1	605115.3
股份有限公司	19942.1	2851.4	22016.1	102164.7
私营企业	69492.6	2911.5	65354.1	1094290.5
港、澳、台商投资企业	10002.5	2205.4	11491.4	332202.8
外商投资企业	9812.9	397.0	9085.6	177935.7
总计中：国有控股企业	46317.8	5956.2	51193.1	307330.0
按轻重工业分				
轻工业	29600.3	2336.0	27891.6	656686.6
重工业	150417.7	13832.4	153929.0	1662009.3
#地方企业				
轻工业	29443.7	2336.0	27735.0	654666.3
重工业	136649.5	13177.9	139517.2	1646117.6
按企业规模分				
大型企业	26032.5	1861.9	27149.0	241537.0
中型企业	63710.9	9135.9	68476.3	1043348.9
小型企业	88664.9	5136.8	84605.8	1029783.3
微型企业	1609.7	33.8	1589.5	4026.7
#地方企业				
大型企业	26032.5	1861.9	27149.0	241537.0
中型企业	62575.0	8658.5	66871.5	1045043.8
小型企业	75876.0	4959.7	71642.2	1010176.4
微型企业	1609.7	33.8	1589.5	4026.7

5-11 续表 1

单位：万元

项目	财务费用	#利息收入	利息支出	营业利润
按工业行业大类分				
采矿业	18310.1	1051.2	17763.3	242317.3
煤炭开采和洗选业	547.0	0.5	547.5	2210.7
黑色金属矿采选业	27.3		27.3	2948.2
有色金属矿采选业	14095.2	1025.2	13562.7	192723.2
非金属矿采选业	3640.6	25.5	3625.8	44435.2
制造业	141791.0	14683.9	144536.3	2029866.1
农副食品加工业	4518.5	1593.5	5724.3	114991.6
食品制造业	2131.5	8.6	1935.1	35947.0
酒、饮料和精制茶制造业	3867.2	97.5	3879.5	18856.5
烟草制品业	-1013.3	1.9	-1011.4	1910.5
纺织业	345.8	1.2	214.8	9724.0
纺织服装、服饰业	2519.2	112.6	1484.9	102167.7
皮革、毛皮、羽毛及其制品和制鞋业	204.8	185.8	313.8	60984.6
木材加工和木、竹、藤、棕、草制品业	4139.5	17.7	3940.0	30585.5
家具制造业	4879.3	43.5	4272.0	59012.5
造纸和纸制品业	1551.4	-2.1	1541.4	14085.9
印刷和记录媒介复制业	1045.8	4.7	1002.7	11865.4
文教、工美、体育和娱乐用品制造业	2256.9	22.5	1806.4	35343.0
石油加工、炼焦和核燃料加工业	109.1	1.6	92.4	-93.9
化学原料和化学制品制造业	6122.9	316.3	5980.1	152911.9
医药制造业	2636.9	48.8	2636.4	59346.5
橡胶和塑料制品业	1331.4	33.2	1129.8	20493.8
非金属矿物制品业	14259.6	4898.9	16495.2	146744.2
黑色金属冶炼和压延加工业	1587.1	3.0	1474.9	62645.5
有色金属冶炼和压延加工业	76474.1	5945.2	77962.4	781697.9
金属制品业	648.4	80.6	654.7	27961.1
通用设备制造业	718.2	117.9	816.0	4221.3
专用设备制造业	501.0	291.7	754.7	26869.8
汽车制造业	4091.2	63.3	4118.1	41572.6
铁路、船舶、航空航天和其他运输设备制造业	4.5	2.2	2.8	1751.8
电气机械和器材制造业	4709.4	344.0	4980.6	100202.4
计算机、通信和其他电子设备制造业	1479.1	424.1	1745.3	93291.4
仪器仪表制造业	85.1	0.6	79.8	7182.5
其他制造业	454.8	23.7	416.5	6970.1
废弃资源综合利用业	131.6	1.4	93.1	623.0
电力、燃气及水的生产和供应业	19916.9	433.3	19521.0	46512.5
电力、热力生产和供应业	18436.7	362.7	17952.2	29851.9
燃气生产和供应业	995.7	-9.7	985.5	4164.3
水的生产和供应业	484.5	80.3	583.3	12496.3

5-12 规模以上工业企业投资收益和补贴收入

单位：万元

项 目	资产减值损失	公允价值变动收益	投资收益	补贴收入	营业外收入	营业外支出
总 计	**33739.1**	**3819.7**	**46744.9**	**22785.5**	**74367.1**	**338837.2**
按隶属关系分						
中央省属企业	2443.2	164.8	1089.2	5008.3	6602.9	5141.9
地方企业	31295.9	3654.9	45655.7	17777.2	67764.2	333695.3
市属企业	989.6		2595.5	28.7	16247.1	791.7
县(市、区)企业	552.4	1289.4	3322.7	6576.7	12561.7	16116.4
乡属企业	-2059.9	4.5	407.0		2724.3	181.7
其它企业	31813.8	2361.0	39330.5	11171.8	36231.1	316605.5
按经济类型分						
内资企业	28383.6	1995.3	30352.4	20712.3	66057.4	272371.1
国有企业					21.6	
#地方企业					21.6	
集体企业	60.8					
有限责任公司	22844.0	1726.9	19105.3	14301.5	43767.6	49825.3
股份有限公司	1407.5		2356.9	3596.9	4360.0	11304.0
私营企业	4071.3	268.4	8890.2	2813.9	17908.2	211241.8
港、澳、台商投资企业	2307.8	1791.2	14381.0	1571.0	4229.4	47561.4
外商投资企业	3047.7	33.2	2011.5	502.2	4080.3	18904.7
总计中：国有控股企业	19341.1	164.8	2170.7	13388.4	25044.3	38996.5
按轻重工业分						
轻工业	4943.1	2177.0	15959.2	482.3	20131.3	73775.7
重工业	28796.0	1642.7	30785.7	22303.2	54235.8	265061.5
#地方企业						
轻工业	4925.9	2177.0	15959.2	479.8	20123.5	73775.7
重工业	26370.0	1477.9	29696.5	17297.4	47640.7	259919.6
按企业规模分						
大型企业	-314.4	1005.5	2743.0	2302.7	8041.7	15418.2
中型企业	18115.7	2114.4	18011.3	12085.0	39905.0	72877.0
小型企业	15937.8	699.5	25868.4	8323.9	25848.1	250520.5
微型企业		0.3	122.2	73.9	572.3	21.5
#地方企业						
大型企业	-314.4	1005.5	2743.0	2302.7	8041.7	15418.2
中型企业	17528.9	1949.6	18011.3	7932.9	34509.6	68965.3
小型企业	14081.4	699.5	24779.2	7467.7	24640.6	249290.3
微型企业		0.3	122.2	73.9	572.3	21.5

5-12 续表 1

单位：万元

项目	资产减值损失	公允价值变动收益	投资收益	补贴收入	营业外收入	营业外支出
按工业行业大类分						
采矿业	1376.0	165.1	1477.8	4455.5	9995.8	51330.8
煤炭开采和洗选业	60.8					
黑色金属矿采选业					310.0	20.0
有色金属矿采选业	806.4	165.1	1477.8	4455.5	9676.2	44007.0
非金属矿采选业	508.8				9.6	7303.8
制造业	32413.7	3654.6	45259.9	17591.4	62420.1	286750.6
农副食品加工业	275.6		4248.4	15.3	3121.2	18996.1
食品制造业	241.7			29.3	115.1	3903.9
酒、饮料和精制茶制造业	14.2		3941.5		4071.1	2241.4
纺织业						
纺织服装、服饰业				15.0	278.7	4380.2
皮革、毛皮、羽毛及其制品和制鞋业	2171.8	985.0	483.8	103.0	284.0	6462.2
木材加工和木、竹、藤、棕、草制品业	12.5	122.6	3.9		325.3	2724.4
家具制造业	2512.0		-0.1	451.2	441.1	537.0
造纸和纸制品业		1001.0		5.6	18.8	5942.4
印刷和记录媒介复制业			-20.3		492.3	2061.8
文教、工美、体育和娱乐用品制造业				8.0	38.7	1202.8
石油加工、炼焦和核燃料加工业	253.1		348.6	196.2	476.1	10349.4
化学原料和化学制品制造业			0.9	20.0	20.0	20.0
医药制造业	581.5	-85.0	3638.7	985.1	1288.1	37975.5
橡胶和塑料制品业	17.2		2597.2	11.5	9751.1	4097.3
非金属矿物制品业	1.3			1332.9	1333.9	2116.5
黑色金属冶炼和压延加工业	333.1		6901.0	2575.7	9946.5	16679.6
有色金属冶炼和压延加工业	-20.0	53.2	-35.8		339.1	3.9
金属制品业	19949.2	4.5	18212.2	9455.1	22517.5	139881.7
通用设备制造业	30.4			17.6	201.5	9559.0
专用设备制造业	340.2			214.8	290.4	56.5
汽车制造业	2126.4		977.5	240.5	723.7	12.5
铁路、船舶、航空航天和其他运输设备制造业	948.9		1382.6	1010.9	4473.2	5328.6
电气机械和器材制造业			535.9			
计算机、通信和其他电子设备制造业	2195.5	1322.6	1781.4	495.0	1165.0	6985.6
仪器仪表制造业	429.1	182.3	93.5	367.9	281.8	2244.7
其他制造业					24.2	1472.1
废弃资源综合利用业		68.4	169.0	40.8	294.5	1515.2
电力、燃气及水的生产和供应业					107.2	0.3
电力、热力生产和供应业	-50.6		7.2	738.6	1951.2	755.8
燃气生产和供应业	-51.0			738.6	1846.9	743.5
水的生产和供应业					48.5	-59.9

5-13 规模以上工业企业利润和利税总额

单位：万元

项 目	利润总额	应交所得税	亏损企业 亏损总额	利税总额	应交税金 及 附 加
总 计	**2029010.5**	**161159.4**	**57342.0**	**3446865.3**	**1609603.7**
按隶属关系分					
中央省属企业	19373.0	1389.5	11140.9	52316.7	36228.0
地方企业	2009637.5	159769.9	46201.1	3394548.6	1573375.7
市属企业	113168.7	9089.4	9333.8	192609.9	91776.5
县(市、区)企业	197370.9	20284.8	4464.2	314534.9	140518.2
乡属企业	19025.3	3157.1		31147.9	15739.6
其它企业	1680072.6	127238.6	32403.1	2856255.9	1325341.4
按经济类型分					
内资企业	1583424.3	122684.6	45811.5	2687856.1	1250220.9
国有企业	3676.8	18.4		9033.7	5403.5
地方国有企业	3676.8	18.4		9033.7	5403.5
集体企业	3331.7	172.2		8023.4	4918.2
有限责任公司	580674.4	47833.4	35963.3	963384.5	442005.3
股份有限公司	95220.7	12735.2	1721.2	191066.2	112499.2
私营企业	900520.7	61925.4	8127.0	1516348.3	685394.7
港、澳、台商投资企业	287400.0	23809.1	7865.7	482776.8	223704.7
外商投资企业	158186.2	14665.7	3664.8	276232.4	135678.1
总计中：国有控股企业	293377.8	31437.1	35929.7	491363.1	234646.7
按轻重工业分					
轻工业	596112.7	51388.7	8452.6	1027133.0	491555.4
重工业	1432897.8	109770.7	48889.4	2419732.3	1118048.3
#地方企业					
轻工业	594084.6	51388.7	8452.6	1022693.6	489028.8
重工业	1415552.9	108381.2	37748.5	2371855.0	1084346.9
按企业规模分					
大型企业	234160.5	27385.5		394970.4	193751.4
中型企业	985264.7	60128.3	23296.3	1603626.6	688543.8
小型企业	805011.2	73523.7	33171.8	1437463.8	720888.0
微型企业	4574.1	121.9	873.9	10804.5	6420.5
#地方企业					
大型企业	234160.5	27385.5		394970.4	193751.4
中型企业	985475.9	59933.0	15545.7	1583119.9	666891.5
小型企业	785427.0	72329.5	29781.5	1405653.8	706312.3
微型企业	4574.1	121.9	873.9	10804.5	6420.5

5-13 续表

单位：万元

项　　目	利润总额	应交所得税	亏损企业亏损总额	利税总额	应交税金及附加
按工业行业大类分					
采矿业	200887.1	20799.8	13674.7	409321.2	232511.5
煤炭开采和洗选业	2210.7	131.7		5674.7	3602.0
黑色金属矿采选业	3238.2	228.5		7124.3	4128.8
有色金属矿采选业	158307.8	18942.0	13674.7	303312.1	166901.6
非金属矿采选业	37130.4	1497.6		93210.1	57879.1
制造业	1780415.4	136558.4	40728.2	2955217.8	1336504.5
农副食品加工业	99113.7	15583.4	119.4	131680.5	48859.8
食品制造业	32158.2	781.1	21.4	59901.9	28754.9
酒、饮料和精制茶制造业	20686.2	416.0	2958.4	46356.5	26703.8
烟草制品业	1910.5	477.6		3855.1	2710.8
纺织业	5622.5	1069.1		10456.1	6127.8
纺织服装、服饰业	91064.4	5352.2	196.1	177075.1	92679.0
皮革、毛皮、羽毛及其制品和制鞋业	56585.7	3634.0		93374.1	40794.1
木材加工和木、竹、藤、棕、草制品业	30489.6	4205.3	87.1	54512.7	28776.9
家具制造业	53088.9	7145.1	32.0	81882.2	36185.5
造纸和纸制品业	12514.8	945.2	213.0	24257.4	13237.7
印刷和记录媒介复制业	10701.3	1375.7		22233.6	13222.3
文教、工美、体育和娱乐用品制造业	25469.7	2114.6	2217.7	52785.4	30364.7
石油加工、炼焦和核燃料加工业	-93.9		93.9	-40.9	54.3
化学原料和化学制品制造业	116224.5	3804.5	1242.5	177007.4	65667.8
医药制造业	65000.3	1495.2	16.6	122952.5	59909.4
橡胶和塑料制品业	20240.2	1591.6	211.9	45892.5	27910.7
非金属矿物制品业	140011.1	13860.6	1783.2	221709.2	97169.9
黑色金属冶炼和压延加工业	62980.7	1154.3	147.4	84920.8	23114.9
有色金属冶炼和压延加工业	646050.6	50668.6	27317.7	1044458.2	457089.4
金属制品业	18603.6	642.0		32471.7	14571.4
通用设备制造业	4455.2	1035.1	537.0	10724.9	7908.6
专用设备制造业	27581.0	3078.0		44791.0	20889.7
汽车制造业	40284.0	757.1	146.8	60601.9	22533.7
铁路、船舶、航空航天和其他运输设备制造业	1751.8			2896.6	1144.8
电气机械和器材制造业	94381.8	7213.9	2080.9	167173.5	81807.7
计算机、通信和其他电子设备制造业	91325.1	7744.2	844.1	162695.8	80833.7
仪器仪表制造业	5734.6	266.9		8237.3	3189.3
其他制造业	5749.4	95.1	132.1	7684.3	2271.7
废弃资源综合利用业	729.9	52.0	329.0	2670.5	2020.2
电力、燃气及水的生产和供应业	47708.0	3801.2	2939.1	82326.3	40587.7
电力、热力生产和供应业	30955.3	1824.7	2939.1	56746.6	27808.1
燃气生产和供应业	4272.8	1090.0		4475.6	3076.8
水的生产和供应业	12479.9	886.5		21104.1	9702.8

5-14　规模以上工业企业应交增值税及从业人员

单位：万元

项　　目	本年应付职工薪酬	本年应交增值税	从业人员平均人数(人)
总　计	**1485270.9**	**1218241.4**	**309776**
按隶属关系分			
中央省属企业	93243.3	28784.6	12744
地方企业	1392027.6	1189456.8	297032
市属企业	31291.0	69240.7	5086
县(市、区)企业	125594.9	99228.9	19010
乡属企业	13526.9	7074.0	2717
其它企业	1221614.8	1013913.2	270219
按经济类型分			
内资企业	874242.1	946476.3	184223
国有企业	2520.1	4825.0	598
地方国有企业	2520.1	4825.0	598
集体企业	3373.0	4404.8	967
有限责任公司	362307.3	328212.0	65477
股份有限公司	59678.4	85923.4	12839
私营企业	446363.3	523111.1	104342
港、澳、台商投资企业	440840.2	175830.4	93044
外商投资企业	170188.6	95934.7	32509
总计中：国有控股企业	179372.3	171140.8	28195
按轻重工业分			
轻工业	716363.7	376814.9	153613
重工业	768907.2	841426.5	156163
#地方企业			
轻工业	714301.1	374611.9	153252
重工业	677726.5	814844.9	143780
按企业规模分			
大型企业	318340.0	138938.3	55827
中型企业	685181.8	529292.1	139674
小型企业	481293.1	544481.0	114136
微型企业	456.0	5530.0	139
#地方企业			
大型企业	318340.0	138938.3	55827
中型企业	617364.4	510548.4	129266
小型企业	455867.2	534440.1	111800
微型企业	456.0	5530.0	139

5-14 续表 1

单位：万元

项目	本年应付工资总额	本年应付福利费总额	从业人员平均人数（人）
按工业行业大类分			
采矿业	140464.2	170774.6	29137
煤炭开采和洗选业	10529.4	2635.9	2806
黑色金属矿采选业	3583.4	3658	1247
有色金属矿采选业	108164.3	128378	20490
非金属矿采选业	18187.1	36102.7	4594
制造业	1268341.4	1016290.8	270833
农副食品加工业	32383.5	27784.9	7509
食品制造业	30328.3	26305.8	5669
酒、饮料和精制茶制造业	11154.2	18954.7	2503
烟草制品业	2296.2	1743.5	372
纺织业	6273.7	4143	1427
纺织服装、服饰业	166649.1	74651	35768
皮革、毛皮、羽毛及其制品和制鞋业	151925.4	32441.9	28192
木材加工和木、竹、藤、棕、草制品业	23996.5	19903.7	4248
家具制造业	77192.1	20252	18314
造纸和纸制品业	40023.3	10875.1	3738
印刷和记录媒介复制业	8913.3	10363.4	2740
文教、工美、体育和娱乐用品制造业	78070.5	25308.6	20693
石油加工、炼焦和核燃料加工业	349.3	47.7	80
化学原料和化学制品制造业	32687.6	53265.2	7467
医药制造业	14165.7	52219.6	3340
橡胶和塑料制品业	15515	22783.5	4457
非金属矿物制品业	63742	74497.9	13717
黑色金属冶炼和压延加工业	9269.3	20033.9	2265
有色金属冶炼和压延加工业	173429.8	334954.8	34075
金属制品业	10015.7	7744.7	3764
通用设备制造业	12917.3	5192.8	3531
专用设备制造业	17898.9	15841.4	3283
汽车制造业	24268.8	18267.5	5351
铁路、船舶、航空航天和其他运输设备制造业	1981.9	1113.6	251
电气机械和器材制造业	152281	64416.4	32829
计算机、通信和其他电子设备制造业	88625.8	67411	19855
仪器仪表制造业	6633.4	2492.5	1231
其他制造业	12473.9	1495.8	3623
废弃资源综合利用业	2879.9	1784.9	541
电力、燃气及水的生产和供应业	76465.3	31176	9806
电力、热力生产和供应业	69361.6	23031.8	8070
燃气生产和供应业	2169.4	181.1	308
水的生产和供应业	4934.3	7963.1	1428

5-15 县(市、区)规模以上工业企业单位数

(按隶属关系分)

单位：个

县(市、区)别	企业单位数	中央省属	市属	县市区	乡	其他
合　计	**1164**	**24**	**12**	**101**	**5**	**1022**
章贡区	101	5	7	36	2	51
赣　县	85	2		5		78
信丰县	72	1		12		59
大余县	43	5				38
上犹县	27		2	1		24
崇义县	34			2		32
安远县	27			2		25
龙南县	83			1	2	80
定南县	40	1		19		20
全南县	45	1		1		43
宁都县	71	1		4		66
于都县	66	3		4	1	58
兴国县	62	2		1		59
会昌县	49			1		48
寻乌县	32			3		29
石城县	32			1		31
瑞金市	44	1		2		41
南康区	127	1				126
赣州经开区	124	1	3	6		114

5-15 续表 1

(按经济类型分)

单位：个

县(市、区)别	企　业 单位数	国有	集体	有限责任 公　　司	股份有限 公　　司	私营企业	港澳台商 投资企业	外商投资 企　　业
合　计	**1164**	**3**	**6**	**301**	**30**	**584**	**172**	**68**
章贡区	101		1	52	5	25	10	8
赣　县	85			10	1	66	6	2
信丰县	72			30	3	15	20	4
大余县	43			8	3	26	4	2
上犹县	27			5		18	2	2
崇义县	34	1		11	3	18	1	
安远县	27			7		11	6	3
龙南县	83		2	15		30	30	6
定南县	40			23	1	9	6	1
全南县	45			11	2	14	12	6
宁都县	71		1	6	1	52	10	1
于都县	66	1	2	11	1	33	13	5
兴国县	62	1		14	3	26	15	3
会昌县	49			18	2	25	3	1
寻乌县	32			13	2	16	1	
石城县	32			11		19	2	
瑞金市	44			8		25	7	4
南康区	127			19	1	95	7	5
赣州经开区	124			29	2	61	17	15

5-15 续表 2

(按轻重工业分)

单位：个

县(市、区)别	企业单位数	轻工业	重工业
合 计	**1164**	**500**	**664**
章贡区	101	22	79
赣 县	85	26	59
信丰县	72	31	41
大余县	43	7	36
上犹县	27	3	24
崇义县	34	4	30
安远县	27	18	9
龙南县	83	42	41
定南县	40	20	20
全南县	45	16	29
宁都县	71	49	22
于都县	66	32	34
兴国县	62	38	24
会昌县	49	24	25
寻乌县	32	9	23
石城县	32	17	15
瑞金市	44	18	26
南康区	127	83	44
赣州经开区	124	41	83

5-16 县(市、区)规模以上工业总产值(按隶属关系分)

单位：万元

县(市、区)别	工业总产值	中央省属	市属	县市区	乡镇	其他
合 计	**29983797.3**	**782087.6**	**993591.1**	**2910092.0**	**230634.8**	**25067391.8**
章贡区	2860810.8	212972.3	478921.9	732626.1	195612.0	1240678.5
赣 县	2685142.4	162699.2		91544.7		2430898.5
信丰县	1665964.2	49774.2		96057.6		1520132.4
大余县	880924.1	58194.0				822730.1
上犹县	629679.2		25832.0	2878.3		600968.9
崇义县	1015370.0			28049.2		987320.8
安远县	257317.1			22573.8		234743.3
龙南县	2283343.7			35623.7	9354.3	2238365.7
定南县	855889.7	16055.5		414244.4		425589.8
全南县	852224.0	25080.5		17812.4		809331.1
宁都县	899357.5	18798.4		57880.7		822678.4
于都县	2241800.9	66031.9		59148.4	25668.5	2090952.1
兴国县	1669295.9	43197.2		25713.2		1600385.5
会昌县	1080610.8			30624.6		1049986.2
寻乌县	373094.2			59359.3		313734.9
石城县	184285.0			14815.8		169469.2
瑞金市	943027.9	48750.0		179883.4		714394.5
南康区	2688265.1	73349.4				2614915.7
赣州经开区	5917394.8	7185.0	488837.2	1041256.4		4380116.2

5-17　县(市、区)规模以上工业总产值(按经济类型分)

单位：万元

县(市、区)别	工业总产值	国有经济	集体经济	有限责任公司	股份有限公司	私营企业	港澳台商投资企业	外商投资企业
合　计	**29983797.3**	**52179.6**	**65532.4**	**8258812.8**	**1581518.0**	**12804271.5**	**4236241.2**	**2985241.8**
章贡区	2860810.8		4582.0	1558134.3	120948.8	418665.8	290321.5	468158.4
赣　县	2685142.4			426504.9	8982.8	1922997.1	210095.8	116561.8
信丰县	1665964.2			828784.4	57629.6	367326.1	319469.2	92754.9
大余县	880924.1			104588.1	76357.5	636823.6	57299.1	5855.8
上犹县	629679.2			33672.5		483838.1	99542.5	12626.1
崇义县	1015370.0	24041.7		96259.3	640014.2	237967.4	17087.4	
安远县	257317.1			56512.4		109626.1	70580.4	20598.2
龙南县	2283343.7		9354.3	572879.2		1121644.9	536720.4	42744.9
定南县	855889.7			632512.3	35562.0	143979.6	33399.6	10436.2
全南县	852224.0			296744.9	28268.5	366828.3	104185.1	56197.2
宁都县	899357.5		2126.4	128911.1	7217.0	587350.5	169116.1	4636.4
于都县	2241800.9	2424.7	49469.7	217730.9	38352.3	1037968.5	676203.3	219651.5
兴国县	1669295.9	25713.2		354554.2	105592.2	573924.3	332751.3	276760.7
会昌县	1080610.8			385934.4	28675.7	426725.9	173913.4	65361.4
寻乌县	373094.2			119417.4	33905.2	214011.0	5760.6	
石城县	184285.0			46625.8		119483.0	18176.2	
瑞金市	943027.9			275710.1		267512.5	197368.0	202437.3
南康区	2688265.1			323415.6	39703.6	2042276.9	100117.0	182752.0
赣州经开区	5917394.8			1799921.0	360308.6	1725321.9	824134.3	1207709.0

5-18　县(市、区)规模以上工业总产值(按轻重工业分)

单位：万元

县(市、区)别	工业总产值	轻工业	重工业
合　计	**29983797.3**	**9030662.5**	**20953134.8**
章贡区	2860810.8	1000880.7	1859930.1
赣　县	2685142.4	538400	2146742.4
信丰县	1665964.2	660319.7	1005644.5
大余县	880924.1	76402.2	804521.9
上犹县	629679.2	125193.4	504485.8
崇义县	1015370	28601.9	986768.1
安远县	257317.1	151448	105869.1
龙南县	2283343.7	556364.1	1726979.6
定南县	855889.7	128754.6	727135.1
全南县	852224	138648.9	713575.1
宁都县	899357.5	561923.5	337434
于都县	2241800.9	1054799.5	1187001.4
兴国县	1669295.9	762977.3	906318.6
会昌县	1080610.8	316081.5	764529.3
寻乌县	373094.2	91734.1	281360.1
石城县	184285	79008	105277
瑞金市	943027.9	508691.5	434336.4
南康区	2688265.1	733008.7	1955256.4
赣州经开区	5917394.8	1517424.9	4399969.9

5-19 县(市、区)规模以上工业企业主要财务指标

单位：万元

县(市、区)别	企业单位数	#亏损企业	工业总产值	工业销售产值	#出口交货值	从业人员年平均人数(人)
合　计	**1164**	**95**	**29983797.3**	**29576000.1**	**3498164.1**	**309776**
章贡区	101	11	2860810.8	2832659.3	158222.9	25297
赣　县	85	5	2685142.4	2725072.6	489832.1	24670
信丰县	72	6	1665964.2	1645531.6	89933.2	15773
大余县	43	19	880924.1	785866.4	5639	9017
上犹县	27	4	629679.2	603293.1	55594.8	5594
崇义县	34	5	1015370	992503.9	45902.6	10726
安远县	27	2	257317.1	250249.8	2336.9	4535
龙南县	83	8	2283343.7	2207722.8	407305.7	33374
定南县	40	8	855889.7	820038.4	32995.5	6094
全南县	45	5	852224	857403.5	45399.5	11705
宁都县	71		899357.5	893156.4	138729.3	15622
于都县	66	3	2241800.9	2246256.1	484009.9	23066
兴国县	62		1669295.9	1661568.6	149804.5	14658
会昌县	49	2	1080610.8	1040983.5		8390
寻乌县	32	1	373094.2	372838.9		4124
石城县	32		184285	176482.2	10513.4	3983
瑞金市	44	3	943027.9	940696.4	277067.8	13002
南康区	127	4	2688265.1	2614984.9	79382.7	30287
赣州经开区	124	9	5917394.8	5908691.7	1025494.3	49859

5-19 续表 1

单位：万元

县(市、区)别	资产总计	流动资产合计	#应收帐款	存货	#产成品	固定资产合计	固定资产原价
合　计	**14251879.2**	**7007915.5**	**1624085.8**	**2356908.2**	**1093663.8**	**5274847.4**	**7038883.4**
章贡区	1828600.0	913304.0	211594.6	361309.4	178210.9	552108.6	730542.0
赣　县	1284062.1	737668.5	179794.3	302469.4	97060.6	440684.7	549677.0
信丰县	606990.0	289994.2	85977.8	96584.6	62479.1	224600.2	225152.7
大余县	486242.1	226166.4	52439.1	77836.0	45680.9	202573.3	266694.4
上犹县	472601.9	336720.6	66021.8	107314.7	26759.3	107296.8	144375.2
崇义县	708754.7	316536.0	74088.7	120170.6	85482.7	149329.4	242520.1
安远县	173701.0	81878.0	27024.1	25303.2	15364.7	59989.7	81891.2
龙南县	902246.5	504459.1	105080.3	266401.0	88856.7	267503.3	384896.8
定南县	493553.2	196175.6	34308.0	68743.0	39167.7	107623.5	126005.0
全南县	440237.2	242925.4	47509.7	98031.6	52437.9	137629.8	152557.7
宁都县	328470.7	163825.0	34439.3	40683.9	17562.7	134392.0	172090.9
于都县	632901.4	226748.2	29169.9	66120.4	36558.1	301895.0	472952.7
兴国县	696213.6	234361.5	79680.6	58642.7	10516.1	350201.8	441944.9
会昌县	541405.9	241061.4	35234.2	45428.1	25874.1	239244.7	310144.8
寻乌县	457011.9	178963.6	16476.0	38382.7	32575.8	277296.4	343981.8
石城县	88628.8	42419.0	9748.2	6016.9	3483.1	44015.9	55219.6
瑞金市	524566.2	286956.8	64616.3	68015.8	31554.4	170227.2	263988.0
南康区	1295654.1	588969.7	162293.2	179344.6	83942.9	505624.1	766217.8
赣州经开区	2290037.9	1198782.5	308589.7	330109.6	160096.1	1002611.0	1308030.8

5-19 续表 2

单位：万元

县(市、区)别	累计折旧	#本年折旧	在建工程	负债合计	流动负债合计	#应付帐款	非流动负债合计
合　计	**2232462.4**	**497472.7**	**493027.9**	**7751439.7**	**6463812.9**	**1342022**	**809446.9**
章贡区	212758.3	33538.6	116210.1	1008460.3	836391.9	185481.4	129266.3
赣　县	174231.9	30276.8	44247	888037.9	699172.3	113401.6	142120
信丰县	81798.6	14766.2	76988.9	387138.9	329068.2	70884.8	27677.9
大余县	81749.7	19022.8	23277.7	358319.9	311585.6	75106.2	43552.6
上犹县	59670.8	7361.3	16767.5	260003	227512.2	23239.6	32299.3
崇义县	98470.7	19633.6	21343.7	332608.8	307287.1	29913.2	23907.9
安远县	30264.5	5684.5	9543.9	98274.3	83006.7	25648	11661.3
龙南县	146221.9	30414.1	7508.2	489319.5	354128.3	100850.7	24314.6
定南县	39086.3	8484.3	5950.8	257292.7	193086.8	33456.9	16125.1
全南县	46057.9	6912.7	24399.3	225121.9	173761.5	55637.9	24505.3
宁都县	50324.6	10846.5	15745.1	177412.6	128017.9	28169.2	41431.5
于都县	181811.1	34662	16332.1	297684.9	268206.3	61715.5	25060.5
兴国县	112142.8	32357.3	28053	293083.2	243224.5	68733.3	48963.9
会昌县	90452.4	20782.6	5795.4	220905.2	170793.7	30359.7	31516.8
寻乌县	67322.6	13585.2	191.4	270315.4	177737.6	16641.8	5537.1
石城县	14171.6	2533.4	2645.7	43201.5	39717.5	10777.3	3474.9
瑞金市	108048	19057.8	12662.3	258397.1	201899.2	42030.1	49523
南康区	315162.3	60599.3	6739.8	497594.4	454336.1	123090.7	19468.7
赣州经开区	322716.4	126953.7	58626	1388268.2	1264879.5	246884.1	109040.2

5-19 续表 3

单位：万元

县(市、区)别	所有者权益合计	#实收资本	#国家资本	集体资本	法人资本	个人资本	港澳台资本	外商资本
合　计	**6402981.5**	**3246230.0**	**288153.8**	**50691.1**	**1328415.0**	**904803.3**	**298857.7**	**375309.1**
章贡区	803760.4	344291.6	31470.5	17560.0	223290.1	43245.5	13420.9	15304.6
赣　县	395799.5	290950.0	57667.9	12000.0	81946.1	98356.7	12253.2	28726.1
信丰县	216393.9	123769.5	1846.0	350.0	33350.6	60804.5	19406.6	8011.8
大余县	125661.5	104533.3			54558.9	44834.2	4933.6	206.6
上犹县	212598.9	88878.1	1278.4		36409.7	44877.0	2170.2	4142.8
崇义县	377189.7	106038.0	309.0		88214.8	17385.4	128.8	
安远县	75326.5	53124.5	400.0	4000.0	11204.0	14118.5	11578.4	11823.6
龙南县	397281.0	249167.3	24248.6	1360.0	44979.0	43901.9	101047.0	33630.8
定南县	232728.5	107780.6		2237.0	68170.5	30517.1	1588.8	5267.2
全南县	201082.6	96780.7	6076.3		31710.0	34157.9	15150.3	9686.2
宁都县	150106.6	60725.4	5490.0	750.6	17840.9	28172.6	5882.2	2589.1
于都县	335216.4	119178.5	10553.2	1643.5	82832.2	12379.2	10760.3	1010.1
兴国县	402100.2	149959.2	5174.3		87451.7	21866.9	18880.6	16585.7
会昌县	313467.6	73838.2	980.0		23580.0	39883.1	2852.2	6542.9
寻乌县	186678.5	58079.6	1334.0		31295.0	23837.4	1613.2	
石城县	45042.9	20159.4	1300.0		16685.6	2173.8		
瑞金市	258879.4	142084.1	9138.0		77689.9	30183.8	3759.8	21312.6
南康区	783862.2	347264.7	1002.0	2430.0	78568.6	230972.8	25450.5	8840.8
赣州经开区	889805.2	709627.3	129885.6	8360.0	238637.4	83135.0	47981.1	201628.2

5-19 续表 4

单位：万元

县(市、区)别	营业收入	#主营业务收入	营业成本	#主营业务成本	营业税金及附加	#主营业务税金及附加	其他业务收入	其他业务利润
合　计	**30425295.3**	**30302935.1**	**26912047.0**	**26798845.4**	**199613.4**	**195760.6**	**122360.2**	**45511.5**
章贡区	2900413.1	2880397.2	2447979.3	2434154.3	15590.9	15559.1	20015.9	3557.8
赣　县	2844551.1	2843862.3	2555028.6	2553099.7	9331.2	9320.7	688.8	629.4
信丰县	1705739.5	1705726.4	1517070.6	1515894.7	7753.7	6885.4	13.1	7.3
大余县	888794.8	862016.3	764497.3	763110.8	2075.7	2071.0	26778.5	25361.4
上犹县	629344.5	628268.8	550823.0	550680.1	5551.4	5551.1	1075.7	18.9
崇义县	998843.8	994812.7	890571.7	887118.6	8887.7	8859.2	4031.1	18.8
安远县	252717.7	251694.1	226223.2	226071.3	1032.0	1032.0	1023.6	
龙南县	2300313.1	2275878.1	1983325.1	1958948.0	16505.3	16505.3	24435.0	368.5
定南县	877116.2	877084.8	731292.2	731156.0	4674.8	4674.8	31.4	-5.6
全南县	889756.8	887777.2	794336.8	759641.1	4766.2	2537.1	1979.6	368.6
宁都县	893946.2	893896.2	779305.3	779247.0	4325.0	4325.0	50.0	
于都县	2272507.0	2272003.0	2078199.7	2077776.3	5957.0	5956.7	504.0	8591.9
兴国县	1666971.6	1664572.6	1378466.2	1378011.3	34230.1	34220.4	2399.0	1821.3
会昌县	1096801.2	1096699.3	996660.1	996539.6	7113.1	7112.7	101.9	1174.0
寻乌县	373919.2	373914.7	323037.8	323037.8	961.9	961.9	4.5	4.5
石城县	184544.7	184541.4	164417.6	164413.5	809.6	809.5	3.3	-1.0
瑞金市	932055.8	930342.3	798246.8	797142.4	3322.2	3317.0	1713.5	636.4
南康区	2703466.3	2691139.7	2402182.5	2394705.8	24934.3	24842.4	12326.6	170.9
赣州经开区	6013492.7	5988308.0	5530383.2	5508097.1	41791.3	41219.3	25184.7	2788.4

5-19 续表 5

单位：万元

县(市、区)别	销售费用	管理费用	#税金	财务费用	#利息收入	利息支出
合　计	**432908.5**	**605073.8**	**30589.5**	**180018.0**	**16168.4**	**181820.6**
章贡区	192943.2	99030.5	5361.9	17136.1	1861.2	18972.1
赣　县	7215.1	31591.5	1373.2	23764.5	1034.8	23871.9
信丰县	14275.4	38634.1	3249.1	5494.9	126.1	4283.8
大余县	2794.8	32255.8	781.3	10562.6	480.0	10669.1
上犹县	4403.3	17014.5	445.6	9332.0	788.1	9451.8
崇义县	9065.2	23546.3	1904.9	16550.9	870.8	16519.4
安远县	3542.3	6256.2	419.3	1621.6	56.4	1558.7
龙南县	11802.3	27962.4	1124.9	12089.7	317.2	11461.3
定南县	5252.2	23995.5	1412.9	4350.5	548.1	4467.8
全南县	9902.2	20783.9	610.5	5780.3	470.1	5452.9
宁都县	23403.3	30799.7	1090.8	2499.3	435.5	2508.8
于都县	5960.4	29789.0	1222.0	2455.3	2285.4	3858.6
兴国县	44088.6	58307.9	3067.2	9757.7	253.7	9023.9
会昌县	6090.7	13423.4	615.1	4977.1	2337.7	6602.2
寻乌县	2465.5	8129.6	33.2	3563.3	5.8	3397.5
石城县	1620.9	1795.0	277.5	803.9	10.1	814.0
瑞金市	14932.1	27787.7	469.8	9911.3	383.3	8943.4
南康区	34925.5	44316.1	868.1	11242.0	185.3	8874.8
赣州经开区	38225.5	69654.7	6262.2	28125.0	3718.8	31088.6

5-19 续表 6

单位：万元

县(市、区)别	营业利润	资产减值损失	公允价值变动收益	投资收益	补贴收入	营业外收入	营业外支出	利润总额
合　计	**2318695.9**	**33739.1**	**3819.7**	**46744.9**	**22785.5**	**74367.1**	**338837.2**	**2029010.5**
章贡区	140715.5	712.2	1395.5	14246.0	5946.9	20172.8	7673.7	152781.5
赣　县	312467.9	8228.2		273.8	490.5	2202.5	186188.2	128479.2
信丰县	155081.9	2.4		19432.1	330.0	2728.4	5562.1	152246.6
大余县	78988.8	747.5	165.1	5083.0	2079.9	8819.2	60759.0	27049.0
上犹县	48027.9			-4.4	80.5	3638.9	6659.8	45007.0
崇义县	50574.8	697.8		1298.1	1344.8	1776.2	5687.8	46663.2
安远县	13794.9	235.5			589.7	685.5	590.9	13889.5
龙南县	247785.2	2066.8	1001.0	241.5	1092.8	1880.2	3886.4	245779.0
定南县	105525.5	1791.6		40.5	2638.5	3227.2	774.4	107978.3
全南县	94835.2	5022.3	258.7	393.5	212.3	1077.8	502.2	70107.6
宁都县	54375.5	932.2	677.0	1017.1	109.6	133.9	3480.0	51029.4
于都县	164875.1	228.6			2608.2	3790.3	2347.1	166318.3
兴国县	143018.2	7.5		905.5	1085.9	3632.3	38668.6	107978.5
会昌县	69037.1	-14.0			1758.6	2198.1	246.1	70989.1
寻乌县	29662.2	6098.9			71.3	72.8	11.5	29723.5
石城县	12357.0	2910.3	322.4			39.7	40.2	12356.5
瑞金市	96866.9	247.0		299.4	148.2	3680.9	13038.9	87508.9
南康区	195505.9	2785.0		397.4	614.3	1131.5	2163.5	194473.9
赣州经开区	305200.4	1039.3		3121.4	1583.5	13478.9	556.8	318651.5

5-19 续表 7

单位：万元

县(市、区)别	应交所得税	亏损企业亏损总额	利税总额	应交税金及附加	本年应付职工薪酬	本年应交增值税
合　计	**161159.4**	**57342.0**	**3446865.3**	**1609603.7**	**1485270.9**	**1218241.4**
章贡区	8667.4	9022.7	256145.3	117393.1	176659.5	87772.9
赣　县	536.7	7963.9	229337.3	102768.0	138473.0	91526.9
信丰县	4056.8	522.8	213998.7	69058.0	58064.0	53998.4
大余县	1387.4	12830.7	58235.3	33355.0	39821.1	29110.6
上犹县	3517.1	483.3	81288.2	40243.9	25532.6	30729.8
崇义县	4184.2	1044.2	114047.6	73473.5	45143.1	58496.7
安远县	2055.2	83.7	27981.2	16566.2	19077.4	13059.7
龙南县	1674.0	3193.1	309053.1	66073.0	111104.7	46768.8
定南县	1514.8	2353.1	158559.2	53508.6	21730.5	45906.1
全南县	1596.2	1960.7	91362.6	23461.7	44041.0	16488.8
宁都县	6839.5		92858.0	49758.9	68217.8	37503.6
于都县	11544.5	2452.9	317779.4	164227.6	137033.6	145504.1
兴国县	6488.4		245346.4	146923.5	53998.7	103137.8
会昌县	4885.7	37.0	151287.8	85799.5	45179.3	73185.6
寻乌县	9251.3	8907.5	65188.1	44749.1	13866.7	34502.7
石城县	1242.0		22169.4	11332.4	10485.1	9003.3
瑞金市	3591.3	448.3	123439.4	39991.6	56049.3	32608.3
南康区	15135.6	377.5	326637.1	148166.9	152519.5	107228.9
赣州经开区	72991.3	5660.6	562151.2	322753.2	268274.0	201708.4

5-20 规模以上非国有工业单位数和工业总产值

单位：万元

项　　目	企业单位数	#亏损企业	工业总产值	工业销售产值	#出口交货值
总　计	**1079**	**79**	**25804888.2**	**25431858.4**	**3377068.3**
按隶属关系分					
中央省属企业	1		14391.0	15208.7	
地方企业	1078	79	25790497.2	25416649.7	3377068.3
市属企业	7	2	608182.9	598335.1	2004.4
县(市.区)企业	70	7	1015785.2	1000073.8	1577.7
乡镇企业	5		230634.8	239682.7	54393.2
其它企业	996	70	23935894.3	23578558.1	3319093.0
按轻重工业分					
轻工业	492	29	8938896.2	8860353.1	1927865.3
重工业	587	50	16865992.0	16571505.3	1449203.0
#地方企业					
轻工业	491	29	8924505.2	8845144.4	1927865.3
重工业	587	50	16865992.0	16571505.3	1449203.0
按企业规模分					
大型企业	20		2589917.1	2569951.0	978832.8
中型企业	211	12	9087677.7	8963411.6	1707327.7
小型企业	814	62	13931859.8	13705626.8	682759.2
微型企业	34	5	195433.6	192869.0	8148.6
#地方企业					
大型企业	20		2589917.1	2569951.0	978832.8
中型企业	210	12	9073286.7	8948202.9	1707327.7
小型企业	814	62	13931859.8	13705626.8	682759.2
微型企业	34	5	195433.6	192869.0	8148.6
按工业行业大类分					
采矿业	104	11	2645013.7	2573306.6	117.5
煤炭开采和洗选业	5		32887.4	32104.0	
黑色金属矿采选业	4		61468.7	61468.7	
有色金属矿采选业	70	11	2110885.0	2043244.0	117.5
非金属矿采选业	25		439772.6	436489.9	

5-20 续表

单位：万元

项　　目	企业单位数	#亏损企业	工业总产值	工业销售产值	#出口交货值
制造业	955	67	22988807.2	22688349.7	3376950.8
农副食品加工业	51	4	1650089.0	1646296.5	99903.2
食品制造业	24	1	557807.1	555002.7	116765.3
酒、饮料和精制茶制造业	13	2	277863.2	273452.2	
纺织业	11		123929.9	120576.2	28388.4
纺织服装、服饰业	111	5	1489219.2	1480375.4	472803.1
皮革、毛皮、羽毛及其制品和制鞋业	33		809895.4	807194.6	385563.1
木材加工和木、竹、藤、棕、草制品业	29	4	468612.3	463294.2	2805.1
家具制造业	72	2	794628.7	784578.1	200961.3
造纸和纸制品业	14	1	295129.5	291242.7	
印刷和记录媒介复制业	20		239047.6	236925.6	
文教、工美、体育和娱乐用品制造业	36	3	530966.1	525994.4	321541.9
石油加工、炼焦和核燃料加工业	1	1	3564.0	3564.0	
化学原料和化学制品制造业	51	3	1106786.7	1103032.1	25168.6
医药制造业	20	1	633079.9	625513.8	12.0
橡胶和塑料制品业	24	2	349771.2	347083.3	61477.5
非金属矿物制品业	82	9	1220490.2	1206026.7	56994.2
黑色金属冶炼和压延加工业	12	1	740313.8	682815.2	
有色金属冶炼和压延加工业	123	13	7184824.4	7077587.7	831762.5
金属制品业	19		383876.0	383980.6	5566.8
通用设备制造业	18	1	162333.3	162064.6	4793.4
专用设备制造业	21		277530.2	276407.3	
汽车制造业	20	2	477305.1	466260.2	8015.3
铁路、船舶、航空航天和其他运输设备制造业	1		36123.2	36063.0	
电气机械和器材制造业	67	5	1636451.2	1612579.5	283391.1
计算机、通信和其他电子设备制造业	63	3	1323475.2	1315570.4	422780.5
仪器仪表制造业	3		76135.7	74482.6	1271.2
其他制造业	11	2	96889.7	89914.3	46986.3
废弃资源综合利用业	5	2	42669.4	40471.8	
电力、燃气及水的生产和供应业	20	1	171067.3	170202.1	
电力、热力生产和供应业	14	1	65256.5	64391.3	
燃气生产和供应业	2		50915.2	50915.2	
水的生产和供应业	4		54895.6	54895.6	

5-21 规模以上非国有工业年初存货

单位：万元

项目	年初存货	#产成品	项目	年初存货	#产成品
总计	**1854944.8**	**771643.3**	食品制造业	66936.6	32989.2
按隶属关系分			酒、饮料和精制茶制造业	37434.3	20457.4
省属企业	1183.2	625.1	纺织业	4354.3	437.5
地方企业	1853761.6	771018.2	纺织服装、服饰业	40597.5	13734.2
市属企业	48640.9	40743.1	皮革、毛皮、羽毛及其制品和制鞋业	21206.1	9758.6
县(市.区)企业	107023.8	26987.7	木材加工和木、竹、藤、棕、草制品业	48907.4	19594.4
乡镇企业	67653.9	41895.7	家具制造业	42644.8	4982.1
其它企业	1630443.0	661391.7	造纸和纸制品业	10921.4	3477.6
按轻重工业分			印刷和记录媒介复制业	18319.3	4123.9
轻工业	532215.2	207295.4	文教、工美、体育和娱乐用品制造业	68362.3	13549.0
重工业	1322729.6	564347.9	石油加工、炼焦和核燃料加工业	8.6	
#地方企业			化学原料和化学制品制造业	116562.9	29612.1
轻工业	531032.0	206670.3	医药制造业	46634.0	39979.2
重工业	1322729.6	564347.9	橡胶和塑料制品业	8264.5	3981.1
按企业规模分			非金属矿物制品业	54095.2	23070.5
大型企业	264467.8	140003.9	黑色金属冶炼和压延加工业	33562.4	16375.0
中型企业	757679.5	345659.0	有色金属冶炼和压延加工业	788091.8	318996.4
小型企业	819325.0	281809.5	金属制品业	6158.3	3061.2
微型企业	13472.5	4170.9	通用设备制造业	17291.1	5879.0
#地方企业			专用设备制造业	12496.6	8551.9
大型企业	264467.8	140003.9	汽车制造业	31147.4	15906.3
中型企业	756496.3	345033.9	铁路、船舶、航空航天和其他运输设备制造业	310.9	162.4
小型企业	819325.0	281809.5	电气机械和器材制造业	77044.6	25189.2
微型企业	13472.5	4170.9	计算机、通信和其他电子设备制造业	46842.1	15788.3
按工业行业大类分			仪器仪表制造业	3347.9	1606.0
采矿业	138851.3	99756.6	其他制造业	12886.4	4497.9
煤炭开采和洗选业	577.2	164.9	废弃资源综合利用业	4382.9	2938.0
黑色金属矿采选业	1276.0	149.8	电力、燃气及水的生产和供应业	3572.9	
有色金属矿采选业	119384.8	88547.2	电力、热力生产和供应业	1588.0	
非金属矿采选业	17613.3	10894.7	燃气生产和供应业	1976.9	
制造业	1712520.6	671886.7	水的生产和供应业	8.0	
农副食品加工业	93709.0	33188.3			

5-22 规模以上非国有

项　　目	资产总计	流动资产合　计	#应收帐款	存货
总　计	**11297415.5**	**5744519.5**	**1436467.8**	**1914185.1**
按隶属关系分				
省属企业	14631.6	5340.9	270.1	1359.1
地方企业	11282783.9	5739178.6	1436197.7	1912826.0
市属企业	448347.2	242354.4	108699.1	56629.5
县(市.区)企业	808812.1	287978.7	55410.4	95065.5
乡镇企业	242560.9	167491.1	35098.2	80326.5
其它企业	9783063.7	5041354.4	1236990.0	1680804.5
按轻重工业分				
轻工业	3525338.4	1791532.0	495754.8	543942.2
重工业	7772077.1	3952987.5	940713.0	1370242.9
#地方企业				
轻工业	3510706.8	1786191.1	495484.7	542583.1
重工业	7772077.1	3952987.5	940713.0	1370242.9
按企业规模分				
大型企业	1704862.2	834069.6	262764.0	289248.1
中型企业	4216742.7	2270135.8	582426.3	775962.7
小型企业	5265781.9	2582781.8	580884.6	835559.8
微型企业	110028.7	57532.3	10392.9	13414.5
#地方企业				
大型企业	1704862.2	834069.6	262764.0	289248.1
中型企业	4202111.1	2264794.9	582156.2	774603.6
小型企业	5265781.9	2582781.8	580884.6	835559.8
微型企业	110028.7	57532.3	10392.9	13414.5
按工业行业大类分				
采矿业	1106987.7	499643.9	95583.0	140783.6
煤炭开采和洗选业	40112.2	13345.8	474.5	804.4
黑色金属矿采选业	34394.6	6775.6	1313.6	1443.1
有色金属矿采选业	784666.1	383371.0	73415.3	119406.8
非金属矿采选业	247814.8	96151.5	20379.6	19129.3

工业企业年末资产总计

单位：万元

#产成品	在产品	固定资产合计	固定资产原价	累计折旧	#本年折旧	在建工程
827230.1	**198918.1**	**3865441.6**	**4917598.0**	**1458134.1**	**360642.9**	**376804.2**
921.8	427.3	6144.8	9000.0	2855.2	547.5	2218.9
826308.3	198490.8	3859296.8	4908598.0	1455278.9	360095.4	374585.3
38885.1	2116.1	130497.2	177852.2	48768.9	10902.3	20150.4
40360.3	6929.5	355460.9	413640.4	70999.1	16867.2	65559.9
43378.2	11.4	49831.3	66318.0	28866.3	4551.2	1826.9
703684.7	189433.8	3323507.4	4250787.4	1306644.6	327774.7	287048.1
195974.1	68934.1	1150770.0	1440778.6	391567.3	102355.4	164228.2
631256.0	129984.0	2714671.6	3476819.4	1066566.8	258287.5	212576.0
195052.3	68506.8	1144625.2	1431778.6	388712.1	101807.9	162009.3
631256.0	129984.0	2714671.6	3476819.4	1066566.8	258287.5	212576.0
138416.1	30336.5	568766.7	766942.0	199460.4	55058.4	51716.5
312930.1	84623.1	1375998.9	1801262.1	620706.2	141038.1	174641.8
367463.8	83855.5	1907485.4	2331813.3	626441.5	160620.4	149534.9
8420.1	103.0	13190.6	17580.6	11526.0	3926.0	911.0
138416.1	30336.5	568766.7	766942.0	199460.4	55058.4	51716.5
312008.3	84195.8	1369854.1	1792262.1	617851.0	140490.6	172422.9
367463.8	83855.5	1907485.4	2331813.3	626441.5	160620.4	149534.9
8420.1	103.0	13190.6	17580.6	11526.0	3926.0	911.0
101646.1	11137.3	434731.3	581549.8	172137.9	38465.4	27810.6
628.6	116.4	19355.6	23749.1	7561.5	1458.1	40.3
346.1	79.2	25758.1	20028.2	6113.5	1526.9	
88969.2	10688.0	277048.5	375786.2	108277.7	23005.3	22809.6
11702.2	253.7	112569.1	161986.3	50185.2	12475.1	4960.7

项　　目	资产总计	流动资产合　计	#应收帐款	存货
制造业	9983160.1	5217281.6	1336268.4	1768460.9
农副食品加工业	499404.1	357022.9	76275.4	79565.0
食品制造业	335441.1	135038.4	41504.3	59875.3
酒、饮料和精制茶制造业	149640.5	89968.2	3970.0	34963.5
纺织业	23966.3	12460.0	2666.0	5167.9
纺织服装、服饰业	421348.8	202634.3	70415.1	45294.9
皮革、毛皮、羽毛及其制品和制鞋业	220177.8	85971.6	29771.3	21316.3
木材加工和木、竹、藤、棕、草制品业	245003.4	141399.1	56446.6	44805.3
家具制造业	263288.3	177752.5	46848.0	52796.9
造纸和纸制品业	333279.6	63512.5	6491.9	16928.0
印刷和记录媒介复制业	82955.9	50116.2	12598.6	14294.8
文教、工美、体育和娱乐用品制造业	260116.6	149959.4	32542.3	78187.5
石油加工、炼焦和核燃料加工业	3289.9	2207.1	805.3	77.0
化学原料和化学制品制造业	382276.0	235747.7	48487.7	113971.7
医药制造业	316729.3	188971.9	84395.7	54625.8
橡胶和塑料制品业	98318.0	56147.1	19781.1	12964.1
非金属矿物制品业	875501.6	322381.3	96630.4	63882.8
黑色金属冶炼和压延加工业	126673.7	49162.6	5807.3	15356.9
有色金属冶炼和压延加工业	3456644.5	1997930.3	372570.1	811013.7
金属制品业	82109.4	26050.8	4899.2	7990.9
通用设备制造业	121961.2	71663.5	10989.7	15291.1
专用设备制造业	89266.0	40769.7	8193.4	8354.8
汽车制造业	470516.9	207481.6	90174.1	45410.1
铁路、船舶、航空航天和其他运输设备制造业	14528.5	881.2	210.5	185.6
电气机械和器材制造业	557863.9	298604.4	118194.9	83656.5
计算机、通信和其他电子设备制造业	405258.6	185662.6	75362.9	54225.4
仪器仪表制造业	56663.1	17532.7	8355.6	4104.1
其他制造业	64795.2	35730.6	10280.0	15957.2
废弃资源综合利用业	26141.9	14521.4	1601.0	8197.8
电力、燃气及水的生产和供应业	207267.7	27594.0	4616.4	4940.6
电力、热力生产和供应业	140960.9	16035.2	3213.5	2551.6
燃气生产和供应业	47086.7	8718.4	1185.6	2125.8
水的生产和供应业	19220.1	2840.4	217.3	263.2

单位：万元

#产成品	在产品	固定资产合计	固定资产原价	累计折旧	#本年折旧	在建工程
725418.3	187780.8	3314227.6	4170524.6	1228938.7	311627.5	340817.7
33105.4	4804.8	119414.2	143773.9	45787.3	11349.3	13893.7
8794.3	2027.0	96936.0	106092.2	30671.0	5939.5	20008.5
21418.1	559.4	31330.1	41481.2	12101.8	2344.1	3459.2
1538.2	1140.6	3422.0	7022.7	3677.8	469.3	306.6
14316.9	7867.1	163272.6	225196.0	76433.2	20890.7	11624.9
10525.4	1463.5	100749.3	123335.1	28129.1	12326.8	952.1
28253.5	1104.2	61523.0	193407.3	134775.6	17117.9	3041.2
11270.3	6281.8	43123.9	51854.7	9430.0	3750.2	2989.0
5309.4	143.6	185015.4	218405.7	33587.2	4923.9	53424.2
3917.4	323.8	28786.9	38754.7	10136.9	2972.5	3131.1
19503.6	27848.8	91270.7	121191.8	41502.8	9386.4	2269.1
		767.1	651.9	85.2	80.2	200.4
40999.9	13590.1	87791.6	127222.5	41872.9	9820.3	15224.4
39328.6	1161.9	54473.9	71091.1	22536.9	4676.7	19022.5
5971.5	1420.8	33032.7	42053.1	11693.3	3688.9	2018.0
23583.8	3245.2	415947.6	462681.3	130103.0	34708.4	70799.4
7082.3	170.9	60402.6	80916.4	22862.3	5422.5	475.3
358940.8	64865.9	998844.1	1191763.0	335474.3	93007.3	72539.5
2857.8	229.6	15297.1	32567.2	17453.8	3559.6	2306.6
6055.9	3181.0	44918.5	66109.5	26175.1	4472.4	5709.6
4613.2	560.0	43678.7	54458.8	13397.4	4598.1	1382.2
15697.2	18663.0	238864.0	285596.2	55637.3	16964.6	4585.5
142.3	43.3	4641.8	5038.2	596.1	127.3	
32678.5	13594.6	186691.6	245618.7	65492.8	19292.7	9368.2
20496.1	7031.4	143801.7	157421.5	42003.4	14650.3	19997.8
1279.5	1254.2	32135.5	37414.8	5648.9	3061.2	83.5
4989.5	3478.6	20815.4	31801.8	11107.6	1673.5	311.5
2748.9	1725.7	7279.6	7603.3	565.7	352.9	1693.7
165.7		116482.7	165523.6	57057.5	10550.0	8175.9
165.7		79583.3	115121.1	43549.5	8333.2	655.1
		26673.9	35828.9	9154.9	1413.0	7073.2
		10225.5	14573.6	4353.1	803.8	447.6

5-23 规模以上非国有工业企业

项目	负债合计	流动负债合计	#应付帐款	非流动负债合计	所有者权益合计
总计	**5825441.4**	**4965993.1**	**1112359.9**	**430093.8**	**5382639.5**
按隶属关系分					
省属企业	6387.1	5558.1	246.4	829.0	8244.5
地方企业	5819054.3	4960435.0	1112113.5	429264.8	5374395.0
市属企业	190981.7	161915.4	39811.2	29066.2	256064.2
县(市.区)企业	491097.0	408752.1	84030.6	58670.2	308212.0
乡镇企业	61399.6	58422.1	10399.4	1977.6	181161.3
其它企业	5075576.0	4331345.4	977872.3	339550.8	4628957.5
按轻重工业分					
轻工业	1801404.4	1553818.1	364064.8	126378.4	1674938.8
重工业	4024037.0	3412175.0	748295.1	303715.4	3707700.7
#地方企业					
轻工业	1795017.3	1548260.0	363818.4	125549.4	1666694.3
重工业	4024037.0	3412175.0	748295.1	303715.4	3707700.7
按企业规模分					
大型企业	789711.8	702516.7	163944.8	64933.9	913636.6
中型企业	2157967.2	1923950.3	414636.0	149597.1	2032528.1
小型企业	2810246.1	2313512.5	524552.7	210362.8	2427214.4
微型企业	67516.3	26013.6	9226.4	5200.0	9260.4
#地方企业					
大型企业	789711.8	702516.7	163944.8	64933.9	913636.6
中型企业	2151580.1	1918392.2	414389.6	148768.1	2024283.6
小型企业	2810246.1	2313512.5	524552.7	210362.8	2427214.4
微型企业	67516.3	26013.6	9226.4	5200.0	9260.4
按工业行业大类分					
采矿业	576799.1	495563.5	94102.8	52929.2	521553.8
煤炭开采和洗选业	16130.5	6296.6	4660.9		23945.7
黑色金属矿采选业	11516.1	2150.9	910.4	461.4	22878.5
有色金属矿采选业	438884.3	398326.8	80177.8	37563.9	343526.0
非金属矿采选业	110268.2	88789.2	8353.7	14903.9	131203.6

年末负债及所有者权益

单位：万元

#实收资本						
	#国家资本	集体资本	法人资本	个人资本	港澳台资本	外商资本
2630543.2	**17611.6**	**42191.1**	**1012025.2**	**890640.6**	**298195.2**	**369879.5**
9000.0		9000.0				
2621543.2	17611.6	33191.1	1012025.2	890640.6	298195.2	369879.5
158639.7			27829.1		8977.5	121833.1
144991.9		2862.6	106794.2	34713.2	621.9	
16233.0		1160.0	2825.0	12248.0		
2301678.6	17611.6	29168.5	874576.9	843679.4	288595.8	248046.4
884844.6	1002.0	28132.0	285716.4	177367.0	202205.9	190421.3
1745698.6	16609.6	14059.1	726308.8	713273.6	95989.3	179458.2
875844.6	1002.0	19132.0	285716.4	177367.0	202205.9	190421.3
1745698.6	16609.6	14059.1	726308.8	713273.6	95989.3	179458.2
341074.1			149033.9	18345.0	12817.6	160877.6
922332.0	6360.0	22260.0	399363.3	189088.2	177994.5	127266.0
1357240.1	11251.6	19931.1	460914.2	676024.2	107383.1	81735.9
9897.0			2713.8	7183.2		
341074.1			149033.9	18345.0	12817.6	160877.6
913332.0	6360.0	13260.0	399363.3	189088.2	177994.5	127266.0
1357240.1	11251.6	19931.1	460914.2	676024.2	107383.1	81735.9
9897.0			2713.8	7183.2		
149243.1	500.0	2743.5	56619.2	88765.4	615.0	
5334.5			719.5	4000.0	615.0	
928.0		100.0	600.0	228.0		
97488.6		2643.5	24668.7	70176.4		
45492.0	500.0		30631.0	14361.0		

5-23 续表

项 目	负债合计	流动负债合计	#应付帐款	非流动负债合计	所有者权益合计
制造业	5120376.3	4403236.4	1014118.7	347868.2	4782179.5
农副食品加工业	301870.8	264432.2	90466.0	2863.7	190601.2
食品制造业	189257.8	167870.8	13059.1	16713.4	146183.3
酒、饮料和精制茶制造业	73939.6	54284.6	22071.5	10069.6	66607.1
纺织业	12856.9	8852.4	387.0		8504.4
纺织服装、服饰业	201814.1	178474.1	54299.7	11873.7	216612.9
皮革、毛皮、羽毛及其制品和制鞋业	98091.7	85940.4	21843.6	7348.7	108695.0
木材加工和木、竹、藤、棕、草制品业	94928.6	78339.7	22014.3	13658.6	148425.1
家具制造业	124502.2	96726.6	18264.6	4948.0	134060.0
造纸和纸制品业	197263.4	169961.7	31560.9	22644.9	129121.2
印刷和记录媒介复制业	40882.6	38278.2	7884.6	1318.9	41504.9
文教、工美、体育和娱乐用品制造业	111273.6	103721.3	27215.7	3768.9	147868.2
石油加工、炼焦和核燃料加工业	2504.3	1179.3	468.9	1325.0	785.6
化学原料和化学制品制造业	212059.3	162033.4	35753.9	4242.3	170212.6
医药制造业	154390.5	140429.3	14499.0	12051.5	162238.7
橡胶和塑料制品业	48059.8	44444.3	9352.1	1071.4	49983.6
非金属矿物制品业	542239.1	465728.9	74584.1	56261.7	332740.6
黑色金属冶炼和压延加工业	82492.9	81352.6	5553.2		43322.4
有色金属冶炼和压延加工业	1735231.8	1477672.0	268331.6	95732.2	1707276.8
金属制品业	50408.3	33035.5	2361.2	12094.6	30145.2
通用设备制造业	49712.8	43146.7	16689.1	3408.0	71484.8
专用设备制造业	39846.6	36584.8	6384.5	3233.5	49265.5
汽车制造业	177562.6	158689.8	83010.4	13341.7	284514.4
铁路、船舶、航空航天和其他运输设备制造业	5874.2	3869.5	1635.8	2004.7	8654.3
电气机械和器材制造业	310101.0	273173.6	93577.4	36139.5	245776.4
计算机、通信和其他电子设备制造业	177521.2	162207.0	66548.6	6221.7	226343.0
仪器仪表制造业	39796.6	37771.3	9559.0		16866.5
其他制造业	34159.1	23901.5	11877.5	4932.0	30239.0
废弃资源综合利用业	11734.9	11134.9	4865.4	600.0	14146.8
电力、燃气及水的生产和供应业	128266.0	67193.2	4138.4	29296.4	78906.2
电力、热力生产和供应业	85133.7	30722.8	1091.3	26672.5	55731.9
燃气生产和供应业	35022.0	35022.0	2975.2		12064.5
水的生产和供应业	8110.3	1448.4	71.9	2623.9	11109.8

单位：万元

#实收资本	#国家资本	集体资本	法人资本	个人资本	港澳台资本	外商资本
2426078.3	12093.6	39447.6	922642.1	784435.3	297580.2	369879.5
73087.6		2872.0	32395.0	26953.0	5921.9	4945.7
68071.0		12000.0	17777.2	11734.3	2691.3	23868.2
16224.5			13142.7	3081.8		
6870.6			2660.0	952.0	1871.8	1386.8
125498.7			48817.5	26767.5	28456.3	21457.4
78118.3			5127.4	10520.7	27376.1	35094.1
69914.9		250.0	49235.2	16299.9	4129.8	
48172.5	1002.0		5482.8	31627.8		10059.9
71778.4			63288.0	2686.0	5804.4	
27218.3			7739.0	6449.1	13030.2	
116748.4			12028.1	2983.1	71863.8	29873.4
1000.0			1000.0			
64610.1	3360.0	2180.0	12872.2	26046.0	9089.8	11062.1
50681.8		13000.0	24148.0	11981.6		1552.2
21782.7			6797.9	2758.0	10176.2	2050.6
168768.7		6000.0	84139.3	76007.9	1586.9	1034.6
27379.2			8279.2	17100.0	2000.0	
786712.0	7731.6	260.0	354235.9	387589.1	12138.7	24756.7
25525.5			14472.4	5306.0	1186.1	4561.0
55030.9		625.6	49058.0	4323.4		1023.9
18257.8			7830.0	5975.0	4452.8	
146302.5			16632.2	7330.2	2170.2	120169.9
200.0			200.0			
207107.4		2260.0	41049.2	52322.8	56341.0	55134.4
90504.5			26631.3	25942.5	28133.1	9797.6
14923.6			14803.6		120.0	
30834.3				9743.5	9039.8	12051.0
14754.1			2800.0	11954.1		
55221.8	5018.0		32763.9	17439.9		
41458.3	5018.0		19585.9	16854.4		
6000.0			6000.0			
7763.5			7178.0	585.5		

5-24 规模以上非国有工业企业主营业务收入

单位：万元

项　　目	营业收入	#主营业务收入	营业成本	#主营业务成本	营业税金及附加	#主营业务税金及附加
总 计	**26127798.5**	**26024735.2**	**23096947.9**	**22993595.8**	**172768.9**	**168933.1**
按隶属关系分						
省属企业	15257.0	15257.0	3907.0	3907.0	208.3	208.3
地方企业	26112541.5	26009478.2	23093040.9	22989688.8	172560.6	168724.8
市属企业	620620.2	597704.9	346434.3	326610.6	5846.1	5846.1
县(市.区)企业	1019470.7	1014102.5	915050.9	909937.8	6949.5	6915.9
乡镇企业	239793.2	239793.2	203457.8	203457.8	5048.6	5048.6
其它企业	24232657.4	24157877.6	21628097.9	21549682.6	154716.4	150914.2
按轻重工业分						
轻工业	8989085.3	8982509.9	7791416.0	7788038.4	52996.4	50664.2
重工业	17138713.2	17042225.3	15305531.9	15205557.4	119772.5	118268.9
#地方企业						
轻工业	8973828.3	8967252.9	7787509.0	7784131.4	52788.1	50455.9
重工业	17138713.2	17042225.3	15305531.9	15205557.4	119772.5	118268.9
按企业规模分						
大型企业	2603755.6	2569667.4	2271901.1	2242947.9	18178.0	18149.7
中型企业	9250529.6	9218328.1	7877340.0	7846587.0	76297.6	72709.6
小型企业	14081760.4	14044986.8	12764992.9	12721347.0	77603.1	77383.9
微型企业	191752.9	191752.9	182713.9	182713.9	690.2	689.9
#地方企业						
大型企业	2603755.6	2569667.4	2271901.1	2242947.9	18178.0	18149.7
中型企业	9235272.6	9203071.1	7873433.0	7842680.0	76089.3	72501.3
小型企业	14081760.4	14044986.8	12764992.9	12721347.0	77603.1	77383.9
微型企业	191752.9	191752.9	182713.9	182713.9	690.2	689.9
按工业行业大类分						
采矿业	2651791.6	2642465.5	2353828.5	2353536.9	30579.7	30579.7
煤炭开采和洗选业	32002.1	32002.1	24084.2	24084.2	828.1	828.1
黑色金属矿采选业	60421.3	60421.3	56863.4	56863.4	228.1	228.1
有色金属矿采选业	2115250.2	2105988.2	1908229.2	1907955.7	11700.8	11700.8
非金属矿采选业	444118.0	444053.9	364651.7	364633.6	17822.7	17822.7

5-24 续表

单位：万元

项目	营业收入	#主营业务收入	营业成本	#主营业务成本	营业税金及附加	#主营业务税金及附加
制造业	23300591.6	23208787.0	20598409.2	20497323.5	141396.3	137575.1
农副食品加工业	1637571.8	1637494.6	1481167.0	1481123.3	4781.9	4781.8
食品制造业	565116.6	565018.1	504730.3	504454.0	1437.9	1435.7
酒、饮料和精制茶制造业	287815.0	287593.9	226751.1	226581.2	6195.5	6195.5
纺织业	120506.9	120506.2	105391.4	105391.4	690.6	690.6
纺织服装、服饰业	1488943.5	1488702.3	1330060.3	1329759.6	11349.5	9120.7
皮革、毛皮、羽毛及其制品和制鞋业	806349.2	806299.2	735422.1	735343.5	4346.5	4341.5
木材加工和木、竹、藤、棕、草制品业	451566.7	451566.6	398458.0	398458.0	4033.4	4021.6
家具制造业	788706.4	787269.9	670165.2	669420.1	8541.3	8468.5
造纸和纸制品业	352294.5	352294.5	322800.1	322800.1	867.5	867.5
印刷和记录媒介复制业	237479.0	237419.9	215877.5	215877.5	1168.9	1168.9
文教、工美、体育和娱乐用品制造业	528273.3	528098.2	469505.3	469351.8	2007.1	2007.1
石油加工、炼焦和核燃料加工业	3584.0	3564.0	2992.0	2992.0	5.3	5.3
化学原料和化学制品制造业	1133042.9	1130216.4	997736.9	996944.0	7073.5	7070.5
医药制造业	631048.3	631042.7	362106.9	362105.9	5732.6	5732.6
橡胶和塑料制品业	344360.4	344359.7	306541.4	306541.4	2868.8	2302.3
非金属矿物制品业	1214643.3	1214227.6	1072442.3	1072243.7	5853.0	5061.1
黑色金属冶炼和压延加工业	758389.5	734733.2	683924.7	660059.2	1886.1	1886.1
有色金属冶炼和压延加工业	7313117.1	7288009.9	6561911.4	6519988.5	49612.9	49571.7
金属制品业	384974.8	384974.8	331359.1	331359.1	5828.2	5826.6
通用设备制造业	161796.2	161794.8	145458.3	145379.8	1076.9	1076.6
专用设备制造业	279567.1	279541.3	249040.4	249038.1	1043.3	1043.3
汽车制造业	496794.9	471828.2	420203.9	397636.9	2050.4	2050.4
铁路、船舶、航空航天和其他运输设备制造业	36063.0	36063.0	34289.7	34289.7	31.2	31.2
电气机械和器材制造业	1718268.4	1713914.5	1566978.4	1563538.1	8349.3	8349.3
计算机、通信和其他电子设备制造业	1343899.0	1335852.4	1215567.1	1209118.2	3959.7	3863.7
仪器仪表制造业	76482.6	76482.6	63865.9	63865.9	10.2	10.2
其他制造业	99630.2	99625.1	86530.4	86530.4	439.1	439.1
废弃资源综合利用业	40307.0	40293.4	37132.1	37132.1	155.7	155.7
电力、燃气及水的生产和供应业	175415.3	173482.7	144710.2	142735.4	792.9	778.3
电力、热力生产和供应业	65329.4	65171.9	50501.3	50484.0	561.7	551.3
燃气生产和供应业	54182.2	53415.2	45882.8	44699.3	21.7	17.5
水的生产和供应业	55903.7	54895.6	48326.1	47552.1	209.5	209.5

5-25 规模以上非国有工业企业销售费用和管理费用

单位：万元

项　目	其他业务收入	其他业务利润	销售费用	管理费用	#税金
总　计	**103063.3**	**39290.9**	**397885.8**	**494350.8**	**25365.2**
按隶属关系分					
省属企业			3655.7	2088.0	115.3
地方企业	103063.3	39290.9	394230.1	492262.8	25249.9
市属企业	22915.3	3085.9	163760.8	37008.7	2354.3
县(市.区)企业	5368.2	-0.8	18107.3	32250.8	1725.3
乡镇企业			2263.3	13402.3	459.9
其它企业	74779.8	36205.8	210098.7	409601.0	20710.4
按轻重工业分					
轻工业	6575.4	8999.3	293239.9	221510.5	8454.8
重工业	96487.9	30291.6	104645.9	272840.3	16910.4
#地方企业					
轻工业	6575.4	8999.3	289584.2	219422.5	8339.5
重工业	96487.9	30291.6	104645.9	272840.3	16910.4
按企业规模分					
大型企业	34088.2	2692.9	28119.4	68551.6	5025.9
中型企业	32201.5	10376.4	243672.3	195946.9	7334.8
小型企业	36773.6	26221.6	125282.7	227745.9	12936.3
微型企业			811.4	2106.4	68.2
#地方企业					
大型企业	34088.2	2692.9	28119.4	68551.6	5025.9
中型企业	32201.5	10376.4	240016.6	193858.9	7219.5
小型企业	36773.6	26221.6	125282.7	227745.9	12936.3
微型企业			811.4	2106.4	68.2
按工业行业大类分					
采矿业	9326.1	10289.7	14096.6	32215.4	1342.8
煤炭开采和洗选业			463.0	3808.3	6.3
黑色金属矿采选业			51.9	302.4	14.2
有色金属矿采选业	9262.0	10289.7	3880.6	16088.8	1032.3
非金属矿采选业	64.1		9701.1	12015.9	290.0

5-25 续表

单位：万元

项　　目	其他业务收入	其他业务利润	销售费用	管理费用	
					#税金
制造业	91804.6	27853.1	381057.2	455529.1	22177.0
农副食品加工业	77.2	-1.5	24686.6	25051.6	709.6
食品制造业	98.5	2513.4	9735.1	13406.5	230.1
酒、饮料和精制茶制造业	221.1		12542.7	8365.9	439.6
纺织业	0.7	0.7	1776.5	2578.6	225.1
纺织服装、服饰业	241.2	3176.9	16180.0	36496.9	1316.1
皮革、毛皮、羽毛及其制品和制鞋业	50.0	1.9	6536.2	16899.9	371.7
木材加工和木、竹、藤、棕、草制品业	0.1	0.1	4666.1	5615.1	488.9
家具制造业	1436.5	107.5	25763.1	27401.3	247.1
造纸和纸制品业			6660.9	6507.4	549.9
印刷和记录媒介复制业	59.1	59.1	2871.2	4650.2	314.3
文教、工美、体育和娱乐用品制造业	175.1	69.3	5143.4	13868.1	934.4
石油加工、炼焦和核燃料加工业	20.0	4.3	211.9	360.5	1.3
化学原料和化学制品制造业	2826.5		10823.6	16068.7	1041.2
医药制造业	5.6		166209.2	34366.4	462.0
橡胶和塑料制品业	0.7	0.7	5500.1	7769.7	666.8
非金属矿物制品业	415.7	81.5	12504.0	29551.7	1125.7
黑色金属冶炼和压延加工业	23656.3	10.6	3157.0	5456.7	20.5
有色金属冶炼和压延加工业	25107.2	15706.4	19488.0	97966.3	6405.7
金属制品业			9392.8	11545.2	61.3
通用设备制造业	1.4		3377.0	6624.4	603.8
专用设备制造业	25.8		2065.2	4342.0	326.3
汽车制造业	24966.7	2569.7	10670.9	16846.4	1458.7
铁路、船舶、航空航天和其他运输设备制造业			180.2	341.5	
电气机械和器材制造业	4353.9	1205.2	11405.1	28172.0	1769.1
计算机、通信和其他电子设备制造业	8046.6	2328.6	5771.2	25938.5	1718.8
仪器仪表制造业			1079.5	4259.4	419.7
其他制造业	5.1	5.1	1737.8	3735.5	241.7
废弃资源综合利用业	13.6	13.6	921.9	1342.7	27.6
电力、燃气及水的生产和供应业	1932.6	1148.1	2732.0	6606.3	1845.4
电力、热力生产和供应业	157.5	4.8		4518.8	61.4
燃气生产和供应业	767.0	495.0	2477.5	861.1	1784.0
水的生产和供应业	1008.1	648.3	254.5	1226.4	

5-26 规模以上非国有工业企业财务费用和营业利润

单位：万元

项目	财务费用	#利息收入	利息支出	营业利润
总计	**133700.2**	**10212.2**	**130627.5**	**2011365.9**
按隶属关系分				
省属企业	156.6		156.6	2020.3
地方企业	133543.6	10212.2	130470.9	2009345.6
市属企业	2642.3	75.7	2940.6	66755.6
县(市.区)企业	7474.1	210.8	6906.5	41705.4
乡镇企业	1609.9	945.9	2409.9	16482.7
其它企业	121817.3	8979.8	118213.9	1884401.9
按轻重工业分				
轻工业	27342.7	2248.5	25531.3	655940.3
重工业	106357.5	7963.7	105096.2	1355425.6
#地方企业				
轻工业	27186.1	2248.5	25374.7	653920.0
重工业	106357.5	7963.7	105096.2	1355425.6
按企业规模分				
大型企业	23903.0	1861.9	25019.5	209647.8
中型企业	40741.3	6182.2	43276.7	866862.1
小型企业	67446.7	2134.3	60741.8	931181.9
微型企业	1609.2	33.8	1589.5	3674.1
#地方企业				
大型企业	23903.0	1861.9	25019.5	209647.8
中型企业	40584.7	6182.2	43120.1	864841.8
小型企业	67446.7	2134.3	60741.8	931181.9
微型企业	1609.2	33.8	1589.5	3674.1
按工业行业大类分				
采矿业	15668.6	653.3	14733.3	208993.7
煤炭开采和洗选业	547.0	0.5	547.5	2210.7
黑色金属矿采选业	27.3		27.3	2948.2
有色金属矿采选业	11732.6	649.9	10834.2	167608.5
非金属矿采选业	3361.7	2.9	3324.3	36226.3

5-26 续表

单位：万元

项　　目	财务费用	#利息收入	利息支出	营业利润
制造业	112156.9	9535.0	110834.6	1787445.0
农副食品加工业	4518.5	1593.5	5724.3	114991.6
食品制造业	2131.5	8.6	1935.1	35947.0
酒、饮料和精制茶制造业	1137.9	95.7	1149.9	25698.5
纺织业	345.8	1.2	214.8	9724.0
纺织服装、服饰业	2518.7	112.6	1484.9	101815.1
皮革、毛皮、羽毛及其制品和制鞋业	204.8	185.8	313.8	60984.6
木材加工和木、竹、藤、棕、草制品业	4015.7	17.7	3816.2	30570.0
家具制造业	4879.3	43.5	4272.0	59012.5
造纸和纸制品业	1551.4	-2.1	1541.4	14085.9
印刷和记录媒介复制业	1045.8	4.7	1002.7	11865.4
文教、工美、体育和娱乐用品制造业	2256.9	22.5	1806.4	35343.0
石油加工、炼焦和核燃料加工业	109.1	1.6	92.4	-93.9
化学原料和化学制品制造业	5268.1	290.9	5115.9	128449.4
医药制造业	2636.9	48.8	2636.4	59346.5
橡胶和塑料制品业	1331.4	33.2	1129.8	20493.8
非金属矿物制品业	9057.8	2465.7	10175.3	92217.8
黑色金属冶炼和压延加工业	1504.6	2.7	1392.1	62497.7
有色金属冶炼和压延加工业	54631.9	3600.4	53522.2	620403.4
金属制品业	710.2	18.6	654.7	26010.7
通用设备制造业	718.2	117.9	816.0	4221.3
专用设备制造业	773.0	12.9	753.4	20900.1
汽车制造业	4091.2	63.3	4118.1	41572.6
铁路、船舶、航空航天和其他运输设备制造业	4.5	2.2	2.8	1751.8
电气机械和器材制造业	4563.1	343.3	4829.3	101569.2
计算机、通信和其他电子设备制造业	1479.1	424.1	1745.3	93291.4
仪器仪表制造业	85.1	0.6	79.8	7182.5
其他制造业	454.8	23.7	416.5	6970.1
废弃资源综合利用业	131.6	1.4	93.1	623.0
电力、燃气及水的生产和供应业	5874.7	23.9	5059.6	14927.2
电力、热力生产和供应业	4789.3	36.4	3981.6	4958.6
燃气生产和供应业	995.7	-9.7	985.5	4164.3
水的生产和供应业	89.7	-2.8	92.5	5804.3

5-27　规模以上非国有工业企业投资收益和补贴收入

单位：万元

项　　目	资产减值损失	公允价值变动收益	投资收益	补贴收入	营业外收入	营业外支出
总　计	**14398.0**	**3654.9**	**44574.2**	**9397.1**	**49322.8**	**299840.7**
按隶属关系分						
省属企业	17.2			2.5	7.8	
地方企业	14380.8	3654.9	44574.2	9394.6	49315.0	299840.7
市属企业	988.8		2595.5	-	12146.1	740.0
县(市.区)企业	156.7	1289.4	2287.3	325.2	1397.7	1277.1
乡镇企业	-2059.9	4.5	407.0		2724.3	181.7
其它企业	15295.2	2361.0	39284.4	9069.4	33046.9	297641.9
按轻重工业分						
轻工业	3539.4	2177.0	15959.2	482.3	16040.1	73682.5
重工业	10858.6	1477.9	28615.0	8914.8	33282.7	226158.2
#地方企业						
轻工业	3522.2	2177.0	15959.2	479.8	16032.3	73682.5
重工业	10858.6	1477.9	28615.0	8914.8	33282.7	226158.2
按企业规模分						
大型企业	-314.4	1005.5	2743.0	2302.7	8041.7	15418.2
中型企业	6975.4	1949.6	16987.7	4253.6	22780.8	54355.2
小型企业	7737.0	699.5	24721.3	2766.9	17928.0	230045.8
微型企业		0.3	122.2	73.9	572.3	21.5
#地方企业						
大型企业	-314.4	1005.5	2743.0	2302.7	8041.7	15418.2
中型企业	6958.2	1949.6	16987.7	4251.1	22773.0	54355.2
小型企业	7737.0	699.5	24721.3	2766.9	17928.0	230045.8
微型企业		0.3	122.2	73.9	572.3	21.5
按工业行业大类分						
采矿业	452.0	0.3	1477.8	193.4	5080.4	48896.7
煤炭开采和洗选业	60.8					
黑色金属矿采选业					310.0	20.0
有色金属矿采选业	10.5	0.3	1477.8	193.4	4763.7	42235.3
非金属矿采选业	380.7				6.7	6641.4

5-27 续表

单位：万元

项　目	资产减值损失	公允价值变动收益	投资收益	补贴收入	营业外收入	营业外支出
制造业	13946.0	3654.6	43089.2	9201.9	44043.1	250975.9
农副食品加工业	275.6		4248.4	15.3	3121.2	18996.1
食品制造业	241.7			29.3	115.1	3903.9
酒、饮料和精制茶制造业	13.4		3941.5		51.0	2241.4
纺织业				15.0	278.7	4380.2
纺织服装、服饰业	2171.8	985.0	483.8	103.0	284.0	6462.2
皮革、毛皮、羽毛及其制品和制鞋业	12.5	122.6	3.9		325.3	2724.4
木材加工和木、竹、藤、棕、草制品业	2512.0		-0.1	451.2	441.1	537.0
家具制造业		1001.0		5.6	18.8	5942.4
造纸和纸制品业			-20.3		492.3	2061.8
印刷和记录媒介复制业				8.0	38.7	1202.8
文教、工美、体育和娱乐用品制造业	253.1		348.6	196.2	476.1	10349.4
石油加工、炼焦和核燃料加工业			0.9	20.0	20.0	20.0
化学原料和化学制品制造业	244.9	-85.0	3638.7	168.7	409.6	35045.3
医药制造业	17.2		2597.2	11.5	9751.1	4097.3
橡胶和塑料制品业	1.3			1332.9	1333.9	2116.5
非金属矿物制品业	46.6		6160.4	1969.3	5513.4	4979.7
黑色金属冶炼和压延加工业	-20.0	53.2	-35.8		339.1	3.9
有色金属冶炼和压延加工业	4479.7	4.5	17759.6	2715.5	14324.1	120601.2
金属制品业	27.1				55.7	7752.3
通用设备制造业	340.2			214.8	290.4	56.5
专用设备制造业	1158.3			31.0	33.0	2.2
汽车制造业	948.9		1382.6	1010.9	4473.2	5328.6
铁路、船舶、航空航天和其他运输设备制造业			535.9			
电气机械和器材制造业	792.6	1322.6	1781.4	495.0	1149.6	6938.5
计算机、通信和其他电子设备制造业	429.1	182.3	93.5	367.9	281.8	2244.7
仪器仪表制造业					24.2	1472.1
其他制造业		68.4	169.0	40.8	294.5	1515.2
废弃资源综合利用业					107.2	0.3
电力、燃气及水的生产和供应业			7.2	1.8	199.3	-31.9
电力、热力生产和供应业	-0.4			1.8	150.7	1.9
燃气生产和供应业					48.5	-59.9
水的生产和供应业	0.4		7.2		0.1	26.1

5-28 规模以上非国有工业企业利润和税金总额

单位：万元

项　　目	利润总额	应交所得税	亏损企业亏损总额	利税总额	应交税金及附加
总　计	**1735632.7**	**129722.3**	**21412.3**	**2955502.2**	**1374957.0**
按隶属关系分					
省属企业	2028.1			4439.4	2526.6
地方企业	1733604.6	129722.3	21412.3	2951062.8	1372430.4
市属企业	78161.8	108.7	6511.9	131555.7	55856.9
县(市.区)企业	41826.0	2533.4	1048.5	71339.0	33771.7
乡镇企业	19025.3	3157.1		31147.9	15739.6
其它企业	1594591.5	123923.1	13851.9	2717020.2	1267062.2
按轻重工业分					
轻工业	591368.4	50638.9	4232.2	1015113.6	482838.9
重工业	1144264.3	79083.4	17180.1	1940388.6	892118.1
#地方企业					
轻工业	589340.3	50638.9	4232.2	1010674.2	480312.3
重工业	1144264.3	79083.4	17180.1	1940388.6	892118.1
按企业规模分					
大型企业	202271.3	19413.2		339396.3	161564.1
中型企业	810175.5	44999.3	3788.5	1324985.8	567144.4
小型企业	718964.4	65187.9	16749.9	1280780.5	639940.3
微型企业	4221.5	121.9	873.9	10339.6	6308.2
#地方企业					
大型企业	202271.3	19413.2		339396.3	161564.1
中型企业	808147.4	44999.3	3788.5	1320546.4	564617.8
小型企业	718964.4	65187.9	16749.9	1280780.5	639940.3
微型企业	4221.5	121.9	873.9	10339.6	6308.2
按工业行业大类分					
采矿业	165082.2	12326.6	3366.9	323444.3	172031.5
煤炭开采和洗选业	2210.7	131.7		5674.7	3602.0
黑色金属矿采选业	3238.2	228.5		7124.3	4128.8
有色金属矿采选业	130052.3	10616.8	3366.9	236842.7	118439.5
非金属矿采选业	29581.0	1349.6		73802.6	45861.2

5-28 续表

单位：万元

项目	利润总额	应交所得税	亏损企业亏损总额	利税总额	应交税金及附加
制造业	1555392.0	115360.9	17698.2	2608943.2	1191089.1
农副食品加工业	99113.7	15583.4	119.4	131680.5	48859.8
食品制造业	32158.2	781.1	21.4	59901.9	28754.9
酒、饮料和精制茶制造业	23508.1	416.0	136.5	48509.4	25856.9
纺织业	5622.5	1069.1		10456.1	6127.8
纺织服装、服饰业	90711.8	5352.2	196.1	176610.2	92566.7
皮革、毛皮、羽毛及其制品和制鞋业	56585.7	3634.0		93374.1	40794.1
木材加工和木、竹、藤、棕、草制品业	30474.1	4205.3	87.1	53539.0	27759.1
家具制造业	53088.9	7145.1	32.0	81882.2	36185.5
造纸和纸制品业	12514.8	945.2	213.0	24257.4	13237.7
印刷和记录媒介复制业	10701.3	1375.7		22233.6	13222.3
文教、工美、体育和娱乐用品制造业	25469.7	2114.6	2217.7	52785.4	30364.7
石油加工、炼焦和核燃料加工业	-93.9		93.9	-40.9	54.3
化学原料和化学制品制造业	93813.7	3642.8	409.4	148953.6	59823.9
医药制造业	65000.3	1495.2	16.6	122952.5	59909.4
橡胶和塑料制品业	20240.2	1591.6	211.9	45892.5	27910.7
非金属矿物制品业	92751.5	8626.1	1783.2	156111.9	73112.2
黑色金属冶炼和压延加工业	62832.9	1124.8	147.4	84656.8	22969.2
有色金属冶炼和压延加工业	495843.2	36327.0	9341.2	806306.8	353196.3
金属制品业	18314.1	642.0		29783.7	12172.9
通用设备制造业	4455.2	1035.1	537.0	10724.9	7908.6
专用设备制造业	20930.9	1926.2		35063.8	16385.4
汽车制造业	40284.0	757.1	146.8	60601.9	22533.7
铁路、船舶、航空航天和其他运输设备制造业	1751.8			2896.6	1144.8
电气机械和器材制造业	95780.3	7413.1	682.4	168521.4	81923.3
计算机、通信和其他电子设备制造业	91325.1	7744.2	844.1	162695.8	80833.7
仪器仪表制造业	5734.6	266.9		8237.3	3189.3
其他制造业	5749.4	95.1	132.1	7684.3	2271.7
废弃资源综合利用业	729.9	52.0	329.0	2670.5	2020.2
电力、燃气及水的生产和供应业	15158.5	2034.8	347.2	23114.7	11836.4
电力、热力生产和供应业	5107.4	529.7	347.2	8735.2	4218.9
燃气生产和供应业	4272.8	1090.0		4475.6	3076.8
水的生产和供应业	5778.3	415.1		9903.9	4540.7

5-29 规模以上非国有工业企业应交增值税及从业人员

项　　目	本年应付职工薪酬	本年应交增值税	从业人员平均人数(人)
总　计	**1305898.6**	**1047100.6**	**281581**
按隶属关系分			
省属企业	2062.6	2203.0	361
地方企业	1303836.0	1044897.6	281220
市属企业	15725.8	47547.8	2711
县(市.区)企业	77482.3	22563.5	11103
乡镇企业	13526.9	7074.0	2717
其它企业	1197101.0	967712.3	264689
按轻重工业分			
轻工业	706721.8	370748.8	151650
重工业	599176.8	676351.8	129931
#地方企业			
轻工业	704659.2	368545.8	151289
重工业	599176.8	676351.8	129931
按企业规模分			
大型企业	310885.1	118947.0	54617
中型企业	567346.7	438512.7	120668
小型企业	427210.8	484213.0	106157
微型企业	456.0	5427.9	139
#地方企业			
大型企业	310885.1	118947.0	54617
中型企业	565284.1	436309.7	120307
小型企业	427210.8	484213.0	106157
微型企业	456.0	5427.9	139
按工业行业大类分			
采矿业	87739.1	127782.4	19906
煤炭开采和洗选业	10529.4	2635.9	2806
黑色金属矿采选业	3583.4	3658.0	1247
有色金属矿采选业	57865.6	95089.6	11877
非金属矿采选业	15760.7	26398.9	3976

5-29 续表

项　　目	本年应付职工薪酬	本年应交增值税	从业人员平均人数(人)
制造业	1211332.7	912154.9	259918
农副食品加工业	32383.5	27784.9	7509
食品制造业	30328.3	26305.8	5669
酒、饮料和精制茶制造业	8998.0	18805.8	2168
纺织业	6273.7	4143.0	1427
纺织服装、服饰业	166649.1	74548.9	35768
皮革、毛皮、羽毛及其制品和制鞋业	151925.4	32441.9	28192
木材加工和木、竹、藤、棕、草制品业	23144.5	19031.5	3974
家具制造业	77192.1	20252.0	18314
造纸和纸制品业	40023.3	10875.1	3738
印刷和记录媒介复制业	8913.3	10363.4	2740
文教、工美、体育和娱乐用品制造业	78070.5	25308.6	20693
石油加工、炼焦和核燃料加工业	349.3	47.7	80
化学原料和化学制品制造业	28772.3	48066.4	6412
医药制造业	14165.7	52219.6	3340
橡胶和塑料制品业	15515.0	22783.5	4457
非金属矿物制品业	50537.9	57507.4	11591
黑色金属冶炼和压延加工业	9073.3	19937.8	2189
有色金属冶炼和压延加工业	147984.3	260850.7	29409
金属制品业	9029.3	5641.4	2971
通用设备制造业	12917.3	5192.8	3531
专用设备制造业	11277.9	13089.6	2469
汽车制造业	24268.8	18267.5	5351
铁路、船舶、航空航天和其他运输设备制造业	1981.9	1113.6	251
电气机械和器材制造业	150945.0	64391.8	32425
计算机、通信和其他电子设备制造业	88625.8	67411.0	19855
仪器仪表制造业	6633.4	2492.5	1231
其他制造业	12473.9	1495.8	3623
废弃资源综合利用业	2879.9	1784.9	541
电力、燃气及水的生产和供应业	6826.8	7163.3	1757
电力、热力生产和供应业	3576.6	3066.1	873
燃气生产和供应业	2169.4	181.1	308
水的生产和供应业	1080.8	3916.1	576

5-30　县(市、区)非国有工业企业主要财务指标

单位：万元

县(市、区)别	企业单位数	#亏损企业	工业总产值	工业销售产值	#出口交货值	从业人员年平均人数(人)
合　计	**1079**	**79**	**25804888.2**	**25431858.4**	**3377068.3**	**281581**
章贡区	88	8	2442342.2	2424897.3	152689.0	22063
赣　县	78	4	2278811.1	2324808.0	416336.9	22938
信丰县	70	6	1607780.7	1587348.1	89933.2	15395
大余县	38	15	822730.1	717842.4	5639.0	5104
上犹县	25	4	603847.2	577461.1	55594.8	5182
崇义县	29	5	938503.9	915418.5	45902.6	9860
安远县	26	2	240291.7	233224.4	2336.9	4197
龙南县	78	7	1962977.5	1893240.1	407305.7	31538
定南县	35	7	431655.0	419441.4	32995.5	4775
全南县	42	4	800399.3	805630.9	45399.5	9684
宁都县	69		847698.4	841497.3	138729.3	14788
于都县	59	1	2116620.6	2116920.6	484009.9	20002
兴国县	55		1473522.5	1465904.7	149804.5	13082
会昌县	48	2	1049986.2	1010358.9		7966
寻乌县	29		335926.0	335894.0		3626
石城县	31		169469.2	161666.4	10513.4	3637
瑞金市	40	3	706179.6	704532.8	277067.8	11991
南康区	126	4	2614915.7	2541635.5	79382.7	29681
赣州经开区	113	7	4361231.3	4354136.0	983427.6	46072

5-30　续表 1

单位：万元

县(市、区)别	资产总计	流动资产合计	#应收帐款	存货	#产成品	固定资产合计	固定资产原价
合　计	**11297415.5**	**5744519.5**	**1436467.8**	**1914185.1**	**827230.1**	**3865441.6**	**4917598.0**
章贡区	1474707.6	703504.9	176858.2	294797.3	149109.7	455532.8	579549.6
赣　县	892054.5	609708.0	144020.6	231746.7	48008.7	186928.3	181510.9
信丰县	577101.7	283414.2	84435.7	96574.1	62473.5	203847.3	192198.9
大余县	410330.3	207273.2	49977.5	68067.9	41787.6	161056.0	202742.7
上犹县	437300.6	332508.2	65799.8	107238.0	26759.3	76208.0	87424.5
崇义县	675695.1	307053.8	72861.7	117362.5	84994.2	127840.1	207224.8
安远县	155087.0	79909.5	27024.1	25301.9	15364.7	43485.8	54523.8
龙南县	766553.1	420266.5	96623.5	198349.3	67249.6	232050.6	330652.7
定南县	214237.0	55212.8	10950.1	23328.5	16682.0	75886.9	73630.3
全南县	369914.3	218181.1	44535.3	89796.9	47150.0	94081.7	97273.9
宁都县	281871.2	151798.3	32938.9	39298.4	17035.8	99933.7	112530.1
于都县	373421.2	120381.4	26026.1	49524.3	28401.5	168331.6	296929.3
兴国县	580641.0	201804.8	72133.5	53988.3	9528.2	304373.2	352904.7
会昌县	519713.4	238400.6	35234.2	45327.1	25874.1	220339.4	278064.2
寻乌县	383927.9	151949.0	16073.2	17316.5	16970.2	231590.2	260591.4
石城县	70494.9	39624.9	9748.2	6016.6	3483.1	28811.0	32051.7
瑞金市	353139.5	222561.0	63096.8	63630.8	30465.0	75098.1	101591.9
南康区	1258033.9	586241.8	162293.2	179344.6	83942.9	470854.8	709225.8
赣州经开区	1503191.3	814725.5	245837.2	207175.4	51950.0	609192.1	766976.8

5-30 续表 2

单位：万元

县(市、区)别	累计折旧	#本年折旧	在建工程	负债合计	流动负债合计	#应付帐款	非流动负债合计
合　计	**1458134.1**	**360642.9**	**376804.2**	**5825441.4**	**4965993.1**	**1112359.9**	**430093.8**
章贡区	155123.5	25757.9	89846.9	780600.8	649673.1	134955.9	88783.0
赣　县	53467.5	11338.6	40025.3	588076.9	507576.6	97600.1	34137.9
信丰县	65257.5	12653.4	72648.8	359875.2	311021.7	66103.9	22480.7
大余县	53582.1	15462.5	11856.9	299203.5	275017.7	71876.1	21004.2
上犹县	30145.9	5043.7	13490.6	233545.7	216116.9	21584.0	17237.3
崇义县	83336.9	16909.8	20213.4	309414.7	288621.1	23588.6	19600.1
安远县	17295.1	3727.1	7440.0	80113.2	70538.8	22392.1	5968.2
龙南县	125077.8	26654.6	6304.9	419684.0	292208.2	73076.7	19599.2
定南县	16389.1	5362.3	3899.2	116450.0	85258.6	24956.9	8270.5
全南县	22647.9	5122.5	12928.3	177362.8	144308.1	50835.4	6199.6
宁都县	25222.1	6789.3	15745.1	139151.9	121391.8	24393.3	9796.9
于都县	129649.0	26488.2	2677.6	99962.4	83914.7	32190.6	14525.7
兴国县	68931.2	26073.8	23558.9	244456.9	204596.8	61634.4	38965.3
会昌县	74826.5	19506.1	3344.8	202931.8	158885.4	28553.7	25451.7
寻乌县	29638.4	9767.0		212926.4	132836.7	16541.8	5537.1
石城县	3562.9	741.6		29886.3	29877.2	7718.8	
瑞金市	40436.0	9318.5	6978.9	185196.5	165259.2	29212.5	12962.5
南康区	290115.4	56686.0	3918.2	471161.9	434284.1	119665.4	13088.2
赣州经开区	173429.3	77240.0	41926.4	875440.5	794606.4	205479.7	66485.7

5-30 续表 3

单位：万元

县(市、区)别	所有者权益合计	#实收资本	#国家资本	集体资本	法人资本	个人资本	港澳台资本	外商资本
合　计	**5382639.5**	**2630543.2**	**17611.6**	**42191.1**	**1012025.2**	**890640.6**	**298195.2**	**369879.5**
章贡区	677727.7	244840.2		9060.0	169901.3	43245.5	12758.4	9875.0
赣　县	303783.1	217377.6		12000.0	66431.6	97966.7	12253.2	28726.1
信丰县	214761.7	122463.4	1846.0	350.0	32044.5	60804.5	19406.6	8011.8
大余县	108866.2	92976.9			43002.5	44834.2	4933.6	206.6
上犹县	203754.9	81119.7			29929.7	44877.0	2170.2	4142.8
崇义县	367324.3	99658.0			82784.8	16744.4	128.8	
安远县	74873.6	52124.5		4000.0	10604.0	14118.5	11578.4	11823.6
龙南县	338223.2	222781.7	6360.0	1360.0	39543.3	40840.6	101047.0	33630.8
定南县	94255.1	53504.4		2237.0	17413.7	26997.7	1588.8	5267.2
全南县	178518.9	89002.4			30008.0	34157.9	15150.3	9686.2
宁都县	141767.8	55235.4		750.6	17840.9	28172.6	5882.2	2589.1
于都县	273458.8	75792.0		1643.5	49998.9	12379.2	10760.3	1010.1
兴国县	335153.9	129377.5			76944.3	16966.9	18880.6	16585.7
会昌县	309748.5	72858.2			23580.0	39883.1	2852.2	6542.9
寻乌县	170983.5	47279.6	1000.0		20829.0	23837.4	1613.2	
石城县	40224.2	19359.4	500.0		16685.6	2173.8		
瑞金市	160653.3	87944.1	5018.0		28044.9	29808.8	3759.8	21312.6
南康区	772674.5	345864.7	1002.0	2430.0	77168.6	230972.8	25450.5	8840.8
赣州经开区	615886.3	520983.5	1885.6	8360.0	179269.6	81859.0	47981.1	201628.2

5-30 续表 4

单位：万元

县(市、区)别	营业收入	#主营业务收入	营业成本	#主营业务成本	营业税金及附加	#主营业务税金及附加	其他业务收入	其他业务利润
合　计	**26127798.5**	**26024735.2**	**23096947.9**	**22993595.8**	**172768.9**	**168933.1**	**103063.3**	**39290.9**
章贡区	2469393.5	2460348.6	2057822.1	2049595.3	13790.2	13758.4	9044.9	576.4
赣　县	2441127.5	2440941.1	2184555.1	2184005.3	7909.8	7899.4	186.4	185.4
信丰县	1647548.7	1647542.9	1459614.5	1458438.6	7638.4	6770.1	5.8	
大余县	818986.7	793993.3	704968.1	704865.2	1527.8	1527.8	24993.4	24860.7
上犹县	603288.6	602236.1	528736.0	528596.3	5460.9	5460.9	1052.5	-1.1
崇义县	921754.8	917727.3	816742.6	813469.8	8588.0	8559.7	4027.5	18.8
安远县	234239.1	234228.2	208915.5	208915.5	976.4	976.4	10.9	
龙南县	1980311.2	1955930.3	1708789.2	1684445.3	14118.5	14118.5	24380.9	349.5
定南县	428221.9	428221.9	386068.5	385933.5	721.9	721.9		-5.6
全南县	835265.2	835028.4	751607.5	716988.3	3718.5	1489.4	236.8	3.0
宁都县	842113.9	842063.9	730863.5	730805.2	4135.2	4135.2	50.0	
于都县	2145479.9	2145479.4	1972320.9	1972320.9	5286.6	5286.6	0.5	8575.2
兴国县	1470153.8	1469768.5	1206047.1	1205817.9	32462.0	32457.7	385.3	83.1
会昌县	1066162.2	1066074.7	965936.0	965936.0	7031.3	7031.3	87.5	1174.0
寻乌县	336974.4	336974.4	289498.9	289498.9	877.9	877.9		
石城县	169725.6	169725.6	149769.3	149769.3	750.9	750.9		
瑞金市	695544.5	694178.7	609092.2	608210.8	2279.1	2273.9	1365.8	630.2
南康区	2630053.9	2617790.3	2328828.6	2321355.7	24868.1	24776.2	12263.6	111.7
赣州经开区	4391453.1	4366481.6	4036772.3	4014628.0	30627.4	30060.9	24971.5	2729.6

5-30 续表 5

单位：万元

县(市、区)别	销售费用	管理费用	#税金	财务费用	#利息收入	利息支出
合　计	**397885.8**	**494350.8**	**25365.2**	**133700.2**	**10212.2**	**130627.5**
章贡区	183570.8	84311.9	4456.3	12568.9	1513.1	13873.3
赣　县	5826.8	26446.6	1206.9	11551.6	758.2	11363.1
信丰县	14189.9	38468.3	3249.1	5387.7	110.3	4161.3
大余县	2466.6	13025.4	492.0	10300.3	295.6	10227.5
上犹县	4403.3	16674.7	425.9	8769.6	770.1	8871.4
崇义县	8108.6	22341.1	1843.0	16205.9	852.9	16156.5
安远县	3542.3	6256.2	419.3	1473.2	50.6	1404.5
龙南县	11614.9	25779.8	1037.4	11101.9	277.4	10433.4
定南县	4611.7	9799.4	240.9	2098.2	19.7	1692.1
全南县	8776.9	16476.1	478.9	5588.2	332.6	5124.7
宁都县	22300.9	30483.2	967.1	2342.5	422.1	2338.6
于都县	3790.6	18123.7	879.7	681.9		478.9
兴国县	38696.8	53667.6	2868.8	8929.8	163.9	8116.3
会昌县	6090.7	13423.4	615.1	4924.4	2319.3	6531.1
寻乌县	2412.7	5772.9	22.8	1782.9	0.3	1613.7
石城县	1620.9	1732.1	277.5	745.4		745.4
瑞金市	8552.8	12227.8	339.3	6490.6	228.3	6075.7
南康区	34925.5	44311.0	863.1	11131.5	163.6	8742.6
赣州经开区	32383.1	55029.6	4682.1	11625.7	1934.2	12677.4

5-30 续表 6

单位：万元

县(市、区)别	营业利润	资产减值损失	公允价值变动收益	投资收益	补贴收入	营业外收入	营业外支出	利润总额
合　计	**2011365.9**	**14398.0**	**3654.9**	**44574.2**	**49322.8**	**9397.1**	**299840.7**	**1735632.7**
章贡区	126962.5	-892.6	1395.5	12862.0	14079.1	905.8	2427.8	138180.7
赣　县	266714.9	1184.6		227.7	1249.2	309.0	160283.5	107677.6
信丰县	154771.7	2.4		19432.1	2606.0	301.6	5483.3	151892.8
大余县	89681.4	-20.0	0.3	5083.0	6276.4	164.6	60617.9	35339.9
上犹县	45051.8			-4.4	3604.2	51.8	6648.8	42007.2
崇义县	49933.9	697.8		1298.1	1754.6	1344.8	5687.8	46000.7
安远县	12828.0	235.5			676.3	589.7	573.5	12930.8
龙南县	209466.7	663.9	1001.0	241.5	466.0	261.6	1014.6	208918.1
定南县	24688.3			40.5	662.9	149.3	64.2	25287.0
全南县	89842.2	4894.2	258.7	393.5	905.3	81.9	259.6	65184.7
宁都县	52009.9	932.2	677.0	276.5	-22.0	35.6	3369.8	48618.1
于都县	160045.5	189.0			465.5	112.0	80.1	160430.9
兴国县	131255.1			905.5	3474.3	1049.5	37728.4	96997.6
会昌县	69122.1				2058.3	1758.6	219.9	70960.5
寻乌县	36629.1							36629.1
石城县	12346.7	2929.9	322.4					12346.7
瑞金市	60711.5	1.3		299.4	1215.5	148.2	12772.1	49154.9
南康区	195624.1	2785.0		397.4	930.2	614.3	2117.5	194436.8
赣州经开区	223680.5	794.8		3121.4	8921.0	1518.8	491.9	232638.6

5-30 续表 7

单位：万元

县(市、区)别	应交所得税	亏损企业亏损总额	利税总额	应交税金及附加	本年应付职工薪酬	本年应交增值税
合　计	**129722.3**	**21412.3**	**2955502.2**	**1374957.0**	**1305898.6**	**1047100.6**
章贡区	5955.2	7281.8	231262.6	103493.4	158369.3	79291.7
赣　县	1939.4	635.8	198806.0	94274.7	119714.0	83218.6
信丰县	4056.8	522.8	212629.3	68042.4	52604.0	53098.1
大余县	1982.6	4438.8	60426.8	27561.5	20069.2	23559.1
上犹县	2949.7	483.3	77095.4	38463.8	21673.8	29627.3
崇义县	3906.5	1044.2	110261.0	70009.8	40986.2	55672.3
安远县	2055.2	83.7	26194.7	15738.4	17339.3	12287.5
龙南县	1833.5	1794.6	262194.3	56147.1	104346.9	39157.7
定南县	145.5	753.9	43087.7	18187.1	15344.2	17078.8
全南县	617.4	968.0	81089.4	17001.0	30852.6	12186.2
宁都县	6217.5		88898.3	47464.8	63042.3	36145.0
于都县	10409.2	537.0	305216.0	156074.0	116463.9	139498.5
兴国县	6137.1		217197.1	129205.4	42405.6	87737.5
会昌县	4882.2	37.0	150365.4	84902.2	42742.2	72373.6
寻乌县	8750.5		68081.2	40225.4	10334.9	30574.2
石城县	1237.1		21601.0	10768.9	9048.3	8503.4
瑞金市	1063.7	448.3	70714.1	22962.2	47231.5	19280.1
南康区	15135.6	377.5	325678.4	147240.3	147688.9	106373.5
赣州经开区	50447.6	2005.6	404703.5	227194.6	245641.5	141437.5

5-31 规模以上工业企业

项目	企业亏损面(%)	每百元固定资产原值实现的工业总产值(元)	利润(元)	利税(元)	资产负债率(%)	流动资产周转率(次)	百元产值占用流动资产(元)	产值利税率(%)
总计	**8.16**	**425.97**	**28.83**	**48.97**	**54.39**	**4.32**	**23.37**	**11.50**
按隶属关系分								
省属企业	29.17	109.57	2.71	7.33	69.83	4.00	25.54	6.69
地方企业	7.72	461.68	31.77	53.67	53.49	4.33	23.31	11.62
市属企业	25.00	203.43	23.17	39.44	53.75	2.17	46.82	19.39
县(市、区)企业	10.89	220.02	14.92	23.78	67.46	4.06	25.13	10.81
乡属企业		347.77	28.69	46.97	25.31	1.43	72.62	13.51
其它企业	7.24	563.60	37.77	64.22	51.52	4.65	21.72	11.39
按经济类型分								
内资企业	7.90	394.13	27.42	46.54	56.00	4.08	24.76	11.81
国有企业		107.82	7.60	18.67	56.08	3.79	26.48	17.31
#地方企业		107.82	7.60	18.67	56.08	3.79	26.48	17.31
集体企业		826.62	42.03	101.21	21.11	16.50	6.12	12.24
有限责任公司	10.30	284.15	19.98	33.15	59.74	3.93	25.82	11.66
股份有限公司	10.00	256.24	15.43	30.96	48.33	2.35	41.96	12.08
私营企业	6.68	583.26	41.02	69.07	54.67	4.58	22.03	11.84
港、澳、台商投资企业	6.98	632.67	42.92	72.10	48.28	5.65	17.78	11.40
外商投资企业	14.71	502.55	26.63	46.50	45.61	4.91	20.77	9.25
总计中：国有控股企业	18.82	197.00	13.83	23.16	65.19	3.39	30.23	11.76
按轻重工业分								
轻工业	6.20	561.86	37.09	63.91	50.99	4.77	21.05	11.37
重工业	9.64	385.76	26.38	44.55	55.60	4.16	24.37	11.55
#地方企业								
轻工业	6.21	564.12	37.17	63.99	51.02	4.78	21.03	11.34
重工业	8.89	427.04	29.95	50.18	54.44	4.16	24.34	11.75
按企业规模分								
大型企业		313.53	25.01	42.18	48.04	2.90	34.55	13.45
中型企业	8.57	388.47	33.76	54.96	55.19	3.95	25.73	14.15
小型企业	8.00	489.70	25.42	45.39	55.53	5.18	19.45	9.27
微型企业	14.29	1159.48	26.02	61.46	62.18	3.33	29.47	5.30
#地方企业								
大型企业		313.53	25.01	42.18	48.04	2.90	34.55	13.45
中型企业	6.90	423.30	38.01	61.06	53.87	3.95	25.69	14.42
小型企业	7.86	543.00	28.27	50.59	54.82	5.22	19.32	9.32
微型企业	14.29	1159.48	26.02	61.46	62.18	3.33	29.47	5.30

主要财务指标分析资料

主营业务收入利税率(%)	成本费用利税率(%)	流动资产利税率(%)	主营业务收入利润率(%)	成本费用利润率(%)	产品销售率(%)	工业增加值率(%)	平均每一职工		劳动生产率(年、元/人)
							占有固定资产原值(元)	实现利税(元)	
11.37	**12.30**	**49.19**	**6.70**	**7.24**	**98.64**	**25.08**	**227224.94**	**111269.60**	**242738.19**
6.55	6.62	26.20	2.43	2.45	101.44	21.44	560090.63	41052.02	131579.86
11.51	12.47	49.86	6.81	7.38	98.57	25.18	212943.52	114282.25	247507.38
19.11	21.23	41.40	11.23	12.47	99.02	27.82	960312.23	378706.06	543437.56
10.60	11.36	43.01	6.65	7.13	98.96	24.94	695762.07	165457.60	381783.22
12.99	14.11	18.60	7.93	8.62	103.92	27.94	244085.39	114640.78	237211.08
11.29	12.24	52.46	6.64	7.20	98.45	25.07	164597.14	105701.52	232594.62
11.68	12.67	47.70	6.88	7.47	98.43	33.03	313494.03	145902.31	408170.89
17.26	18.76	65.37	7.02	7.63	100.00	36.20	809301.00	151065.22	315909.70
17.26	18.76	65.37	7.02	7.63	100.00	36.20	809301.00	151065.22	315909.70
12.13	12.84	200.12	5.04	5.33	99.88	29.52	81983.45	82972.08	200066.39
11.48	12.37	45.18	6.92	7.46	98.92	24.00	443891.11	147133.27	302698.29
12.24	13.18	28.79	6.10	6.57	95.92	26.94	480717.35	148817.04	331801.78
11.72	12.79	53.75	6.96	7.59	98.42	25.06	210394.49	145324.83	307473.55
11.34	12.22	64.11	6.75	7.28	99.00	26.20	71964.51	51886.94	119281.25
9.08	9.66	44.55	5.20	5.53	99.70	25.30	182723.49	84971.05	232289.43
11.49	12.29	38.89	6.86	7.34	99.17	25.16	752362.26	174273.13	372896.10
11.32	12.20	54.03	6.57	7.08	99.13	24.16	104631.56	66864.98	142028.02
11.40	12.35	47.38	6.75	7.31	98.43	25.47	347816.49	154949.14	341803.85
11.29	12.16	53.94	6.56	7.06	99.12	24.13	104290.76	66732.81	141951.29
11.60	12.61	48.28	6.92	7.52	98.32	25.64	328754.15	164964.18	360017.33
13.43	14.63	38.93	7.96	8.68	99.32	25.38	167732.32	70748.99	133471.61
13.92	15.35	54.99	8.55	9.43	98.66	22.81	208915.58	114812.11	185136.91
9.19	9.79	47.64	5.15	5.48	98.49	26.61	277466.89	125943.07	361509.17
5.40	5.53	17.98	2.29	2.34	98.74	30.57	1264791.37	777302.16	4482892.72
13.43	14.63	38.93	7.96	8.68	99.32	25.38	167732.32	70748.99	133471.61
14.21	15.72	56.15	8.84	9.79	98.53	22.39	200573.38	122469.94	190095.40
9.24	9.86	48.23	5.16	5.51	98.44	27.09	248514.51	125729.32	365566.17
5.40	5.53	17.98	2.29	2.34	98.74	30.57	1264791.37	777302.16	4482892.72

项　　目	企业亏损面(%)	每百元固定资产原值实现的			资产负债率(%)	流动资产周转率(次)	百元产值占用流动资产(元)	产值利税率(%)
		工业总产值(元)	利润(元)	利税(元)				
按工业行业大类分								
采矿业	14.41	379.25	23.74	48.38	51.90	4.30	23.53	12.76
煤炭开采和洗选业		138.48	9.31	23.89	40.21	2.40	40.58	17.25
黑色金属矿采选业		306.91	16.17	35.57	33.48	8.92	11.02	11.59
有色金属矿采选业	21.25	407.07	25.25	48.37	54.65	4.17	24.28	11.88
非金属矿采选业		320.62	21.19	53.19	42.96	4.95	20.45	16.59
制造业	7.49	520.92	35.93	59.64	52.97	4.29	23.57	11.45
农副食品加工业	7.84	1147.70	68.94	91.59	60.45	4.59	21.64	7.98
食品制造业	4.17	525.78	30.31	56.46	56.42	4.18	24.21	10.74
酒、饮料和精制茶制造业	21.43	335.52	24.70	55.35	65.93	3.00	34.49	16.50
烟草制品业		65.16	3.71	7.49	8.32	0.71	141.27	11.50
纺织业		1764.70	80.06	148.89	53.65	9.67	10.05	8.44
纺织服装、服饰业	4.46	665.03	40.44	78.63	48.28	7.30	13.70	11.82
皮革、毛皮、羽毛及其制品和制鞋业		656.66	45.88	75.71	44.55	9.38	10.62	11.53
木材加工和木、竹、藤、棕、草制品业	13.33	251.75	15.52	27.74	40.23	3.30	29.26	11.02
家具制造业	2.78	1532.41	102.38	157.91	47.29	4.43	22.37	10.30
造纸和纸制品业	7.14	135.13	5.73	11.11	59.19	5.55	21.52	8.22
印刷和记录媒介复制业		616.82	27.61	57.37	49.28	4.74	20.96	9.30
文教、工美、体育和娱乐用品制造业	8.33	438.12	21.02	43.56	42.78	3.52	28.24	9.94
石油加工、炼焦和核燃料加工业	100.00	546.71	-14.40	-6.27	76.12	1.61	61.93	-1.15
化学原料和化学制品制造业	7.27	839.84	76.18	116.01	54.82	5.08	20.07	13.81
医药制造业	5.00	890.52	91.43	172.95	48.75	3.34	29.85	19.42
橡胶和塑料制品业	8.33	831.74	48.13	109.13	48.88	6.13	16.05	13.12
非金属矿物制品业	9.47	218.78	19.01	30.11	61.26	3.26	30.49	13.76
黑色金属冶炼和压延加工业	7.69	930.72	77.63	104.67	65.22	15.09	6.58	11.25
有色金属冶炼和压延加工业	12.68	604.55	42.15	68.14	54.31	3.71	27.46	11.27
金属制品业		883.46	39.19	68.41	64.24	7.06	14.23	7.74
通用设备制造业	5.56	245.55	6.74	16.22	40.76	2.26	44.15	6.61
专用设备制造业		391.95	33.16	53.85	38.98	4.85	20.73	13.74
汽车制造业	10.00	167.13	14.11	21.22	37.74	2.27	43.47	12.70
铁路、船舶、航空航天和其他运输设备制造业		716.99	34.77	57.49	40.43	40.92	2.44	8.02
电气机械和器材制造业	8.82	658.77	37.87	67.08	55.43	5.60	18.71	10.18
计算机、通信和其他电子设备制造业	4.76	840.72	58.01	103.35	43.80	7.20	14.03	12.29
仪器仪表制造业		203.49	15.33	22.02	70.23	4.36	23.03	10.82
其他制造业	18.18	304.67	18.08	24.16	52.72	2.79	36.88	7.93
废弃资源综合利用业	40.00	561.20	9.60	35.12	44.89	2.77	34.03	6.26
电力、燃气及水的生产和供应业	6.67	77.93	3.85	6.65	74.35	5.70	17.54	8.53
电力、热力生产和供应业	8.57	73.11	2.77	5.07	77.20	7.20	13.88	6.94
燃气生产和供应业		142.11	11.93	12.49	74.38	6.13	17.12	8.79
水的生产和供应业		114.92	14.90	25.20	51.12	2.03	48.88	21.93

主营业务收入利税率(%)	成本费用利税率(%)	流动资产利税率(%)	主营业务收入利润率(%)	成本费用利润率(%)	产品销售率(%)	工业增加值率(%)	平均每一职工		劳动生产率(年、元/人)
							占有固定资产原值(元)	实现利税(元)	
12.61	13.73	54.22	6.19	6.74	98.20	34.69	290358.93	140481.59	381966.23
17.73	19.63	42.52	6.91	7.65	97.62	56.21	84636.85	20223.45	65877.76
11.79	12.45	105.15	5.36	5.66	100.00	30.27	160611.07	57131.52	149202.09
11.73	12.69	48.93	6.12	6.62	97.87	35.69	306011.52	148029.33	444552.32
16.40	18.46	81.12	6.53	7.35	99.51	29.36	381419.02	202895.30	359069.44
11.33	12.26	48.58	6.82	7.39	98.65	23.73	182944.14	109115.87	226138.71
8.04	8.58	36.88	6.05	6.46	99.77	15.84	191468.77	175363.56	348166.73
10.60	11.31	44.36	5.69	6.07	99.50	22.48	187144.47	105665.73	221206.21
15.94	17.96	47.83	7.11	8.01	98.45	27.50	334599.68	185203.76	308762.29
11.50	12.27	8.14	5.70	6.08	100.00	35.43	1382763.44	103631.72	319239.25
8.68	9.50	83.92	4.67	5.11	97.29	26.57	49213.03	73273.30	230726.00
11.83	12.71	86.30	6.08	6.54	99.41	26.15	62960.19	49506.57	109491.67
11.58	12.30	108.61	7.02	7.46	99.67	30.12	43748.26	33120.78	86528.38
11.41	12.43	37.66	6.38	6.95	98.92	23.19	462539.55	128325.56	270075.56
10.40	11.26	46.07	6.74	7.30	98.74	21.08	28314.24	44710.17	91480.18
6.89	7.19	38.19	3.55	3.71	98.68	33.95	584284.91	64894.06	268039.33
9.36	9.91	44.36	4.51	4.77	99.11	26.09	141440.51	81144.53	227659.12
10.00	10.76	35.20	4.82	5.19	99.06	32.28	58566.57	25508.82	82829.07
-1.15	-1.11	-1.85	-2.63	-2.56	100.00	16.03	81487.50	-5112.50	71425.00
13.54	14.97	68.84	8.89	9.83	99.51	24.69	204329.72	237052.90	423702.69
19.48	21.75	65.06	10.30	11.50	98.80	20.06	212847.60	368121.26	380140.12
13.33	14.29	81.74	5.88	6.30	99.23	28.07	94352.93	102967.24	220265.20
13.83	15.08	45.13	8.73	9.52	98.94	22.36	536836.41	161630.97	262656.41
11.33	12.40	170.87	8.40	9.19	92.42	26.92	358183.66	374926.27	897310.38
11.08	12.04	41.05	6.85	7.45	98.43	22.49	449802.55	306517.45	611554.19
7.71	8.39	54.40	4.42	4.81	98.84	13.70	126112.11	86269.13	152599.89
6.63	6.87	14.97	2.75	2.85	99.83	25.94	187226.00	30373.55	119261.68
13.68	15.03	66.29	8.42	9.25	99.64	23.89	253349.98	136433.14	237241.85
12.84	14.12	29.21	8.54	9.38	97.69	34.59	533724.91	113253.41	308523.83
8.03	8.32	328.71	4.86	5.03	99.83	27.73	200725.10	115402.39	399135.46
9.72	10.37	54.42	5.49	5.85	98.53	19.54	75914.92	50922.51	97718.18
12.18	13.10	87.63	6.84	7.35	99.40	34.43	79285.57	81941.98	229512.57
10.77	11.89	46.98	7.50	8.28	97.83	12.89	303938.26	66915.52	79750.61
7.71	8.31	21.51	5.77	6.22	92.80	29.23	87777.53	21209.77	78182.72
6.63	6.76	18.39	1.81	1.85	94.85	16.83	140541.59	49362.29	132750.46
8.52	8.80	48.63	4.94	5.10	99.91	29.22	1262628.70	83955.03	287506.63
6.95	7.08	49.99	3.79	3.86	99.89	26.27	1386051.18	70317.97	266214.13
8.38	9.13	51.34	8.00	8.71	100.00	50.94	1163275.97	145311.69	842038.96
22.09	24.80	44.85	13.06	14.67	100.00	42.76	586565.13	147787.82	288231.09

5-32 县(市、区)规模以上工业企业

县(市、区)别	企 业 亏损面 (%)	每百元固定资产原值实现的			资 产 负债率 (%)	流动资产 周 转 率 (次)	百元产值占 用流动资产 (元)	产 值 利税率 (%)
		工 业 总产值 (元)	利润 (元)	利税 (元)				
合 计	**8.16**	**425.97**	**28.83**	**48.97**	**54.39**	**4.32**	**23.37**	**11.50**
章贡区	10.89	391.60	20.91	35.06	55.15	3.15	31.92	8.95
赣 县	5.88	488.49	23.37	41.72	69.16	3.86	27.47	8.54
信丰县	8.33	739.93	67.62	95.05	63.78	5.88	17.41	12.85
大余县	44.19	330.31	10.14	21.84	73.69	3.81	25.67	6.61
上犹县	14.81	436.14	31.17	56.30	55.02	1.87	53.47	12.91
崇义县	14.71	418.67	19.24	47.03	46.93	3.14	31.17	11.23
安远县	7.41	314.22	16.96	34.17	56.58	3.07	31.82	10.87
龙南县	9.64	593.24	63.86	80.30	54.23	4.51	22.09	13.54
定南县	20.00	679.25	85.69	125.84	52.13	4.47	22.92	18.53
全南县	11.11	558.62	45.95	59.89	51.14	3.65	28.50	10.72
宁都县		522.61	29.65	53.96	54.01	5.46	18.22	10.32
于都县	4.55	474.00	35.17	67.19	47.03	10.02	10.11	14.18
兴国县		377.72	24.43	55.52	42.10	7.10	14.04	14.70
会昌县	4.08	348.42	22.89	48.78	40.80	4.55	22.31	14.00
寻乌县	3.13	108.46	8.64	18.95	59.15	2.09	47.97	17.47
石城县		333.73	22.38	40.15	48.74	4.35	23.02	12.03
瑞金市	6.82	357.22	33.15	46.76	49.26	3.24	30.43	13.09
南康区	3.15	350.85	25.38	42.63	38.40	4.57	21.91	12.15
赣州经开区	7.26	452.39	24.36	42.98	60.62	5.00	20.26	9.50

主要财务指标分析资料

主营业务收入利税率(%)	成本费用利税率(%)	流动资产利税率(%)	主营业务收入利润率(%)	成本费用利润率(%)	产品销售率(%)	工业增加值率(%)	平均每一职工		劳动生产率(年、元/人)
							占有固定资产原值(元)	实现利税(元)	
11.37	**12.30**	**49.19**	**6.70**	**7.24**	**98.64**	**25.08**	**227224.94**	**111269.60**	**242738.19**
8.89	9.34	28.05	5.30	5.57	99.02	25.55	288786.02	101255.21	288904.42
8.06	8.77	31.09	4.52	4.91	101.49	24.09	222811.92	92962.02	262199.80
12.55	13.59	73.79	8.93	9.67	98.77	26.12	142745.64	135674.06	275872.95
6.76	7.20	25.75	3.14	3.34	89.21	31.97	295768.44	64583.90	312349.34
12.94	13.98	24.14	7.16	7.74	95.81	23.91	258089.38	145313.19	269163.21
11.46	12.18	36.03	4.69	4.98	97.75	26.63	226104.89	106328.17	252100.41
11.12	11.78	34.17	5.52	5.85	97.25	27.07	180575.96	61700.55	153601.98
13.58	15.37	61.26	10.80	12.22	96.69	25.59	115328.34	92602.95	175104.96
18.08	20.73	80.83	12.31	14.12	95.81	25.90	206768.95	260189.04	363735.31
10.29	11.48	37.61	7.90	8.81	100.61	27.84	130335.50	78054.34	202698.33
10.39	11.11	56.68	5.71	6.10	99.31	28.46	110159.33	59440.53	163869.61
13.99	15.02	140.15	7.32	7.86	100.20	28.18	205043.22	137769.62	273870.72
14.74	16.46	104.69	6.49	7.25	99.54	25.03	301504.23	167380.54	285008.46
13.79	14.82	62.76	6.47	6.95	96.33	28.16	369660.07	180319.19	362757.45
17.43	19.33	36.43	7.95	8.81	99.93	25.44	834097.48	158070.08	230153.98
12.01	13.15	52.26	6.70	7.33	95.77	25.95	138638.21	55660.06	120043.69
13.27	14.53	43.02	9.41	10.30	99.75	25.11	203036.46	94938.78	182128.75
12.14	13.14	55.46	7.23	7.83	97.27	24.49	252985.70	107847.29	217400.63
9.39	9.96	46.89	5.32	5.65	99.85	21.01	262345.98	112748.19	249349.73

5-33 规模以上非国有工业企业

项　　目	企　业 亏损面 (%)	每百元固定资产原值实现的			资　产 负债率 (%)	流动资产 周 转 率 (次)	百元产值占 用流动资产 (元)	产　值 利税率 (%)
		工　业 总产值 (元)	利润 (元)	利税 (元)				
总　计	**7.32**	**524.75**	**35.29**	**60.10**	**51.56**	**4.53**	**22.26**	**11.45**
一.按隶属关系分								
省属企业		159.90	22.53	49.33	43.65	2.86	37.11	30.85
地方企业	7.33	525.41	35.32	60.12	51.57	4.53	22.25	11.44
市属企业	28.57	341.96	43.95	73.97	42.60	2.47	39.85	21.63
县(市.区)企业	10.00	245.57	10.11	17.25	60.72	3.52	28.35	7.02
乡镇企业		347.77	28.69	46.97	25.31	1.43	72.62	13.51
其它企业	7.03	563.09	37.51	63.92	51.88	4.79	21.06	11.35
二.按轻重工业分								
轻工业	5.89	620.42	41.05	70.46	51.10	5.01	20.04	11.36
重工业	8.52	485.10	32.91	55.81	51.78	4.31	23.44	11.50
#地方企业								
轻工业	5.91	623.32	41.16	70.59	51.13	5.02	20.01	11.32
重工业	8.52	485.10	32.91	55.81	51.78	4.31	23.44	11.50
三.按企业规模分								
大型企业		337.69	26.37	44.25	46.32	3.08	32.20	13.10
中型企业	5.69	504.52	44.98	73.56	51.18	4.06	24.98	14.58
小型企业	7.62	597.47	30.83	54.93	53.37	5.44	18.54	9.19
微型企业	14.71	1111.64	24.01	58.81	61.36	3.33	29.44	5.29
#地方工业								
大型企业		337.69	26.37	44.25	46.32	3.08	32.20	13.10
中型企业	5.71	506.25	45.09	73.68	51.20	4.06	24.96	14.55
小型企业	7.62	597.47	30.83	54.93	53.37	5.44	18.54	9.19
微型企业	14.71	1111.64	24.01	58.81	61.36	3.33	29.44	5.29
四.按工业行业大类分列								
采矿业	10.58	454.82	28.39	55.62	52.11	5.29	18.89	12.23
煤炭开采和洗选业		138.48	9.31	23.89	40.21	2.40	40.58	17.25
黑色金属矿采选业		306.91	16.17	35.57	33.48	8.92	11.02	11.59
有色金属矿采选业	15.71	561.72	34.61	63.03	55.93	5.49	18.16	11.22
非金属矿采选业		271.49	18.26	45.56	44.50	4.62	21.86	16.78

主要财务指标分析资料

主营业务收入利税率(%)	成本费用利税率(%)	流动资产利税率(%)	主营业务收入利润率(%)	成本费用利润率(%)	产品销售率(%)	工业增加值率(%)	平均每一职工		劳动生产率(年、元/人)
							占有固定资产原值(元)	实现利税(元)	
11.36	**12.30**	**51.45**	**6.67**	**7.23**	**98.55**	**25.07**	**174642.39**	**104961.00**	**229705.34**
29.10	45.27	83.12	13.29	20.68	105.68	43.80	249307.48	122975.07	174601.36
11.35	12.29	51.42	6.67	7.22	98.55	25.05	174546.55	104937.87	229776.08
22.01	24.82	54.28	13.08	14.75	98.38	23.48	656039.10	485266.32	526722.98
7.03	7.37	24.77	4.12	4.32	98.45	24.79	372548.32	64252.00	226764.17
12.99	14.11	18.60	7.93	8.62	103.92	27.94	244085.39	114640.78	237211.08
11.25	12.19	53.89	6.60	7.15	98.51	25.08	160595.54	102649.53	226784.71
11.30	12.19	56.66	6.58	7.10	99.12	24.02	95006.83	66937.92	141599.51
11.39	12.37	49.09	6.71	7.29	98.25	25.62	267589.67	149339.93	332538.76
11.27	12.15	56.58	6.57	7.08	99.11	23.99	94638.65	66804.21	141520.77
11.39	12.37	49.09	6.71	7.29	98.25	25.62	267589.67	149339.93	332538.76
13.21	14.36	40.69	7.87	8.56	99.23	24.10	140421.85	62141.15	114297.43
14.37	15.91	58.37	8.79	9.73	98.63	24.17	149274.22	109804.24	182061.66
9.12	9.75	49.59	5.12	5.47	98.38	25.73	219657.05	120649.65	337669.09
5.39	5.52	17.97	2.20	2.25	98.69	31.88	1264791.37	743856.12	4482892.72
13.21	14.36	40.69	7.87	8.56	99.23	24.10	140421.85	62141.15	114297.43
14.35	15.88	58.31	8.78	9.72	98.62	24.14	148974.05	109764.72	182084.05
9.12	9.75	49.59	5.12	5.47	98.38	25.73	219657.05	120649.65	337669.09
5.39	5.52	17.97	2.20	2.25	98.69	31.88	1264791.37	743856.12	4482892.72
12.24	13.39	64.73	6.25	6.83	97.29	35.00	292148.00	162485.83	465016.83
17.73	19.63	42.52	6.91	7.65	97.62	56.21	84636.85	20223.45	65877.51
11.79	12.45	105.15	5.36	5.66	100.00	30.27	160611.07	57131.52	149202.22
11.25	12.21	61.78	6.18	6.70	96.80	35.74	316398.25	199412.90	635234.83
16.62	18.94	76.76	6.66	7.59	99.25	30.49	407410.21	185620.22	337281.97

5-33 续表

项　　目	企　业亏损面(%)	每百元固定资产原值实现的			资　产负债率(%)	流动资产周 转 率(次)	百元产值占用流动资产(元)	产　值利税率(%)
		工　业总产值(元)	利润(元)	利税(元)				
制造业	7.02	551.22	37.29	62.56	51.29	4.45	22.69	11.35
农副食品加工业	7.84	1147.70	68.94	91.59	60.45	4.59	21.64	7.98
食品制造业	4.17	525.78	30.31	56.46	56.42	4.18	24.21	10.74
酒、饮料和精制茶制造业	15.38	669.85	56.67	116.94	49.41	3.20	32.38	17.46
纺织业		1764.70	80.06	148.89	53.65	9.67	10.05	8.44
纺织服装、服饰业	4.50	661.30	40.28	78.43	47.90	7.35	13.61	11.86
皮革、毛皮、羽毛及其制品和制鞋业		656.66	45.88	75.71	44.55	9.38	10.62	11.53
木材加工和木、竹、藤、棕、草制品业	13.79	242.29	15.76	27.68	38.75	3.19	30.17	11.43
家具制造业	2.78	1532.41	102.38	157.91	47.29	4.43	22.37	10.30
造纸和纸制品业	7.14	135.13	5.73	11.11	59.19	5.55	21.52	8.22
印刷和记录媒介复制业		616.82	27.61	57.37	49.28	4.74	20.96	9.30
文教、工美、体育和娱乐用品制造业	8.33	438.12	21.02	43.56	42.78	3.52	28.24	9.94
石油加工、炼焦和核燃料加工业	100.00	546.71	-14.40	-6.27	76.12	1.61	61.93	-1.15
化学原料和化学制品制造业	5.88	869.96	73.74	117.08	55.47	4.79	21.30	13.46
医药制造业	5.00	890.52	91.43	172.95	48.75	3.34	29.85	19.42
橡胶和塑料制品业	8.33	831.74	48.13	109.13	48.88	6.13	16.05	13.12
非金属矿物制品业	10.98	263.79	20.05	33.74	61.93	3.77	26.41	12.79
黑色金属冶炼和压延加工业	8.33	914.91	77.65	104.62	65.12	14.94	6.64	11.44
有色金属冶炼和压延加工业	10.57	602.87	41.61	67.66	50.20	3.65	27.81	11.22
金属制品业		1178.72	56.23	91.45	61.39	14.78	6.79	7.76
通用设备制造业	5.56	245.55	6.74	16.22	40.76	2.26	44.15	6.61
专用设备制造业		509.61	38.43	64.39	44.64	6.86	14.69	12.63
汽车制造业	10.00	167.13	14.11	21.22	37.74	2.27	43.47	12.70
铁路、船舶、航空航天和其他运输设备制造业		716.99	34.77	57.49	40.43	40.92	2.44	8.02
电气机械和器材制造业	7.46	666.26	39.00	68.61	55.59	5.74	18.25	10.30
计算机、通信和其他电子设备制造业	4.76	840.72	58.01	103.35	43.80	7.20	14.03	12.29
仪器仪表制造业		203.49	15.33	22.02	70.23	4.36	23.03	10.82
其他制造业	18.18	304.67	18.08	24.16	52.72	2.79	36.88	7.93
废弃资源综合利用业	40.00	561.20	9.60	35.12	44.89	2.77	34.03	6.26
电力、燃气及水的生产和供应业	5.00	103.35	9.16	13.96	61.88	6.29	16.13	13.51
电力、热力生产和供应业	7.14	56.69	4.44	7.59	60.40	4.06	24.57	13.39
燃气生产和供应业		142.11	11.93	12.49	74.38	6.13	17.12	8.79
水的生产和供应业		376.68	39.65	67.96	42.20	19.33	5.17	18.04

主营业务收入利税率(%)	成本费用利税率(%)	流动资产利税率(%)	主营业务收入利润率(%)	成本费用利润率(%)	产品销售率(%)	工业增加值率(%)	平均每一职工		劳动生产率(年、元/人)
							占有固定资产原值(元)	实现利税(元)	
11.24	12.17	50.01	6.70	7.25	98.69	23.84	160455.40	100375.63	210839.32
8.04	8.58	36.88	6.05	6.46	99.77	15.84	191468.77	175363.56	348166.78
10.60	11.31	44.36	5.69	6.07	99.50	22.48	187144.47	105665.73	221206.32
16.87	19.51	53.92	8.17	9.46	98.41	27.38	191333.95	223751.85	350894.30
8.68	9.50	83.92	4.67	5.11	97.29	26.57	49213.03	73273.30	230725.91
11.86	12.75	87.16	6.09	6.55	99.41	26.16	62960.19	49376.59	108934.56
11.58	12.30	108.61	7.02	7.46	99.67	30.12	43748.26	33120.78	86528.37
11.86	12.97	37.86	6.75	7.38	98.87	23.13	486681.68	134723.20	272695.43
10.40	11.26	46.07	6.74	7.30	98.74	21.08	28314.24	44710.17	91480.19
6.89	7.19	38.19	3.55	3.71	98.68	33.95	584284.91	64894.06	268039.19
9.36	9.91	44.36	4.51	4.77	99.11	26.09	141440.51	81144.53	227659.00
10.00	10.76	35.20	4.82	5.19	99.06	32.28	58566.57	25508.82	82829.07
-1.15	-1.11	-1.85	-2.63	-2.56	100.00	16.03	81487.50	-5112.50	71425.33
13.18	14.47	63.18	8.30	9.12	99.66	24.02	198413.13	232304.43	414638.66
19.48	21.75	65.06	10.30	11.50	98.80	20.06	212847.60	368121.26	380140.14
13.33	14.29	81.74	5.88	6.30	99.23	28.07	94352.93	102967.24	220265.08
12.86	13.90	48.42	7.64	8.26	98.81	20.81	399172.89	134683.72	219092.35
11.52	12.63	172.20	8.55	9.38	92.23	27.02	369650.07	386737.32	913949.01
11.06	12.05	40.36	6.80	7.41	98.51	22.87	405237.51	274170.08	558836.31
7.74	8.44	114.33	4.76	5.19	100.03	12.95	109616.96	100248.06	167291.35
6.63	6.87	14.97	2.75	2.85	99.83	25.94	187226.00	30373.55	119262.00
12.54	13.69	86.00	7.49	8.17	99.60	23.23	220570.27	142016.20	261120.79
12.84	14.12	29.21	8.54	9.38	97.69	34.59	533724.91	113253.41	308523.84
8.03	8.32	328.71	4.86	5.03	99.83	27.73	200725.10	115402.39	399131.60
9.83	10.48	56.44	5.59	5.96	98.54	19.51	75749.79	51972.68	98477.63
12.18	13.10	87.63	6.84	7.35	99.40	69.94	79285.57	81941.98	466211.28
10.77	11.89	46.98	7.50	8.28	97.83	12.89	303938.26	66915.52	79750.44
7.71	8.31	21.51	5.77	6.22	92.80	29.23	87777.53	21209.77	78182.46
6.63	6.76	18.39	1.81	1.85	94.85	16.83	140541.59	49362.29	132751.34
13.32	14.63	83.77	8.74	9.60	99.49	36.42	942080.82	131557.77	354638.59
13.40	14.61	54.48	7.84	8.54	98.67	19.97	1318683.85	100059.56	149269.82
8.38	9.13	51.34	8.00	8.71	100.00	50.94	1163275.97	145311.69	842036.21
18.04	20.16	348.68	10.53	11.76	100.00	42.52	253013.89	171942.71	405277.64

5-34 县(市、区)规模以上非国有

县(市、区)别	企业亏损面(%)	每百元固定资产原值实现的			资产负债率(%)	流动资产周转率(次)	百元产值占用流动资产(元)	产值利税率(%)
		工业总产值(元)	利润(元)	利税(元)				
合　计	**7.32**	**524.75**	**35.29**	**60.10**	**51.56**	**4.53**	**22.26**	**11.45**
章贡区	9.09	421.42	23.84	39.90	52.93	3.50	28.80	9.47
赣　县	5.13	1255.47	59.32	109.53	65.92	4.00	26.76	8.72
信丰县	8.57	836.52	79.03	110.63	62.36	5.81	17.63	13.23
大余县	39.47	405.80	17.43	29.80	72.92	3.83	25.19	7.34
上犹县	16.00	690.71	48.05	88.19	53.41	1.81	55.06	12.77
崇义县	17.24	452.89	22.20	53.21	45.79	2.99	32.72	11.75
安远县	7.69	440.71	23.72	48.04	51.66	2.93	33.26	10.90
龙南县	8.97	593.67	63.18	79.30	54.75	4.65	21.41	13.36
定南县	20.00	586.25	34.34	58.52	54.36	7.76	12.79	9.98
全南县	9.52	822.83	67.01	83.36	47.95	3.83	27.26	10.13
宁都县		753.31	43.20	79.00	49.37	5.55	17.91	10.49
于都县	1.69	712.84	54.03	102.79	26.77	17.82	5.69	14.42
兴国县		417.54	27.49	61.55	42.10	7.28	13.70	14.74
会昌县	4.17	377.61	25.52	54.08	39.05	4.47	22.71	14.32
寻乌县		128.91	14.06	26.13	55.46	2.22	45.23	20.27
石城县		528.74	38.52	67.39	42.39	4.28	23.38	12.75
瑞金市	7.50	695.11	48.38	69.61	52.44	3.12	31.52	10.01
南康区	3.17	368.70	27.42	45.92	37.45	4.47	22.42	12.45
赣州经开区	6.19	568.63	30.33	52.77	58.24	5.36	18.68	9.28

5-35 2014年工业园区

项　目	本年实际累计开发面积(平方公里)	投产工业企业数(个)	招商实际到位资金(万元)		工业增加值(万元)	
			绝对数	比上年增长(%)	绝对数	比上年增长(%)
合　计	**86.36**	**1292**	**3476358**	**33.29**	**6265689**	**9.14**
赣州章贡经济开发区	5.40	90	47606	7.93	617055	8.81
赣州高新技术产业园区	8.50	107	301440	0.05	636171	5.90
信丰工业园区	4.30	101	571687	203.55	373482	6.25
大余工业园区	4.03	51	77100	7.08	156762	10.77
上犹工业园区	3.35	38	93600	45.79	131074	8.52
崇义工业园区	1.62	10	18285	26.54	86428	9.93
安远工业园区	1.87	23	22323	620.10	48938	7.00
龙南经济技术开发区	9.31	133	306586	13.98	591092	12.22
定南工业园区	3.20	44	106563	133.69	186691	5.87
全南工业园区	1.47	57	90327	12.12	180010	5.19
宁都工业园区	5.00	84	221164	35.65	227668	7.92
于都工业园区	10.37	69	122128	46.09	518756	9.33
兴国经济开发区	4.00	76	150515	80.78	371973	9.99
会昌工业园区	4.66	38		-100.00	156201	12.54
寻乌工业园区	1.88	18	26280	7.13	51210	5.68
石城工业园区	3.17	46	46468	7.92	46110	11.32
瑞金经济技术开发区	6.60	61	107164	-36.79	219880	16.14
南康经济开发区	4.20	101	193970	16.00	548712	13.15
赣州经济技术开发区	10.10	219	1064185	28.76	1301224	9.16

工业企业主要财务指标分析资料

主营业务收入利税率(%)	成本费用利税率(%)	流动资产利税率(%)	主营业务收入利润率(%)	成本费用利润率(%)	产品销售率(%)	工业增加值率(%)	平均每一职工		劳动生产率(年、元/人)
							占有固定资产原值(元)	实现利税(元)	
11.36	**12.30**	**51.45**	**6.67**	**7.23**	**98.55**	**25.07**	**174642.39**	**104961.00**	**229705.34**
9.40	9.93	32.87	5.62	5.93	99.29	26.61	262679.42	104819.20	294535.53
8.14	8.92	32.61	4.41	4.83	102.02	23.90	79131.09	86671.03	237435.06
12.91	14.02	75.02	9.22	10.02	98.73	25.73	124845.01	138115.82	268742.61
7.61	8.27	29.15	4.45	4.84	87.25	31.90	397223.16	118391.07	514271.72
12.80	13.81	23.19	6.98	7.52	95.63	24.17	168708.03	148775.38	281617.65
12.01	12.82	35.91	5.01	5.35	97.54	29.09	210167.14	111826.57	276901.32
11.18	11.90	32.78	5.52	5.87	97.06	25.97	129911.37	62412.91	148712.71
13.41	15.13	62.39	10.68	12.06	96.45	25.35	104842.63	83135.99	157801.08
10.06	10.71	78.04	5.91	6.28	97.17	22.44	154199.58	90236.02	202849.20
9.71	10.84	37.17	7.81	8.72	100.65	26.33	100448.06	83735.44	217614.14
10.56	11.31	58.56	5.77	6.19	99.27	27.69	76095.55	60115.16	158704.92
14.23	15.30	253.54	7.48	8.04	100.01	26.96	148449.81	152592.74	285307.26
14.78	16.62	107.63	6.60	7.42	99.48	22.20	269763.57	166027.44	250032.60
14.10	15.18	63.07	6.66	7.17	96.23	25.64	349063.77	188758.98	338015.15
20.20	22.73	44.81	10.87	12.23	99.99	25.47	718674.57	187758.41	235992.19
12.73	14.04	54.51	7.27	8.02	95.40	24.93	88126.75	59392.36	116162.07
10.19	11.13	31.77	7.08	7.74	99.77	25.43	84723.46	58972.65	149740.15
12.44	13.50	55.55	7.43	8.06	97.20	25.67	238949.43	109726.22	226180.28
9.27	9.84	49.67	5.33	5.66	99.84	21.33	166473.52	87841.53	201929.02

主要经济指标

出口交货值(万元)		主营业务收入(万元)		利税总额(万元)		从业人员(人)	
绝对数	比上年增长(%)	绝对数	比上年增长(%)	绝对数	比上年增长(%)	绝对数	比上年增长(%)
3604324	**12.80**	**25411931**	**12.59**	**2837946**	**11.57**	**296406**	**5.96**
174679	24.35	2450559	13.09	236948	16.23	24660	13.99
479441	4.19	2736130	8.19	222285	20.41	25767	-0.91
127787	7.44	1526531	11.57	186993	17.22	20217	6.56
4855	23.24	525145	12.55	46502	130.67	10509	1.43
37928	16.71	533273	15.35	61988	27.08	5870	8.64
45903	-6.78	304032	16.27	40536	-1.96	4549	-0.85
7718	26.69	181987	13.07	21798	4.75	4424	1.94
419773	5.88	2246112	14.82	207557	-19.78	33826	8.61
22134	-31.49	749904	5.21	147373	11.91	6908	10.44
45318	5.66	729492	5.01	86009	-22.99	10641	4.33
135838	7.45	802840	10.44	83519	29.00	15041	6.36
484010	19.74	1995812	12.20	290702	18.57	20489	9.74
174244	25.77	1496062	13.52	212669	12.28	16688	6.95
11667	-12.27	600018	17.01	79779	15.40	6956	6.21
	-100.00	205185	6.02	47217	28.48	2214	7.42
10513	-10.80	168429	17.68	19207	35.63	4507	3.82
302258	45.15	797789	14.29	114255	30.95	13007	4.54
83653	-38.74	2176599	12.89	261450	13.20	23608	7.03
1093021	18.38	5863678	12.25	578119	11.03	57795	3.95

5-36　2013年主营业务收入前150位工业企业名单

序号	单位名称	所在地	序号	单位名称	所在地
1	赣州江钨新型合金材料有限公司	赣州经开区	39	江西华夏金属线制品有限公司	赣州经开区
2	江西耀升钨业股份有限公司	崇义县	40	江西以泰电子有限公司	于都县
3	江西青峰药业有限公司	章贡区	41	赣州科力稀土新材料有限公司	章贡区
4	赣州稀土矿业有限公司	赣州经开区	42	江西华亿木业有限公司	章贡区
5	龙南县福丰钢铁有限公司	龙南县	43	江西赣电兴乐电缆有限公司	于都县
6	双胞胎饲料有限公司	赣州经开区	44	赣州市金源矿业有限公司	赣州经开区
7	赣州华坚国际鞋城有限公司	赣州经开区	45	赣州腾远钴业有限公司	赣　县
8	龙南县锴升有色金属有限公司	龙南县	46	于都怡信电子有限公司	于都县
9	江西金力永磁科技有限公司	赣州经开区	47	谱赛科(江西)生物技术有限公司	赣　县
10	赣州晨光稀土新材料股份有限公司	上犹县	48	江西鹰翔钢铁有限公司	定南县
11	全南晶环科技有限责任公司	全南县	49	赣州逸豪优美科实业有限公司	章贡区
12	赣州美园畜牧有限公司	赣州经开区	50	江西荧光磁业有限公司	赣州经开区
13	赣县世瑞新材料有限公司	赣　县	51	富翔电子(赣州)有限公司	于都县
14	全南包钢晶环稀土有限公司	全南县	52	于都县兴华制衣有限公司	于都县
15	虔东稀土集团股份有限公司	章贡区	53	江西罗边玻纤有限公司	章贡区
16	崇义章源钨业股份有限公司	崇义县	54	江西柯恩科技有限公司	章贡区
17	南康市众鑫矿业有限公司	章贡区	55	五矿三德(赣州)稀土材料有限公司	赣州经开区
18	汇森家具(龙南)有限公司	龙南县	56	赣州南鹰电源有限公司	上犹县
19	赣州市南康区汇丰矿业有限公司	章贡区	57	江西钧茂金属有限公司	章贡区
20	龙南县福鑫钢铁有限公司	龙南县	58	江西华利医疗器械有限公司	于都县
21	江西凯西新材料有限公司	兴国县	59	赣州稀土龙南冶炼分离有限公司	龙南县
22	南康市南山锡业有限公司	章贡区	60	赣州市海龙钨钼有限公司	赣　县
23	赣州市开源矿业有限公司	章贡区	61	赣州市南康区华洲木业有限公司	章贡区
24	赣州昭日稀土新材料有限公司	赣州经开区	62	信丰县包钢新利稀土有限责任公司	信丰县
25	定南大华新材料资源有限公司	定南县	63	中矿(赣州)国际钴业有限公司	赣　县
26	伟创力电源(赣州)有限公司	赣州经开区	64	于都县江恺运动用品有限公司	于都县
27	赣州江钨钨合金有限公司	赣　县	65	信丰恒隆麦饭石酒业有限公司	信丰县
28	定南县南方稀土有限责任公司	定南县	66	赣州江钨拉法格高铁铜材有限公司	赣州经开区
29	格特拉克(江西)传动系统有限公司赣州经开区分公司	赣州经开区	67	江西五丰食品有限公司	会昌县
30	华能瑞金发电有限责任公司	赣　县	68	信丰福昌发电子有限公司	信丰县
31	江西瑞金万年青水泥有限责任公司	瑞金市	69	新意思(江西)实业有限公司	章贡区
32	赣县金鹰稀土实业有限公司	赣　县	70	大余县金城钨业有限公司	大余县
33	江西依路玛稀土发光材料有限公司	龙南县	71	江西会昌县石磊矿业有限责任公司	会昌县
34	江西赣州宝吉矿业有限公司	赣州经开区	72	佳华电池(瑞金)有限公司	瑞金市
35	江西省鑫盛钨业有限公司	定南县	73	赣州泰普化学有限公司	赣　县
36	赣州远驰新材料有限公司	赣　县	74	信丰可立克科技有限公司	信丰县
37	赣州华京稀土新材料有限公司	赣州经开区	75	赣州鑫诺稀土发光材料制备有限公司	赣州经开区
38	江西和泰新光源材料有限公司	龙南县	76	光宝力信科技(赣州)有限公司	赣州经开区

5-36 续表

序号	单位名称	所在地	序号	单位名称	所在地
77	江西集友日用品有限公司	信丰县	114	江西绿萌科技控股有限公司	信丰县
78	赣州华兴钨制品有限公司	章贡区	115	赣州市启兴有色金属有限公司	赣州经开区
79	于都上晴电子有限公司	于都县	116	崇义县剑升矿业有限公司	崇义县
80	瑞金市新都食品有限公司	瑞金市	117	赣州铜峰金属管线有限公司	赣州经开区
81	赣州远鸿钨钼业有限公司	赣县	118	赣州格瑞特永磁科技有限公司	赣州经开区
82	会昌锦顺达锡业有限公司	会昌县	119	赣州步莱铽新资源有限公司	章贡区
83	江西省广蓝传动科技股份有限公司	兴国县	120	江西聚声泰科技有限公司	信丰县
84	赣州鸿毅实业有限公司	赣县	121	赣州希望饲料有限公司	赣县
85	赣州华茂钨材料有限公司	赣州经开区	122	大余县金达钼业有限公司	大余县
86	国网江西赣州市南康区供电有限责任公司	章贡区	123	于都县三星食品有限责任公司	于都县
87	赣州鑫隆康稀土有限公司	赣县	124	赣州市南环稀土综合冶炼有限公司	赣县
88	赣州金石源新材料有限公司	信丰县	125	于都县诚鑫电子有限公司	于都县
89	南康市金龙矿业有限公司	章贡区	126	赣州市明欣矿业有限公司	赣州经开区
90	赣州市南康区康鑫矿业有限责任公司	章贡区	127	江西国兴集团百丈泉食品饮料有限公司	兴国县
91	江西华达昌食品有限公司	会昌县	128	江西磊源永磁材料有限公司	信丰县
92	龙南县和利稀土冶炼有限公司	龙南县	129	赣州市永源稀土有限公司	赣县
93	江西德意高科有限责任公司	赣州经开区	130	江西宏通畜禽有限公司	信丰县
94	赣州海盛钨钼集团有限公司	上犹县	131	兴国东方华玉氟业有限公司	兴国县
95	宝辉科技(龙南)有限公司	龙南县	132	赣州友力稀土冶炼有限责任公司	赣县
96	信丰冠美化工有限公司	信丰县	133	瑞金市好莱克服装织造有限公司	瑞金市
97	会昌红狮水泥有限公司	会昌县	134	江西省佳惠宝实业有限公司	瑞金市
98	赣州正邦饲料有限公司	信丰县	135	于都大田鞋业有限公司	于都县
99	赣州市攀荣金属制品有限公司	赣州经开区	136	赣州金裕矿业有限公司	赣州经开区
100	信丰县通宝稀土有限公司	信丰县	137	赣州都市王牌服装有限公司	会昌县
101	江西鹰鹏化工有限公司	会昌县	138	龙南县龙纪庆达矿产品有限公司	龙南县
102	赣州新盛稀土实业有限公司	赣县	139	兴国县中萤矿业有限公司	兴国县
103	孚能科技(赣州)有限公司	赣州经开区	140	赣州市五洲纸业有限公司	赣县
104	江西省圣塔实业集团有限公司	信丰县	141	龙南开元水产食品有限公司	龙南县
105	赣州市东磁稀土有限公司	赣州经开区	142	赣州佳业家俱有限公司	赣县
106	环球莲华(赣州)礼服有限公司	兴国县	143	赣州伟嘉合金有限责任公司	赣县
107	赣州澳克泰工具技术有限公司	赣州经开区	144	兴国慈兴再生橡胶有限公司	兴国县
108	赣州市南康区康飞矿业有限公司	章贡区	145	国网江西赣州赣州经开区供电有限责任公司	赣州经开区
109	大余县欣荣钨业有限公司	大余县	146	赣州江钨友泰新材料有限公司	章贡区
110	会昌县白鹅慧敏矿业有限责任公司	会昌县	147	赣县智鑫矿业有限公司	赣县
111	江西赣县南方水泥有限公司	赣县	148	会昌县小山锡业有限责任公司	会昌县
112	美威时装(于都)有限公司	于都县	149	瑞金市汇信矿业发展有限责任公司	瑞金市
113	赣州市瑞泰有色金属有限公司	赣州经开区	150	江西金一电缆有限公司	瑞金市

5-37　2014年利税总额前150位工业企业名单

序号	单位名称	所在地	序号	单位名称	所在地
1	江西青峰药业有限公司	章贡区	39	信丰可立克科技有限公司	信丰县
2	龙南县锆升有色金属有限公司	龙南县	40	新意思(江西)实业有限公司	章贡区
3	赣州江钨新型合金材料有限公司	赣州经开区	41	于都予捷矿业有限公司	于都县
4	赣州稀土矿业有限公司	赣州经开区	42	江西鹰翔钢铁有限公司	定南县
5	龙南县福丰钢铁有限公司	龙南县	43	江西凯西新材料有限公司	兴国县
6	江西耀升钨业股份有限公司	崇义县	44	江西华亿木业有限公司	南康市
7	定南大华新材料资源有限公司	定南县	45	江西省圣塔实业集团有限公司	信丰县
8	赣县世瑞新材料有限公司	赣　县	46	于都县三星食品有限责任公司	于都县
9	全南晶环科技有限责任公司	全南县	47	兴国宏益矿业有限公司	兴国县
10	江西瑞金万年青水泥有限责任公司	瑞金市	48	于都县江恺运动用品有限公司	于都县
11	江西金力永磁科技有限公司	赣州经开区	49	富翔电子(赣州)有限公司	于都县
12	定南县南方稀土有限责任公司	定南县	50	赣州市南康区华洲木业有限公司	南康市
13	格特拉克(江西)传动系统有限公司赣州经济技术开发区分公司	赣州经开区	51	赣州南鹰电源有限公司	上犹县
14	崇义章源钨业股份有限公司	崇义县	52	赣州昭日稀土新材料有限公司	赣州经开区
15	双胞胎饲料有限公司	赣州经开区	53	于都怡信电子有限公司	于都县
16	赣州晨光稀土新材料股份有限公司	上犹县	54	兴国县中萤矿业有限公司	兴国县
17	江西和泰新光源材料有限公司	龙南县	55	赣州市永源稀土有限公司	赣　县
18	赣州市南康区汇丰矿业有限公司	南康市	56	江西会昌县石磊矿业有限责任公司	会昌县
19	江西省鑫盛钨业有限公司	定南县	57	赣州远驰新材料有限公司	赣　县
20	南康市众鑫矿业有限公司	南康市	58	江西省兴国县金莹氟业有限责任公司	兴国县
21	虔东稀土集团股份有限公司	章贡区	59	瑞金市新都食品有限公司	瑞金市
22	赣州市开源矿业有限公司	南康市	60	华能瑞金发电有限责任公司	赣　县
23	江西依路玛稀土发光材料有限公司	龙南县	61	江西鹰鹏化工有限公司	会昌县
24	赣县金鹰稀土实业有限公司	赣　县	62	赣州美园畜牧有限公司	赣州经开区
25	信丰恒隆麦饭石酒业有限公司	信丰县	63	江西杨氏果业股份有限公司	寻乌县
26	江西集友日用品有限公司	信丰县	64	江西省会昌金龙锡业有限公司	会昌县
27	会昌红狮水泥有限公司	会昌县	65	江西罗边玻纤有限公司	南康市
28	信丰福昌发电子有限公司	信丰县	66	江西五丰食品有限公司	会昌县
29	江西以泰电子有限公司	于都县	67	赣州华京稀土新材料有限公司	赣州经开区
30	赣州江钨钨合金有限公司	赣　县	68	赣州市南康区康鑫矿业有限责任公司	南康市
31	南康市南山锡业有限公司	南康市	69	江西兴国南方水泥有限公司	兴国县
32	江西赣电兴乐电缆有限公司	于都县	70	伟创力电源(赣州)有限公司	赣州经开区
33	汇森家具(龙南)有限公司	龙南县	71	赣州海盛钨钼集团有限公司	上犹县
34	江西钧茂金属有限公司	南康市	72	江西国兴集团百丈泉食品饮料有限公司	兴国县
35	赣州鑫隆康稀土有限公司	赣　县	73	全南包钢晶环稀土有限公司	全南县
36	赣州华坚国际鞋城有限公司	赣州经开区	74	佳华电池(瑞金)有限公司	瑞金市
37	江西华利医疗器械有限公司	于都县	75	江西华达昌食品有限公司	会昌县
38	信丰县通宝稀土有限公司	信丰县	76	环球莲华(赣州)礼服有限公司	兴国县

5-37 续表

序号	单位名称	所在地	序号	单位名称	所在地
77	于都上晴电子有限公司	于都县	114	龙南县和利稀土冶炼有限公司	龙南县
78	赣州市南康区康飞矿业有限公司	南康市	115	赣州市金源矿业有限公司	赣州经开区
79	江西赣州宝吉矿业有限公司	赣州经开区	116	兴国县自来水公司	兴国县
80	义兴(瑞金)体育用品有限公司	瑞金市	117	赣州恒达木业有限公司	南康市
81	兴国慈兴再生橡胶有限公司	兴国县	118	赣州鑫诺稀土发光材料制备有限公司	赣州经开区
82	于都县兴华制衣有限公司	于都县	119	赣州华茂钨材料有限公司	赣州经开区
83	江西省广蓝传动科技股份有限公司	兴国县	120	赣州市瑞泰有色金属有限公司	赣州经开区
84	大余县金城钨业有限公司	大余县	121	江西省于都县兴立制衣有限公司	于都县
85	江西明达功能材料有限责任公司	安远县	122	赣州龙源环保产业经营管理有限公司	章贡区
86	于都大田鞋业有限公司	于都县	123	江西红山铜业有限公司	会昌县
87	江西省石湾环球陶瓷有限公司	寻乌县	124	于都县诚鑫电子有限公司	于都县
88	江西大吉山钨业有限公司	全南县	125	赣州宝城电子有限公司	于都县
89	赣州新盛稀土实业有限公司	赣　县	126	江西绿萌科技控股有限公司	信丰县
90	赣州丰姿制衣有限公司	于都县	127	会昌县白鹅慧敏矿业有限责任公司	会昌县
91	赣州逸豪实业有限公司	章贡区	128	赣州市启兴有色金属有限公司	赣州经开区
92	兴国金龙高科技电子工业有限公司	兴国县	129	赣州澳克泰工具技术有限公司	赣州经开区
93	江西德意高科有限责任公司	赣州经开区	130	光宝力信科技(赣州)有限公司	赣州经开区
94	赣州金环磁选设备有限公司	章贡区	131	江西宏通畜禽有限公司	信丰县
95	江西章贡酒业有限责任公司	赣州经开区	132	兴国东方华玉氟业有限公司	兴国县
96	赣州都市王牌服装有限公司	会昌县	133	江西荧光磁业有限公司	赣州经开区
97	南康市源广矿业有限公司	南康市	134	瑞金市好莱克服装织造有限公司	瑞金市
98	江西磊源永磁材料有限公司	信丰县	135	江西维平创业家具实业有限公司	南康市
99	赣州稀土龙南冶炼分离有限公司	龙南县	136	赣州步莱铖新资源有限公司	章贡区
100	五矿三德(赣州)稀土材料有限公司	赣州经开区	137	赣州市明欣矿业有限公司	赣州经开区
101	江西省佳惠宝实业有限公司	瑞金市	138	于都县顺弘服饰有限责任公司	于都县
102	江西聚声泰科技有限公司	信丰县	139	信丰冠美化工有限公司	信丰县
103	瑞金市供电有限责任公司	瑞金市	140	于都县华强新型建材有限公司	于都县
104	国网江西龙南县供电有限责任公司	龙南县	141	会昌锦顺达锡业有限公司	会昌县
105	大余县金达钼业有限公司	大余县	142	寻乌县新舟稀土冶炼(厂)有限公司	寻乌县
106	江西山村油脂食品有限公司	兴国县	143	锦利(兴国)五金塑胶厂有限公司	兴国县
107	赣州腾远钴业有限公司	赣　县	144	赣州福海针织服装有限公司	于都县
108	江西榄菊日化实业有限公司	大余县	145	南康市金丰矿业有限公司	南康市
109	大余县顺发钼业有限公司	大余县	146	赣州市东磁稀土有限公司	赣州经开区
110	震宇(兴国)塑胶制品厂有限公司	兴国县	147	赣州市攀荣金属制品有限公司	赣州经开区
111	江西赣州南方万年青水泥有限公司	于都县	148	崇义县剑升矿业有限公司	崇义县
112	南康市新源有色金属有限公司	南康市	149	宝辉科技(龙南)有限公司	龙南县
113	美威时装(于都)有限公司	于都县	150	江西省闽兴实业有限公司	兴国县

主要统计指标解释

工业统计调查范围为我国境内（除港、澳、台）的全部工业企业。1997 年以前，我国工业的统计范围按隶属关系划分，分为乡及乡以上独立核算工业企业和非独立核算生产单位、村办工业、城镇合作工业、农村合作工业、城镇个体工业、农村个体工业六部分（1984 年以前村办工业不在工业统计范围内）。

1998 年及以后年份，工业统计调查范围由按隶属关系划分，改变为按企业规模划分，分为全部国有及年主营业务收入在 500 万元以上非国有工业企业（即规模以上工业）和年主营业务收入在 500 万元以下非国有工业企业两部分（即规模以下工业）。

工业 指从事自然资源的开采，对采掘品和农产品进行加工和再加工的物质生产部门。具体包括：(1)对自然资源的开采，如采矿、晒盐等；(2)对农副产品的加工、再加工，如粮油加工、食品加工、轧花、缫丝、纺织、制革等；(3)对采掘品的加工、再加工，如炼铁、炼钢、化工生产、石油加工、机器制造、木材加工等，以及电力、自来水、煤气的生产和供应等；(4)对工业品的修理、翻新，如机器设备的修理、交通运输工具(包括汽车)的修理等。

工业统计调查单位为独立核算法人工业企业。

独立核算法人工业企业 是指从事工业生产经营活动的单位。独立核算法人工业企业应同时具备以下条件：依法成立，有自己的名称、组织机构和场所，能够承担民事责任；独立拥有和使用资产，承担负债，有权与其他单位签订合同；独立核算盈亏，并能够编制资产负债表。

本年鉴中涉及的企业登记注册类型：

——国有及国有控股企业 指国有企业加上国有控股企业。国有企业（即过去的全民所有制工业或国营工业）是指企业全部资产归国家所有，并按《中华人民共和国企业法人登记管理条例》规定登记注册的非公司制的经济组织。包括国有企业、国有独资公司和国有联营企业。1957 年以前的公私合营和私营工业，后均改造为国营工业，1992 年改为国有工业，这部分工业的资料不单独分列时，均包括在国有企业内。国有控股企业是对混合所有制经济的企业进行的“国有控股”分类。它是指这些企业的全部资产中国有资产（股份）相对其他所有者中的任何一个所有者占资（股）最多的企业。该分组反映了国有经济控股情况。

——集体企业 指企业资产归集体所有，并按《中华人民共和国企业法人登记管理条例》规定登记注册的经济组织。是社会主义公有制经济的组成部分。包括城乡所有使用集体投资举办的企业，以及部分个人通过集资自愿放弃所有权并依法经工商行政管理机关认定为集体所有制的企业。

——股份有限公司 指根据《中华人民共和国企业法人登记管理条例》规定登记注册，其全部注册资本由等额股份构成并通过发行股票筹集资本，股东以其认购的股份对公司承担有限责任，公司以其全部资产对其债务承担责任的经济组织。

——股份合作企业 指以合作制为基础，由企业职工共同出资入股，吸收一定比例的社会资产投资组建，实行自主经营，自负盈亏，共同劳动，民主管理，按劳分配与按股分红相结合的一种集体经济组织。

——有限责任公司 指根据《中华人民共和国公司登记管理条例》规定登记注册，由两个以上，五十个以下的股东共同出资，每个股东以其所缴的出资额对公司承担有限责任，公司以其全部资产对其债务承担责任的经济组织。

——私营企业 指由自然人投资设立或由自然人控股，以雇佣劳动为基础的营利性经济组织。包括按规定登记注册的私营有限责任公司、私营股份有限公司、私营合伙企业和私营独资企业。

——港、澳、台商投资企业 指企业注册登记类型中的港、澳、台资合资、合作、独资经营企业之和。

——外商投资企业 指企业注册登记类型中的中外合资、合作经营企业、外资企业和外商投资股份有限公司之和。

"三资"企业系指港、澳、台商投资企业和外资企业的简称。

轻工业 指主要提供生活消费品和制作手工工具的工业。按其所使用的原料不同，可分为两大类：(1)以农产品为原料的轻工业，是指直接或间接以农产品为基本原料的轻工业。主要包括食品制造、饮料制造、烟草加工、纺织、缝纫、皮革和毛皮制作、造纸以及印刷等工业；(2)以非农产品为原料的轻工业，是指以工业品为原料的轻工业。主要包括文教体育用品、化学药品制造、合成纤维制造、日用化学制品、日用玻璃制品、日用金属制品、手工工具制造、医疗器械制造、文化和办公用机械制造等工业。

重工业 是指为国民经济各部门提供物质技术基础的主要生产资料的工业。按其生产性质和产品用途，可以分为下列三类：(1)采掘(伐)工业，是指对自然资源的开采，包括石油开采、煤炭开采、金属矿开采、非金属矿开采等工业；(2)原材料工业，指向国民经济各部门提供基本材料、动力和燃料的工业。包括金属冶炼及加工、炼焦及焦炭、化学、化工原料、水泥、人造板以及电力、石油和煤炭加工等工业；(3)加工工业，是指对工业原材料进行再加工制造的工业。包括装备国民经济各部门的机械设备制造工业、金属结构、水泥制品等工业，以及为农业提供的生产资料如化肥、农药等工业。

根据上述划分原则，修理业中以重工业产品为修理作业对象的划为重工业，反之划为轻工业。

工业总产值 是以货币表现的工业企业在一定时期内生产的已出售或可供出售工业产品总量，它反映一定时间内工业生产的总规模和总水平。它包括：在本企业内不再进行加工，经检验、包装入库(规定不需包装的产品除外)的成品价值，对外加工费收入，自制半成品、在产品期末初差额价值。工业总产值采用"工厂法"计算，即以工业企业作为一个整体，按企业工业生产活动的最终成果来计算，企业内部不允许重复计算，不能把企业内部各个车间(分厂)生产的成果相加。但在企业之间、行业之间、地区之间存在着重复计算。

轻重工业总产值的划分也是按"工厂法"计算的，即一个工业企业在正常情况下生产的主要产品的性质属于轻工业，产的主要产品的性质属于重工业，则该企业的全部总产值作为重工业总产值。

工业增加值 是指工业行业在报告期内以货币表现的工业生产活动的最终成果。

工业增加值有两种计算方法：一是生产法，即工业总产值减去工业中间投入加上应交增值税；二是收入法，即从收入的角度出发，根据生产要素在生产过程中应得到的收入份额计算，具体构成项目的固定资产折旧、劳动者报酬、生产税净额、营业盈余，这种方法也称要素分配法。本年鉴中的工业增加值是以生产法计算的。

生产法工业增加值的计算方法为：

工业增加值＝工业总产出-中间投入＋应交增值税

（1）工业总产出：指工业企业在一定时期内工业生产活动的总成果。工业总产出包括：成品生产价值，对外加工费收入，自制半成品、在产品期末期初差额价值。1995年后用新规定计算的工业总产值代替。

（2）工业中间投入指工业企业在工业生产活动中消耗的外购物质产品和对外支付的服务费用。工业中间投入包括直接材料费用、制造费用中的工业中间投入、管理费用中的工业中间投入、销售费用中的工业中间投入和利息支出五部分。

实收资本 指企业实际收到的投资人投入的资本。按投资主体可分为国家资本、集体资本、法人资本、个人资本、港澳台资本和外商资本等。

资产合计 指企业拥有或控制的能以货币计量的经济资源。包括各种财产、债权和其他权利。资产按其流动性划分为流动资产、长期投资、固定资产、无形及递延资产和其他资产。

负债合计 指企业承担的能以货币计量，将以资产或劳务偿付的债务。负债一般按偿还期长短分为流动负债和长期负债、递延税项等。

所有者权益 指企业投资人对企业净资产的所有权。企业净资产等于企业全部资产减去全部负债后的余额，其中包括投资者对企业的最初投入，以及资本公积金、盈余公积金和未分配利润，对股份制企业即为股东权益。

固定资产原价 指企业在建造、购置、安装、改建、扩建、技术改造某项固定资产时所支出的全部货币总额。它一般包括买价、包装费、运杂费和安装费等。

固定资产净值 是指固定资产原价减去历年已提折旧额后的净额。

流动资产 是指可以在一年或者超过一年的一个营业周期内变现或者耗用的资产，包括现金及各种存款、短期投资、应收及预付货款、存货等。

主营业务收入 指会计“利润表”中对应指标中的本年累计数。未执行2001年的《企业会计制度》的企业，用“产品销售收入”的本期累计数代替。

主营业务成本 指会计“利润表”中对应指标中的本年累计数。未执行2001年的《企业会计制度》的企业，用“产品销售成本”的本期累计数代替。

主营业务税金及附加 指会计“利润表”中对应指标中的本年累计数。未执行2001年的《企业会计制度》的企业，用“产品销售税金及附加”的本期累计数代替。

利润总额 指企业实现的利润。它等于营业利润加上补贴收入加上投资收益加上营业外净收入再加上以前年度损益调整。

本年应交增值税 指企业在报告期内应交纳的增值税额。它等于本年销项税额加上出口退税加上进项税额转出数减去本年进项税额。小规模纳税企业直接按全年计税销售额乘以征收率计算取得。

总资产贡献率 反映企业全部资产的获利能力，是企业经营业绩和管理水平的集中体现，是评价和考核企业盈利能力的核心指标。计算公式为：

总资产贡献率(%)＝（利润总额＋税金总额＋利息支出）/ 平均资产总额×100%

资产负债率 该指标既反映企业经营风险的大小，也反映企业利用债权人提供的资金从事经营活动的能力。计算公式为：

资产负债率(%)＝负债总额 / 资产总额×100%

工业成本费用利润率 指在一定时期内实现的利润与成本费用之比，是反映工业生产成本及费用投入的经济效益指标，同时也是反映降低成本的经济效益的指标。计算公式为：

工业成本费用利润率(%)＝利润总额 / 成本费用总额×100%

工业增加值率 指在一定时期内工业增加值占同期工业总产值的比重，反映降低中间消耗的经济效益。计算公式为：

工业增加值率(%)＝工业增加值(现价) / 工业总产值(现价)×100%

流动资产周转次数 指在一定时期内流动资产完成的周转次数，反映流动资产的周转速度。计算公式为：

流动资金周转次数＝产品销售收入 / 全部流动资产平均余额

产品销售率=指报告期工业销售产值与同期全部工业总产值之比，是反映工业产品已实现销售的程度，分析工业产销衔接情况，研究工业产品满足社会需求程度的指标。计算公式为：

产品销售率(%)=工业销售产值 / 工业总产值（现价）×100%

全员劳动生产率=指根据产品的价值量指标计算的平均每一个从业人员在单位时间内的产品生产量。是考核企业经济活动的重要指标，是企业生产技术水平、经营管理水平、职工技术熟练程度和劳动积极性的综合表现。目前我国的全员劳动生产率是将工业企业的工业增加值除以同一时期全部从业人员的平均人数来计算的。计算公式为：

全员劳动生产率＝工业增加值 / 全部从业人员平均人数

六、交通运输、邮电通讯业

本篇章
质量负责：孙有德
资料整理：陈　刚

6-1 运输线路长度

单位：公里

项　　目	2009年	2010年	2011年	2012年	2013年	2014年
铁路营业里程	364	364	364	364	370	430
京九线	233	233	233	233	247	247
赣龙线	131	131	131	131	123	123
赣韶线						60
公路通车里程	25525.76	26134.88	27119.82	28171.01	28804.86	29369.41
按等级分		26134.88	27119.82	28171.01	28804.86	29369.41
等级路	16943.72	18339.19	20940.88	22437.74	23251.49	24117.22
高速公路	372.51	653.36	809.26	958.26	949.24	1015.00
大广高速(赣州-定南段)	126.86	126.86	126.86	126.86	126.86	126.86
大广高速(泰和-赣州段)	60.0	60.2	60.2	60.2	60.2	60.2
赣大高速(三益-梅关段)	56.6	56.7	56.7	56.7	56.7	56.7
厦成高速(瑞金-赣州段)	117	117	117	117	117	117
厦成高速赣州成西线	12	12	12	12	12	12
赣州绕城高速		43.6	43.6	43.6	43.6	43.6
济广高速(鹰潭-瑞金段)		105	105	105	95.98	95.98
泉南高速(石城-吉安段)		132	132	132	132	132
济广高速(瑞金-寻乌段)			124	124	124	124
厦成高速(隘岭-瑞金段)			31.9	31.9	31.9	31.9
大广高速(龙南-杨村段)				61	61	61
厦成高速(赣州-崇义段)				88	88	88
寻全高速(安远-信丰段)						65.76
一　级	224.66	249.36	259.71	261.29	265.19	321.04
二　级	1755.18	1815.36	1818.29	1812.92	1839.78	1832.37
三　级	722.89	717.61	723.66	1239.39	1287.73	1447.50
四　级	13868.48	14903.50	17329.96	18165.88	18909.55	19501.32
等外公路	8582.04	7795.69	6178.95	5733.27	5553.37	5252.19
按路面分		26134.88	27119.82	28022.01	28804.86	29369.41
有铺装路面	13692.21	15730.85	19414.17	20890.09	21914.44	22832.33
简易铺装路面	469.39	649.06	650.44	562.11	540.62	513.43
未铺装路面	7748.36	7096.89	5063.95	4701.13	4632.98	4421.08
无路面里程	3243.31	2658.08	1991.25	1868.68	1716.82	1602.56
内河通航里程	834.4	834.4	834.4	834.4	834.4	834.4

6-2 县(市、区)公路通车里程

单位：公里

县(市、区)	公路通车里程合计	省养公路	县乡公路
总　计	**29369.41**	**2643.80**	**25710.61**
章贡区	718.14	110.74	607.41
赣　县	1907.50	161.30	1746.19
信丰县	2263.82	204.76	2059.06
大余县	1183.28	94.68	1088.60
上犹县	1177.15	124.51	1052.64
崇义县	1234.20	101.04	1133.16
安远县	1450.70	152.27	1298.43
龙南县	1072.79	157.01	915.78
定南县	900.10	82.52	817.58
全南县	784.43	139.65	644.78
宁都县	2566.71	177.46	2389.25
于都县	2683.04	237.78	2445.26
兴国县	2403.73	192.82	2210.90
会昌县	1643.57	175.14	1468.42
寻乌县	1199.11	198.22	1000.89
石城县	1391.04	66.09	1324.94
瑞金市	1719.08	148.67	1570.41
南康区	2056.04	119.13	1936.91
高速公路	1015.00		

6-3 交通运输工具年末实有数

项　　目	单 位	年末实有数	#私 人
一、民用机动车辆合计	辆	1793853	1744878
1、汽车	辆	470446	424512
(1)载客汽车	辆	350038	324895
#大型	辆	3520	28
中型	辆	2496	524
小型	辆	340348	320816
微型	辆	3674	3527
#轿车	辆	245193	232828
(2)载货汽车	辆	109679	93885
#重型	辆	7636	2121
中型	辆	10855	8436
轻型	辆	91110	83255
微型	辆	78	73
#普通载货	辆	64014	59106
(3)其他汽车	辆	10729	5732
#三轮汽车	辆	328	316
低速货车	辆	4835	4631
2、摩托车	辆	1322171	1320305
#普通	辆	1319384	1317530
轻便	辆	2787	2775
3、拖拉机	辆	10219	
4、挂车	辆	1236	61
二、运输船舶			
机动船	艘	424	389
载客量	客位	2479	1701
净载重量	吨位	56887	50317
功率	千瓦	24296	20246
1、客轮	艘	89	56
载客量	客位	2479	1701
功率	千瓦	2537	722
2、货轮	艘	335	333
净载重量	吨位	56887	50317
功率	千瓦	21759	19524
补充资料:			
机动车驾驶员	人	2165703	
#汽车驾驶员	人	1068264	

6-4 全社会货物、旅客运输量及周转量

项　　目	单 位	2010年	2011年	2012年	2013年	2014年
货物运输量	万吨	15055.02	17249.49	18736.46	16714.48	18827.75
民航(货邮)	吨	2205.5	2948.1	4566.7	3795.5	5543.0
铁路	万吨	152.8	171.8	164.9	193.4	171.5
水运	万吨	882	1211.4	1305.1	1478.7	1566.7
公路	万吨	14020	15866	17266	15042	17089
旅客运输量	万人	9595.92	8870.31	9971.87	8943.78	9636.74
民航	万人	31.52	51.51	60.17	62.68	78.74
铁路	万人	523.0	585.7	628.9	711.6	792.2
水运	万人	101.4	119.1	129.8	144.5	136.8
公路	万人	8940	8114	9153	8025	8629
货物周转量						
#水运货物周转量	万吨公里	96690	67645	49587	54579	52503
公路货物周转量	万吨公里	1660430	1743793.2	2278503	1638848	1780362
旅客周转量						
#水运旅客周转量	万人公里	680	830	945	1125	1200
公路旅客周转量	万人公里	644858	631115	789525	517918	532673

注：公路运输数据由于统计口径调整有变化，铁路数据为全市铁路站线数据。

6-5 邮政、电信业务主要指标

项　　目	单 位	2010年	2011年	2012年	2013年	2014年
邮政业务总量	万元	42627	34878	39940	42145	44532
电信业务收入(全口径)	万元	295083	336276	451442	422217	440715
函件	万件	2020.00	1642.00	1514.00	873.00	643.78
包裹	万件	10.97	11.83	8.70	9.46	8.78
报刊期发数	万份	48.39	54.24	53.25	50.29	63.09
报刊累计	万份	5488	6724	6219	6185	6596
特快专递	万件	33.22	33.14	25.31	21.48	14.67
邮政储蓄年末余额	亿元	135.10	160.90	185.20	199.53	221.50
集邮	万枚	165	279	543	833	741
国内长途通话总时长	万分钟	3923.00	14007.28	10802.87	7962.00	10390.00
国际长途通话总时长	万分钟	3.23	10.20	9.63	10.00	12.00
港澳台长途通话总时长	万分钟	14.99	40.30	26.78	22.00	12.20
固定电话户数(全口径)	户	1072474	1117720	942120	1044031	908448
城市电话用户	户	349909	385790	403785	416236	440248
乡村电话用户	户	539241	487630	476383	448910	462191
小灵通用户	户	91771	21006	55162	47294	
公用电话	部	58890	51786	5228	48470	47897
#IC卡公用电话	部	4366	47896	3854	3850	3708
DDN业务用户端口总数	个	4375	130	750	71	51
互联网用户数(全口径)	户	427078	500346	679009	852363	1004883
移动电话用户期末数(全口径)	户	4130365	4942121	5099998	5043160	5672641
接入网光缆长度	皮长公里	14826	21788	19170	19398	35800
无线接入容量	线	574000	272000	592133	599278	1200000
ADSL端口容量	个	250920	354000	588020	638197	891000
电话普及率(全口径)	部/百人	62	72	72	72	77

主要统计指标解释

铁路营业里程　又称营业长度，指办理客货运输业务的铁路正线总长度。凡是全线或部分建成双线及以上的线路，以第一线的实际长度计算；复线、站线、段管线、岔线和特殊用途线以及不计算运费的联络线都不计算营业里程。铁路营业里程是反映铁路运输业基础设施发展水平的重要指标，也是计算客货周转量、运输密度和机车车辆运用效率等指标的基础资料。

公路里程　指在一定时期内实际达到《公路工程[WTBZ]技术标准 JTJ01-88》规定的等级公路，并经公路主管部门正式验收交付使用的公路里程数。包括大中城市的郊区公路以及通过小城镇街道部分的公路里程和桥梁、渡口的长度，不包括大中城市的街道、厂矿、林区生产用道和农业生产用道的里程。两条或多条公路共同经由同一路段，只计算一次，不得重复计算里程长度。它是反映公路建设发展规模的重要指标，也是计算运输网密度等指标的基础资料。

内河航道里程　也称内河通航里程，指在一定时期内，能通航运输船舶及排筏的天然河流、湖泊水库、运河及通航渠道的长度。包括全年季节性通航累计三个月以上的航道，不包括仅供零散流放竹、木排的河道。它是反映内河水运网规模、水平和发展情况的主要指标。

民用汽车拥有量　指报告期末，在公安交通管理部门按照《机动车注册登记工作规范》，已注册登记领有民用车辆牌照的全部汽车数量。

货(客)运量　指在一定时期内，各种运输工具实际运送的货物(旅客)数量。它是反映运输业为国民经济和人民生活服务的数量指标，也是制定和检查运输生产计划、研究运输发展规模和速度的重要指标。货运按吨计算，客运按人计算。货物不论运输距离长短、货物类别，均按实际重量统计。旅客不论行程远近或票价多少，均按一人一次客运量统计；半价票、小孩票也按一人统计。

货物(旅客)周转量　指在一定时期内，由各种运输工具运送的货物(旅客)数量与其相应运输距离的乘积之总和。它是反映运输业生产总成果的重要指标，也是编制和检查运输生产计划，计算运输效率、劳动生产率以及核算运输单位成本的主要基础资料。计算货物周转量通常按发出站与到达站之间的最短距离，也就是计费距离计算。计算公式为：

货物(旅客)周转量＝∑货物(旅客)运输量×运输距离

邮电业务总量　指以价值量形式表现的邮电通信企业为社会提供各类邮电通信服务的总数量。邮电业务量按专业分类包括函件、包件、汇票、报刊发行、邮政快件、特快专递、邮政储蓄、集邮、公众电报、用户电报、传真、长途电话、出租电路、市话无线寻呼、移动电话、分组交换数据通信、出租代维等。计算方法为各类产品乘以相应的平均单价(不变价)之和，再加上出租电路和设备、代用户维护电话交换机和线路等的服务收入。它综合反映了一定时期邮电业务发展的总成果，是研究邮电业务量构成和发展趋势的重要指标。计算公式为：

邮电业务总量＝∑（各类邮电业务量×不变单价）+出租代维及其他业务收入

＝邮政业务总量＋电信业务总量

移动电话用户　指在移动电话营业部门登记，通过移动电话交换机进入移动电话网、占有移动电话号码的电话用户。用户数量以实际办理登记手续进入邮电部门移动电话网的户数进行计算，一部或一台移动电话统计为一户。

本地电话用户　指接入本地电信运营商固定电话网上的电话用户。

七、固定资产投资、房地产、建筑业

本篇章

质量负责：刘　玮

资料整理：黄火申　邱秀珍

7-1-1 历年全社会固定资产投资

年份	总计	#城镇以上	国有	#房地产开发
1980			8485	
1981			12259	
1982			15158	
1983			16207	
1984			17783	
1985	34338	21039	18624	
1986	39643	25577	22593	
1987	48721	26657	23680	
1988	78779	49831	40818	
1989	69869	41107	36095	
1990	71334	48274	43095	5755
1991	92392	51927	44650	4226
1992	129417	88064	77473	7403
1993	277262	248245	98458	6836
1994	417724	384795	151605	10048
1995	348086	274464	128640	28212
1996	360549	261129	134899	28389
1997	380000	273500	143504	25400
1998	501893	402427	201503	25090
1999	529247	442810	207151	40082
2000	614896	466425	221799	52003
2001	729165	586627	251440	96192
2002	1092123	946302	460958	116081
2003	1554900	1445400	838008	134959
2004	1580000	1419896	609328	215662
2005	1860000	1488340	532239	240975
2006	2230240	1849028	759245	340301
2007	3003219	2430648	1155836	508722
2008	4060021	3464221	1632040	622608
2009	5947000	4955557	2366770	766242
2010	7810000	6500695	2577549	1004813
2011	8196111	7967113	3908405	1306401
2012	10359054	9275177	3847337	1632707
2013	13308676	11741044	4500735	1966223
2014	16087125	14253351	5108079	2303368

注：1949年-1984年全社会固定资产投资累计为786093万元，1979年-1984年城镇固定资产投资累计为60972万元;从2012年开始全社会固定资产投资统计口径为500万元以上项目投资。

7-1-2　500万元以上固定资产投资总额

单位：万元

项　　目	投资总额	#工业	#住宅	城镇	#房地产	农村
总　计	**16087125**	**6214509**	**3789132**	**14253351**	**2303368**	**1833774**
按隶属关系分						
中央属单位项目	95515	28191		66397		29118
省属单位项目	118731	103251		114808		3923
市属单位项目	700116	43889	137605	696372	63062	3744
县(市、区)属单位项目	5937796	967765	1684589	4946908	216847	990888
其他单位项目	9232464	5071413	1965620	8426363	2020956	806101
镇						
村委会	2503		1318	2503	2503	
按登记注册类型分						
内资企业	15185565	6032492	3442421	13574970	2138827	1610595
国有企业	5108079	669874	1370531	4275073	34186	833006
集体企业	154305	1200	108368	17771		136534
股份合作企业	7066	2066	3500	7066	5000	
联营企业	308608	27723	217968	162854		145754
有限责任公司	3720225	1735855	666199	3678796	895004	41429
股份有限公司	294685	170580	22915	290035	31670	4650
私营企业	1164080		744351	1164080	1164080	
其他企业	342772	24792	271420	221818	8887	120954
港、澳、台商投资企业	223988	66394	126311	223988	157294	
外商投资企业	447800	114643	6442	432601	7247	15199
个体经营	229772	980	213958	21792		207980
按产业分						
第一产业	366851		3700	210718		156133
第二产业	6219167	6214509	17060	5855274		363893
第三产业	9501107		3768372	8187359	2303368	1313748

7-1-3 按行业分500万元以上固定资产投资

单位：万元

项目	投资总额	#工业	#住宅	城镇	#房地产	农村
总　计	**16087125**	**6214509**	**3789132**	**14253351**	**2303368**	**1833774**
农、林、牧、渔业	366851		3700	210718		156133
农业	162767			75479		87288
林业	25523			20448		5075
畜牧业	110062		3100	75085		34977
渔业	8500			8500		
农、林、牧、渔服务业	59999		600	31206		28793
采矿业	156481	156481	693	119997		36484
煤炭开采和洗选业	1666	1666		1666		
黑色金属矿采选业	1972	1972		1972		
有色金属矿采选业	91419	91419	693	58145		33274
非金属矿采选业	49068	49068		45858		3210
开采辅助活动	12356	12356		12356		
制造业	5641230	5641230	16287	5397962		243268
农副食品加工业	196041	196041	2520	188831		7210
食品制造业	119598	119598	200	119406		192
酒、饮料和精制茶制造业	52836	52836		42236		10600
纺织业	27009	27009		27009		
纺织服装、服饰业	271221	271221	15	271221		
皮革、毛皮、羽毛及其制品和制鞋业	43274	43274		43274		
木材加工和木、竹、藤、棕、草制品业	232555	232555	2000	220555		12000
家具制造业	81136	81136		81136		
造纸和纸制品业	65991	65991		36041		29950
印刷和记录媒介复制业	68323	68323		68323		
文教、工美、体育和娱乐用品制造业	42327	42327	360	42327		
石油加工、炼焦和核燃料加工业	19450	19450		19450		
化学原料和化学制品制造业	275964	275964		262100		13864
医药制造业	158921	158921		158921		
橡胶和塑料制品业	102462	102462	5	102462		
非金属矿物制品业	545929	545929	142	522079		23850
黑色金属冶炼和压延加工业	11501	11501		11501		
有色金属冶炼和压延加工业	874877	874877	4580	775601		99276
金属制品业	124885	124885	1090	124885		
通用设备制造业	200144	200144		196211		3933
专用设备制造业	264485	264485	1723	264485		
汽车制造业	93147	93147		93147		
铁路、船舶、航空航天和其他运输设备制造业	2339	2339		2339		
电气机械和器材制造业	667900	667900	9	625507		42393
计算机、通信和其他电子设备制造业	832537	832537	3643	832537		
仪器仪表制造业	20214	20214		20214		
其他制造业	80106	80106		80106		
废弃资源综合利用业	166058	166058		166058		
电力、热力、燃气及水生产和供应业	416798	416798	80	332657		84141
电力、热力生产和供应业	178448	178448		149095		29353
燃气生产和供应业	42973	42973		42973		
水的生产和供应业	195377	195377	80	140589		54788

7-1-3 续表

单位：万元

项目	投资总额			城镇		农村
		#工业	#住宅		#房地产	
建筑业	4658			4658		
土木工程建筑业	4658			4658		
批发和零售业	288973		31068	275897		13076
批发业	101652			96852		4800
零售业	187321		31068	179045		8276
交通运输、仓储和邮政业	1188567			1103729		84838
道路运输业	853772			768934		84838
装卸搬运和运输代理业	241897			241897		
仓储业	83158			83158		
邮政业	9740			9740		
住宿和餐饮业	82626		9557	82626		
住宿业	80711		9557	80711		
餐饮业	1915			1915		
信息传输、软件和信息技术服务业	17721			17721		
电信、广播电视和卫星传输服务	1701			1701		
软件和信息技术服务业	16020			16020		
金融业	6480			6480		
货币金融服务	6480			6480		
房地产业	4806815		3660621	3880327	2303368	926488
房地产业	4806815		3660621	3880327	2303368	926488
租赁和商务服务业	194508			192834		1674
租赁业	4998			4998		
商务服务业	189510			187836		1674
科学研究和技术服务业	17392			13779		3613
专业技术服务业	6148			6148		
科技推广和应用服务业	11244			7631		3613
水利、环境和公共设施管理业	1864036		22844	1698815		165221
水利管理业	219114			162660		56454
生态保护和环境治理业	18083			18083		
公共设施管理业	1626839		22844	1518072		108767
居民服务、修理和其他服务业	11977			4802		7175
居民服务业	9795			2620		7175
其他服务业	2182			2182		
教育	402889		19490	354062		48827
教育	402889		19490	354062		48827
卫生和社会工作	259024		23592	203152		55872
卫生	198209			157346		40863
社会工作	60815		23592	45806		15009
文化、体育和娱乐业	290160		200	283196		6964
广播、电视、电影和影视录音制作业	7580			7580		
文化艺术业	119478		200	116904		2574
体育	119985			117821		2164
娱乐业	43117			40891		2226
公共管理、社会保障和社会组织	69939		1000	69939		
国家机构	40414			40414		
社会保障	19914		1000	19914		
群众团体、社会团体和其他成员组织	9611			9611		

7-1-4 县(市、区)500万元以上固定资产投资总额

县(市、区)别	投资总额			城镇		农村
		#工业	#住宅		#房地产	
赣州市	**16087125**	**6214509**	**3789132**	**14253351**	**2303368**	**1833774**
章贡区	2630689	656131	1327055	2563921	886535	66768
赣　县	1184781	349701	241572	1083427	111189	101354
信丰县	1197454	692987	189197	1042346	76693	155108
大余县	736500	351065	164771	736500	7156	
上犹县	392663	141138	114856	297795	35251	94868
崇义县	334091	75019	86507	237790	23544	96301
安远县	261072	40622	21696	261072	29400	
龙南县	1089051	510944	161089	1003935	67674	85116
定南县	504780	155175	128679	424486	33233	80294
全南县	297442	156441	62829	216936	11467	80506
宁都县	575216	231199	187711	372678	90582	202538
于都县	1230494	450566	221716	992774	139992	237720
兴国县	833014	351891	86717	775832	68850	57182
会昌县	380622	119345	68728	344360	53531	36262
寻乌县	312241	106055	38364	287611	48038	24630
石城县	219614	96553	33064	173072	42395	46542
瑞金市	581528	202393	184816	487771	102716	93757
南康区	1218248	509460	279144	843420	228645	374828
赣州经开区	2107625	1017824	190621	2107625	246477	

7-1-5 按构成分500万元以上固定资产投资额

单位：万元

项目	本年完成投资	建筑工程	安装工程	设备工器具购置	其他费用	施工项目个数（个）	本年新开工	本年投产项目个数（个）
总计	**16087125**	**12075426**	**614549**	**1356696**	**2040454**	**1984**	**1114**	**1236**
按隶属关系分								
中央属单位项目	95515	86095	1685	4494	3241	20	10	16
省属单位项目	118731	62473	7282	46900	2076	17	12	8
市属单位项目	700116	596396	1308	1438	100974	26	11	15
县(市、区)属单位项目	5937796	4645210	166642	162627	963317	1043	596	637
其他单位项目	9232464	6682794	437587	1141237	970846	878	485	560
镇								
村委会	2503	2458	45					
按登记注册类型分								
内资企业	15185565	11364611	557693	1293373	1969888	1889	1062	1174
国有企业	5108079	4108769	143496	159077	696737	918	549	560
集体企业	154305	150526	2113	130	1536	43	29	37
股份合作企业	7066	5466	1100	500		1	1	1
联营企业	308608	294572	2991	5114	5931	76	22	61
有限责任公司	3720225	2683287	116362	261123	659453	307	146	173
股份有限公司	294685	199842	19004	34724	41115	23	15	7
私营企业	1164080	873047	86728	10892	193413			
其他企业	342772	306576	2547	3423	30226	43	36	29
港、澳、台商投资企业	223988	133933	30537	23590	35928	14	8	9
外商投资企业	447800	366911	10081	38623	32185	22	10	16
个体经营	229772	209971	16238	1110	2453	59	34	37
按产业分								
第一产业	366851	299954	14550	13461	38886	85	57	55
第二产业	6219167	4164570	345814	1184911	523872	770	418	483
第三产业	9501107	7610902	254185	158324	1477696	1129	639	698

注：跨地区高速公路项目施工项目个数按所经县(市、区)各一个计算。

7-1-6　按行业构成分500万元以上固定资产投资额

单位：万元

项　目	本年完成投资	建筑工程	安装工程	设备工器具购置	其他费用	施工项目个数（个）	本年新开工	本年投产项目个数（个）
总　计	**16087125**	**12075426**	**614549**	**1356696**	**2040454**	**1984**	**1114**	**1236**
农、林、牧、渔业	366851	299954	14550	13461	38886	85	57	55
农业	162767	126351	2814	6605	26997	33	23	19
林业	25523	20694	886		3943	7	5	7
畜牧业	110062	90796	10717	3232	5317	25	16	14
渔业	8500	6082		689	1729	3	3	2
农、林、牧、渔服务业	59999	56031	133	2935	900	17	10	13
采矿业	156481	99279	14699	37653	4850	37	20	27
煤炭开采和洗选业	1666	936	200	500	30	1	1	
黑色金属矿采选业	1972	785	1127		60	1		1
有色金属矿采选业	91419	67515	7362	15446	1096	15	7	12
非金属矿采选业	49068	25658	2512	17234	3664	11	8	9
开采辅助活动	12356	4385	3498	4473		9	4	5
制造业	5641230	3806742	277889	1058023	498576	633	329	388
农副食品加工业	196041	151312	3625	28977	12127	32	19	18
食品制造业	119598	72222	13410	23072	10894	18	15	9
酒、饮料和精制茶制造业	52836	31605	1533	16576	3122	11	4	9
纺织业	27009	16634	6828	1347	2200	6	1	5
纺织服装、服饰业	271221	226731	5569	27974	10947	55	16	23
皮革、毛皮、羽毛及其制品和制鞋业	43274	38817	1059	1854	1544	12	7	7
木材加工和木、竹、藤、棕、草制品业	232555	194436	12075	9192	16852	27	12	17
家具制造业	81136	62142	5230	11577	2187	11	5	9
造纸和纸制品业	65991	50397	320	9477	5797	5	2	4
印刷和记录媒介复制业	68323	39355	1210	23604	4154	8	6	6
文教、工美、体育和娱乐用品制造业	42327	24222	1872	13755	2478	9	5	5
石油加工、炼焦和核燃料加工业	19450	14450		2000	3000	2	2	2
化学原料和化学制品制造业	275964	210603	10341	38894	16126	29	20	19
医药制造业	158921	94164	3408	41821	19528	7	4	5
橡胶和塑料制品业	102462	68912	6151	17694	9705	18	14	10
非金属矿物制品业	545929	358380	57020	97281	33248	74	43	48
黑色金属冶炼和压延加工业	11501	9391		1830	280	3	2	1
有色金属冶炼和压延加工业	874877	562528	40618	178186	93545	53	29	36
金属制品业	124885	81330	3870	27803	11882	25	18	14
通用设备制造业	200144	109351	6310	50590	33893	18	10	11
专用设备制造业	264485	148315	17008	83946	15216	31	19	16
汽车制造业	93147	57320	1248	9134	25445	14	9	6
铁路、船舶、航空航天和其他运输设备制造业	2339	692		1339	308	1	1	
电气机械和器材制造业	667900	424879	32710	157680	52631	68	25	46
计算机、通信和其他电子设备制造业	832537	581127	24509	145099	81802	71	32	42
仪器仪表制造业	20214	15363	900	1496	2455	4	2	1
其他制造业	80106	56604	1700	16074	5728	11	2	10
废弃资源综合利用业	166058	105460	19365	19751	21482	10	5	9
电力、热力、燃气及水生产和供应业	416798	257749	53226	85577	20246	99	68	67
电力、热力生产和供应业	178448	77238	28534	64162	8514	33	20	22
燃气生产和供应业	42973	26674	6093	8130	2076	8	6	4
水的生产和供应业	195377	153837	18599	13285	9656	58	42	41

注：跨地区高速公路项目施工项目个数按所经县(市、区)各一个计算。

7-1-6 续表

单位：万元

项　　目	本年完成投资	建筑工程	安装工程	设备工器具购置	其他费用	施工项目个数（个）	本年新开工	本年投产项目个数（个）
建筑业	4658	800		3658	200	1	1	1
土木工程建筑业	4658	800		3658	200	1	1	1
批发和零售业	288973	233610	8097	11849	35417	30	14	16
批发业	101652	81802	1400	760	17690	10	3	7
零售业	187321	151808	6697	11089	17727	20	11	9
交通运输、仓储和邮政业	1188567	1095266	2320	18808	72173	100	64	53
道路运输业	853772	785701	2320	5580	60171	89	58	47
装卸搬运和运输代理业	241897	228897		7756	5244	1		
仓储业	83158	73817		3223	6118	12	6	7
邮政业	9740	6851		2249	640	1	1	
住宿和餐饮业	82626	61628	1766	5165	14067	15	8	11
住宿业	80711	59713	1766	5165	14067	14	8	10
餐饮业	1915	1915				1		1
信息传输、软件和信息技术服务业	17721	17600	121			4		3
电信、广播电视和卫星传输服务	1701	1580	121			3		3
软件和信息技术服务业	16020	16020				1		
金融业	6480	6480				1		
货币金融服务	6480	6480				1		
房地产业	4806815	3661081	182804	20185	942745	367	176	259
房地产业	4806815	3661081	182804	20185	942745	367	176	259
租赁和商务服务业	194508	96327	1198	9058	87925	17	7	11
租赁业	4998	1455	498	1788	1257	1	1	1
商务服务业	189510	94872	700	7270	86668	16	6	10
科学研究和技术服务业	17392	13128	956	2082	1226	6	4	4
专业技术服务业	6148	4893		1000	255	3	2	3
科技推广和应用服务业	11244	8235	956	1082	971	3	2	1
水利、环境和公共设施管理业	1864036	1599559	31452	52463	180562	335	201	198
水利管理业	219114	202314	5412	4312	7076	61	42	39
生态保护和环境治理业	18083	11839	200	596	5448	6	5	5
公共设施管理业	1626839	1385406	25840	47555	168038	268	154	154
居民服务、修理和其他服务业	11977	8256	1600	1452	669	4	3	2
居民服务业	9795	7115	1600	800	280	3	2	2
其他服务业	2182	1141		652	389	1	1	
教育	402889	330050	7720	9426	55693	117	88	64
教育	402889	330050	7720	9426	55693	117	88	64
卫生和社会工作	259024	210229	7782	14835	26178	53	34	32
卫生	198209	160680	7452	10991	19086	33	21	20
社会工作	60815	49549	330	3844	7092	20	13	12
文化、体育和娱乐业	290160	214845	7475	11511	56329	44	26	21
广播、电视、电影和影视录音制作业	7580	5280	2300			1	1	1
文化艺术业	119478	84983	2894	7020	24581	23	16	9
体育	119985	85393	1881	1691	31020	16	7	8
娱乐业	43117	39189	400	2800	728	4	2	3
公共管理、社会保障和社会组织	69939	62843	894	1490	4712	33	13	23
国家机构	40414	36718	694	1490	1512	22	8	16
社会保障	19914	16714			3200	4	3	2
群众团体、社会团体和其他成员组织	9611	9411	200			7	2	5

7-1-7 县(市、区)按构成分500万元以上固定资产投资额

单位：万元

县(市、区)别	本年完成投资	建筑工程	安装工程	设备工器具购置	其他费用	施工项目个数(个)	本年新开工	本年投产项目个数(个)
赣州市	**16087125**	**12075426**	**614549**	**1356696**	**2040454**	**1984**	**1114**	**1236**
章贡区	2630689	1493973	96559	71102	969055	103	32	77
赣　县	1184781	820623	14903	226179	123076	186	74	138
信丰县	1197454	970389	44610	71595	110860	109	87	85
大余县	736500	552802	12078	134885	36735	83	68	58
上犹县	392663	246289	7751	105955	32668	56	32	39
崇义县	334091	239093	27390	23261	44347	65	22	30
安远县	261072	214443	3541	15647	27441	31	18	11
龙南县	1089051	828891	151016	82623	26521	108	96	84
定南县	504780	459198	15232	18270	12080	73	33	30
全南县	297442	235483	54265	2982	4712	85	45	50
宁都县	575216	523311	19563	13990	18352	114	69	81
于都县	1230494	1077630	44057	33419	75388	376	183	159
兴国县	833014	474574	28203	154510	175727	115	109	96
会昌县	380622	368731	3980	709	7202	41	10	26
寻乌县	312241	284340	4473	15385	8043	26	14	16
石城县	219614	211464	4750	1130	2270	52	18	23
瑞金市	581528	454443	10616	41120	75349	115	47	66
南康区	1218248	1115188	44771	4692	53597	122	82	98
赣州经开区	2107625	1504561	26791	339242	237031	124	75	69

注：跨地区高速公路项目施工项目个数按所经县(市、区)各一个计算。

7-1-8 按构成分城镇以上固定资产投资额

单位：万元

项　目	本年完成投资	建筑工程	安装工程	设备工器具购置	其他费用	施工项目个数（个）	本年新开工	本年投产项目个数（个）
总　计	**14253351**	**10406118**	**556035**	**1329750**	**1961448**	**1552**	**855**	**948**
按隶属关系分								
中央属单位项目	66397	56977	1685	4494	3241	14	8	11
省属单位项目	114808	58550	7282	46900	2076	14	10	7
市属单位项目	696372	593363	647	1438	100924	23	10	12
县(市、区)属单位项目	4946908	3755929	139592	149397	901990	772	429	458
其他单位项目	8426363	5938841	406784	1127521	953217	729	398	460
镇								
村委会	2503	2458	45					
按登记注册类型分								
内资企业	13574970	9899803	514625	1267427	1893115	1505	831	918
国有企业	4275073	3377913	115582	144618	636960	687	401	422
集体企业	17771	16289			1482	6	2	3
股份合作企业	7066	5466	1100	500		1	1	1
联营企业	162854	151158	2991	4634	4071	37	15	28
有限责任公司	3678796	2647644	113137	259862	658153	297	140	166
股份有限公司	290035	196996	18034	34580	40425	22	15	6
私营企业	1164080	873047	86728	10892	193413			
其他企业	221818	186367	2522	3423	29506	27	20	16
港、澳、台商投资企业	223988	133933	30537	23590	35928	14	8	9
外商投资企业	432601	355691	9102	37623	30185	20	9	14
个体经营	21792	16691	1771	1110	2220	13	7	7
按产业分								
第一产业	210718	168778	10755	6254	24931	46	34	31
第二产业	5855274	3848724	321676	1169368	515506	699	376	435
第三产业	8187359	6388616	223604	154128	1421011	807	445	482

说明：跨地区高速公路项目施工项目个数按所经县(市、区)各一个计算。

7-1-9 按行业构成分城镇以上固定资产投资额

单位：万元

项目	本年完成投资	建筑工程	安装工程	设备工器具购置	其他费用	施工项目个数（个）	本年新开工	本年投产项目个数（个）
总计	**14253351**	**10406118**	**556035**	**1329750**	**1961448**	**1552**	**855**	**948**
农、林、牧、渔业	210718	168778	10755	6254	24931	46	34	31
农业	75479	57482	900	1800	15297	15	11	8
林业	20448	16142	886		3420	5	4	5
畜牧业	75085	60204	8936	1780	4165	12	9	8
渔业	8500	6082		689	1729	3	3	2
农、林、牧、渔服务业	31206	28868	33	1985	320	11	7	8
采矿业	119997	67490	13314	34903	4290	33	18	25
煤炭开采和洗选业	1666	936	200	500	30	1	1	
黑色金属矿采选业	1972	785	1127		60	1		1
有色金属矿采选业	58145	36576	6337	14196	1036	12	6	10
非金属矿采选业	45858	24808	2152	15734	3164	10	7	9
开采辅助活动	12356	4385	3498	4473		9	4	5
制造业	5397962	3582067	270228	1052844	492823	602	315	367
农副食品加工业	188831	144102	3625	28977	12127	30	18	17
食品制造业	119406	72037	13410	23072	10887	17	15	9
酒、饮料和精制茶制造业	42236	25636	1300	13437	1863	8	2	7
纺织业	27009	16634	6828	1347	2200	6	1	5
纺织服装、服饰业	271221	226731	5569	27974	10947	55	16	23
皮革、毛皮、羽毛及其制品和制鞋业	43274	38817	1059	1854	1544	12	7	7
木材加工和木、竹、藤、棕、草制品业	220555	183623	12075	9192	15665	25	10	16
家具制造业	81136	62142	5230	11577	2187	11	5	9
造纸和纸制品业	36041	21347	320	9477	4897	4	1	4
印刷和记录媒介复制业	68323	39355	1210	23604	4154	8	6	6
文教、工美、体育和娱乐用品制造业	42327	24222	1872	13755	2478	9	5	5
石油加工、炼焦和核燃料加工业	19450	14450		2000	3000	2	2	2
化学原料和化学制品制造业	262100	198704	9716	37854	15826	26	18	17
医药制造业	158921	94164	3408	41821	19528	7	4	5
橡胶和塑料制品业	102462	68912	6151	17694	9705	18	14	10
非金属矿物制品业	522079	337530	57020	96281	31248	70	40	45
黑色金属冶炼和压延加工业	11501	9391		1830	280	3	2	1
有色金属冶炼和压延加工业	775601	465088	38882	178186	93445	49	28	33
金属制品业	124885	81330	3870	27803	11882	25	18	14
通用设备制造业	196211	105418	6310	50590	33893	16	9	10
专用设备制造业	264485	148315	17008	83946	15216	31	19	16
汽车制造业	93147	57320	1248	9134	25445	14	9	6
铁路、船舶、航空航天和其他运输设备制造业	2339	692		1339	308	1	1	
电气机械和器材制造业	625507	387553	27643	157680	52631	59	24	38
计算机、通信和其他电子设备制造业	832537	581127	24509	145099	81802	71	32	42
仪器仪表制造业	20214	15363	900	1496	2455	4	2	1
其他制造业	80106	56604	1700	16074	5728	11	2	10
废弃资源综合利用业	166058	105460	19365	19751	21482	10	5	9
电力、热力、燃气及水生产和供应业	332657	198367	38134	77963	18193	63	42	42
电力、热力生产和供应业	149095	58235	22893	59671	8296	23	15	13
燃气生产和供应业	42973	26674	6093	8130	2076	8	6	4
水的生产和供应业	140589	113458	9148	10162	7821	32	21	25

注：跨地区高速公路项目施工项目个数按所经县(市、区)各一个计算。

7-1-9 续表

单位：万元

项　　目	本年完成投资	建筑工程	安装工程	设备工器具购置	其他费用	施工项目个数（个）	本年新开工	本年投产项目个数（个）
建筑业	4658	800		3658	200	1	1	1
土木工程建筑业	4658	800		3658	200	1	1	1
批发和零售业	275897	220874	8097	11849	35077	26	12	14
批发业	96852	77002	1400	760	17690	9	3	6
零售业	179045	143872	6697	11089	17387	17	9	8
交通运输、仓储和邮政业	1103729	1020529	1400	18808	62992	78	48	39
道路运输业	768934	710964	1400	5580	50990	67	42	33
装卸搬运和运输代理业	241897	228897		7756	5244	1		
仓储业	83158	73817		3223	6118	12	6	7
邮政业	9740	6851		2249	640	1	1	
住宿和餐饮业	82626	61628	1766	5165	14067	15	8	11
住宿业	80711	59713	1766	5165	14067	14	8	10
餐饮业	1915	1915				1		1
信息传输、软件和信息技术服务业	17721	17600	121			4		3
电信、广播电视和卫星传输服务	1701	1580	121			3		3
软件和信息技术服务业	16020	16020				1		
金融业	6480	6480				1		
货币金融服务	6480	6480				1		
房地产业	3880327	2787923	163874	19885	908645	165	64	121
房地产业	3880327	2787923	163874	19885	908645	165	64	121
租赁和商务服务业	192834	94653	1198	9058	87925	16	6	11
租赁业	4998	1455	498	1788	1257	1	1	1
商务服务业	187836	93198	700	7270	86668	15	5	10
科学研究和技术服务业	13779	9515	956	2082	1226	5	3	3
专业技术服务业	6148	4893		1000	255	3	2	3
科技推广和应用服务业	7631	4622	956	1082	971	2	1	
水利、环境和公共设施管理业	1698815	1449259	27157	51167	171232	287	174	159
水利管理业	162660	150647	2101	3116	6796	40	27	20
生态保护和环境治理业	18083	11839	200	596	5448	6	5	5
公共设施管理业	1518072	1286773	24856	47455	158988	241	142	134
居民服务、修理和其他服务业	4802	3761		652	389	2	1	1
居民服务业	2620	2620				1		1
其他服务业	2182	1141		652	389	1	1	
教育	354062	287224	3966	8626	54246	96	72	54
教育	354062	287224	3966	8626	54246	96	72	54
卫生和社会工作	203152	157167	6752	14835	24398	37	21	24
卫生	157346	121097	6452	10991	18806	22	12	15
社会工作	45806	36070	300	3844	5592	15	9	9
文化、体育和娱乐业	283196	209160	7423	10511	56102	39	22	18
广播、电视、电影和影视录音制作业	7580	5280	2300			1	1	1
文化艺术业	116904	82688	2842	7020	24354	20	13	8
体育	117821	83229	1881	1691	31020	15	7	7
娱乐业	40891	37963	400	1800	728	3	1	2
公共管理、社会保障和社会组织	69939	62843	894	1490	4712	33	13	23
国家机构	40414	36718	694	1490	1512	22	8	16
社会保障	19914	16714			3200	4	3	2
群众团体、社会团体和其他成员组织	9611	9411	200			7	2	5

7-1-10 县(市、区)按构成分城镇以上固定资产投资额

单位：万元

县(市、区)别	本年完成投　资	建筑工程	安装工程	设备工器具购置	其他费用	施工项目个　数（个）	本年新开工	本年投产项目个数（个）
赣州市	**14253351**	**10406118**	**556035**	**1329750**	**1961448**	**1552**	**855**	**948**
章贡区	2563921	1454187	96559	71102	942073	98	30	74
赣　县	1083427	720444	14903	225549	122531	141	56	100
信丰县	1042346	829723	41168	69595	101860	81	64	72
大余县	736500	552802	12078	134885	36735	83	68	58
上犹县	297795	151421	7751	105955	32668	42	18	25
崇义县	237790	170294	11364	17253	38879	34	6	16
安远县	261072	214443	3541	15647	27441	31	18	11
龙南县	1003935	757933	140900	79481	25621	92	83	70
定南县	424486	381235	13681	18270	11300	58	30	21
全南县	216936	156422	52820	2982	4712	62	31	37
宁都县	372678	325587	17794	11865	17432	79	37	55
于都县	992774	865246	31296	32187	64045	281	127	114
兴国县	775832	438932	26690	147702	162508	105	99	87
会昌县	344360	332469	3980	709	7202	34	9	20
寻乌县	287611	270774	2311	12385	2141	21	10	14
石城县	173072	165742	4720	577	2033	34	8	15
瑞金市	487771	364210	10400	39672	73489	87	44	39
南康区	843420	749693	37288	4692	51747	65	42	51
赣州经开区	2107625	1504561	26791	339242	237031	124	75	69

注：跨地区高速公路项目施工项目个数按所经县(市、区)各一个计算。

7-1-11 按登记类型分500万元以上固定资产投资

单位：万元

项目	本年合计	内资企业	港、澳、台商投资企业	外商投资企业	个体经营
总　计	**16087125**	**15185565**	**223988**	**447800**	**229772**
按隶属关系分					
中央属单位项目	95515	95515			
省属单位项目	118731	118731			
市属单位项目	700116	700116			
县(市、区)属单位项目	5937796	5935116	100	2580	
其他单位项目	9232464	8333584	223888	445220	229772
镇					
村委会	2503	2503			
按登记注册类型分					
内资企业	15185565	15185565			
国有企业	5108079	5108079			
集体企业	154305	154305			
股份合作企业	7066	7066			
联营企业	308608	308608			
有限责任公司	3720225	3720225			
股份有限公司	294685	294685			
私营企业	1164080	1164080			
其他企业	342772	342772			
港、澳、台商投资企业	223988		223988		
外商投资企业	447800			447800	
个体经营	229772				229772
按产业分					
第一产业	366851	294674		68807	3370
第二产业	6219167	6037150	66394	114643	980
第三产业	9501107	8853741	157594	264350	225422

7-1-12　按行业登记类型分500万元以上固定资产投资

单位：万元

项　　目	本年合计	内资企业	港、澳、台商投资企业	外商投资企　业	个体经营
总　计	**16087125**	**15185565**	**223988**	**447800**	**229772**
农、林、牧、渔业	366851	294674		68807	3370
农业	162767	131848		30919	
林业	25523	25523			
畜牧业	110062	70604		37888	1570
渔业	8500	8500			
农、林、牧、渔服务业	59999	58199			1800
采矿业	156481	156481			
煤炭开采和洗选业	1666	1666			
黑色金属矿采选业	1972	1972			
有色金属矿采选业	91419	91419			
非金属矿采选业	49068	49068			
开采辅助活动	12356	12356			
制造业	5641230	5459213	66394	114643	980
农副食品加工业	196041	173319	8522	14200	
食品制造业	119598	119598			
酒、饮料和精制茶制造业	52836	52836			
纺织业	27009	17509	9500		
纺织服装、服饰业	271221	256610	14611		
皮革、毛皮、羽毛及其制品和制鞋业	43274	43274			
木材加工和木、竹、藤、棕、草制品业	232555	232555			
家具制造业	81136	74601	6535		
造纸和纸制品业	65991	65991			
印刷和记录媒介复制业	68323	58571		9752	
文教、工美、体育和娱乐用品制造业	42327	27057	10374	4896	
石油加工、炼焦和核燃料加工业	19450	19450			
化学原料和化学制品制造业	275964	275964			
医药制造业	158921	158921			
橡胶和塑料制品业	102462	101462	1000		
非金属矿物制品业	545929	545929			
黑色金属冶炼和压延加工业	11501	11501			
有色金属冶炼和压延加工业	874877	842005		31892	980
金属制品业	124885	122792		2093	
通用设备制造业	200144	195378		4766	
专用设备制造业	264485	264485			
汽车制造业	93147	82327		10820	
铁路、船舶、航空航天和其他运输设备制造业	2339	2339			
电气机械和器材制造业	667900	640926	650	26324	
计算机、通信和其他电子设备制造业	832537	817335	15202		
仪器仪表制造业	20214	10314		9900	
其他制造业	80106	80106			
废弃资源综合利用业	166058	166058			
电力、热力、燃气及水生产和供应业	416798	416798			
电力、热力生产和供应业	178448	178448			
燃气生产和供应业	42973	42973			
水的生产和供应业	195377	195377			

7-1-12 续表

单位：万元

项　　目	本年合计	内资企业	港、澳、台商投资企业	外商投资企业	个体经营
建筑业	4658	4658			
土木工程建筑业	4658	4658			
批发和零售业	288973	276347		12626	
批发业	101652	101652			
零售业	187321	174695		12626	
交通运输、仓储和邮政业	1188567	946370	300	241897	
道路运输业	853772	853472	300		
装卸搬运和运输代理业	241897			241897	
仓储业	83158	83158			
邮政业	9740	9740			
住宿和餐饮业	82626	78511		2200	1915
住宿业	80711	78511		2200	
餐饮业	1915				1915
信息传输、软件和信息技术服务业	17721	17721			
电信、广播电视和卫星传输服务	1701	1701			
软件和信息技术服务业	16020	16020			
金融业	6480	6480			
货币金融服务	6480	6480			
房地产业	4806815	4423547	157294	7247	218727
房地产业	4806815	4423547	157294	7247	218727
租赁和商务服务业	194508	190128		380	4000
租赁业	4998	4998			
商务服务业	189510	185130		380	4000
科学研究和技术服务业	17392	17392			
专业技术服务业	6148	6148			
科技推广和应用服务业	11244	11244			
水利、环境和公共设施管理业	1864036	1864036			
水利管理业	219114	219114			
生态保护和环境治理业	18083	18083			
公共设施管理业	1626839	1626839			
居民服务、修理和其他服务业	11977	11977			
居民服务业	9795	9795			
其他服务业	2182	2182			
教育	402889	402889			
教育	402889	402889			
卫生和社会工作	259024	259024			
卫生	198209	198209			
社会工作	60815	60815			
文化、体育和娱乐业	290160	289380			780
广播、电视、电影和影视录音制作业	7580	7580			
文化艺术业	119478	119478			
体育	119985	119205			780
娱乐业	43117	43117			
公共管理、社会保障和社会组织	69939	69939			
国家机构	40414	40414			
社会保障	19914	19914			
群众团体、社会团体和其他成员组织	9611	9611			

7-1-13 县(市、区)按登记类型分500万元以上固定资产投资

单位：万元

县(市、区)别	本年合计	内资企业	港、澳、台商投资企业	外商投资企业	个体经营
赣州市	**16087125**	**15185565**	**223988**	**447800**	**229772**
章贡区	2630689	2465272	133525	31892	
赣　县	1184781	1173889		5142	5750
信丰县	1197454	1153855	9500	34099	
大余县	736500	733950			2550
上犹县	392663	292545	250	5000	94868
崇义县	334091	282458	400		51233
安远县	261072	242244	3622	15206	
龙南县	1089051	1021674	29489	37888	
定南县	504780	425197	10127		69456
全南县	297442	296792	650		
宁都县	575216	568266	4845	2105	
于都县	1230494	1224579			5915
兴国县	833014	812756	10596	9662	
会昌县	380622	359702		20920	
寻乌县	312241	312241			
石城县	219614	219614			
瑞金市	581528	560544	20984		
南康区	1218248	1218248			
赣州经开区	2107625	1821739		285886	

7-1-14 按登记类型分城镇以上固定资产投资

单位：万元

项　目	本年合计	内资企业	港、澳、台商投资企业	外商投资企业	个体经营
总　计	**14253351**	**13574970**	**223988**	**432601**	**21792**
按隶属关系分					
中央属单位项目	66397	66397			
省属单位项目	114808	114808			
市属单位项目	696372	696372			
县(市、区)属单位项目	4946908	4944228	100	2580	
其他单位项目	8426363	7750662	223888	430021	21792
镇					
村委会	2503	2503			
按登记注册类型分					
内资企业	13574970	13574970			
国有企业	4275073	4275073			
集体企业	17771	17771			
股份合作企业	7066	7066			
联营企业	162854	162854			
有限责任公司	3678796	3678796			
股份有限公司	290035	290035			
私营企业	1164080	1164080			
其他企业	221818	221818			
港、澳、台商投资企业	223988		223988		
外商投资企业	432601			432601	
个体经营	21792				21792
按产业分					
第一产业	210718	148840		58808	3070
第二产业	5855274	5678457	66394	109443	980
第三产业	8187359	7747673	157594	264350	17742

7-1-15 按行业登记类型分城镇以上固定资产投资

单位：万元

项　　目	本年合计	内资企业	港、澳、台商投资企业	外商投资企业	个体经营
总　计	**14253351**	**13574970**	**223988**	**432601**	**21792**
农、林、牧、渔业	210718	148840		58808	3070
农业	75479	54559		20920	
林业	20448	20448			
畜牧业	75085	35627		37888	1570
渔业	8500	8500			
农、林、牧、渔服务业	31206	29706			1500
采矿业	119997	119997			
煤炭开采和洗选业	1666	1666			
黑色金属矿采选业	1972	1972			
有色金属矿采选业	58145	58145			
非金属矿采选业	45858	45858			
开采辅助活动	12356	12356			
制造业	5397962	5221145	66394	109443	980
农副食品加工业	188831	171309	8522	9000	
食品制造业	119406	119406			
酒、饮料和精制茶制造业	42236	42236			
纺织业	27009	17509	9500		
纺织服装、服饰业	271221	256610	14611		
皮革、毛皮、羽毛及其制品和制鞋业	43274	43274			
木材加工和木、竹、藤、棕、草制品业	220555	220555			
家具制造业	81136	74601	6535		
造纸和纸制品业	36041	36041			
印刷和记录媒介复制业	68323	58571		9752	
文教、工美、体育和娱乐用品制造业	42327	27057	10374	4896	
石油加工、炼焦和核燃料加工业	19450	19450			
化学原料和化学制品制造业	262100	262100			
医药制造业	158921	158921			
橡胶和塑料制品业	102462	101462	1000		
非金属矿物制品业	522079	522079			
黑色金属冶炼和压延加工业	11501	11501			
有色金属冶炼和压延加工业	775601	742729		31892	980
金属制品业	124885	122792		2093	
通用设备制造业	196211	191445		4766	
专用设备制造业	264485	264485			
汽车制造业	93147	82327		10820	
铁路、船舶、航空航天和其他运输设备制造业	2339	2339			
电气机械和器材制造业	625507	598533	650	26324	
计算机、通信和其他电子设备制造业	832537	817335	15202		
仪器仪表制造业	20214	10314		9900	
其他制造业	80106	80106			
废弃资源综合利用业	166058	166058			
电力、热力、燃气及水生产和供应业	332657	332657			
电力、热力生产和供应业	149095	149095			
燃气生产和供应业	42973	42973			
水的生产和供应业	140589	140589			

7-1-15 续表

单位：万元

项　　目	本年合计	内资企业	港、澳、台商投资企业	外商投资企业	个体经营
建筑业	4658	4658			
土木工程建筑业	4658	4658			
批发和零售业	275897	263271		12626	
批发业	96852	96852			
零售业	179045	166419		12626	
交通运输、仓储和邮政业	1103729	861532	300	241897	
道路运输业	768934	768634	300		
装卸搬运和运输代理业	241897			241897	
仓储业	83158	83158			
邮政业	9740	9740			
住宿和餐饮业	82626	78511		2200	1915
住宿业	80711	78511		2200	
餐饮业	1915				1915
信息传输、软件和信息技术服务业	17721	17721			
电信、广播电视和卫星传输服务	1701	1701			
软件和信息技术服务业	16020	16020			
金融业	6480	6480			
货币金融服务	6480	6480			
房地产业	3880327	3704739	157294	7247	11047
房地产业	3880327	3704739	157294	7247	11047
租赁和商务服务业	192834	188454		380	4000
租赁业	4998	4998			
商务服务业	187836	183456		380	4000
科学研究和技术服务业	13779	13779			
专业技术服务业	6148	6148			
科技推广和应用服务业	7631	7631			
水利、环境和公共设施管理业	1698815	1698815			
水利管理业	162660	162660			
生态保护和环境治理业	18083	18083			
公共设施管理业	1518072	1518072			
居民服务、修理和其他服务业	4802	4802			
居民服务业	2620	2620			
其他服务业	2182	2182			
教育	354062	354062			
教育	354062	354062			
卫生和社会工作	203152	203152			
卫生	157346	157346			
社会工作	45806	45806			
文化、体育和娱乐业	283196	282416			780
广播、电视、电影和影视录音制作业	7580	7580			
文化艺术业	116904	116904			
体育	117821	117041			780
娱乐业	40891	40891			
公共管理、社会保障和社会组织	69939	69939			
国家机构	40414	40414			
社会保障	19914	19914			
群众团体、社会团体和其他成员组织	9611	9611			

7-1-16 县(市、区)按登记类型分城镇以上固定资产投资

单位：万元

县(市、区)别	本年合计	内资企业	港、澳、台商投资企业	外商投资企业	个体经营
赣州市	**14253351**	**13574970**	**223988**	**432601**	**21792**
章贡区	2563921	2398504	133525	31892	
赣　县	1083427	1076005		5142	2280
信丰县	1042346	1013946	9500	18900	
大余县	736500	733950			2550
上犹县	297795	292545	250	5000	
崇义县	237790	226343	400		11047
安远县	261072	242244	3622	15206	
龙南县	1003935	936558	29489	37888	
定南县	424486	414359	10127		
全南县	216936	216286	650		
宁都县	372678	365728	4845	2105	
于都县	992774	986859			5915
兴国县	775832	755574	10596	9662	
会昌县	344360	323440		20920	
寻乌县	287611	287611			
石城县	173072	173072			
瑞金市	487771	466787	20984		
南康区	843420	843420			
赣州经开区	2107625	1821739		285886	

7-1-17 500万元以上增固定资产投资新增固定资产

单位：万元

项　　目	新增固定资产	#工业	城镇	#房地产	农村
总　计	**11127786**	**4979364**	**9241601**	**438615**	**1886185**
按隶属关系分					
中央属单位项目	62955	1990	56473		6482
省属单位项目	77593	68593	73947		3646
市属单位项目	243000	19535	240754	38749	2246
县(市、区)属单位项目	4736000	891475	3722632	12909	1013368
其他单位项目	6008238	3997771	5147795	386957	860443
镇					
村委会					
按登记注册类型分					
内资企业	10509066	4826656	8947204	386611	1561862
国有企业	4135246	618261	3351933		783313
集体企业	160361	1200	19930		140431
股份合作企业	9844	2066	9844	7778	
联营企业	454343	53299	238012		216331
有限责任公司	1889396	1320502	1847411	148163	41985
股份有限公司	115372	85488	106372	16534	9000
私营企业	202572		202572	202572	
其他企业	341904	20772	228250	11564	113654
港、澳、台商投资企业	130705	78701	130705	52004	
外商投资企业	154335	73027	139215		15120
个体经营	333680	980	24477		309203
按产业分					
第一产业	286189		156102		130087
第二产业	4983822	4979364	4691198		292624
第三产业	5857775		4394301	438615	1463474

7-1-18 按行业分500万元以上固定资产投资新增固定资产

单位：万元

项目	新增固定资产	#工业	城镇	#房地产	农村
总计	**11127786**	**4979364**	**9241601**	**438615**	**1886185**
农、林、牧、渔业	286189		156102		130087
农业	116249		46040		70209
林业	22835		17920		4915
畜牧业	95583		68278		27305
渔业	6811		6811		
农、林、牧、渔服务业	44711		17053		27658
采矿业	166033	166033	156042		9991
黑色金属矿采选业	4600	4600	4600		
有色金属矿采选业	102040	102040	92049		9991
非金属矿采选业	46513	46513	46513		
开采辅助活动	12880	12880	12880		
制造业	4425148	4425148	4232243		192905
农副食品加工业	123377	123377	118177		5200
食品制造业	136658	136658	136658		
酒、饮料和精制茶制造业	87372	87372	74039		13333
纺织业	51189	51189	51189		
纺织服装、服饰业	163122	163122	163122		
皮革、毛皮、羽毛及其制品和制鞋业	39556	39556	39556		
木材加工和木、竹、藤、棕、草制品业	197715	197715	189215		8500
家具制造业	79108	79108	79108		
造纸和纸制品业	46729	46729	36929		9800
印刷和记录媒介复制业	53566	53566	53566		
文教、工美、体育和娱乐用品制造业	33034	33034	33034		
石油加工、炼焦和核燃料加工业	19450	19450	19450		
化学原料和化学制品制造业	254963	254963	244128		10835
医药制造业	53916	53916	53916		
橡胶和塑料制品业	72605	72605	72605		
非金属矿物制品业	521825	521825	503475		18350
黑色金属冶炼和压延加工业	5660	5660	5660		
有色金属冶炼和压延加工业	672083	672083	580389		91694
金属制品业	93253	93253	93253		
通用设备制造业	173989	173989	171856		2133
专用设备制造业	250878	250878	250878		
汽车制造业	35548	35548	35548		
电气机械和器材制造业	442549	442549	409489		33060
计算机、通信和其他电子设备制造业	548186	548186	548186		
仪器仪表制造业	9900	9900	9900		
其他制造业	92991	92991	92991		
废弃资源综合利用业	165926	165926	165926		
电力、热力、燃气及水生产和供应业	388183	388183	298455		89728
电力、热力生产和供应业	181507	181507	140542		40965
燃气生产和供应业	32712	32712	32712		
水的生产和供应业	173964	173964	125201		48763

7-1-18 续表

单位：万元

项　　目	新增固定资产	#工业	城镇	#房地产	农村
建筑业	4458		4458		
土木工程建筑业	4458		4458		
批发和零售业	199189		188089		11100
批发业	83090		77290		5800
零售业	116099		110799		5300
交通运输、仓储和邮政业	321706		271880		49826
道路运输业	256976		207150		49826
仓储业	64730		64730		
住宿和餐饮业	65042		65042		
住宿业	59942		59942		
餐饮业	5100		5100		
信息传输、软件和信息技术服务业	3868		3868		
电信、广播电视和卫星传输服务	3868		3868		
房地产业	3420192		2294343	438615	1125849
房地产业	3420192		2294343	438615	1125849
租赁和商务服务业	73098		73098		
租赁业	3741		3741		
商务服务业	69357		69357		
科学研究和技术服务业	10093		6480		3613
专业技术服务业	6480		6480		
科技推广和应用服务业	3613				3613
水利、环境和公共设施管理业	1184881		1005796		179085
水利管理业	136630		86185		50445
生态保护和环境治理业	12086		12086		
公共设施管理业	1036165		907525		128640
居民服务、修理和其他服务业	12100		5600		6500
居民服务业	12100		5600		6500
教育	214139		178996		35143
教育	214139		178996		35143
卫生和社会工作	183339		138307		45032
卫生	145789		113777		32012
社会工作	37550		24530		13020
文化、体育和娱乐业	95380		88054		7326
广播、电视、电影和影视录音制作业	7580		7580		
文化艺术业	31292		29912		1380
体育	48982		45262		3720
娱乐业	7526		5300		2226
公共管理、社会保障和社会组织	74748		74748		
国家机构	37528		37528		
社会保障	18400		18400		
群众团体、社会团体和其他成员组织	18820		18820		

7-1-19 县(市、区)500万元以上增固定资产投资新增固定资产

单位：万元

县(市、区)别	新增固定资产	#工业	城镇	#房地产	农村
赣州市	**11127786**	**4979364**	**9241601**	**438615**	**1886185**
章贡区	1747811	372587	1675497	133448	72314
赣　县	1100326	438058	967208	30123	133118
信丰县	976344	667923	817177	8780	159167
大余县	691903	369402	691903	12529	
上犹县	365761	228340	270893	14361	94868
崇义县	289765	87744	175332		114433
安远县	74525	26610	74525	29400	
龙南县	892094	425474	815748	10534	76346
定南县	355658	64259	199382	10785	156276
全南县	241257	146729	174706	11564	66551
宁都县	538496	277152	358067	16663	180429
于都县	894276	387413	667292	37	226984
兴国县	466770	220236	427900	21893	38870
会昌县	357407	142701	280052	2808	77355
寻乌县	65546	60658	55655		9891
石城县	47843	28008	39803	10980	8040
瑞金市	409406	137598	259472	57251	149934
南康区	914520	435397	592911	64839	321609
赣州经开区	698078	463075	698078	2620	

7-1-20 500万元以上固定资产投资施工房屋面积

单位：平方米

项　　目	施工房屋面积	#住宅	城镇	#房地产	农村
总　计	**88522766**	**45308005**	**71059031**	**22442550**	**17463735**
按隶属关系分					
中央属单位项目	121720		121720		
省属单位项目	29095		28295		800
市属单位项目	1691413	1330908	1679913	786640	11500
县(市、区)属单位项目	31694797	20469317	21368361	1911640	10326436
其他单位项目	54913726	23470479	47788727	19672255	7124999
镇					
村委会	72015	37301	72015	72015	
按登记注册类型分					
内资企业	80255592	40872455	65913762	21161688	14341830
国有企业	21845065	15669203	15600495	315543	6244570
集体企业	1540819	864255	86688		1454131
股份合作企业	39909	26909	39909	39909	
联营企业	7355761	6116921	3024502		4331259
有限责任公司	19084479	7135588	19056753	8735160	27726
股份有限公司	1050734	232441	1026734	314589	24000
私营企业	11647349	7476656	11647349	11647349	
其他企业	6862276	3232374	4987851	109138	1874425
港、澳、台商投资企业	1334509	976908	1334509	1156410	
外商投资企业	3446085	117398	3438085	124452	8000
个体经营	3486580	3341244	372675		3113905
按产业分					
第一产业	3884359	15200	3336509		547850
第二产业	17151195	290444	16866330		284865
第三产业	67487212	45002361	50856192	22442550	16631020

7-1-21 按行业分500万元以上固定资产投资施工房屋面积

单位：平方米

项 目	施工房屋面积	#住宅	城镇	#房地产	农村
总 计	**88522766**	**45308005**	**71059031**	**22442550**	**17463735**
农、林、牧、渔业	3884359	15200	3336509		547850
农业	469545		60036		409509
林业	3003500		3003000		500
畜牧业	383414	13000	254173		129241
渔业	3800		3800		
农、林、牧、渔服务业	24100	2200	15500		8600
采矿业	110264	4730	99264		11000
煤炭开采和洗选业	3000		3000		
黑色金属矿采选业	8000		8000		
有色金属矿采选业	84204	4730	76204		8000
非金属矿采选业	15060		12060		3000
制造业	16903193	285652	16676613		226580
农副食品加工业	537777	41501	537777		
食品制造业	420024	158700	420024		
酒、饮料和精制茶制造业	196671		183612		13059
纺织业	50750		50750		
纺织服装、服饰业	1851535	5864	1851535		
皮革、毛皮、羽毛及其制品和制鞋业	375116		375116		
木材加工和木、竹、藤、棕、草制品业	515505	3350	506953		8552
家具制造业	169817		169817		
造纸和纸制品业	218613		78413		140200
印刷和记录媒介复制业	137378		137378		
文教、工美、体育和娱乐用品制造业	117556	3700	117556		
石油加工、炼焦和核燃料加工业	17000		17000		
化学原料和化学制品制造业	563727		560401		3326
医药制造业	510224		510224		
橡胶和塑料制品业	389285	1800	389285		
非金属矿物制品业	839452	1360	820182		19270
黑色金属冶炼和压延加工业	46900		46900		
有色金属冶炼和压延加工业	1128847	5100	1120847		8000
金属制品业	477894	3450	477894		
通用设备制造业	323588		317999		5589
专用设备制造业	503964	7152	503964		
汽车制造业	1232605		1232605		
铁路、船舶、航空航天和其他运输设备制造业	46000		46000		
电气机械和器材制造业	1871408	7400	1842824		28584
计算机、通信和其他电子设备制造业	3717343	46275	3717343		
仪器仪表制造业	108504		108504		
其他制造业	160186		160186		
废弃资源综合利用业	375524		375524		
电力、热力、燃气及水生产和供应业	134738	62	87453		47285
电力、热力生产和供应业	51591		30591		21000
燃气生产和供应业	31248		31248		
水的生产和供应业	51899	62	25614		26285

7-1-21 续表

单位：平方米

项目	施工房屋面积	#住宅	城镇	#房地产	农村
建筑业	3000		3000		
土木工程建筑业	3000		3000		
批发和零售业	1281625	202350	1190825		90800
批发业	458200		448200		10000
零售业	823425	202350	742625		80800
交通运输、仓储和邮政业	3619602		3619602		
道路运输业	372905		372905		
装卸搬运和运输代理业	3096000		3096000		
仓储业	128697		128697		
邮政业	22000		22000		
住宿和餐饮业	310026	37086	310026		
住宿业	293026	37086	293026		
餐饮业	17000		17000		
信息传输、软件和信息技术服务业	28460		28460		
电信、广播电视和卫星传输服务	1560		1560		
软件和信息技术服务业	26900		26900		
金融业	18422		18422		
货币金融服务	18422		18422		
房地产业	54339035	44130169	38921542	22442550	15417493
房地产业	54339035	44130169	38921542	22442550	15417493
租赁和商务服务业	1465384		1460384		5000
租赁业	8000		8000		
商务服务业	1457384		1452384		5000
科学研究和技术服务业	36167		27230		8937
专业技术服务业	14400		14400		
科技推广和应用服务业	21767		12830		8937
水利、环境和公共设施管理业	2464787	395688	1902249		562538
水利管理业	7268		7268		
生态保护和环境治理业	21365		21365		
公共设施管理业	2436154	395688	1873616		562538
居民服务、修理和其他服务业	21220		7660		13560
居民服务业	18560		5000		13560
其他服务业	2660		2660		
教育	2169230	120100	1941534		227696
教育	2169230	120100	1941534		227696
卫生和社会工作	771164	113486	486792		284372
卫生	452823		311791		141032
社会工作	318341	113486	175001		143340
文化、体育和娱乐业	797525	1482	776901		20624
广播、电视、电影和影视录音制作业	19854		19854		
文化艺术业	391342	1482	376877		14465
体育	134959		128800		6159
娱乐业	251370		251370		
公共管理、社会保障和社会组织	164565	2000	164565		
国家机构	84865		84865		
社会保障	24560	2000	24560		
群众团体、社会团体和其他成员组织	55140		55140		

7-1-22　县(市、区)500万元以上固定资产投资施工房屋面积

单位：平方米

县(市、区)别	施工房屋面积	#住宅	城镇	#房地产	农村
赣州市	**88522766**	**45308005**	**71059031**	**22442550**	**17463735**
章贡区	17287246	11983246	16840474	7728874	446772
赣　县	9230523	5065316	7953463	1065880	1277060
信丰县	4437758	3151779	2850768	897767	1586990
大余县	2825118	1955577	2825118	488003	
上犹县	2541113	1873767	1092156	676961	1448957
崇义县	1870475	1559313	796690	192358	1073785
安远县	389243	91434	389243	126960	
龙南县	2562538	921673	2393634	579500	168904
定南县	2938950	1320346	2354632	696601	584318
全南县	2018435	1890706	356450	192580	1661985
宁都县	5222836	2614160	3657551	1429755	1565285
于都县	12955891	1887625	10250998	808935	2704893
兴国县	2006215	873611	1993715	582740	12500
会昌县	1397016	944496	1092049	440108	304967
寻乌县	9667	667	9667	6667	
石城县	853607	571041	825951	754455	27656
瑞金市	6181164	4490857	3025525	1451251	3155639
南康区	4380608	2145822	2936584	2174745	1444024
赣州经开区	9414363	1966569	9414363	2148410	

7-1-23　500万元以上固定资产投资竣工房屋面积

单位：平方米

项　　目	竣工房屋面积	#住宅	城镇	#房地产	农村
总　计	**26032654**	**20195900**	**16839788**	**1691695**	**9192866**
按隶属关系分					
中央属单位项目					
省属单位项目	8535		8535		
市属单位项目	893471	756346	881971	152736	11500
县(市、区)属单位项目	13897315	12191357	8268946	35890	5628369
其他单位项目	11233333	7248197	7680336	1503069	3552997
镇					
村委会					
按登记注册类型分					
内资企业	23188694	17492398	16433468	1490274	6755226
国有企业	10151522	9195832	7815470		2336052
集体企业	627682	615276	30000		597682
股份合作企业	39909	26909	39909	39909	
联营企业	4960739	4874839	1282185		3678554
有限责任公司	1901821	578936	1897821	495449	4000
股份有限公司	173148	66399	173148	91950	
私营企业	817717	448206	817717	817717	
其他企业	1683084	1638025	1683084	45249	
港、澳、台商投资企业	240707	169322	240707	201421	
外商投资企业	53738		45738		8000
个体经营	2549515	2534180	119875		2429640
按产业分					
第一产业	81573	13500	59473		22100
第二产业	3403594	70764	3261056		142538
第三产业	22547487	20111636	13519259	1691695	9028228

7-1-24 按行业分500万元以上固定资产投资竣工房屋面积

单位：平方米

项　　目	竣工房屋面　　积	#住宅	城镇	#房地产	农村
总　计	**26032654**	**20195900**	**16839788**	**1691695**	**9192866**
农、林、牧、渔业	81573	13500	59473		22100
农业	22350		4750		17600
林业	6500		6000		500
畜牧业	45223	13000	42223		3000
渔业	3000		3000		
农、林、牧、渔服务业	4500	500	3500		1000
采矿业	83874		75874		8000
有色金属矿采选业	75874		67874		8000
非金属矿采选业	8000		8000		
制造业	3282961	70764	3150638		132323
农副食品加工业	140873	35200	140873		
食品制造业	31806		31806		
酒、饮料和精制茶制造业	93793		89000		4793
纺织业	8000		8000		
纺织服装、服饰业	47286	5864	47286		
皮革、毛皮、羽毛及其制品和制鞋业	7600		7600		
木材加工和木、竹、藤、棕、草制品业	45771	3350	43771		2000
家具制造业	88630		88630		
造纸和纸制品业	85640				85640
印刷和记录媒介复制业	10000		10000		
文教、工美、体育和娱乐用品制造业	5000		5000		
石油加工、炼焦和核燃料加工业	17000		17000		
化学原料和化学制品制造业	117731		117131		600
医药制造业	73554		73554		
橡胶和塑料制品业	26089	1800	26089		
非金属矿物制品业	304720	1200	290220		14500
有色金属冶炼和压延加工业	557564	4600	553564		4000
金属制品业	115247	3450	115247		
通用设备制造业	190660		190660		
专用设备制造业	198723	4000	198723		
汽车制造业	153850		153850		
电气机械和器材制造业	198897	7200	178107		20790
计算机、通信和其他电子设备制造业	420038	4100	420038		
仪器仪表制造业	2000		2000		
其他制造业	14500		14500		
废弃资源综合利用业	327989		327989		
电力、热力、燃气及水生产和供应业	33759		31544		2215
电力、热力生产和供应业	3920		3920		
燃气生产和供应业	5620		5620		
水的生产和供应业	24219		22004		2215

7-1-24 续表

单位：平方米

项目	竣工房屋面积	#住宅	城镇	#房地产	农村
建筑业	3000		3000		
土木工程建筑业	3000		3000		
批发和零售业	468320	152070	468320		
批发业	156210		156210		
零售业	312110	152070	312110		
交通运输、仓储和邮政业	63671		63671		
道路运输业	42200		42200		
仓储业	21471		21471		
住宿和餐饮业	107003	20866	107003		
住宿业	107003	20866	107003		
房地产业	20587263	19616267	11892393	1691695	8694870
房地产业	20587263	19616267	11892393	1691695	8694870
租赁和商务服务业	11400		11400		
租赁业	8000		8000		
商务服务业	3400		3400		
水利、环境和公共设施管理业	586376	141103	486976		99400
水利管理业					
生态保护和环境治理业					
公共设施管理业	586376	141103	486976		99400
教育	404443	80632	307129		97314
教育	404443	80632	307129		97314
卫生和社会工作	233134	98698	96490		136644
卫生	76873		55229		21644
社会工作	156261	98698	41261		115000
文化、体育和娱乐业	53562		53562		
广播、电视、电影和影视录音制作业	19854		19854		
文化艺术业	6780		6780		
体育	15928		15928		
娱乐业	11000		11000		
公共管理、社会保障和社会组织	32315	2000	32315		
国家机构	20675		20675		
社会保障	8000	2000	8000		
群众团体、社会团体和其他成员组织	3640		3640		

7-1-25 县(市、区)500万元以上固定资产投资竣工房屋面积

单位：平方米

县(市、区)别	竣工房屋面积	#住宅	城镇	#房地产	农村
赣州市	**26032654**	**20195900**	**16839788**	**1691695**	**9192866**
章贡区	7485048	6442437	7186476	450248	298572
赣　县	3678608	2684774	3054253	46403	624355
信丰县	2121222	1434183	534232	20012	1586990
大余县	2152150	1586576	2152150	31167	
上犹县	1696722	1520109	247766	59973	1448956
崇义县	710315	686538	180522		529793
安远县	129660	91434	129660	126960	
龙南县	1142230	473430	1064630	60421	77600
定南县	743777	605463	325093	44025	418684
全南县	45249	36850	45249	45249	
宁都县	51236	34236	51236	51236	
于都县	143866	27350	49816		94050
兴国县	732968	249182	720468	73092	12500
会昌县	231951	203500	28451	14451	203500
寻乌县					
石城县	75663	75663	75663	75663	
瑞金市	3459213	3390211	303574	295044	3155639
南康区	1425020	647040	682793	289995	742227
赣州经开区	7756	6924	7756	7756	

7-1-26 500万元以上固定资产投资竣工房屋价值

单位：万元

项　　目	竣工房屋价值	#住宅	城镇	#房地产	农村
总　计	**3952646**	**2683466**	**3100212**	**387818**	**852434**
按隶属关系分					
中央属单位项目					
省属单位项目	2805		2805		
市属单位项目	177655	160574	176705	38749	950
县(市、区)属单位项目	1910844	1575887	1504842	8931	406002
其他单位项目	1861342	947005	1415860	340138	445482
镇					
村委会					
按登记注册类型分					
内资企业	3558924	2318554	3016081	336089	542843
国有企业	1600017	1398398	1387571		212446
集体企业	92986	90338	9300		83686
股份合作企业	7778	5382	7778	7778	
联营企业	364633	358049	156544		208089
有限责任公司	465951	178455	462951	116660	3000
股份有限公司	38938	8224	38938	13334	
私营企业	186753	96190	186753	186753	
其他企业	176387	167293	176387	11564	
港、澳、台商投资企业	58593	42822	58593	51729	
外商投资企业	12079		10079		2000
个体经营	323050	322090	15459		307591
按产业分					
第一产业	28618	3200	16430		12188
第二产业	719123	23119	688489		30634
第三产业	3204905	2657147	2395293	387818	809612

7-1-27 按行业分500万元以上固定资产投资竣工房屋价值

单位：万元

项目	竣工房屋价值	#住宅	城镇	#房地产	农村
总 计	**3952646**	**2683466**	**3100212**	**387818**	**852434**
农、林、牧、渔业	28618	3200	16430		12188
农业	10986		2108		8878
林业	6172		6072		100
畜牧业	9250	3100	6450		2800
渔业	1200		1200		
农、林、牧、渔服务业	1010	100	600		410
采矿业	26358		22516		3842
有色金属矿采选业	20785		16943		3842
非金属矿采选业	5573		5573		
开采辅助活动					
制造业	681600	23119	655793		25807
农副食品加工业	33729	12640	33729		
食品制造业	11814		11814		
酒、饮料和精制茶制造业	8479		4600		3879
纺织业	2000		2000		
纺织服装、服饰业	7164	550	7164		
皮革、毛皮、羽毛及其制品和制鞋业	1900		1900		
木材加工和木、竹、藤、棕、草制品业	28835	1745	26835		2000
家具制造业	12962		12962		
造纸和纸制品业	9600				9600
印刷和记录媒介复制业	8000		8000		
文教、工美、体育和娱乐用品制造业	1500		1500		
石油加工、炼焦和核燃料加工业	4000		4000		
化学原料和化学制品制造业	32663		31943		720
医药制造业	5126		5126		
橡胶和塑料制品业	5100	175	5100		
非金属矿物制品业	66346	96	63346		3000
黑色金属冶炼和压延加工业					
有色金属冶炼和压延加工业	115833	1540	113383		2450
金属制品业	25148	790	25148		
通用设备制造业	19456		19456		
专用设备制造业	39839	1150	39839		
汽车制造业	13655		13655		
铁路、船舶、航空航天和其他运输设备制造业					
电气机械和器材制造业	63356	656	59198		4158
计算机、通信和其他电子设备制造业	81874	3777	81874		
仪器仪表制造业	1000		1000		
其他制造业	3369		3369		
废弃资源综合利用业	78852		78852		
电力、热力、燃气及水生产和供应业	10243		9258		985
电力、热力生产和供应业	1030		1030		
燃气生产和供应业	2555		2555		
水的生产和供应业	6658		5673		985

7-1-27 续表

单位：万元

项目	竣工房屋价值	#住宅	城镇	#房地产	农村
建筑业	922		922		
土木工程建筑业	922		922		
批发和零售业	131092	70934	131092		
批发业	45570		45570		
零售业	85522	70934	85522		
交通运输、仓储和邮政业	15583		15583		
道路运输业	11621		11621		
装卸搬运和运输代理业					
仓储业	3962		3962		
邮政业					
住宿和餐饮业	28287	3000	28287		
住宿业	28287	3000	28287		
餐饮业					
房地产业	2723275	2539988	1952170	387818	771105
房地产业	2723275	2539988	1952170	387818	771105
租赁和商务服务业	2390		2390		
租赁业	2000		2000		
商务服务业	390		390		
科学研究和技术服务业					
专业技术服务业					
科技推广和应用服务业					
水利、环境和公共设施管理业	150935	22398	142275		8660
水利管理业					
生态保护和环境治理业					
公共设施管理业	150935	22398	142275		8660
教育	90341	14367	71796		18545
教育	90341	14367	71796		18545
卫生和社会工作	33718	5460	22416		11302
卫生	23488		15186		8302
社会工作	10230	5460	7230		3000
文化、体育和娱乐业	17059		17059		
广播、电视、电影和影视录音制作业	6220		6220		
文化艺术业	1571		1571		
体育	6570		6570		
娱乐业	2698		2698		
公共管理、社会保障和社会组织	12225	1000	12225		
国家机构	6655		6655		
社会保障	2000	1000	2000		
群众团体、社会团体和其他成员组织	3570		3570		

7-1-28　县(市、区)500万元以上固定资产投资竣工房屋价值

单位：万元

县(市、区)别	竣工房屋价值	#住宅	城镇	#房地产	农村
赣州市	**3952646**	**2683466**	**3100212**	**387818**	**852434**
章贡区	1371207	1191177	1308893	118709	62314
赣　县	551239	336530	465255	25062	85984
信丰县	193488	71735	114488	3988	79000
大余县	269005	161096	269005	3704	
上犹县	124374	106772	29506	11813	94868
崇义县	95068	86233	34496		60572
安远县	29650	21696	29650	29400	
龙南县	285606	92089	260248	10125	25358
定南县	256113	228392	106545	10545	149568
全南县	11564	9212	11564	11564	
宁都县	10188	7001	10188	10188	
于都县	19131	4000	5000		14131
兴国县	214933	47810	205121	21856	9812
会昌县	29300	19300	10000	2800	19300
寻乌县					
石城县	7780	7780	7780	7780	
瑞金市	197999	188793	58001	57151	139998
南康区	283450	101565	171921	60582	111529
赣州经开区	2551	2285	2551	2551	

7-1-29　500万元以上固定资产投资资金来源

单位：万元

项　　目	本年资金来源合计	上年末结余资金	本年资金来源小计	国家预算资金	国内贷款	债券	利用外资	自筹资金	其他资金来源
总　计	**20191648**	**2052637**	**18139011**	**2049908**	**2021796**	**42658**	**164011**	**11716293**	**2144345**
按隶属关系分									
中央属单位项目	98800	400	98400	7926	3820			82686	3968
省属单位项目	128105	79	128026	28974	29050			70002	
市属单位项目	946000	45578	900422	485807	176149			188873	49593
县(市、区)属单位项目	6836212	419700	6416512	1395615	780362		14900	3878686	346949
其他单位项目	12165235	1570852	10594383	131586	1032415	42658	149111	7496046	1742567
镇									
村委会	17296	16028	1268						1268
按登记注册类型分									
内资企业	19143860	1930206	17213654	2034517	1963713	42658	91400	11280677	1800689
国有企业	5916246	290156	5626090	1854559	684066		5700	2852873	228892
集体企业	163999	3625	160374	18429	7500			134007	438
股份合作企业	10566	200	10366	468				9898	
联营企业	412626	121796	290830	22418	1250			247218	19944
有限责任公司	5003579	739007	4264572	93150	808478			2765902	597042
股份有限公司	406081	30511	375570		7000		9200	330446	28924
私营企业	2180235	629256	1550979		168688			532266	850025
其他企业	370250	2290	367960	12775	20598			326714	7873
港、澳、台商投资企业	342689	95693	246996		5500		33096	38110	170290
外商投资企业	486528	24779	461749		43252		39515	369532	9450
个体经营	218571	1959	216612	15391	9331			27974	163916
按产业分									
第一产业	395869	25337	370532	50174	14133		10000	284694	11531
第二产业	7124114	217093	6907021	233361	910633	42658	139111	5517504	63754
第三产业	12671665	1810207	10861458	1766373	1097030		14900	5914095	2069060

7-1-30　按行业分500万元以上固定资产投资资金来源

单位：万元

项　　目	本年资金来源合计	上年末结余资金	本年资金来源小计	国家预算资金	国内贷款	债券	利用外资	自筹资金	其他资金来源
总　计	**20191648**	**2052637**	**18139011**	**2049908**	**2021796**	**42658**	**164011**	**11716293**	**2144345**
农、林、牧、渔业	395869	25337	370532	50174	14133		10000	284694	11531
农业	175705	24400	151305	7269	100		10000	124436	9500
林业	25525		25525	175	2500			22850	
畜牧业	116191	650	115541	273	9500			105768	
渔业	8500		8500					8500	
农、林、牧、渔服务业	69948	287	69661	42457	2033			23140	2031
采矿业	161954	99	161855	11414	1000			149441	
煤炭开采和洗选业	2000		2000					2000	
黑色金属矿采选业	1972		1972					1972	
有色金属矿采选业	96844	99	96745	7964	200			88581	
非金属矿采选业	47136		47136		800			46336	
开采辅助活动	14002		14002	3450				10552	
制造业	6497575	211283	6286292	73874	849922	42658	139111	5129325	51402
农副食品加工业	214006	5230	208776	670	20936		16100	170960	110
食品制造业	144018	7926	136092		24710			111382	
酒、饮料和精制茶制造业	49309	3237	46072		6000			40072	
纺织业	29212	4095	25117		1076		9500	14541	
纺织服装、服饰业	289124	5314	283810	23091	5600			255119	
皮革、毛皮、羽毛及其制品和制鞋业	45431		45431		6300			39131	
木材加工和木、竹、藤、棕、草制品业	268805	6973	261832	9000	11000			241182	650
家具制造业	139005	900	138105		300			137805	
造纸和纸制品业	78424		78424		18896			59528	
印刷和记录媒介复制业	70724		70724				1430	69294	
文教、工美、体育和娱乐用品制造业	47260	1200	46060		300		3916	41844	
石油加工、炼焦和核燃料加工业	19450		19450		11450			8000	
化学原料和化学制品制造业	295677	21820	273857	24850	26612			220943	1452
医药制造业	213956		213956		5000	42658		166298	
橡胶和塑料制品业	106469	2078	104391		5600			98791	
非金属矿物制品业	568721	20347	548374	1475	117210			427688	2001
黑色金属冶炼和压延加工业	11250	200	11050					11050	
有色金属冶炼和压延加工业	986019	35861	950158		162522			760855	26781
金属制品业	143018	10550	132468		11896		2630	117942	
通用设备制造业	204233	7541	196692	8000	16166			169624	2902
专用设备制造业	311284	13415	297869		25280			263769	8820
汽车制造业	161545		161545		18430			143115	
铁路、船舶、航空航天和其他运输设备制造业	3200		3200					3200	
电气机械和器材制造业	826530	19304	807226	468	76120		6555	715397	8686
计算机、通信和其他电子设备制造业	965255	39371	925884	6320	189445		89080	641039	
仪器仪表制造业	21820		21820				9900	11920	
其他制造业	99759	1450	98309		9758			88551	
废弃资源综合利用业	184071	4471	179600		79315			100285	
电力、热力、燃气及水生产和供应业	459927	5711	454216	148073	59711			234080	12352
电力、热力生产和供应业	209921	4470	205451	46901	42290			115958	302
燃气生产和供应业	44893		44893	10684	5900			28309	
水的生产和供应业	205113	1241	203872	90488	11521			89813	12050

7-1-30 续表

单位：万元

项　　目	本年资金来源合计	上年末结余资金	本年资金来源小计	国家预算资金	国内贷款	债券	利用外资	自筹资金	其他资金来源
建筑业	4658		4658					4658	
土木工程建筑业	4658		4658					4658	
批发和零售业	306160	22278	283882	1800	5300			258530	18252
批发业	135908	4200	131708					131708	
零售业	170252	18078	152174	1800	5300			126822	18252
交通运输、仓储和邮政业	1488402	22993	1465409	622351	147232		200	665061	30565
道路运输业	1093944	22993	1070951	622351	142170		200	275665	30565
装卸搬运和运输代理业	242497		242497					242497	
仓储业	142190		142190		5062			137128	
邮政业	9771		9771					9771	
住宿和餐饮业	99613	29711	69902	9900	5800		9200	45002	
住宿业	97698	29711	67987	9900	5800		9200	43087	
餐饮业	1915		1915					1915	
信息传输、软件和信息技术服务业	16539		16539					16539	
电信、广播电视和卫星传输服务	1701		1701					1701	
软件和信息技术服务业	14838		14838					14838	
金融业	5868		5868					5868	
货币金融服务	5868		5868					5868	
房地产业	7252994	1527193	5725801	389613	774955		5500	2663635	1892098
房地产业	7252994	1527193	5725801	389613	774955		5500	2663635	1892098
租赁和商务服务业	336885	5680	331205	2700	7700			320805	
租赁业	4998		4998					4998	
商务服务业	331887	5680	326207	2700	7700			315807	
科学研究和技术服务业	18167		18167	3393				11077	3697
专业技术服务业	6280		6280	780				5500	
科技推广和应用服务业	11887		11887	2613				5577	3697
水利、环境和公共设施管理业	2000601	161593	1839008	385576	106896			1280731	65805
水利管理业	250409	57058	193351	107152	20900			53128	12171
生态保护和环境治理业	19425		19425	4856				11312	3257
公共设施管理业	1730767	104535	1626232	273568	85996			1216291	50377
居民服务、修理和其他服务业	13191		13191	2400	135			10656	
居民服务业	10120		10120	2400				7720	
其他服务业	3071		3071		135			2936	
教育	474224	23315	450909	159513	400			256255	34741
教育	474224	23315	450909	159513	400			256255	34741
卫生和社会工作	279203	3789	275414	76017	2620			189782	6995
卫生	206787	297	206490	29990	2620			170220	3660
社会工作	72416	3492	68924	46027				19562	3335
文化、体育和娱乐业	304064	5089	298975	70637	45992			165439	16907
广播、电视、电影和影视录音制作业	7580		7580	1550				6030	
文化艺术业	113283	4789	108494	36050	33687			22980	15777
体育	142455	300	142155	33037	12305			95683	1130
娱乐业	40746		40746					40746	
公共管理、社会保障和社会组织	75754	8566	67188	42473				24715	
国家机构	44039	4042	39997	28473				11524	
社会保障	21524	4524	17000	14000				3000	
群众团体、社会团体和其他成员组织	10191		10191					10191	

7-1-31 县(市、区)500万元以上固定资产投资资金来源

单位：万元

县(市、区)别	本年资金来源合计	上年末结余资金	本年资金来源小计	国家预算资金	国内贷款	债券	利用外资	自筹资金	其他资金来源
赣州市	**20191648**	**2052637**	**18139011**	**2049908**	**2021796**	**42658**	**164011**	**11716293**	**2144345**
章贡区	3902275	814231	3088044	15246	1127717	42658		1243659	658764
赣　县	1709325	285856	1423469	161529	15880			1130573	115487
信丰县	1433644	10691	1422953	419973	446371		43900	470995	41714
大余县	795692	10815	784877	60617	34136			648711	41413
上犹县	389519	36728	352791	13248	26429		5000	172097	136017
崇义县	192115	11053	181062	11248	25472			82806	61536
安远县	351978	19265	332713	172224	42565			93472	24452
龙南县	1125801	13291	1112510	242468	1900		16496	805125	46521
定南县	472499	5186	467313	18378	6930		7100	332630	102275
全南县	351800	79	351721	94842				223595	33284
宁都县	635535	17930	617605	14965	20286			503469	78885
于都县	1604831	47942	1556889	180201	75112			1198713	102863
兴国县	979725	46575	933150	176244	40000			596004	120902
会昌县	565319	349029	216290	62996	16000			93076	44218
寻乌县	377424	2413	375011	185771	40000			149240	
石城县	238028	2245	235783	1142	2400			170495	61746
瑞金市	867036	258410	608626	76297	17747		9400	380132	125050
南康区	1668153	50614	1617539	133073	43050			1204410	237006
赣州经开区	2530949	70284	2460665	9446	39801		82115	2217091	112212

7-1-32 城镇以上固定资产投资资金来源

单位：万元

项　目	本年资金来源合计	上年末结余资金	本年资金来源小计	国家预算资金	国内贷款	债券	利用外资	自筹资金	其他资金来源
总　计	**18202776**	**1926215**	**16276561**	**1775632**	**1951242**	**42658**	**148511**	**10408884**	**1949634**
按隶属关系分									
中央属单位项目	69651		69651	5821	3820			57560	2450
省属单位项目	124313	79	124234	25182	29050			70002	
市属单位项目	942233	45578	896655	483490	176149			187423	49593
县(市、区)属单位项目	5763906	325250	5438656	1172221	729439		9400	3215385	312211
其他单位项目	11285377	1539280	9746097	88918	1012784	42658	139111	6878514	1584112
镇									
村委会	17296	16028	1268						1268
按登记注册类型分									
内资企业	17367941	1805313	15562628	1774726	1902290	42658	85900	9994153	1762901
国有企业	4995092	248027	4747065	1613979	642303		200	2296479	194104
集体企业	26274	1800	24474	9446	7500			7528	
股份合作企业	10566	200	10366	468				9898	
联营企业	232640	42507	190133	15030	1250			153909	19944
有限责任公司	4964025	739007	4225018	91310	794818			2741848	597042
股份有限公司	401431	30511	370920		7000		9200	325796	28924
私营企业	2180235	629256	1550979		168688			532266	850025
其他企业	248796	2290	246506	11775	20498			207390	6843
港、澳、台商投资企业	342689	95693	246996		5500		33096	38110	170290
外商投资企业	471328	24779	446549		43252		29515	364332	9450
个体经营	20818	430	20388	906	200			12289	6993
按产业分									
第一产业	223753	23070	200683	31900	14033			154237	513
第二产业	6727548	215108	6512440	202416	889013	42658	139111	5182728	56514
第三产业	11251475	1688037	9563438	1541316	1048196		9400	5071919	1892607

7-1-33 按行业分城镇以上固定资产投资资金来源

单位：万元

项目	本年资金来源合计	上年末结余资金	本年资金来源小计	国家预算资金	国内贷款	债券	利用外资	自筹资金	其他资金来源
总计	**18202776**	**1926215**	**16276561**	**1775632**	**1951242**	**42658**	**148511**	**10408884**	**1949634**
农、林、牧、渔业	223753	23070	200683	31900	14033			154237	513
农业	78046	23070	54976	300				54676	
林业	20450		20450	175	2500			17775	
畜牧业	76867		76867	273	9500			67094	
渔业	8500		8500					8500	
农、林、牧、渔服务业	39890		39890	31152	2033			6192	513
采矿业	129296	99	129197	8012	200			120985	
煤炭开采和洗选业	2000		2000					2000	
黑色金属矿采选业	1972		1972					1972	
有色金属矿采选业	66186	99	66087	4562	200			61325	
非金属矿采选业	45136		45136					45136	
开采辅助活动	14002		14002	3450				10552	
制造业	6220685	210283	6010402	73524	839522	42658	139111	4864203	51384
农副食品加工业	206796	5230	201566	670	20936		16100	163750	110
食品制造业	143958	7926	136032		24710			111322	
酒、饮料和精制茶制造业	42243	2237	40006		6000			34006	
纺织业	29212	4095	25117		1076		9500	14541	
纺织服装、服饰业	289124	5314	283810	23091	5600			255119	
皮革、毛皮、羽毛及其制品和制鞋业	45431		45431		6300			39131	
木材加工和木、竹、藤、棕、草制品业	256805	6973	249832	9000	6500			233682	650
家具制造业	139005	900	138105		300			137805	
造纸和纸制品业	46424		46424		18896			27528	
印刷和记录媒介复制业	70724		70724				1430	69294	
文教、工美、体育和娱乐用品制造业	47260	1200	46060		300		3916	41844	
石油加工、炼焦和核燃料加工业	19450		19450		11450			8000	
化学原料和化学制品制造业	283042	21820	261222	24500	26612			208676	1434
医药制造业	213956		213956		5000	42658		166298	
橡胶和塑料制品业	106469	2078	104391		5600			98791	
非金属矿物制品业	544778	20347	524431	1475	111310			409645	2001
黑色金属冶炼和压延加工业	11250	200	11050					11050	
有色金属冶炼和压延加工业	858301	35861	822440		162522			633137	26781
金属制品业	143018	10550	132468		11896		2630	117942	
通用设备制造业	200300	7541	192759	8000	16166			165691	2902
专用设备制造业	311284	13415	297869		25280			263769	8820
汽车制造业	161545		161545		18430			143115	
铁路、船舶、航空航天和其他运输设备制造业	3200		3200					3200	
电气机械和器材制造业	776205	19304	756901	468	76120		6555	665072	8686
计算机、通信和其他电子设备制造业	965255	39371	925884	6320	189445		89080	641039	
仪器仪表制造业	21820		21820				9900	11920	
其他制造业	99759	1450	98309		9758			88551	
废弃资源综合利用业	184071	4471	179600		79315			100285	
电力、热力、燃气及水生产和供应业	372909	4726	368183	120880	49291			192882	5130
电力、热力生产和供应业	182065	3800	178265	36391	32870			109004	
燃气生产和供应业	44893		44893	10684	5900			28309	
水的生产和供应业	145951	926	145025	73805	10521			55569	5130

7-1-33 续表

单位：万元

项目	本年资金来源合计	上年末结余资金	本年资金来源小计	国家预算资金	国内贷款	债券	利用外资	自筹资金	其他资金来源
建筑业	4658		4658					4658	
土木工程建筑业	4658		4658					4658	
批发和零售业	291544	22278	269266	1600	5300			244214	18152
批发业	131108	4200	126908					126908	
零售业	160436	18078	142358	1600	5300			117306	18152
交通运输、仓储和邮政业	1403112	21990	1381122	584275	146432		200	628862	21353
道路运输业	1008654	21990	986664	584275	141370		200	239466	21353
装卸搬运和运输代理业	242497		242497					242497	
仓储业	142190		142190		5062			137128	
邮政业	9771		9771					9771	
住宿和餐饮业	99613	29711	69902	9900	5800		9200	45002	
住宿业	97698	29711	67987	9900	5800		9200	43087	
餐饮业	1915		1915					1915	
信息传输、软件和信息技术服务业	16539		16539					16539	
电信、广播电视和卫星传输服务	1701		1701					1701	
软件和信息技术服务业	14838		14838					14838	
金融业	5868		5868					5868	
货币金融服务	5868		5868					5868	
房地产业	6219165	1420799	4798366	304082	726921			2033248	1734115
房地产业	6219165	1420799	4798366	304082	726921			2033248	1734115
租赁和商务服务业	335211	5680	329531	2700	7700			319131	
租赁业	4998		4998					4998	
商务服务业	330213	5680	324533	2700	7700			314133	
科学研究和技术服务业	14554		14554	780				10077	3697
专业技术服务业	6280		6280	780				5500	
科技推广和应用服务业	8274		8274					4577	3697
水利、环境和公共设施管理业	1856820	148285	1708535	328076	106896			1212161	61402
水利管理业	192369	54626	137743	72968	20900			34575	9300
生态保护和环境治理业	19425		19425	4856				11312	3257
公共设施管理业	1645026	93659	1551367	250252	85996			1166274	48845
居民服务、修理和其他服务业	5691		5691		135			5556	
居民服务业	2620		2620					2620	
其他服务业	3071		3071		135			2936	
教育	407257	21850	385407	135088	400			215178	34741
教育	407257	21850	385407	135088	400			215178	34741
卫生和社会工作	223253	3789	219464	62305	2620			151999	2540
卫生	165884	297	165587	26210	2620			136657	100
社会工作	57369	3492	53877	36095				15342	2440
文化、体育和娱乐业	297094	5089	292005	70037	45992			159369	16607
广播、电视、电影和影视录音制作业	7580		7580	1550				6030	
文化艺术业	110703	4789	105914	35450	33687			21300	15477
体育	140291	300	139991	33037	12305			93519	1130
娱乐业	38520		38520					38520	
公共管理、社会保障和社会组织	75754	8566	67188	42473				24715	
国家机构	44039	4042	39997	28473				11524	
社会保障	21524	4524	17000	14000				3000	
群众团体、社会团体和其他成员组织	10191		10191					10191	

7-1-34 县(市、区)城镇以上固定资产投资资金来源

单位：万元

项目	本年资金来源合计	上年末结余资金	本年资金来源小计	国家预算资金	国内贷款	债券	利用外资	自筹资金	其他资金来源
赣州市	**18202776**	**1926215**	**16276561**	**1775632**	**1951242**	**42658**	**148511**	**10408884**	**1949634**
章贡区	3830099	814131	3015968	15246	1088814	42658		1210486	658764
赣　县	1563481	258703	1304778	138621	6720			1048464	110973
信丰县	1215797	10691	1205106	356810	435971		28400	342211	41714
大余县	795692	10815	784877	60617	34136			648711	41413
上犹县	293301	36728	256573	5457	20530		5000	172097	53489
崇义县	140817	6581	134236	3689	21180			68963	40404
安远县	351978	19265	332713	172224	42565			93472	24452
龙南县	1039785	13291	1026494	191034	1900		16496	770543	46521
定南县	399610	5186	394424	14976	6930		7100	317059	48359
全南县	258360	79	258281	70364				161617	26300
宁都县	432972	17930	415042	1054	19486			315617	78885
于都县	1351392	47942	1303450	171336	74012			960937	97165
兴国县	919543	46575	872968	162080	40000			567498	103390
会昌县	529057	313055	216002	62708	16000			93076	44218
寻乌县	353097	2213	350884	163500	40000			147384	
石城县	191325	2245	189080	220	2400			127141	59319
瑞金市	772239	199887	572352	71397	17747		9400	348758	125050
南康区	1233282	50614	1182668	104853	43050			797759	237006
赣州经开区	2530949	70284	2460665	9446	39801		82115	2217091	112212

7-1-35 县(市、区)按行业分500万元以上固定资产投资

单位：万元

项　目	赣州市	章贡区	赣　县	信丰县	大余县	上犹县	崇义县
总　计	**16087125**	**2630689**	**1184781**	**1197454**	**736500**	**392663**	**334091**
(一)农、林、牧、渔业	366851	1833	31311	30999	9948		
农业	162767		3330	9999	4560		
林业	25523						
畜牧业	110062		1550	16000	1570		
渔业	8500			5000			
农、林、牧、渔服务业	59999	1833	26431		3818		
(二)采矿业	156481				33276	951	11167
煤炭开采和洗选业	1666						
黑色金属矿采选业	1972						
有色金属矿采选业	91419				33276	951	7957
非金属矿采选业	49068						3210
开采辅助活动	12356						
(三)制造业	5641230	649552	326146	668987	275036	135111	62352
农副食品加工业	196041	4439	5240	42100	4600		100
食品制造业	119598		16660	40500	3680		192
酒、饮料和精制茶制造业	52836		10670	9000			5734
纺织业	27009			9500			2209
纺织服装和服饰业	271221			6500		250	
皮革、毛皮、羽毛及其制品业	43274			10500	1656		
木材加工及木、竹、藤、棕、草制品业	232555			19000	14187		3700
家具制造业	81136		1400				
造纸及纸制品业	65991	8849					
印刷业和记录媒介的复制	68323						
文教、美工、体育和娱乐用品制造业	42327						
石油加工、炼焦及核燃料加工业	19450			19450			
化学原料和化学制品制造业	275964	14956	905	37200			10837
医药制造业	158921	31266		9204			
橡胶和塑料制品业	102462			9000		5078	
非金属矿制品业	545929	14911	12840	189296	8400	24479	20780
黑色金属冶炼和压延加工业	11501				3041		
有色金属冶炼和压延加工业	874877	206591	19000	22400	222568	13873	18800
金属制品业	124885	14502	9312	5000		10550	
通用设备制造业	200144	59592	80961	9500			
专用设备制造业	264485	12375	54100	28779	10381	46543	
汽车制造业	93147	48858					
铁路、船舶、航空航天和其他运输设备制造业	2339						
电气机械及器材制造业	667900	70255	54265	25486		33410	
计算机、通信和其他电子设备制造业	832537	98546	45493	157172		928	
仪器仪表制造业	20214			9900			
其他制造业	80106	2258		9500	6523		
废弃资源综合利用业	166058	62154	15300				
(四)电力、热力、燃气及水的生产和供应业	416798	6579	23555	24000	42753	5076	1500
电力、热力的生产和供应业	178448		15550	2000	34708		1500
燃气生产和供应业	42973		4800	9900		3390	
水的生产和供应业	195377	6579	3205	12100	8045	1686	

7-1-35 续表

单位：万元

项　目	赣州市	章贡区	赣　县	信丰县	大余县	上犹县	崇义县
(五)建筑业	4658						
土木工程建筑业	4658						
(六)批发和零售业	288973	11207	12000		760		42879
批发业	101652	11207			760		
零售业	187321		12000				42879
(七)交通运输、仓储和邮政业	1188567	39140	61274	104359	55303	19303	3415
道路运输业	853772	38739	47444	97859	44404	19303	3415
装卸搬运和运输代理业	241897						
仓储业	83158	401	13830	6500	10899		
邮政业	9740						
(八)住宿和餐饮业	82626		6211	19700			
住宿业	80711		6211	19700			
餐饮业	1915						
(九)信息传输、软件和信息技术服务业	17721						
电信、广播电视和卫星传输服务业	1701						
软件和信息技术服务业	16020						
(十)金融业	6480						
货币金融业	6480						
(十一)房地产业	4806815	1695510	375269	229216	160023	138331	86845
房地产开发投资	2303368	886535	111189	76693	7156	35251	23544
房地产业	2503447	808975	264080	152523	152867	103080	63301
(十二)租赁和商务服务业	194508	7478	144561				
租赁业	4998						
商务服务业	189510	7478	144561				
(十三)科学研究和技术服务业	17392						
专业技术服务业	6148						
科技交流和推广服务业	11244						
(十四)水利、环境和公共设施管理业	1864036	100889	149270	47293	78698	21823	121957
水利管理业	219114		12857	8000		5538	6834
生态保护和环境治理业	18083						
公共设施管理业	1626839	100889	136413	39293	78698	16285	115123
(十五)居民服务和其他服务业	11977						
居民服务业	9795						
其他服务业	2182						
(十六)教育	402889	19993	25743	31000	50313	4862	
教育	402889	19993	25743	31000	50313	4862	
(十七)卫生和社会工作	259024	47822	7461	25400	8588	978	1945
卫生	198209	47822	5011	15500	6828	375	1945
社会工作	60815		2450	9900	1760	603	
(十八)文化、体育和娱乐业	290160	50686	17250	8500	12540	66228	
广播、电视、电影和影视录音制作业	7580						
文化艺术业	119478		10317	8500		50000	
体育	119985	50686	6933		12540	16228	
娱乐业	43117						
(十九)公共管理和社会组织	69939		4730	8000	9262		2031
国家机构	40414		1530		9262		1481
社会保障	19914			8000			
群众团体、社会团体和其他成员组织	9611		3200				550

7-1-36　县(市、区)按行业分500万元以上固定资产投资

单位：万元

项　目	安远县	龙南县	定南县	全南县	宁都县	于都县	兴国县
总　计	**261072**	**1089051**	**504780**	**297442**	**575216**	**1230494**	**833014**
(一)农、林、牧、渔业		59918	11749	13162	1000	57756	57620
农业			7400			26038	40430
林业		8710				2623	14190
畜牧业		43958	4349	10005	1000	26725	
渔业						500	3000
农、林、牧、渔服务业		7250		3157		1870	
(二)采矿业		6088	3533	8786		36056	14174
煤炭开采和洗选业						1666	
黑色金属矿采选业						1972	
有色金属矿采选业		6088	3533	8786		7432	
非金属矿采选业						12630	14174
开采辅助活动						12356	
(三)制造业	14772	471225	134239	123360	220570	356671	272943
农副食品加工业	3697	7304	14027	3485		12766	28981
食品制造业		20844	8600		2670	1000	5430
酒、饮料和精制茶制造业					5380	3763	4866
纺织业				5788	1760	3400	
纺织服装和服饰业					46001	120791	16372
皮革、毛皮、羽毛及其制品业					17640	13478	
木材加工及木、竹、藤、棕、草制品业	3110			12040	28256	3958	33746
家具制造业		9527			5050		4786
造纸及纸制品业				3755	3180		
印刷业和记录媒介的复制							17868
文教、美工、体育和娱乐用品制造业		10374			9541		9792
石油加工、炼焦及核燃料加工业							
化学原料和化学制品制造业			17700	8715	18430	4400	40899
医药制造业							
橡胶和塑料制品业	1000	11105	5459	9162	9000	7900	4992
非金属矿制品业	1203	24912	40531	12412	8638	51309	64770
黑色金属冶炼和压延加工业						2800	
有色金属冶炼和压延加工业		77505	16682	15209		2231	
金属制品业	640	15680		3583	25394	350	
通用设备制造业					9104		9622
专用设备制造业		37549		16844		8970	
汽车制造业			5950		5549	12377	9593
铁路、船舶、航空航天和其他运输设备制造业						1000	
电气机械及器材制造业		61399	13078	19241	14643	45162	11260
计算机、通信和其他电子设备制造业	5122	110871	12212	13126	10334	53956	9966
仪器仪表制造业						7060	
其他制造业							
废弃资源综合利用业		84155					
(四)电力、热力、燃气及水的生产和供应业	25850	33631	17403	24295	10629	57839	64774
电力、热力的生产和供应业	25850	1260	6767	7650	5253	23857	37384
燃气生产和供应业		9674				10576	4633
水的生产和供应业		22697	10636	16645	5376	23406	22757

7-1-36 续表 1

单位：万元

项目	安远县	龙南县	定南县	全南县	宁都县	于都县	兴国县
(五)建筑业							4658
土木工程建筑业							4658
(六)批发和零售业	12626	11187	60354			23067	9988
批发业						4865	
零售业	12626	11187	60354			18202	9988
(七)交通运输、仓储和邮政业	153321	26381	9975	24511	26271	66314	43026
道路运输业	152862	26381	6845	24511	26271	60770	43026
装卸搬运和运输代理业							
仓储业	459		3130			5544	
邮政业							
(八)住宿和餐饮业	2200				3000	18319	9685
住宿业	2200				3000	16404	9685
餐饮业						1915	
(九)信息传输、软件和信息技术服务业			16020	181		1520	
电信、广播电视和卫星传输服务业				181		1520	
软件和信息技术服务业			16020				
(十)金融业			6480				
货币金融业			6480				
(十一)房地产业	29400	187169	131049	70010	215101	261345	114990
房地产开发投资	29400	67674	33233	11467	90582	139992	68850
房地产业		119495	97816	58543	124519	121353	46140
(十二)租赁和商务服务业	3080	3109				14439	4998
租赁业							4998
商务服务业	3080	3109				14439	
(十三)科学研究和技术服务业	787	3613				7809	
专业技术服务业						965	
科技交流和推广服务业	787	3613				6844	
(十四)水利、环境和公共设施管理业	5470	200352	44451	23532	82275	192482	120264
水利管理业		30947	8651	6766	17488	33957	14735
生态保护和环境治理业			825			3145	14113
公共设施管理业	5470	169405	34975	16766	64787	155380	91416
(十五)居民服务和其他服务业		6500				5477	
居民服务业		6500				3295	
其他服务业						2182	
(十六)教育		28107	29944	4324	8614	26680	72215
教育		28107	29944	4324	8614	26680	72215
(十七)卫生和社会工作	3292	34691	2460	4033	1500	64422	21712
卫生		34691	2460	4033		44313	4950
社会工作	3292				1500	20109	16762
(十八)文化、体育和娱乐业		17080	35763	530	5176	31417	21967
广播、电视、电影和影视录音制作业		7580					
文化艺术业		9500				10671	16969
体育				530	2950	20616	
娱乐业			35763		2226	130	4998
(十九)公共管理和社会组织	10274		1360	718	1080	8881	
国家机构	5750			718	1080	1990	
社会保障	4524					2390	
群众团体、社会团体和其他成员组织			1360			4501	

7-1-36 续表 2

单位：万元

项　目	会昌县	寻乌县	石城县	瑞金市	南康区	赣州经开区
总　计	**380622**	**312241**	**219614**	**581528**	**1218248**	**2107625**
(一)农、林、牧、渔业	20920			25067	45568	
农业	20920			21470	28620	
林业						
畜牧业				1392	3513	
渔业						
农、林、牧、渔服务业				2205	13435	
(二)采矿业		19054	23396			
煤炭开采和洗选业						
黑色金属矿采选业						
有色金属矿采选业			23396			
非金属矿采选业		19054				
开采辅助活动						
(三)制造业	119345	78081	67921	187533	459562	1017824
农副食品加工业		38538		25201		5563
食品制造业		1772	650			17600
酒、饮料和精制茶制造业		1256	3392			8775
纺织业				4095		257
纺织服装和服饰业	26805	1120	8364	4600		40418
皮革、毛皮、羽毛及其制品业						
木材加工及木、竹、藤、棕、草制品业			3500		103414	7644
家具制造业				900	56590	2883
造纸及纸制品业					29950	20257
印刷业和记录媒介的复制						50455
文教、美工、体育和娱乐用品制造业			2920	9700		
石油加工、炼焦及核燃料加工业						
化学原料和化学制品制造业	73816			2500	36090	9516
医药制造业				823		117628
橡胶和塑料制品业		1197		15114		23455
非金属矿制品业	7426	3980	12450	1000	24000	22592
黑色金属冶炼和压延加工业		5660				
有色金属冶炼和压延加工业	8200	19979		12900	114266	104673
金属制品业		949				38925
通用设备制造业		2240	15195			13930
专用设备制造业			12040	6200		30704
汽车制造业						10820
铁路、船舶、航空航天和其他运输设备制造业						1339
电气机械及器材制造业			2160	56050	41038	220453
计算机、通信和其他电子设备制造业		1390	300	47000	32654	233467
仪器仪表制造业						3254
其他制造业			6950	1450	21560	31865
废弃资源综合利用业	3098					1351
(四)电力、热力、燃气及水的生产和供应业		8920	5236	14860	49898	
电力、热力的生产和供应业		8920	800	3380	3569	
燃气生产和供应业						
水的生产和供应业			4436	11480	46329	

7-1-36 续表 3

单位：万元

项　目	会昌县	寻乌县	石城县	瑞金市	南康区	赣州经开区
(五)建筑业						
土木工程建筑业						
(六)批发和零售业				5350	79470	20085
批发业				5350	79470	
零售业						20085
(七)交通运输、仓储和邮政业	1745	153260	2867	4329	50726	343047
道路运输业	1745	153260	2867	4329	16476	83265
装卸搬运和运输代理业						241897
仓储业					34250	8145
邮政业						9740
(八)住宿和餐饮业	8011			15500		
住宿业	8011			15500		
餐饮业						
(九)信息传输、软件和信息技术服务业						
电信、广播电视和卫星传输服务业						
软件和信息技术服务业						
(十)金融业						
货币金融业						
(十一)房地产业	101085	48038	42395	198302	393405	329332
房地产开发投资	53531	48038	42395	102716	228645	246477
房地产业	47554			95586	164760	82855
(十二)租赁和商务服务业				16843		
租赁业						
商务服务业				16843		
(十三)科学研究和技术服务业					780	4403
专业技术服务业					780	4403
科技交流和推广服务业						
(十四)水利、环境和公共设施管理业	114149	971	74510	76777	94585	314288
水利管理业	53313	971	7441	1696	9920	
生态保护和环境治理业						
公共设施管理业	60836		67069	75081	84665	314288
(十五)居民服务和其他服务业						
居民服务业						
其他服务业						
(十六)教育	9660			19900	21852	49682
教育	9660			19900	21852	49682
(十七)卫生和社会工作		3917	1119	3320		26364
卫生		3917				26364
社会工作			1119	3320		
(十八)文化、体育和娱乐业	2600		2170	9851	8402	
广播、电视、电影和影视录音制作业						
文化艺术业	2600		1070	9851		
体育			1100		8402	
娱乐业						
(十九)公共管理和社会组织	3107			3896	14000	2600
国家机构	3107			3896	9000	2600
社会保障					5000	
群众团体、社会团体和其他成员组织						

7-1-37　县(市、区)按行业分城镇以上固定资产投资

单位：万元

项　目	赣州市	章贡区	赣　县	信丰县	大余县	上犹县	崇义县
总　计	**14253351**	**2563921**	**2156800**	**1042346**	**736500**	**297795**	**237790**
(一)农、林、牧、渔业	210718	1833	22078	21000	9948		
农业	75479				4560		
林业	20448						
畜牧业	75085		1550	16000	1570		
渔业	8500			5000			
农、林、牧、渔服务业	31206	1833	20528		3818		
(二)采矿业	119997				33276	951	1612
煤炭开采和洗选业	1666						
黑色金属矿采选业	1972						
有色金属矿采选业	58145				33276	951	1612
非金属矿采选业	45858						
开采辅助活动	12356						
(三)制造业	5397962	649552	325241	634887	275036	135111	53397
农副食品加工业	188831	4439	5240	36900	4600		100
食品制造业	119406		16660	40500	3680		
酒、饮料和精制茶制造业	42236		10670	9000			
纺织业	27009			9500			2209
纺织服装和服饰业	271221			6500		250	
皮革、毛皮、羽毛及其制品业	43274			10500	1656		
木材加工及木、竹、藤、棕、草制品业	220555			10500	14187		3700
家具制造业	81136		1400				
造纸及纸制品业	36041	8849					
印刷业和记录媒介的复制	68323						
文教、美工、体育和娱乐用品制造业	42327						
石油加工、炼焦及核燃料加工业	19450			19450			
化学原料和化学制品制造业	262100	14956		37200			7808
医药制造业	158921	31266		9204			
橡胶和塑料制品业	102462			9000		5078	
非金属矿制品业	522079	14911	12840	172396	8400	24479	20780
黑色金属冶炼和压延加工业	11501				3041		
有色金属冶炼和压延加工业	775601	206591	19000	18900	222568	13873	18800
金属制品业	124885	14502	9312	5000		10550	
通用设备制造业	196211	59592	80961	9500			
专用设备制造业	264485	12375	54100	28779	10381	46543	
汽车制造业	93147	48858					
铁路、船舶、航空航天和其他运输设备制造业	2339						
电气机械及器材制造业	625507	70255	54265	25486		33410	
计算机、通信和其他电子设备制造业	832537	98546	45493	157172		928	
仪器仪表制造业	20214			9900			
其他制造业	80106	2258		9500	6523		
废弃资源综合利用业	166058	62154	15300				
(四)电力、热力、燃气及水的生产和供应业	332657	6579	11470	22000	42753	5076	
电力、热力的生产和供应业	149095		4350		34708		
燃气生产和供应业	42973		4800	9900		3390	
水的生产和供应业	140589	6579	2320	12100	8045	1686	

7-1-37 续表 1

单位：万元

项　　目	赣州市	章贡区	赣　县	信丰县	大余县	上犹县	崇义县
(五)建筑业	4658						
土木工程建筑业	4658						
(六)批发和零售业	275897	11207	12000		760		42879
批发业	96852	11207			760		
零售业	179045		12000				42879
(七)交通运输、仓储和邮政业	1103729	39140	59784	104359	55303	19303	300
道路运输业	768934	38739	45954	97859	44404	19303	300
装卸搬运和运输代理业	241897						
仓储业	83158	401	13830	6500	10899		
邮政业	9740						
(八)住宿和餐饮业	82626		6211	19700			
住宿业	80711		6211	19700			
餐饮业	1915						
(九)信息传输、软件和信息技术服务业	17721						
电信、广播电视和卫星传输服务业	1701						
软件和信息技术服务业	16020						
(十)金融业	6480						
货币金融业	6480						
(十一)房地产业	3880327	1628742	312795	154070	160023	43463	46659
房地产开发投资	2303368	886535	111189	76693	7156	35251	23544
房地产业	1576959	742207	201606	77377	152867	8212	23115
(十二)租赁和商务服务业	192834	7478	144561				
租赁业	4998						
商务服务业	187836	7478	144561				
(十三)科学研究和技术服务业	13779						
专业技术服务业	6148						
科技交流和推广服务业	7631						
(十四)水利、环境和公共设施管理业	1698815	100889	138223	29330	78698	21823	88967
水利管理业	162660		2781			5538	4713
生态保护和环境治理业	18083						
公共设施管理业	1518072	100889	135442	29330	78698	16285	84254
(十五)居民服务和其他服务业	4802						
居民服务业	2620						
其他服务业	2182						
(十六)教育	354062	19993	23003	25000	50313	4862	
教育	354062	19993	23003	25000	50313	4862	
(十七)卫生和社会工作	203152	47822	7461	15500	8588	978	1945
卫生	157346	47822	5011	15500	6828	375	1945
社会工作	45806		2450		1760	603	
(十八)文化、体育和娱乐业	283196	50686	15870	8500	12540	66228	
广播、电视、电影和影视录音制作业	7580						
文化艺术业	116904		8937	8500		50000	
体育	117821	50686	6933		12540	16228	
娱乐业	40891						
(十九)公共管理和社会组织	69939		4730	8000	9262		2031
国家机构	40414		1530		9262		1481
社会保障	19914			8000			
群众团体、社会团体和其他成员组织	9611		3200				550

7-1-37 续表 2

单位：万元

项　目	安远县	龙南县	定南县	全南县	宁都县	于都县	兴国县
总　计	**261072**	**1003935**	**424486**	**216936**	**372678**	**992774**	**775832**
(一)农、林、牧、渔业		46598	11749	13162	1000	19480	21480
农业			7400			11849	9280
林业		8710				2538	9200
畜牧业		37888	4349	10005	1000	2723	
渔业						500	3000
农、林、牧、渔服务业				3157		1870	
(二)采矿业		6088		8786		36056	14174
煤炭开采和洗选业						1666	
黑色金属矿采选业						1972	
有色金属矿采选业		6088		8786		7432	
非金属矿采选业						12630	14174
开采辅助活动						12356	
(三)制造业	14772	471225	134239	123360	210640	354661	268077
农副食品加工业	3697	7304	14027	3485		10756	28981
食品制造业		20844	8600		2670	1000	5430
酒、饮料和精制茶制造业					5380	3763	
纺织业				5788	1760	3400	
纺织服装和服饰业					46001	120791	16372
皮革、毛皮、羽毛及其制品业					17640	13478	
木材加工及木、竹、藤、棕、草制品业	3110			12040	28256	3958	33746
家具制造业		9527			5050		4786
造纸及纸制品业				3755	3180		
印刷业和记录媒介的复制							17868
文教、美工、体育和娱乐用品制造业		10374			9541		9792
石油加工、炼焦及核燃料加工业							
化学原料和化学制品制造业			17700	8715	8500	4400	40899
医药制造业							
橡胶和塑料制品业	1000	11105	5459	9162	9000	7900	4992
非金属矿制品业	1203	24912	40531	12412	8638	51309	64770
黑色金属冶炼和压延加工业						2800	
有色金属冶炼和压延加工业		77505	16682	15209		2231	
金属制品业	640	15680		3583	25394	350	
通用设备制造业					9104		9622
专用设备制造业		37549		16844		8970	
汽车制造业			5950		5549	12377	9593
铁路、船舶、航空航天和其他运输设备制造业						1000	
电气机械及器材制造业		61399	13078	19241	14643	45162	11260
计算机、通信和其他电子设备制造业	5122	110871	12212	13126	10334	53956	9966
仪器仪表制造业						7060	
其他制造业							
废弃资源综合利用业		84155					
(四)电力、热力、燃气及水的生产和供应业	25850	33631	15306	12490	5376	37325	61127
电力、热力的生产和供应业	25850	1260	6767	7650		23857	37384
燃气生产和供应业		9674				10576	4633
水的生产和供应业		22697	8539	4840	5376	2892	19110

7-1-37 续表 3

单位：万元

项目	安远县	龙南县	定南县	全南县	宁都县	于都县	兴国县
(五)建筑业							4658
土木工程建筑业							4658
(六)批发和零售业	12626	11187	60354			9991	9988
批发业						65	
零售业	12626	11187	60354			9926	9988
(七)交通运输、仓储和邮政业	153321	16762	9975	20253		59079	30497
道路运输业	152862	16762	6845	20253		53535	30497
装卸搬运和运输代理业							
仓储业	459		3130			5544	
邮政业							
(八)住宿和餐饮业	2200				3000	18319	9685
住宿业	2200				3000	16404	9685
餐饮业						1915	
(九)信息传输、软件和信息技术服务业			16020	181		1520	
电信、广播电视和卫星传输服务业				181		1520	
软件和信息技术服务业			16020				
(十)金融业			6480				
货币金融业			6480				
(十一)房地产业	29400	177939	61593	15039	90582	163724	114990
房地产开发投资	29400	67674	33233	11467	90582	139992	68850
房地产业		110265	28360	3572		23732	46140
(十二)租赁和商务服务业	3080	3109				12765	4998
租赁业							4998
商务服务业	3080	3109				12765	
(十三)科学研究和技术服务业	787					7809	
专业技术服务业						965	
科技交流和推广服务业	787					6844	
(十四)水利、环境和公共设施管理业	5470	185038	43466	14060	53436	174224	120264
水利管理业		15633	8651	6766	6364	32797	14735
生态保护和环境治理业			825			3145	14113
公共设施管理业	5470	169405	33990	7294	47072	138282	91416
(十五)居民服务和其他服务业						4802	
居民服务业						2620	
其他服务业						2182	
(十六)教育		9147	25721	4324	4614	26680	72215
教育		9147	25721	4324	4614	26680	72215
(十七)卫生和社会工作	3292	26131	2460	4033		29399	21712
卫生		26131	2460	4033		12010	4950
社会工作	3292					17389	16762
(十八)文化、体育和娱乐业		17080	35763	530	2950	28059	21967
广播、电视、电影和影视录音制作业		7580					
文化艺术业		9500				9477	16969
体育				530	2950	18452	
娱乐业			35763			130	4998
(十九)公共管理和社会组织	10274		1360	718	1080	8881	
国家机构	5750			718	1080	1990	
社会保障	4524					2390	
群众团体、社会团体和其他成员组织			1360			4501	

7-1-37 续表 4

单位：万元

项　　目	会昌县	寻乌县	石城县	瑞金市	南康区	赣州经开区
总　计	**344360**	**287611**	**173072**	**487771**	**843420**	**2107625**
(一)农、林、牧、渔业	20920			21470		
农业	20920			21470		
林业						
畜牧业						
渔业						
农、林、牧、渔服务业						
(二)采矿业		19054				
煤炭开采和洗选业						
黑色金属矿采选业						
有色金属矿采选业						
非金属矿采选业		19054				
开采辅助活动						
(三)制造业	119345	78081	51378	187533	293603	1017824
农副食品加工业		38538		25201		5563
食品制造业		1772	650			17600
酒、饮料和精制茶制造业		1256	3392			8775
纺织业				4095		257
纺织服装和服饰业	26805	1120	8364	4600		40418
皮革、毛皮、羽毛及其制品业						
木材加工及木、竹、藤、棕、草制品业					103414	7644
家具制造业				900	56590	2883
造纸及纸制品业						20257
印刷业和记录媒介的复制						50455
文教、美工、体育和娱乐用品制造业			2920	9700		
石油加工、炼焦及核燃料加工业						
化学原料和化学制品制造业	73816			2500	36090	9516
医药制造业				823		117628
橡胶和塑料制品业		1197		15114		23455
非金属矿制品业	7426	3980	5500	1000	24000	22592
黑色金属冶炼和压延加工业		5660				
有色金属冶炼和压延加工业	8200	19979		12900	18490	104673
金属制品业		949				38925
通用设备制造业		2240	11262			13930
专用设备制造业			12040	6200		30704
汽车制造业						10820
铁路、船舶、航空航天和其他运输设备制造业						1339
电气机械及器材制造业				56050	805	220453
计算机、通信和其他电子设备制造业		1390	300	47000	32654	233467
仪器仪表制造业						3254
其他制造业			6950	1450	21560	31865
废弃资源综合利用业	3098					1351
(四)电力、热力、燃气及水的生产和供应业			3288	14380	36006	
电力、热力的生产和供应业			800	2900	3569	
燃气生产和供应业						
水的生产和供应业			2488	11480	32437	

7-1-37 续表 5

单位：万元

项目	会昌县	寻乌县	石城县	瑞金市	南康区	赣州经开区
(五)建筑业						
土木工程建筑业						
(六)批发和零售业				5350	79470	20085
批发业				5350	79470	
零售业						20085
(七)交通运输、仓储和邮政业	1745	138521	1600	2966	47774	343047
道路运输业	1745	138521	1600	2966	13524	83265
装卸搬运和运输代理业						241897
仓储业					34250	8145
邮政业						9740
(八)住宿和餐饮业	8011			15500		
住宿业	8011			15500		
餐饮业						
(九)信息传输、软件和信息技术服务业						
电信、广播电视和卫星传输服务业						
软件和信息技术服务业						
(十)金融业						
货币金融业						
(十一)房地产业	74842	48038	42395	112332	274369	329332
房地产开发投资	53531	48038	42395	102716	228645	246477
房地产业	21311			9616	45724	82855
(十二)租赁和商务服务业				16843		
租赁业						
商务服务业				16843		
(十三)科学研究和技术服务业					780	4403
专业技术服务业					780	4403
科技交流和推广服务业						
(十四)水利、环境和公共设施管理业	104418		72011	74430	79780	314288
水利管理业	53313		7441	1696	2232	
生态保护和环境治理业						
公共设施管理业	51105		64570	72734	77548	314288
(十五)居民服务和其他服务业						
居民服务业						
其他服务业						
(十六)教育	9372			19900	9236	49682
教育	9372			19900	9236	49682
(十七)卫生和社会工作		3917	230	3320		26364
卫生		3917				26364
社会工作			230	3320		
(十八)文化、体育和娱乐业	2600		2170	9851	8402	
广播、电视、电影和影视录音制作业						
文化艺术业	2600		1070	9851		
体育			1100		8402	
娱乐业						
(十九)公共管理和社会组织	3107			3896	14000	2600
国家机构	3107			3896	9000	2600
社会保障					5000	
群众团体、社会团体和其他成员组织						

7-1-38　固定资产投资新增生产能力(或效益)

指标名称	单　位	累计生产能力(或效益)	本年新增
石油加工：蒸馏设备能力	处理万吨/年	2.7	2.7
铁矿开采(原矿)	万吨/年	0.04	0.04
铜选矿:(1)处理铜原矿量	万吨/年		
(2)产出精矿含铜量	吨/年	1700	1700
锡冶炼	吨/年	10000	10000
水力发电	万千瓦	407.5	32.5
输电线路长度(11万伏及以上)	公里	357.9	326.9
水泥	万吨/年	858.42	550.42
平板玻璃	万重量箱/年	26	26
氮肥	吨/年	35000	35000
塑料树脂及共聚物	吨/年	630	630
啤酒	万吨/年	20	20
白酒	万吨/年	3.51	3.18
其他酒	万吨/年	0.6	0.6
房间空气调节器	万台/年	2.3	2.3
新建公路	公里	508.3	384.8
其中：高速公路	公里	98	55
一级公路	公里	49.6	21.2
二级公路	公里	71.1	69.6
改建公路	公里	1098.92	868.72
其中：高速公路	公里		
一级公路	公里	60.2	17
二级公路	公里	192.4	188.68
新建独立公路桥梁	延长米	6300.16	4197.06
新建独立公路桥梁	座	13	11
新(扩)建公路客、货运站	个	4	3
新(扩)建公路客、货运站	平方米	52489	31028.42
城市自来水供水能力	万吨/日	4748.65	4747.85
城市污水处理能力	万吨/日	110.4	103.1

7-1-39 亿元以上在建项目

项目(单位)名称	项目名称
总　　计	395个项目
赣州市重点办	寻乌至全南高速公路建设项目
赣州中联环保科技开发有限公司	赣州市水西稀土深加工表面精饰产业集控区
江西青峰药业有限公司	年产5吨原料药及3000吨中药提取项目
江西鸿翔电动车辆制造有限公司	年产8000辆城乡环境清理运输新能源专用车
章贡区城投开发有限公司	棚户区项目K24-1号地块
赣州中辰精细化工科技有限公司	年产2万吨工业草酸生产项目
赣州正和电器有限公司	年产150万台生活电器及主要配件加工生产项目
赣州市章贡区城市建设投资开发有限公司	棚改项目 · K3地块返迁安置房
章贡区城市建设投资开发有限公司	B6地块返迁安置房
赣州市吉泰投资开发有限公司	沙石镇农民返迁安置房
赣州市章贡区城市建设投资开发有限公司	棚改项目 · K20地块返迁安置房
赣州市章贡区城市建设投资开发有限公司	棚改项目 · J6地块返迁安置房
赣州市城市住房保障管理中心	阳光 · 龙都嘉苑公共租赁住房(A区)建设项目
中汽零(赣州)工业投资管理有限公司	中汽零部件产业基地研发检测大楼
赣州华劲纸品有限公司	年加工15万吨高级生活用纸项目
赣州市章贡区城市建设投资开发有限公司	棚改项目 · K6地块返迁安置房
赣州步莱铽新资源有限公司	年处理10000吨钕铁硼废料和1000吨荧光粉废料综合利用技术改造
赣州富尔美科技有限公司	年产1200万安时锂电池生产线项目及年产90万平方米高密度印刷线路板
赣州市章贡区城市建设投资开发有限公司	棚改项目 · J21地块返迁安置房
赣州中盛隆电子有限公司	年产120万平方米高密度电路板项目
赣州市章贡区南桥实业有限公司	赣江新区南桥农贸市场建设
江钨世泰科钨品有限公司	APT、氧化钨生产项目
赣州城市开发投资集团有限责任公司	F3、F7地块返迁安置小区
赣州市污水处理有限公司	中心城区白塔污水处理厂二期
章贡区城市建设投资开发有限公司	K15地块返迁安置房
章贡区城投公司	沙河农资大市场一期工程
赣州市章贡区城市建设投资开发有限公司	H4地块返迁安置房
章贡区城投开发有限公司	棚户区项目K24-2号地块
章贡区城市建设投资开发有限公司	章贡区棚改 · 水泵厂安置房项目
赣州市章贡区城市建设投资开发有限公司	棚改项目 · K5地块返迁安置房
赣州发展投资控股集团有限责任公司	赣储路2#地块农民返迁房工程
赣州市城市开发投资集团有限责任公司	市人民医院新院普通专科医疗中心

注：跨地区高速公路项目施工项目个数按所经县(市、区)各一个计算。

7-1-39 续表 1

项目(单位)名称	项目名称
赣州市章贡区城市建设投资开发有限公司	章贡区公共租赁住房(水西地块)项目
章贡区城投开发有限公司	赣州市章贡经济开发区(北区)基础设施项目
赣州市章贡区城市建设投资开发有限公司	C6地块返迁安置房
世泰科江钨特种钨(赣州)有限公司	钨粉、碳化钨粉生产项目
赣州市章贡区城市建设投资开发有限公司	棚改项目·K22地块返迁安置房
赣州市章贡区城市建设投资开发有限公司	棚改项目·H23地块返迁安置房
赣州市深联电路有限公司	高密度印制电路板项目
章贡区城市建设投资开发有限公司	K24地块返迁安置房
赣州市水西有色冶金基地开发建设有限公司	赣州水西有色冶金基地基础设施建设
赣州百利(天津)钨钼有限公司	年产2000吨碳化钨粉、500吨钨条及350吨钼条退城进园技术改造
章贡区城市建设投资开发有限公司	章贡区公共租赁住房(水东地块)项目
章贡区城市建设投资开发有限公司	B5地块返迁安置房
赣州市场建设综合开发有限公司	章江花园
赣州市章贡区城市建设投资开发有限公司	323国道以西(火车站至楼梯村)城中村综合改造
赣州发电设备成套制造有限公司	年产50万千瓦大型垂直轴风力发电技术改造
赣州市章贡区城市建设投资开发有限公司	棚改项目·J5地块返迁安置房
章贡区城投开发有限公司	赣州市章贡经济开发区(南区)基础设施项目
赣州八0一钨业有限公司	迁(扩)建仲钨酸铵、钨粉和硬质合金深加工
江西宏鑫传动科技有限责任公司	齿轮及传动箱生产项目
章贡区城市建设投资开发有限公司	G3地块返迁安置房
赣州市章贡区城市建设投资开发有限公司	棚改项目·K13地块返迁安置房
赣州虔东稀土集团股份有限公司	年产3000吨钇锆结构陶瓷材料技改
章贡区城市建设投资开发有限公司	G4地块返迁安置房
章贡区城市建设投资开发有限公司	K14地块返迁安置房
赣州市城市住房保障管理中心	阳光·龙都嘉苑公共租赁住房(B区)建设项目
赣州德林实业有限公司	生产陶瓷系列产品及工艺品建设项目
赣州市豪鹏科技有限公司	废旧镍氢、锂电池回收利用项目
赣州帝晶光电科技有限公司	年产1.15亿台液晶显示模块生产线项目
章贡区城投公司	棚改项目 2014年第三批拆迁安置房建设项目
赣州市章贡区城市建设投资开发有限公司	C10地块返迁安置房
赣州市章贡区城市建设投资开发有限公司	河套老城区“断头路”工程
华开(赣州)城市投资有限公司	赣州市章江新区游泳馆及章贡区社区综合服务中心
章贡区城投公司	棚改项目 文明大道东延地块

7-1-39 续表 2

项目(单位)名称	项目名称
章贡区城市建设投资开发有限公司	G5地块返迁安置房
赣州市章贡区城市建设投资开发有限公司	赣州郁孤台历史文化街区及周边地区保护修缮改造项目
江西赣州沙河工业园区开发有限公司	沙河工业园基础设施建设
赣州虔东稀土集团股份有限公司	年产6000万套稀土陶瓷光纤连接元件产业化技改
赣州城市开发投资集团有限责任公司	红旗大道东延返迁房
章贡区城投开发有限公司	棚改项目 潮泥湾地块安置房
赣州水西基地开发建设公司	水西镇农民返迁安置房项目
赣州市超跃科技有限公司	年产60万平方米高密度印刷电路板
中汽零部件产业基地发展公司	中汽零部件(赣州)产业基地生产基地建设项目(一期)
赣州市秋田微电子有限公司	液晶显示器与触摸屏研发与制造项目
章贡区城投公司	水东原赣南化工厂、赣州电机厂棚改地块拆迁安置工程
赣州市章贡区城市建设投资开发有限公司	棚改项目·H20地块返迁安置房
赣州三江合置业有限公司	赣州金属产业商贸物流城
赣州市章贡区城市建设投资开发有限公司	棚改项目·J4地块返迁安置房
赣州发展投资控股集团有限责任公司	赣储路1#地块返迁房建设
赣州白塔金属材料有限公司	年产2000吨金属锡料及无铅焊锡粉项目
赣县广厦保障性住房建设运营有限公司	赣县文德家园公租(廉租)房建设项目
赣州昌联仓储中心	昌联仓储中心项目
赣州海铁物流有限责任公司	综合物流中心
赣州天绿生化科技有限公司	年产15000吨脐橙膨化颗粒生产线
赣县市秀昆房地产开发有限公司	赣县人才园
赣县国土资源局	赣县低丘缓坡荒滩试点工程(洋塘工业园)
赣县梅林镇人民政府	红金综合安置区
赣县城北投资发展有限公司	狮子岩景区
北大燕工赣州科技学校	北大燕工赣州技术学校建设项目
赣县永裕新型建材有限公司	年产12万㎡轻质隔墙板项目
江西红旗电缆有限公司	年产1万米电线电缆项目
赣州鑫隆康稀土有限公司	年产2千吨高性能单晶球状铈基稀土抛光粉项目
赣州市巨龙废旧物资调剂市场有限公司	(赣县)巨龙废旧金属回收综合利用项目
赣县城北投资发展有限公司	赣县城北专业市场(南区)
赣州尚为电子科技有限责任公司	建筑智能化产品项目
赣州誉阳电池有限公司	年产90万KVAH乳体蓄电池项目
江西省高新超越精密电子有限公司	电子变压器、线圈、电感建设项目

7-1-39　续表 3

项目(单位)名称	项目名称
赣县梅林镇人民政府	赣县梅林章贡杨仙大道安置区
江西省绿宏实业有限公司	百花园项目
赣州百惠酒业有限公司	(赣县)百惠酒业啤酒生产项目
江西浩金欧博空调制造有限公司	中央空调及零配件制造项目
华开(赣州)城市投资有限公司	客家大桥
赣州盛世嘉叶置业有限公司赣县分公司	赣县商务大厦
赣县湖江镇人民政府	湖江夏府旅游渡假区
赣县梅林镇人民政府	互通口安置区
赣州新健隆投资发展有限公司	赣州新健隆电器商城
江西省洹鑫投资有限公司	赣县金融大厦
赣县城北投资发展有限公司	赣南汽车职业技术学校建设项目
赣县水土保持局	赣州清溪水保生态科技园
赣县城乡规划建设局	赣州市中心城区统筹城乡发展储潭试验区道路项目
信丰县房产管理局	信丰县磨下棚户区改造
江西聚声泰科技有限公司	年产5亿只电声产品生产项目
信丰县房管局	信丰县工业新城三引小区保障房建设项目
江西省圣塔实业集团有限公司	2×4500T/D熟料水泥生产线技术改造暨纯低温余热发电项目
赣州诚信集团有限公司	诚信文化(创意)大厦
赣州九合绿色农业发展有限公司	年产11万吨无公害大米及胚芽米项目
信丰五洋实业有限公司	信丰县五洋水电站建设
科之光电子科技(信丰)有限公司	光电子信息产品制造项目
信丰县城市建设投资开发有限公司	迎宾大道北段拓宽改造
赣州市信坡实业有限公司	2×700t/d超白在线TCO玻璃生产线项目
大余县日荣钨业有限公司	大余县日荣钨业年产500吨钨精矿技改项目
大余县交通运输局	大余县G323国道黄龙至五里山一级公路项目
江西漂塘钨业有限公司	江西漂塘矿区低品位资源回收项目
大余县委农工部	大余县2014年上山片农村危旧土坯房集中改造项目
大余县供电有限责任公司	大余县南安220千伏输变电新建工程
江西磁姆新材料科技有限公司	江西磁姆新材料年产5000吨高性能新型软磁复合材料项目
大余县牡丹亭旅游食品有限公司	大余县牡丹亭旅游食品项目
大余县工业园管理委员会	大余县新城工业小区余商创业园建设项目
大余县委农工部	大余县2014年青黄片农村危旧土坯房集中改造项目
大余县体育局	大余县新体育中心项目

7-1-39 续表 4

项目(单位)名称	项目名称
赣州海创钨业有限公司	赣州海创钨业退城进园技改项目
大余县新华金属贸易有限公司	大余县小微企业创业园建设项目
大余县章源生态旅游有限公司	大余县章源生态旅酒店项目
大余县三月三旅游开发有限公司	大余县双田村生态乡村游项目
江西龙事达钨业有限公司	大余年产4000吨特种钨粉及1000吨硬质合金项目
大余县委农工部	大余县2014年新池片农村危旧土坯房集中改造项目
大余县教育局	大余中学新校区建设项目
大余县莹通工贸有限公司	大余县年产10万吨合成氟石项目
大余县天华山竹碳有限公司	大余县天华山年产1万吨竹碳项目
大余县城乡规划建设局	大余县新城工业园二期设施建设项目
上犹县工业和信息化局	上犹县沿湖玻纤有限公司增强砂轮网片生产线技改项目
江西上犹工业园区管理委员会	上犹腾盛电子有限公司
江西上犹工业园区管理委员会	赣州沐尔雅卫浴有限公司
海润嘉华文化发展有限公司	\"上德·艺术国际\"项目
上犹县交通运输局	黄沙坑至黄埠公路工程
上犹县工业和信息化局	赣州晨光稀土股份有限公司
上犹县城市建设投资有限公司	上犹县文体中心
江西上犹工业园区管理委员会	赣州恒信塑业有限公司
江西省力速数控机械有限公司	智能化精密化数控机床高能设备技改
上犹县工业园区管理委员会	工业园区污水处理厂
江西上犹工业园区管理委员会	赣州雄博新能源科技有限公司
上犹县旅游发展投资有限公司	九曲河河漂流项目
江西上犹工业园区管理委员会	江西海贝科技有限公司
上犹县工业园区管理委员会	模具产业基地建设
上犹县教育局	职业中专迁建工程
赣州市兴港制衣有限公司	兴港制衣公司服装加工项目
江西章江源旅游发展有限公司	阳岭景区整体开发项目(一期)
崇义县丰宝源光伏玻璃材料有限公司	超白光伏玻璃石英砂加工项目
江西齐云山食品有限公司	年产3.5万吨南酸枣糕系列产品项目
崇义章源投资控股有限公司	碳仟维增强碳化硅陶瓷基复合材料构件产业化项目
崇义县关田镇人民政府	关田工业园(非金属材料加工基地)一期建设工程
赣州铭豪实业有限公司	崇义县新世界购物公园
崇义县国有资产投资经营有限公司	崇义县振兴大道工程项目

7-1-39 续表 5

项目(单位)名称	项目名称
崇义县过埠镇人民政府	崇义县过埠综合示范镇基础设施建设
江西阳岭松脂有限公司	年产2万吨松香及深加工项目
江西耀升钨业股份有限公司	高性能硬质合金涂层刀片、球齿与棒材深加工项目
崇义章源钨业股份有限公司	年新增11000吨超高性能钨粉体技术改造项目
安远县工信局	安远县九龙山风电场建设项目
安远县建设局	安远县国兴汽车博览城建设项目
安远县国有资产有限公司	安远县教育园区建设项目
西多利实业(龙南)有限公司	年产1500万只光电连接器产品项目
龙南骏亚电子科技有限公司	年产300万平方米多层和高密度印刷电路板项目
龙南县城乡规划建设局	龙洲片区滨江路(实验中学至仙岩大道北段)道路工程
龙南县城乡规划建设局	龙洲片区滨江景观工程
龙南县城市建设投资有限责任公司	龙南县新都返迁房工程
龙南县城市建设投资有限责任公司	龙南县第一人民医院工程
龙南县城乡规划建设局	金龙大道道路工程
龙南温氏畜牧有限公司	一体化生猪养殖项目
赣州天清再生资源投资开发有限公司	年产5万吨再生铜资源综合利用项目
龙南龙钇重稀土股份有限公司	年产40000吨多元耐热、耐蚀、耐磨高性能材料生产线技术改造项目
江西赣悦光伏玻璃有限公司	850T/D超白光伏玻璃项目
定南县工业园管委会	江西定南工业园区污水处理厂
定南县精细产业园管理委员会	赣州墨儿谷化工有限公司年产2500吨油墨涂料生产项目
定南县京桥混凝土有限公司	年产120万立方米预搅拌混凝土项目
定南县交通局	寻茅线定南绕城公路新建工程项目
赣州瑞鑫永磁材料有限公司	年产2000吨钕铁硼磁材建设项目
定南县文化局	定南文化广场
江西元邦摩擦材料有限责任公司	年产50万套重型卡车高档盘式制动片技术改造项目
江西明旺投资有限责任公司	桃花园风景区
定南县房地产管理局	定南县温州商业街
定南县春晖投资公司	定南县文体中心
定南县工业园管理委员会	定南县城北城乡统筹示范区龙腾新天地一期项目
江西省灵通实业有限公司	手机、平板电脑生产项目
定南县农业科技管理委员会	香港华润集团生农产品生产加工项目
中南(定南)投资有限公司	金龙动漫游戏游艺生产建设项目
定南县中学(职)教育园区管理委员会	定南县第四中学

7-1-39 续表 6

项目(单位)名称	项目名称
江西省思哲实业有限公司	乐邦农林产业园基地
定南县精细化工产业园管理委员会	定南县大盛矿业有限公司年产36000吨硅粉及40万平方米硅胶板项目
定南恒明珠投资发展有限公司	恒明珠定南科技工业园一期工程
赣州容汇广场有限公司	定南容汇广场
定南县春晖投资公司	定南县教育园区路网工程
江西大江南纺织有限公司	纺织品生产项目
松岩冶金材料(全南)有限公司	松岩冶金氟盐化工项目
全南县城市建设投资有限责任公司	全南县“一江两岸”北岸工程项目
全南县危改办	金龙镇土坯房改造工程
全南县交通运输局	寻茅线全南县绕城一级公路工程
全南县卫生局	全南县人民医院整体迁建工程
江西大吉山钨业有限公司	江西赣南钨资源综合利用示范基地建设大吉山钽铌钨矿体开发利用项目
江西省广研光电科技有限公司	年产4亿只新光源节能灯建设项目
全南县南迳镇人民政府	南迳镇示范镇建设项目
全南现代牧业有限公司	全南现代牧业有限公司生态养殖产业化建设项目
江西宏信发玩具有限公司	江西宏信发玩具有限公司新建项目
赣州市公路管理局宁都分局	宁都大道C段新建工程
宁都县水利局	宁都县永宁水利枢纽工程
江西省绿缘环保袋有限公司	江西绿缘环保袋有限公司新建工程
赣州市公路管理局宁都分局	省道S323线宁石亭到赖坊段改建工程
宁都县房产局	宁都县2013年教育系统及部分乡镇等公租房建设项目
宁都县供水公司	宁都县第二水厂给水工程
赣州市禹恒五金制品有限公司	赣州市禹恒五金制品有限公司新建项目
赣州市艾炜特电子有限公司	年产500万台LCD和LED电源驱动电路板生产项目
宁都县城市发展投资有限公司	宁都县体育中心建设工程
江西鸿业制衣有限公司	江西鸿业厂房办公楼及员工宿舍建设项目
江西易富科技有限公司	江西易富科技有限公司新建工程
江西爱迩美实业有限公司	江西爱迩美实业有限公司新建项目
宁都县城市投资发展有限公司	宁都县统筹城乡保障性住房(公租房)建设项目
于都县房地产管理局	于都县上欧工业园区移民搬迁安置示范区建设项目
于都县交通局	G323国道于都绕城改线工程
于都县旅游局	于都县盘古山茶文化生态旅游区建设
于都县民政局	老年养老示范基地建设项目

7-1-39　续表 7

项目(单位)名称	项目名称
于都县工业园管委会	赢家时装(赣州)有限公司年加工530万件服装项目
于都县公路分局	G323国道路面大修于都段工程
于都县水利局	于都县小(2)型水库除险加固工程
于都县国有资产经营有限公司	于都县四馆一中心建设项目
于都县国有资产经营有限公司	于都县贡江南路堤景观(二期)工程建设项目
格特拉克传动系统有限公司	年产50万件齿轮箱、变速箱生产线
于都县交通局	G323国道改造(城市规划区段)项目
于都县城乡规划建设局	于都县府前大道建设项目
于都县城乡规划建设局	于都县贡江新区渡江南大道项目
于都县城乡规划建设局	于都县贡江新区水南大道建设项目
于都县正亿纸品纸业有限公司	于都县正亿纸品纸业有限公司年产20万吨瓦楞原纸项目
于都县工业和信息化局	中电投江西电力有限公司于都屏山风电场建设项目
于都县矿产资源管理局	赣州鑫永森稀有金属有限公司年产3500万Ah新能源汽车镍氢动力电池项目
于都县国有资产经营有限公司	于都县贡江南岸城市防洪工程一期
于都县水利局	于都峡山水电站
于都县国有资产经营有限公司	于都县体育中心二期建设项目
江西思卡多电动汽车有限公司	江西思卡多电动汽车有限公司新能源电动汽车整车改装项目
于都县工业和信息化局	万年青水泥公司日产4800吨干法水泥新型生产线项目
于都县交通局	厦蓉高速公路于都互通连接线改建工程
兴国县经济技术开发区管委会	江西兴国经济开发区扩区调区项目投资
兴国县城市发展投资有限责任公司	兴国县枫林田庄上统筹城乡发展试范点建设项目
江西苏区东珠景观建设有限公司	兴国塘坝上现代林业博览园建设
兴国县城投公司	兴国县教育园区建设工程
中电投江西电力有限公司	江西兴国茶园风电场工程
兴国县城市发展投资有限责任公司	兴国县棚户区改造返迁房建设工程
兴国县炜鑫建材有限公司	年产15000万块页岩烧结保温砌块
兴国县城市发展投资有限责任公司	兴国县坝南新区路网工程
赣州高速公路有限责任公司	兴国至赣县高速公路
会昌县城乡规划建设局	月亮湾新区安置房建设工程
江西荣昌谷现代农业发展有限公司	有机循环农业建设项目
会昌县水利局	县城湘江、绵江、贡江两岸防洪堤工程项目
深圳市兴旺原燃气设备有限公司会昌分公司	会昌县白鹅坑口老矿山废矿石回收加工综合利用项目
江西石磊氟化工有限责任公司	年产5万吨无水氟化氢项目

7-1-39　续表 8

项目(单位)名称	项目名称
会昌生物道农业科技发展有限公司	年产20万吨生物菌有机肥
会昌县城乡规划建设局	月亮湾新区水利工程项目
会昌县城乡规划建设局	会昌县百里湘江绿色通道工程建设项目
会昌县城乡规划建设局	城区出入口道路建设项目
会昌县工业园管委会	会昌台商创业园建设项目
会昌县城乡规划建设局	月亮湾新区市政道路工程
江西科瑞生物炭科技材料有限公司	年产1.5万吨生物基活性炭
江西锦顺达酒店管理有限公司	新建会昌锦顺达国际酒店建设项目
寻乌县文峰竞成钢铁有限公司	寻乌县文峰竞成钢铁技改项目
寻乌县城市投资经营公司	寻乌县BT医院
江西龙橙果业股份有限公司	江西龙橙果业股份有限公司脐橙精深加工项目
石城县城乡规划建设局	新建西外路工程
石城县城镇建设投资经营有限公司	县城防洪堤二期工程
石城县城建公司	石城县泉商产业园
石城县城镇建设投资经营有限公司	客家旅游文化街建设
石城万年青新型建材有限公司	万年青新型建材厂房建设
赣州市中航稀有金属矿产有限责任公司	钽铌矿综合开发一期工程
石城县城镇建设投资经营有限公司	振兴大道及延伸段建设项目
瑞金市重点办	胜利大道
瑞金双胞胎饲料有限公司	双胞胎饲料
瑞金市建设局污水处理	污水处理厂及污水干管工程
瑞金市教育局	中小学教育园区
瑞金市建设工程管理有限公司	职教园片区----绿草湖生态湿地公园一期
瑞金市建设工程管理有限公司	瑞金市旅游集散中心公建设施工程
瑞金市瑞谷科技发展有限公司	瑞谷科技
江西金富电力科技有限公司	电流、电压互感器、电力配网自动化冲气高压开关柜和固体绝缘高压开关柜
瑞金市城乡规划建设局	陈石湖10万吨/日供水工程
瑞金市红都市政工程管理有限公司	七彩大道
章乐电缆(瑞金)有限公司	章乐电缆
赣州至宏实业有限公司	红色生态旅游度假山庄
瑞金市城管局	成北建材市场
江西景都建设有限公司	瑞金生物科技产业园
瑞金市房管局	石井保障房项目

7-1-39 续表 9

项目(单位)名称	项目名称
瑞金盛源金属新材料有限公司	年产9000吨元氧铜杆及综合利用建设项目
瑞金市万年青新型建材有限公司	年产2*12000万块页岩烧结砖项目
瑞金市房管局	瑞明村保障房项目
江西安讯实业有限公司	安讯实业
江西省新顿电源科技有限公司	新顿电源
江西瑞金金字电线电缆有限公司	金字电线
江西方友科技有限公司	方友科技
江西弘冠发品有限公司	年产360万条毛发制品
江西元财管道科技有限公司	元财管道
瑞金市旅游开发投资有限公司	中央苏区军事文化博览园
南康区城发公司	赣南汽车城市政道路工程
赣州恒达木业有限公司	年产22万立方米刨花板项目
南康市体育公园工程建设指挥部	体育公园
赣州宇森照明科技有限公司	年产300万套LED照明产品生产线
南康弘泰投资有限公司	B区建设项目
江西新佳新实业有限公司	佳兴国际家具材料中心
建华农牧(南康)有限公司	大型生猪养殖基地建设
赣州宏长实业有限公司	香水、烟具生产项目
南康市华星生态实业有限公司	华星生态产业园
赣州宏康电子基材有限公司	年产5000万米玻璃纤维电子布生产线项目
江西亚森实业有限公司	日产2600m3均质刨花板项目
南康区城市建设发展有限责任公司	南康区金融小区安置点
南康小兰金属加工有限公司	年产5万吨铝锭生产项目
南康区房地产管理局	保障性住房建设项目三标段
南康市开源矿业有限公司	年产3万吨精锡生产线技术改造项目
江西木雅轩照明有限公司	年产305套LED照明产品生产线建设
南康区客家包装有限公司	南康家具产业包装园
凤岗镇人民政府	凤岗镇观光休闲农庄建设
南康工业园区投资发展有限公司	南康市循环经济产业园
南康工业园区投资发展有限公司	赣州(中山)节能照明产业园
江西赛德实业有限公司	节能照明灯饰生产项目
南康区建设局	芙蓉北大道建设工程
南康市卡耐基照明电器有限公司	开关和整体家具照明生产项目

7-1-39 续表 10

项目(单位)名称	项目名称
赣州市沃峰电器有限公司	格珊灯生产项目
赣州市德普特科技有限公司	OGS研发及产业化项目
南康市龙岭工业园管理办公室	亚森家具产业园
南康市中小企业投资发展有限公司	龙岭工业园东西区扩区
江西森鑫建筑设备有限公司	年产18万吨新型建筑模板支撑系统
南康润泉供水有限公司	农村饮水安全龙华集中供水工程
江西弘乾中茂实业有限公司	中国中部国际物流商贸城
江西亚森实业有限公司	全自动浸渍纸、低压短周期贴面及其配套项目
南康市城市建设发展有限责任公司	东山新区返迁(一期)工程
南康市华洲木业有限公司	家具新型装饰材料及人造板表面装饰项目
江西鱼珠木材市场有限公司	木材交易市场
南康市佳骏光电有限公司	节能照明灯饰项目
江西亚森实业有限公司	日产1.2万套高智能全自动化板式家具项目
赣州斯普瑞科技发展有限公司	南康家具喷涂中心
南康市南水开发办	南水新区建设
江西志盛木材干燥有限公司	木材干燥中心
赣州市牧士电子有限公司	年产500万套多媒体音箱生产线项目
赣州市同兴达电子科技有限公司	员工宿舍及相关配套设施项目
生之源干细胞科技(赣州)股份有限公司	人体干细胞等科技生物医学制品二期项目
赣州市钜磁科技有限公司	年产3000吨电机元器件生产线项目
赣州市康加晖实业有限公司	年产1.5万吨覆塑螺纹钢管及350万米碳素波纹管项目
华开(赣州)城市投资有限公司	大创新区蓉江三路(筱坝大桥至和谐大道
华开(赣州)城市投资有限公司	和谐大道项目
江西华翔毅伟实业有限公司	LTCC射频元器件产业化建设项目
赣州顺景国际开发有限公司	小型标准厂区建设
华开(赣州)城市投资有限公司	武陵大桥
赣州市申通快递服务有限公司	电子商务中转交易中心项目
江西文钦教育投资管理有限公司	文清实验国际学校(一期)建设项目
江西顺达金属制品有限公司	产品生产、展示、销售及员工宿舍综合配套项目
赣州市江元实业有限公司	电子产品项目
华开(赣州)城市投资有限公司	黄金大桥
赣州开发区发展规划局	水西至潭口G105国道改扩建工程
赣州天狐纸业有限公司	高科技节能环保型墙纸壁布生产

7-1-39 续 11

项目(单位)名称	项目名称
赣州润泰药业有限公司	年产500吨他汀化学原料药及中间体建设项目
赣州市中电新型建材有限公司	电子安防项目
江西蓝天路之友环卫设备科技有限公司	年产3600台套新能源环卫车及环卫设备项目
赣州百美达科技有限公司	年产25000万只温控器及1000吨功能合金建设项目
赣州洛森实业有限公司	废弃烟叶开发利用项目
赣州市西城节能科技有限公司	工业厂房建设项目
江西省首诺铜业有限公司	年产7100吨高精加工铜产品项目
江西煌德食品有限公司	速冻食品生产项目
赣州毅德商贸物流园开发有限公司	赣州毅德商贸物流园项目
赣州圣尼特遮阳科技有限公司	年产100万平方电动遮阳产品项目
赣州恒科东方实业有限公司	赣州国际企业中心项目
江西俊科电子有限公司	年产1000万平方英尺高精密度互连板项目
江西弘立现代中药有限公司	年产300吨中药饮片和1亿支保健品项目
赣州永杰热转印材料有限公司	热转印项目
赣州鑫冠电子科技有限公司	五金精密冲压、高端耳机项目
赣州开发区建设投资(集团)有限公司	水韵三期康居社区
立昌科技(赣州)有限公司	特种电线电缆生产项目
江西盛川新能源发电装备有限公司	年产1000套新能源发电设备成套集成生产线项目
赣州荣创服饰有限公司	年230万套运动服装系列产品项目
江西摩力斯磁能科技有限公司	年产15000套电磁加热设备生产线建设项目
赣州综合物流园开发有限公司	物流园区基础设施建设项目
江西应用技术职业学院	校区建设项目
赣州金叶彩印包装有限公司	彩印纸板纸箱卷烟商标纸项目
赣州市锦城建设有限公司	章江新区B7地块返迁房项目
江西威赛光电科技有限公司	柔性薄膜LCD项目
华开(赣州)城市投资有限公司	大创新区蓉江四路(滨江路向南至平安路
江西嘉亿电线电缆有限公司	电线电缆项目
江西青峰集团联合制药有限公司	制剂产品生产项目
赣南医学院第一附属医院	黄金分院项目
赣州洛森实业有限公司	电池测控设备项目

7-1-40 亿元以上新开工项目

项目(单位)名称	项目名称
总　　计	137个项目
章贡区城投开发有限公司	赣州市章贡经济开发区(南区)基础设施项目
章贡区城投开发有限公司	棚户区项目K24-1号地块
江西鸿翔电动车辆制造有限公司	年产8000辆城乡环境清理运输新能源专用车
赣州市吉泰投资开发有限公司	沙石镇农民返迁安置房
中汽零(赣州)工业投资管理有限公司	中汽零部件产业基地研发检测大楼
赣州中辰精细化工科技有限公司	年产2万吨工业草酸生产项目
章贡区城投开发有限公司	赣州市章贡经济开发区(北区)基础设施项目
赣州正和电器有限公司	年产150万台生活电器及主要配件加工生产项目
章贡区城投公司	沙河农资大市场一期工程
章贡区城投开发有限公司	棚户区项目K24-2号地块
赣州德林实业有限公司	生产陶瓷系列产品及工艺品建设项目
赣州八0一钨业有限公司	迁(扩)建仲钨酸铵、钨粉和硬质合金深加工
赣州水西基地开发建设公司	水西镇农民返迁安置房项目
赣州市秋田微电子有限公司	液晶显示器与触摸屏研发与制造项目
章贡区城投开发有限公司	棚改项目 潮泥湾地块安置房
江西宏鑫传动科技有限责任公司	齿轮及传动箱生产项目
章贡区城投公司	水东原赣南化工厂、赣州电机厂棚改地块拆迁安置工程
中汽零部件产业基地发展公司	中汽零部件(赣州)产业基地生产基地建设项目(一期)
赣州市超跃科技有限公司	年产60万平方米高密度印刷电路板
章贡区城投公司	棚改项目 2014年第三批拆迁安置房建设项目
华开(赣州)城市投资有限公司	赣州市章江新区游泳馆及章贡区社区综合服务中心
章贡区城投公司	棚改项目 文明大道东延地块
北大燕工赣州科技学校	北大燕工赣州技术学校建设项目
江西省高新超越精密电子有限公司	电子变压器、线圈、电感建设项目
赣县梅林镇人民政府	互通口安置区
赣县市秀昆房地产开发有限公司	赣县人才园
赣县国土资源局	赣县低丘缓坡荒滩试点工程(洋塘工业园)
赣县梅林镇人民政府	红金综合安置区
赣县广厦保障性住房建设运营有限公司	赣县文德家园公租(廉租)房建设项目
华开(赣州)城市投资有限公司	客家大桥
赣州九合绿色农业发展有限公司	年产11万吨无公害大米及胚芽米项目
科之光电子科技(信丰)有限公司	光电子信息产品制造项目

注：跨地区高速公路项目施工项目个数按所经县(市、区)各一个计算。

7-1-40 续表 1

项目(单位)名称	项目名称
信丰县房管局	信丰县工业新城三引小区保障房建设项目
信丰县房产管理局	信丰县磨下棚户区改造
赣州市信坡实业有限公司	2×700t/d超白在线TCO玻璃生产线项目
大余县委农工部	大余县2014年新池片农村危旧土坯房集中改造项目
大余县工业园管理委员会	大余县新城工业小区余商创业园建设项目
大余县天华山竹碳有限公司	大余县天华山年产1万吨竹碳项目
江西龙事达钨业有限公司	大余年产4000吨特种钨粉及1000吨硬质合金项目
大余县牡丹亭旅游食品有限公司	大余县牡丹亭旅游食品项目
大余县供电有限责任公司	大余县南安220千伏输变电新建工程
江西磁姆新材料科技有限公司	江西磁姆新材料年产5000吨高性能新型软磁复合材料项目
大余县委农工部	大余县2014年青黄片农村危旧土坯房集中改造项目
大余县日荣钨业有限公司	大余县日荣钨业年产500吨钨精矿技改项目
大余县委农工部	大余县2014年上山片农村危旧土坯房集中改造项目
大余县体育局	大余县新体育中心项目
大余县交通运输局	大余县G323国道黄龙至五里山一级公路项目
上犹县工业和信息化局	赣州晨光稀土股份有限公司
江西上犹工业园区管理委员会	赣州雄博新能源科技有限公司
海润嘉华文化发展有限公司	\"上德·艺术国际\"项目
上犹县工业和信息化局	上犹县沿湖玻纤有限公司增强砂轮网片生产线技改项目
赣州铭豪实业有限公司	崇义县新世界购物公园
安远县工信局	安远县九龙山风电场建设项目
安远县国有资产有限公司	安远县教育园区建设项目
龙南县城乡规划建设局	金龙大道道路工程
龙南县城市建设投资有限责任公司	龙南县第一人民医院工程
龙南县城乡规划建设局	龙洲片区滨江路(实验中学至仙岩大道北段)道路工程
龙南县城乡规划建设局	龙洲片区滨江景观工程
龙南龙钇重稀土股份有限公司	年产40000吨多元耐热、耐蚀、耐磨高性能材料生产线技术改造项目
定南县京桥混凝土有限公司	年产120万立方米预搅拌混凝土项目
定南县精细产业园管理委员会	赣州墨儿谷化工有限公司年产2500吨油墨涂料生产项目
江西省思哲实业有限公司	乐邦农林产业园基地
定南县精细化工产业园管理委员会	定南县大盛矿业有限公司年产36000吨硅粉及40万平方米硅胶板项目
江西大吉山钨业有限公司	江西赣南钨资源综合利用示范基地建设大吉山钽铌钨矿体开发利用项目
全南县南迳镇人民政府	南迳镇示范镇建设项目

7-1-40 续表 2

项目(单位)名称	项目名称
全南县交通运输局	寻茅线全南县绕城一级公路工程
全南县城市建设投资有限责任公司	全南县"一江两岸"北岸工程项目
宁都县房产局	宁都县2013年教育系统及部分乡镇等公租房建设项目
赣州市公路管理局宁都分局	省道S323线宁石亭到赖坊段改建工程
江西宏信发玩具有限公司	江西宏信发玩具有限公司新建项目
宁都县城市投资发展有限公司	宁都县统筹城乡保障性住房(公租房)建设项目
宁都县水利局	宁都县永宁水利枢纽工程
赣州市禹恒五金制品有限公司	赣州市禹恒五金制品有限公司新建项目
江西爱迩美实业有限公司	江西爱迩美实业有限公司新建项目
于都县国有资产经营有限公司	于都县四馆一中心建设项目
于都县交通局	G323国道改造(城市规划区段)项目
于都县水利局	于都县小(2)型水库除险加固工程
于都县正亿纸品纸业有限公司	于都县正亿纸品纸业有限公司年产20万吨瓦楞原纸项目
于都县交通局	厦蓉高速公路于都互通连接线改建工程
于都县国有资产经营有限公司	于都县贡江南岸城市防洪工程一期
江西思卡多电动汽车有限公司	江西思卡多电动汽车有限公司新能源电动汽车整车改装项目
于都县城乡规划建设局	于都县府前大道建设项目
格特拉克传动系统有限公司	年产50万件齿轮箱、变速箱生产线
于都县房地产管理局	于都县上欧工业园区移民搬迁安置示范区建设项目
中电投江西电力有限公司	江西兴国茶园风电场工程
赣州高速公路有限责任公司	兴国至赣县高速公路
兴国县城市发展投资有限责任公司	兴国县枫林田庄上统筹城乡发展试范点建设项目
兴国县城市发展投资有限责任公司	兴国县棚户区改造返迁房建设工程
兴国县城投公司	兴国县教育园区建设工程
兴国县城市发展投资有限责任公司	兴国县坝南新区路网工程
兴国县炜鑫建材有限公司	年产15000万块页岩烧结保温砌块
石城万年青新型建材有限公司	万年青新型建材厂房建设
石城县城建公司	石城县泉商产业园
瑞金市万年青新型建材有限公司	年产2*12000万块页岩烧结砖项目
江西瑞金金字电线电缆有限公司	金字电线
江西元财管道科技有限公司	元财管道
瑞金市房管局	石井保障房项目
瑞金市瑞谷科技发展有限公司	瑞谷科技

7-1-40 续表 3

项目(单位)名称	项目名称
赣州至宏实业有限公司	红色生态旅游度假山庄
瑞金市城乡规划建设局	陈石湖10万吨/日供水工程
南康小兰金属加工有限公司	年产5万吨铝锭生产项目
南康区城发公司	赣南汽车城市政道路工程
南康区建设局	芙蓉北大道建设工程
南康区客家包装有限公司	南康家具产业包装园
赣州宏长实业有限公司	香水、烟具生产项目
南康区城市建设发展有限责任公司	南康区金融小区安置点
江西新佳新实业有限公司	佳兴国际家具材料中心
赣州宏康电子基材有限公司	年产5000万米玻璃纤维电子布生产线项目
赣州恒达木业有限公司	年产22万立方米刨花板项目
赣州斯普瑞科技发展有限公司	南康家具喷涂中心
南康区房地产管理局	保障性住房建设项目三标段
江西弘乾中茂实业有限公司	中国中部国际物流商贸城
赣州市德普特科技有限公司	OGS研发及产业化项目
江西志盛木材干燥有限公司	木材干燥中心
江西顺达金属制品有限公司	产品生产、展示、销售及员工宿舍综合配套项目
江西文钦教育投资管理有限公司	文清实验国际学校(一期)建设项目
赣州市申通快递服务有限公司	电子商务中转交易中心项目
华开(赣州)城市投资有限公司	大创新区蓉江三路(筱坝大桥至和谐大道
赣州市牧士电子有限公司	年产500万套多媒体音箱生产线项目
江西华翔毅伟实业有限公司	LTCC射频元器件产业化建设项目
华开(赣州)城市投资有限公司	和谐大道项目
立昌科技(赣州)有限公司	特种电线电缆生产项目
赣州润泰药业有限公司	年产500吨他汀化学原料药及中间体建设项目
江西煌德食品有限公司	速冻食品生产项目
江西蓝天路之友环卫设备科技有限公司	年产3600台套新能源环卫车及环卫设备项目
赣州圣尼特遮阳科技有限公司	年产100万平方电动遮阳产品项目
赣州恒科东方实业有限公司	赣州国际企业中心项目
江西俊科电子有限公司	年产1000万平方英尺高精密度互连板项目
赣州市同兴达电子科技有限公司	员工宿舍及相关配套设施项目
赣州市西城节能科技有限公司	工业厂房建设项目
华开(赣州)城市投资有限公司	大创新区蓉江四路(滨江路向南至平安路
江西应用技术职业学院	校区建设项目
赣州洛森实业有限公司	废弃烟叶开发利用项目
江西摩力斯磁能科技有限公司	年产15000套电磁加热设备生产线建设项目
江西青峰集团联合制药有限公司	制剂产品生产项目
赣州市江元实业有限公司	电子产品项目

7-2-1　房地产开发企业投资情况

单位：万元

项　　目	计划总投资	自开始建设累计完成投资	本年完成投资	按构成分		
				配套工程	建筑工程	安装工程
总　计	**10964086**	**6114527**	**2303368**		**1629764**	**138601**
按隶属关系分组						
地区(州、盟、省辖市)	431761	442440	63062		57908	
县(区、市、旗)	910671	412757	216847		126929	4841
村委会	14000	14045	2503		2458	45
其他	9607654	5245285	2020956		1442469	133715
按登记注册类型分组						
内资企业	10458862	5752208	2138827		1524611	113069
国有企业	129248	83817	34186		25762	1552
股份合作企业	19180	5000	5000		3600	900
国有独资公司	284255	132138	116120		46505	1490
其他有限责任公司	4684407	1931549	778884		550055	21299
股份有限公司	206661	116333	31670		16755	1100
私营合伙企业	3900	3085	3085		2965	100
私营有限责任公司	4657229	3170322	1054640		790662	71227
私营股份有限公司	453982	293077	106355		79420	15401
其他企业	20000	16887	8887		8887	
港澳台商投资企业	445064	316646	157294		99357	25232
与港澳台商合资经营企业	371818	240224	148471		92367	23724
港澳台商独资经营企业	73246	76422	8823		6990	1508
外商投资企业	60160	45673	7247		5796	300
中外合资经营企业	60160	45673	7247		5796	300
按企业资质等级分组						
二级	459843	461750	66007		63569	2438
三级	2671956	1819850	425075		335942	22700
四级	582484	432197	142858		97248	3591
暂定	7241053	3392180	1667308		1130955	109872
其他	8750	8550	2120		2050	

7-2-1 续表 1

单位：万元

项目	按构成分				按工程用途分	
	设备工器具购置	其他费用	#旧建筑物购置费	#土地购置费	商品住宅	#90平方米以下
总 计	**14766**	**520237**	**1742**	**378217**	**1514536**	**209485**
按隶属关系分组						
地区(州、盟、省辖市)		5154			51223	18780
县(区、市、旗)	600	84477	208	74226	167549	13339
村委会					1318	785
其他	14166	430606	1534	303991	1294446	176581
按登记注册类型分组						
内资企业	14461	486686	1742	352058	1381818	202080
国有企业		6872		4000	24048	3346
股份合作企业	500				3500	
国有独资公司		68125		61600	88513	6302
其他有限责任公司	3069	204461	1408	133643	491154	91713
股份有限公司		13815		13724	22915	1053
私营合伙企业		20		20	2580	
私营有限责任公司	7902	184849	334	132901	679932	88075
私营股份有限公司	2990	8544		6170	61839	11591
其他企业					7337	
港澳台商投资企业	305	32400		26159	126276	7405
与港澳台商合资经营企业		32380		26159	118999	6250
港澳台商独资经营企业	305	20			7277	1155
外商投资企业		1151			6442	
中外合资经营企业		1151			6442	
按企业资质等级分组						
二级					39890	80
三级	2917	63516	1000	30313	327297	39595
四级		42019		35180	115966	5999
暂定	11849	414632	742	312724	1029333	163811
其他		70			2050	

7-2-1 续表 2

单位：万元

项　　目	按工程用途分					本年新增固定资产
	#144平方米以上	#别墅、高档公寓	办公楼	商业营业用房	其他	
总　计	**165097**	**22031**	**105390**	**427604**	**255838**	**438615**
按隶属关系分组						
地区(州、盟、省辖市)	6383	2380	100	1249	10490	38749
县(区、市、旗)	7738	758	1595	16301	31402	12909
村委会	290			571	614	
其他	150686	18893	103695	409483	213332	386957
按登记注册类型分组						
内资企业	161197	22031	105390	403913	247706	386611
国有企业	1018			3495	6643	
集体企业				1500		7778
股份合作企业			1499	4251	21857	
其他有限责任公司	47326	19388	60713	123752	103265	148163
股份有限公司	6305	226		8339	416	16534
私营合伙企业				485	20	
私营有限责任公司	91075	2417	31237	236154	107317	181633
私营股份有限公司	15473		11941	25937	6638	20939
其他企业					1550	11564
港澳台商投资企业	3900			23641	7377	52004
与港澳台商合资经营企业	3850			22595	6877	29393
港澳台商独资经营企业	50			1046	500	22611
外商投资企业				50	755	
中外合资经营企业				50	755	
按企业资质等级分组						
二级	10016		100	23449	2568	56118
三级	23249	15393	3368	47145	47265	117638
四级	2907	810	2269	8341	16282	48708
暂定	128925	5828	99653	348669	189653	216151
其他					70	

7-2-2 县(市、区)房地产开发企业投资情况

单位：万元

县(市、区)别	计划总投资	自开始建设累计完成投资	本年完成投资	按构成分		
				配套工程	建筑工程	安装工程
赣州市	**10964086**	**6114527**	**2303368**		**1629764**	**138601**
章贡区	4125937	2045675	886535		566596	64977
赣　县	559041	338508	111189		68526	5870
信丰县	409562	178284	76693		64467	3268
大余县	117985	77584	7156		6341	546
上犹县	204212	161436	35251		23425	3475
崇义县	92980	32259	23544		20028	
安远县	92708	52859	29400		14415	
龙南县	240370	122060	67674		49239	4804
定南县	307261	140639	33233		29006	2617
全南县	53452	49366	11467		11067	
宁都县	662228	191270	90582		74400	4620
于都县	320813	253609	139992		119939	2638
兴国县	193792	134729	68850		54318	6393
会昌县	342763	147016	53531		41640	3980
寻乌县	168870	171244	48038		48038	
石城县	283292	140725	42395		35185	4600
瑞金市	882297	358175	102716		74166	6400
南康区	884555	794400	228645		174754	18573
赣州经开区	1021968	724689	246477		154214	5840

7-2-2 续表 1

单位：万元

县(市、区)别	按构成分				按工程用途分	
	设备工器具购置	其他费用	#旧建筑物购置费	#土地购置费	商品住宅	#90平方米以下
赣州市	**14766**	**520237**	**1742**	**378217**	**1514536**	**209485**
章贡区	4981	249981	500	168930	518080	87056
赣　县	131	36662		23971	56962	13892
信丰县	362	8596	1000	6000	71697	3789
大余县	68	201			6200	742
上犹县	15	8336		7630	18690	4073
崇义县		3516		2016	14936	
安远县		14985		14985	21696	2513
龙南县	296	13335		8315	49531	1740
定南县	365	1245	208	481	25133	207
全南县		400		400	9015	
宁都县	1760	9802		6068	66752	3936
于都县	150	17265		8239	110743	10
兴国县	713	7426	34	6443	37951	8068
会昌县	709	7202		6634	40320	2600
寻乌县					38364	
石城县	577	2033		500	33064	
瑞金市	2558	19592		15892	85426	2203
南康区	1941	33377		31571	155989	37300
赣州经开区	140	86283		70142	153987	41356

7-2-2 续表 2

单位：万元

县(市、区)别	按工程用途分					本年新增固定资产
	#144平方米以上	#别墅、高档公寓	办公楼	商业营业用房	其他	
赣州市	**165097**	**22031**	**105390**	**427604**	**255838**	**438615**
章贡区	86656	4267	88652	150361	129442	133448
赣　县	8596		2139	39579	12509	30123
信丰县	4459	130	7	4024	965	8780
大余县	118	460	30	446	480	12529
上犹县	340		1067	7288	8206	14361
崇义县	1086		1452	3175	3981	
安远县	11127			7688	16	29400
龙南县	30		1570	11031	5542	10534
定南县	2426	758	16	5732	2352	10785
全南县		226		466	1986	11564
宁都县	1388			13472	10358	16663
于都县	9946		2580	11831	14838	37
兴国县	1371		2108	22661	6130	21893
会昌县	1800	11750		10556	2655	2808
寻乌县				9674		
石城县			780	6495	2056	10980
瑞金市	2193	220	20	14429	2841	57251
南康区	28092	694	536	48855	23265	64839
赣州经开区	5469	3526	4433	59841	28216	2620

7-2-3 房地产开发企业财务情况

单位：万元

项目	年初存货	流动资产合计	#存货	固定资产原价	累计折旧	#本年折旧
总计	**58169488**	**106518261**	**72338106**	**1601027**	**580550**	**88612**
按隶属关系分组						
地区(州、盟、省辖市)	3090148	4846969	2327489	62845	25929	8473
县(区、市、旗)	19135763	26337435	22791099	543530	51630	15564
村委会	97512	207821		151	125	
其他	35846065	75126036	47219518	994501	502866	64575
按登记注册类型分组						
内资企业	55800243	101421726	69525301	1568977	559966	84504
国有企业	858449	1462513	1005368	27781	9501	1316
国有独资公司	17637320	23208449	20913672	328365	34680	12226
其他有限责任公司	14050627	30234780	18372920	808517	376495	32141
股份有限公司	485425	692677	424869	6592	3188	1689
私营有限责任公司	19865732	40422672	25020756	359228	124167	31967
私营股份有限公司	2897840	5312758	3780605	37598	11039	5133
其他企业	4850	87877	7111	896	896	32
港澳台商投资企业	2187843	4394096	2459039	29432	18931	3763
与港澳台商合资经营企业	1777223	3560549	1848959	4782	2156	1192
港澳台商独资经营企业	410620	833547	610080	24650	16775	2571
外商投资企业	181402	702439	353766	2618	1653	345
中外合资经营企业	181402	702439	353766	2618	1653	345
按企业资质等级分组						
二级	3328210	5324660	2857250	44954	20541	5688
三级	8409061	19340150	9403564	519658	130193	30742
四级	3112557	5879899	3824276	70678	31314	7697
暂定	43316143	75945323	56253016	965718	398502	44485
其他	3517	28229		19		

7-2-3 续表 1

单位：万元

项　目	资产总计	负债合计	所有者权益合计	#实收资本	主营业务收入	土地转让收入	商品房屋销售收入
总　计	**113252238**	**76024660**	**37227578**	**11923857**	**21664179**	**440848**	**21111220**
按隶属关系分组							
地区(州、盟、省辖市)	5135443	2986775	2148668	436090	2979817		2951254
县(区、市、旗)	28092968	11472571	16620397	1640486	1149478	386230	745811
村委会	207847	155847	52000	52000			
其他	79815980	61409467	18406513	9795281	17534884	54618	17414155
按登记注册类型分组							
内资企业	108095928	72619966	35475962	11039387	19175847	440848	18623502
国有企业	1495658	1210734	284924	82499	238716		230153
国有独资公司	24690101	9206633	15483468	1265000	412472	386230	9780
其他有限责任公司	32879316	22559609	10319707	4145706	7798088		7766404
股份有限公司	699504	387106	312398	60520	193283		192938
私营有限责任公司	42616822	34460210	8156612	4752462	9531078	54618	9442052
私营股份有限公司	5626650	4747378	879272	723200	866433		846433
其他企业	87877	48296	39581	10000	135777		135742
港澳台商投资企业	4452906	2763845	1689061	807746	2452332		2451718
与港澳台商合资经营企业	3563567	2260627	1302940	656195	2256057		2256057
港澳台商独资经营企业	889339	503218	386121	151551	196275		195661
外商投资企业	703404	640849	62555	76724	36000		36000
中外合资经营企业	703404	640849	62555	76724	36000		36000
按企业资质等级分组							
二级	5945196	3815815	2129381	248870	2046588	53903	1964100
三级	21125743	15512101	5613642	1924599	6740121		6718556
四级	6149871	4880655	1269216	552644	1842169		1836471
暂定	80003180	51794248	28208932	9194644	10959921	386945	10516713
其他	28248	21841	6407	3100	75380		75380

7-2-3 续表 2

单位：万元

项　目	房屋出租收入	其他收入	主营业务成本	主营业务税金及附加	其他业务利润	销售费用	管理费用
总　计	**29591**	**82520**	**13983802**	**2339099**	**13397**	**658910**	**1036970**
按隶属关系分组							
地区(州、盟、省辖市)	7531	21032	1609127	328750	3048	40614	34632
县(区、市、旗)	16512	925	813610	114331	17993	24078	74492
村委会						1997	3906
其他	5548	60563	11561065	1896018	-7644	592221	923940
按登记注册类型分组							
内资企业	28977	82520	12671379	1938500	13397	609935	995032
国有企业	7581	982	138583	79651	2883	7231	17438
国有独资公司	16462		328785	5871		398	17027
其他有限责任公司	4353	27331	4604777	902848	18108	224064	246410
股份有限公司	128	217	176681	22149		5113	9780
私营有限责任公司	453	33955	6778593	858132	-7594	296959	395371
私营股份有限公司		20000	534918	66267		75177	308547
其他企业		35	109042	3582		993	459
港澳台商投资企业	614		1286448	388071		46214	40076
与港澳台商合资经营企业			1116145	369848		38408	25811
港澳台商独资经营企业	614		170303	18223		7806	14265
外商投资企业			25975	12528		2761	1862
中外合资经营企业			25975	12528		2761	1862
按企业资质等级分组							
二级	7581	21004	1025255	213819	42	26028	52168
三级	1095	20470	4598367	773619	22045	164859	257196
四级	4163	1535	1256740	147704	6	31708	61873
暂定	16752	39511	7037590	1200497	-8696	434965	664753
其他			65850	3460		1350	980

7-2-3 续表 3

单位：万元

项　目	#税金	财务费用	#利息支出	营业利润
总　计	**78252**	**258511**	**98367**	**3491803**
按隶属关系分组				
地区(州、盟、省辖市)	4917	2169	5781	962384
县(区、市、旗)	9138	15410	17026	183229
村委会		3407	3481	-9310
其他	64197	237525	72079	2355500
按登记注册类型分组				
内资企业	76323	253319	87732	2827872
国有企业	1435	630	117	-1934
国有独资公司	339	-4096	1077	127273
其他有限责任公司	24645	164466	90355	1668597
股份有限公司	367	10502	2078	-30942
私营有限责任公司	46283	237913	165245	985557
私营股份有限公司	3014	-156488	-171430	58012
其他企业	240	392	290	21309
港澳台商投资企业	1929	4364	10635	671885
与港澳台商合资经营企业	1301	-7242	556	712828
港澳台商独资经营企业	628	11606	10079	-40943
外商投资企业		828		-7954
中外合资经营企业		828		-7954
按企业资质等级分组				
二级	3984	14392	15766	715688
三级	22627	179820	132616	758321
四级	4658	21938	16925	313303
暂定	46983	41341	-67960	1701771
其他		1020	1020	2720

7-2-3 续表 4

单位：万元

项　　目	营业外收入	营业外支出	利润总额	应交所得税	本年应付工资总额	资产减值损失	公允价值变动收益
总　计	**251046**	**147036**	**3595864**	**852669**	**531542**	**781**	**-5182**
按隶属关系分组							
地区(州、盟、省辖市)	18513	4316	976593	109552	20871		-5189
县(区、市、旗)	156816	50161	289884	33074	45501		
村委会			-9310		860		
其他	75717	92559	2338697	710043	464310	781	7
按登记注册类型分组							
内资企业	249658	144549	2933032	656398	483500	781	-5182
国有企业	394	1238	-2766	13492	13308		
国有独资公司	155000	44989	237284	7037	7490		
其他有限责任公司	82126	69037	1681686	346048	203335		-5189
股份有限公司	403	35	-30574	5949	3029		
私营有限责任公司	6381	23718	968259	267046	235061	781	7
私营股份有限公司	24	5532	52504	16826	20645		
其他企业	5330		26639		632		
港澳台商投资企业	1387	2487	670785	194921	44488		
与港澳台商合资经营企业	1377	70	714135	185688	37070		
港澳台商独资经营企业	10	2417	-43350	9233	7418		
外商投资企业	1		-7953	1350	3554		
中外合资经营企业	1		-7953	1350	3554		
按企业资质等级分组							
二级	13924	1815	727809	82653	40471		
三级	67819	23420	802759	264920	145781	779	-5182
四级	5411	5645	313069	43449	41365		
暂定	163892	116156	1749507	461647	301130	2	
其他			2720		2795		

7-2-4 县(市、区)房地产开发企业财务情况

单位：万元

县(市、区)别	年初存货	流动资产合计	#存货	固定资产原价	累计折旧	#本年折旧	资产总计
赣州市	**58169488**	**106518261**	**72338106**	**1601027**	**580550**	**88612**	**113252238**
章贡区	17274787	35553688	22969002	240397	74758	23502	37319063
赣　县	1995587	3932989	2721203	27808	10366	1991	4151289
信丰县	1813438	2702865	1704063	222878	28259	13398	3298575
大余县	528005	1048688	789726	8322	4013	673	1173725
上犹县	677961	2155166	817323	27091	19249	3250	2195872
崇义县	78423	670416	168520	6790	2936	433	1392893
安远县	347504	803983	453911	6873	841	326	810015
龙南县	176720	852258	492140	8774	2709	805	921392
定南县	882433	1680901	931045	37832	5243	1126	1837141
全南县	293193	302998	77317	2614	975	42	313884
宁都县	1950967	3696041	2759959	30332	12820	2694	3867236
于都县	1155432	2208466	1423060	21139	7130	2019	2465609
兴国县	579338	1778457	763057	21912	8478	3757	1804600
会昌县	1126528	2237281	1093208	8146	1156	685	2446554
寻乌县	495579	684461	489197	18924	5031	834	833149
石城县	875632	1931624	1004612	12610	7080	2008	2072130
瑞金市	2824121	5284351	3689101	455902	310409	3817	5610327
南康区	4071284	9460810	4578264	40349	18934	5743	10020905
赣州经开区	21022556	29532818	25413398	402334	60163	21509	30717879

7-2-4 续表 1

单位：万元

县(市、区)别	负债合计	所有者权益合计	#实收资本	主营业务收入	土地转让收入	商品房屋销售收入	房屋出租收入
赣州市	**76024660**	**37227578**	**11923857**	**21664179**	**440848**	**21111220**	**29591**
章贡区	28526630	8792433	5137750	7058600		6990462	7581
赣　县	3749330	401959	321445	400004		400004	
信丰县	2670610	627965	313304	2031854		2026473	4353
大余县	954742	218983	127184	342742		342742	
上犹县	1633657	562215	187618	486994		486994	
崇义县	776488	616405	170681	155036		154273	250
安远县	654097	155918	87853	163050	615	162218	
龙南县	641776	279616	143162	346340		346340	
定南县	1153342	683799	352565	554494		554069	
全南县	247611	66273	19020	183197		182884	128
宁都县	3265199	602037	486071	939408	53903	885505	
于都县	1639583	826026	434308	966700		966425	
兴国县	1072066	732534	268122	620477		620229	
会昌县	1724739	721815	154120	105934		100860	74
寻乌县	657200	175949	140000	781943		781943	
石城县	1452130	620000	226520	852521		848820	
瑞金市	3508949	2101378	657919	1066778		1066164	614
南康区	7500508	2520397	699966	2859474		2859474	
赣州经开区	14196003	16521876	1996249	1748633	386330	1335341	16591

7-2-4 续表 2

单位：万元

县(市、区)别	其他收入	主营业务成本	主营业务税金及附加	其他业务利润	销售费用	管理费用	#税金
赣州市	**82520**	**13983802**	**2339099**	**13397**	**658910**	**1036970**	**78252**
章贡区	60557	3810246	913149	-8735	238424	503329	42236
赣　县		291136	101187	3104	29693	32012	4334
信丰县	1028	1438151	222991		21075	76353	9009
大余县		243421	64385	772	13832	19899	733
上犹县		353821	38675		16657	21848	1178
崇义县	513	130529	13776		5423	7252	128
安远县	217	130090	13355		2749	4020	319
龙南县		246101	57457	47	13709	17168	875
定南县	425	399609	76207	15119	11270	27891	893
全南县	185	143819	6671		1088	4051	257
宁都县		731852	86551		20648	21489	441
于都县	275	627787	117741		16289	32556	6521
兴国县	248	248074	61595	-8	43045	21728	607
会昌县	5000	74837	25205		6830	14248	36
寻乌县		670042	42119		17643	9574	
石城县	3701	580649	53021	72	16011	27402	2576
瑞金市		705445	89258	-42	39663	51272	1875
南康区		1909293	198909	-49	89184	75506	3734
赣州经开区	10371	1248900	156847	3117	55677	69372	2500

7-2-4 续表 3

单位：万元

县(市、区)别	财务费用	#利息支出	营业利润	营业外收入	营业外支出
赣州市	**258511**	**98367**	**3491803**	**251046**	**147036**
章贡区	-58876	-91530	1649975	16492	8729
赣　县	25982	17064	-78119	27	5204
信丰县	29382	11573	246652	65803	2057
大余县	2681	38	25734		140
上犹县	17335	13913	32763	82	441
崇义县	2879	2725	-4433		483
安远县	12560	1254	-9109	217	298
龙南县	511	231	11445	65	110
定南县	14101	12748	45425	1676	6746
全南县	368	290	27100	5330	29
宁都县	3334	1097	74290	964	1745
于都县	21039	13618	153467	2	3076
兴国县	10251	7310	236424	328	94
会昌县	2313	4	28221	166	13403
寻乌县	2005		40560		3285
石城县	19424	9069	156097	4328	810
瑞金市	33285	18189	122469	26	46265
南康区	93589	55088	484615	203	3930
赣州经开区	26348	25686	248227	155337	50191

7-2-4 续表 4

单位：万元

县(市、区)别	利润总额	应交所得税	本年应付工资总额	资产减值损失	公允价值变动收益
赣州市	**3595864**	**852669**	**531542**	**781**	**-5182**
章贡区	1657750	406867	144746	768	-5189
赣　县	-83296	32633	21605		
信丰县	310398	70329	40314		
大余县	25594	1560	6834		
上犹县	32443	17509	18794		
崇义县	-4916	1993	5967		
安远县	-9190	2296	5041		
龙南县	11400	15572	7039		
定南县	40355	16444	36349		
全南县	32401	2269	1637		
宁都县	73509	17148	22904		
于都县	150393	59776	19306		
兴国县	236658	12865	10518		
会昌县	14984	6122	24840		
寻乌县	37275		12524		
石城县	159615	14925	19403		
瑞金市	76230	29586	49383	11	7
南康区	480888	94687	51899	2	
赣州经开区	353373	50088	32439		

7-2-5 房地产开发企业资金来源情况

单位：万元

项目	项目个数(个)	本年资金来源合计	上年末结余资金	本年资金来源小计	国内贷款	银行贷款	非银行金融机构贷款	利用外资
总计	**342**	**4339388**	**1330357**	**3009031**	**345336**	**260830**	**84506**	
按隶属关系分组								
地区(州、盟、省辖市)	9	99403	43398	56005	6691	6691		
县(区、市、旗)	37	322293	47858	274435	21665	21665		
村委会	1	17296	16028	1268				
其他	295	3900396	1223073	2677323	316980	232474	84506	
按登记注册类型分组								
内资企业	328	4037305	1233385	2803920	340336	255830	84506	
国有企业	10	46705	10330	36375	5000	5000		
集体企业	1	8500	200	8300				
股份合作企业	6	130197	428	129769	4000	4000		
其他有限责任公司	105	1607546	589040	1018506	161648	77691	83957	
股份有限公司	7	55235	4131	51104	1000	1000		
私营合伙企业	1	2500	150	2350				
私营有限责任公司	183	1879264	490787	1388477	145410	144861	549	
私营股份有限公司	13	298471	138319	160152	23278	23278		
其他企业	2	8887		8887				
港澳台商投资企业	12	275958	95693	180265	5000	5000		
与港澳台商合资经营企业	5	232136	77931	154205				
港澳台商独资经营企业	7	43822	17762	26060	5000	5000		
外商投资企业	2	26125	1279	24846				
中外合资经营企业	2	26125	1279	24846				
按企业资质等级分组								
二级	12	202413	80101	122312	8500	8500		
三级	106	925804	371103	554701	54946	54640	306	
四级	36	230485	39357	191128	5400	5400		
暂定	187	2972011	836621	2135390	276490	192290	84200	
其他	1	8675	3175	5500				

7-2-5 续表

单位：万元

项目	#外商直接投资	自筹资金	#自有资金	其他资金来源	#定金及预收款	#个人按揭贷款	本年各项应付款合计	#工程款
总计		**1022614**	**315701**	**1641081**	**756009**	**799660**	**823932**	**487681**
按隶属关系分组								
地区(州、盟、省辖市)		18573	8887	30741	7589	4940	15628	2672
县(区、市、旗)		120676	83902	132094	87241	40339	35029	15573
村委会				1268	273	995	2000	2000
其他		883365	222912	1476978	660906	753386	771275	467436
按登记注册类型分组								
内资企业		1002243	310995	1461341	682764	693165	788584	466453
国有企业		12422	6850	18953	7927	11026	2763	2704
集体企业		8300						
股份合作企业		70990	69000	54779	49033	5746		
其他有限责任公司		348198	77771	508660	210426	264873	240788	131802
股份有限公司		21180	5640	28924	8888	20036	17275	7231
私营合伙企业		1350		1000	700		850	850
私营有限责任公司		489952	111473	753115	350668	356243	486751	309617
私营股份有限公司		40964	31374	95910	55122	35241	40157	14249
其他企业		8887	8887					
港澳台商投资企业		4975		170290	71772	98518	35348	21228
与港澳台商合资经营企业		2555		151650	64274	87376	35048	20928
港澳台商独资经营企业		2420		18640	7498	11142	300	300
外商投资企业		15396	4706	9450	1473	7977		
中外合资经营企业		15396	4706	9450	1473	7977		
按企业资质等级分组								
二级		18054	9199	95758	59809	35894	51011	17934
三级		154857	34210	344898	137929	187146	122065	68345
四级		86729	19105	98999	71507	22081	16557	6632
暂定		762974	253187	1095926	481264	554539	634269	394740
其他				5500	5500		30	30

7-2-6 县(市、区)房地产开发企业资金来源情况

单位：万元

县(市、区)别	项目个数(个)	本年资金来源合计	上年末结余资金	本年资金来源小计	国内贷款	银行贷款	非银行金融机构贷款	利用外资
赣州市	**342**	**4339388**	**1330357**	**3009031**	**345336**	**260830**	**84506**	
章贡区	58	1870285	814105	1056180	169338	89938	79400	
赣　县	26	186412	48437	137975	5470	5470		
信丰县	17	108277	8511	99766	16000	16000		
大余县	9	22765	10815	11950	400	351	49	
上犹县	31	71618	9459	62159	7230	6973	257	
崇义县	4	37604	1457	36147	9060	9060		
安远县	4	50386	4419	45967	2065	1565	500	
龙南县	13	95338	13291	82047				
定南县	19	46707	5186	41521	980	980		
全南县	4	15967		15967				
宁都县	16	130947	17930	113017	10000	10000		
于都县	21	251641	46562	205079	18152	13852	4300	
兴国县	15	124023	35036	88987	1500	1500		
会昌县	10	169677	60783	108894	16000	16000		
寻乌县	6	51181	331	50850				
石城县	12	59498	2245	57253	2400	2400		
瑞金市	21	292726	130892	161834	8000	8000		
南康区	31	401672	50614	351058	43050	43050		
赣州经开区	25	352664	70284	282380	35691	35691		

7-2-6 续表

单位：万元

县(市、区)别	#外商直接投资	自筹资金	#自有资金	其他资金来源	#定金及预收款	#个人按揭贷款	本年各项应付款合计	#工程款
赣州市		**1022614**	**315701**	**1641081**	**756009**	**799660**	**823932**	**487681**
章贡区		247530	83237	639312	283842	340980	229943	120089
赣　县		66386	13024	66119	17649	25113	23296	23117
信丰县		42052	1447	41714	20114	21600	3783	3630
大余县		3661	3261	7889	3141	3818	2922	2747
上犹县		8177	105	46752	18735	28017	5488	5344
崇义县		16401	3000	10686	8148	2538	5479	1903
安远县		19450	16000	24452	2022	11300	32360	28269
龙南县		40126	19830	41921	19776	22075	15221	13221
定南县		9220	5792	31321	19296	10021	6800	6374
全南县		11307	11307	4660	2880	1780		
宁都县		24132		78885	37359	40626	123971	82803
于都县		101847	15729	85080	56861	27918	31973	22295
兴国县		38596	22431	48891	17248	25687	30625	17698
会昌县		48676	4000	44218	18928	24790	22232	15192
寻乌县		50850					8350	8350
石城县		26263	9718	28590	11087	16533	11486	2931
瑞金市		28784	1150	125050	63065	54185	49760	25740
南康区		73392	28070	234616	108033	113759	131026	83977
赣州经开区		165764	77600	80925	47825	28920	89217	24001

7-2-7 房地产开发企业土地情况

单位：万元

项　　目	待开发土地面积	本年购置土地面积	本年土地成交价款	#拆迁补偿费	土地使用权出让金	契税
总　计	**1347579**	**742874**	**327964**	**117**	**298290**	**5523**
按隶属关系分组						
地区(州、盟、省辖市)						
县(区、市、旗)	159003	186533	48556		48183	573
村委会						
其他	1188576	556341	279408	117	250107	4950
按登记注册类型分组						
内资企业	1121615	671493	300477	117	292346	5285
国有企业		19567	1591		1539	
集体企业						
股份合作企业		58747	25000		25000	
其他有限责任公司	206458	105948	29919		29356	1153
股份有限公司	61752	25960	7324		7324	
私营合伙企业	1400	1400	2642		1400	102
私营有限责任公司	694299	421767	224573	117	218299	3653
私营股份有限公司	157706	38104	9428		9428	377
其他企业						
港澳台商投资企业	225964	26348	5944		5944	238
与港澳台商合资经营企业	220464	26348	5944		5944	238
港澳台商独资经营企业	5500					
外商投资企业		45033	21543			
中外合资经营企业		45033	21543			
按企业资质等级分组						
二级	132696					
三级	154116	57926	17486	102	17063	713
四级	117896	86448	37224		37224	1196
暂定	942871	598500	273254	15	244003	3614
其他						

7-2-8 县(市、区)房地产开发企业土地情况

单位：万元

县(市、区)别	待开发土地面积	本年购置土地面积	本年土地成交价款	#拆迁补偿费	土地使用权出让金	契税
赣州市	**1347579**	**742874**	**327964**	**117**	**298290**	**5523**
章贡区	427560	56280	14483		13920	563
赣　县	37779	45033	21543			
信丰县	34609					
大余县	4446					
上犹县		12679	6095		6095	236
崇义县	43644	97610	19427		19046	958
安远县		16000	1538			
龙南县		11257	6098		5691	230
定南县						
全南县						
宁都县	176830	115287	32500		32500	
于都县	192034	66512	33879		33879	1328
兴国县	4042	4042	2498		2498	100
会昌县						
寻乌县						
石城县	28990	62660	100081	15	98824	462
瑞金市	246983	122328	24730		24409	811
南康区	40000	17767	3602		40	
赣州经开区	110662	115419	61490	102	61388	835

7-2-9 房地产开发企业面积综合表

项　目	单　位	合计	住宅	90平米以下住房	144平米以上住房	别墅、高档公寓	办公楼	商业营业用房	其他房屋
房屋施工面积	平方米	22442550	15318514	1621554	1535869	529994	682068	3323849	3118119
#新开工面积	平方米	7249990	5186827	452245	356554	136913	139040	1087325	836798
房屋竣工面积	平方米	1691695	1096865	79514	139568		6692	456086	132052
#不可销售面积	平方米	48878	15109	3267				6918	26851
商品住宅竣工套数	套		9417	1098	878				
竣工房屋价值	万元	387818	252450	21202	32686		1443	108441	25484
批准预售面积	平方米	5044801	4087319	264176	226278	128294	36029	576579	344874
批准预售套数	套		32839	3497	1120	522			
出租房屋面积	平方米	4358						4358	
商品房销售面积	平方米	5837387	4684957	400098	374364	40441	134951	720765	296714
#现房销售面积	平方米	400343	292967	16950	78663		4753	71149	31474
期房销售面积	平方米	5437044	4391990	383148	295701	40441	130198	649616	265240
商品房销售额	万元	3457259	2518404	204418	228429	17100	112090	676270	150495
#现房销售额	万元	359543	247593	9088	73879		3532	69114	39304
期房销售额	万元	3097716	2270811	195330	154550	17100	108558	607156	111191
商品住宅销售套数	套		40205	5342	1983	194			
#现房销售套数	套		2241	217	385				
期房销售套数	套		37964	5125	1598	194			
待售面积	平方米	994582	547800	81770	87767	49131	26983	244530	175269
#待售1-3年面积	平方米	607087	256187	42439	19537	15562	18127	196566	136207
待售3年以上面积	平方米								

7-2-10 县(市、区)房地产开发企业房屋施工面积

单位：平方米

县(市、区)别	房屋施工面积	新开工面积	住宅				办公楼	商业营业用房	其他房屋
				90平米以下住房	144平米以上住房	别墅、高档公寓			
赣州市	**22442550**	**7249990**	**15318514**	**1621554**	**1535869**	**529994**	**682068**	**3323849**	**3118119**
章贡区	7728874	2264490	4661749	763677	587277	50827	513253	985878	1567994
赣　县	1065880	186357	722048	138079	55880		17214	199752	126866
信丰县	897767	119684	804462	78757	14605	3813	4674	53150	35481
大余县	488003	105136	397191	22917	13634	101108	5262	19779	65771
上犹县	676961	98286	402637	102668	5563		8738	154576	111010
崇义县	192358	127515	131011		17440		1503	23658	36186
安远县	126960	126960	91434	9667	50071			35466	60
龙南县	579500	360853	432712	15937	4388		1587	91900	53301
定南县	696601	137275	465773	17683	43892	22532	2220	151773	76835
全南县	192580	73078	149973			6596		16643	25964
宁都县	1429755	1087620	1107365	13416	11317			228716	93674
于都县	808935	508016	526642	5160	52798		14380	110386	157527
兴国县	582740	205216	383931	75274	19577		7821	114221	76767
会昌县	440108	105385	378143	1535	3384	106295		46489	15476
寻乌县	6667		667					6000	
石城县	754455	218595	571041				31068	104182	48164
瑞金市	1451251	515241	1160700	29586	131311	8276	304	206659	83588
南康区	2174745	288920	1416309	138893	334560	54551	3120	511573	243743
赣州经开区	2148410	721363	1514726	208305	190172	175996	70924	263048	299712

7-2-11 县(市、区)房地产开发企业房屋竣工面积

单位：平方米

县(市、区)别	房屋竣工面积	不可销售面积	住宅				办公楼	商业营业用房	其他房屋
				90平米以下住房	144平米以上住房	别墅、高档公寓			
赣州市	**1691695**	**48878**	**1096865**	**79514**	**139568**		**6692**	**456086**	**132052**
章贡区	450248	21488	341713	37154	26801		1000	29697	77838
赣　县	46403	7201	28576	5976				15827	2000
信丰县	20012		18121						1891
大余县	31167		28190	2914			669	1513	795
上犹县	59973		53839				4169	1593	372
崇义县									
安远县	126960	60	91434	9667	50071			35466	60
龙南县	60421	7041	46774	2436	4388		300	5189	8158
定南县	44025		34709	9072	10389			9316	
全南县	45249		36850						8399
宁都县	51236		34236	900	1440			16000	1000
于都县									
兴国县	73092	386	50502	5221	3404			14295	8295
会昌县	14451							14451	
寻乌县									
石城县	75663	436	75663						
瑞金市	295044		230172	5314	43075		304	45067	19501
南康区	289995	12096	19162	860			250	267246	3337
赣州经开区	7756	170	6924					426	406

7-2-12 县(市、区)房地产开发企业房屋待售面积

单位：平方米

县(市、区)别	待售面积	待售1-3年面积	住宅	90平米以下住房	144平米以上住房	别墅、高档公寓	办公楼	商业营业用房	其他房屋
赣州市	**994582**	**607087**	**547800**	**81770**	**87767**	**49131**	**26983**	**244530**	**175269**
章贡区	335299	279624	132719	32533	16266	2465	14425	113890	74265
赣　县	71544	12483	59225	7668	1149	12215		7111	5208
信丰县	25367	25367	23539						1828
大余县	24232	20138	17854	1305	221	13097		5891	487
上犹县	54305	44508	24203	403	2885		5130	9307	15665
崇义县									
安远县									
龙南县									
定南县	9350	6682	745	1	1			4162	4443
全南县									
宁都县	9133		7751	61	992			999	383
于都县									
兴国县	33601	16880	11857	2406	1598		7428	4991	9325
会昌县	4705	4705	4705	1000					
寻乌县									
石城县	76816	29540	50895					12165	13756
瑞金市	149401	68263	100711	3060	33942			32455	16235
南康区	189320	87388	109604	33333	29733	21354		53559	26157
赣州经开区	11509	11509	3992		980				7517

7-2-13 县(市、区)房地产开发企业房屋竣工价值

单位：万元

县(市、区)别	房屋竣工价值	住宅	90平米以下住房	144平米以上住房	别墅、高档公寓	办公楼	商业营业用房	其他房屋
赣州市	**387818**	**252450**	**21202**	**32686**		**1443**	**108441**	**25484**
章贡区	118709	95183	10504	7657		299	7879	15348
赣　县	25062	8442	2025				16053	567
信丰县	3988	3635						353
大余县	3704	3281	337			74	166	183
上犹县	11813	10360				917	350	186
崇义县								
安远县	29400	21696	2514	11127			7688	16
龙南县	10125	8999	560	840		63	543	520
定南县	10545	7890	2062	2361			2655	
全南县	11564	9212						2352
宁都县	10188	7001	178	406			2990	197
于都县								
兴国县	21856	13149	1671	996			6786	1921
会昌县	2800						2800	
寻乌县								
石城县	7780	7780						
瑞金市	57151	48525	1144	9299		30	5809	2787
南康区	60582	5012	207			60	54592	918
赣州经开区	2551	2285					130	136

7-2-14 县(市、区)房地产开发企业商品住宅竣工和销售套数

单位：套

县(市、区)别	商品住宅竣工套数	90平米以下住房	144平米以上住房	别墅、高档公寓	商品住宅销售套数	90平米以下住房	144平米以上住房	别墅、高档公寓
赣州市	**9417**	**1098**	**878**		**40205**	**5342**	**1983**	**194**
章贡区	3037	468	135		8494	1726	561	
赣　县	338	120			2334	466	91	
信丰县	150				2452	118		
大余县	222	46			769	45	7	91
上犹县	454				1233	562	7	
崇义县					517		46	
安远县	702	109	341		1207	333	548	
龙南县	359	30	21		1458	115	25	
定南县	372	174	54		1475	14	5	
全南县	335				709			
宁都县	357	11	9		1824	9	18	
于都县					2716	148	208	
兴国县	365	63	20		2038	519	38	
会昌县					1368	21	83	63
寻乌县					958			
石城县	461				1470			
瑞金市	1935	65	298		3287	45	74	
南康区	268	12			3943	789	224	35
赣州经开区	62				1953	432	48	5

7-2-15 县(市、区)房地产开发企业房屋销售面积

单位：平方米

县(市、区)别	商品房销售面积	现房销售面积	住宅	90平米以下住房	144平米以上住房	别墅、高档公寓	办公楼	商业营业用房	其他房屋
赣州市	**5837387**	**400343**	**4684957**	**400098**	**374364**	**40441**	**134951**	**720765**	**296714**
章贡区	1263545	65460	992535	138497	109577		101601	100918	68491
赣　县	313875	18979	259417	32583	14673		6038	42647	5773
信丰县	305195	16011	283349	10186			374	21070	402
大余县	93635	13944	89914	3822	1313	14309		2071	1650
上犹县	185593	17764	122730	44154	1174		12808	37396	12659
崇义县	66876		66583		8740				293
安远县	188975		151434	29667	80071			37541	
龙南县	194114		170843	9881	5153		300	11804	11167
定南县	242159	26459	169686	1247	736			62368	10105
全南县	86375		81794						4581
宁都县	257961	3249	220275	783	2957			14530	23156
于都县	516234	24167	340570	11880	42155		7837	87697	80130
兴国县	302539	15719	203673	24490	7108		1347	65432	32087
会昌县	183265	39748	177343	1800	19249	15799		5830	92
寻乌县	163699		131875					31824	
石城县	183349		175150				1806	4932	1461
瑞金市	427764	47065	406831	3758	25497			16058	4875
南康区	569014	95292	443060	61245	41410	8280	200	113156	12598
赣州经开区	293220	16486	197895	26105	14551	2053	2640	65491	27194

7-2-16 县(市、区)房地产开发企业房屋销售额

单位：万元

县(市、区)别	商品房销售额	现 房销售额	住宅	90平米以下住房	144平米以上住房	别墅、高档公寓	办公楼	商业营业用房	其他房屋
赣州市	**3457259**	**359543**	**2518404**	**204418**	**228429**	**17100**	**112090**	**676270**	**150495**
章贡区	941791	65095	678524	86199	106766		93379	136780	33108
赣 县	192976	12070	130702	14258	6598		4270	54261	3743
信丰县	248934	1711	224882	4326			224	23630	198
大余县	30976	4912	29672	1364	517	5174		914	390
上犹县	94578	7743	50434	16468	809		5772	34887	3485
崇义县	27920		27808		3496				112
安远县	97473		59932	11866	31874			37541	
龙南县	81657		71006	4127	1942		138	6435	4078
定南县	102946	14578	57860	399	266			40559	4527
全南县	32082		29844						2238
宁都县	141938	1526	115507	386	1364			17851	8580
于都县	278459	6915	154271	4518	16679		3745	83467	36976
兴国县	132873	6979	86798	11160	3614		661	37337	8077
会昌县	169463	120172	152364	684	6745	5304		17068	31
寻乌县	72598		55461					17137	
石城县	77536		70452				1930	4668	486
瑞金市	195919	21120	179832	1674	10248			13895	2192
南康区	365742	90200	234585	33313	26257	4372	93	98094	32970
赣州经开区	171398	6522	108470	13676	11254	2250	1878	51746	9304

7-3-1 建筑业企业生产情况

(总承包和专业承包建筑业企业) 单位：万元

项目	企业个数(个)	#有工作量企业数	签订的合同额	上年结转合同额	本年新签合同额	直接从建设单位承揽工程完成的产值	自行完成施工产值	分包出去工程的产值
总　计	**253**	**244**	**3683873**	**917614**	**2766259**	**2325920**	**2310009**	**15911**
按隶属关系分组								
省(自治区、直辖市)	3	3	18341	7353	10988	11431	11431	
地区(州、盟、省辖市)	23	21	330009	152806	177203	178018	174509	3509
县(区、市、旗)	29	29	279620	76117	203502	201667	201507	160
镇	1	1	10406	5513	4893	6906	6906	
其他	197	190	3045497	675824	2369673	1927897	1915656	12241
按控股情况分组								
国有控股	18	18	145071	33140	111931	106346	103429	2917
集体控股	14	14	246415	86257	160158	124540	124519	21
私人控股	214	205	3029790	738125	2291665	1975791	1962819	12972
港澳台商控股	1	1	451	432	19	77	77	
其他	6	6	262145	59659	202486	119165	119165	
按登记注册类型分组								
内资企业	252	243	3683422	917181	2766241	2325843	2309932	15911
国有企业	9	9	74204	11693	62511	58317	56732	1585
集体企业	12	12	139224	42575	96649	97350	97329	21
股份合作企业	2	2	101009	38660	62349	22772	22772	
有限责任公司	75	71	888343	274130	614213	519216	515085	4131
股份有限公司	8	7	324160	124629	199531	208541	208541	
私营企业	145	141	2156181	425495	1730686	1419346	1409172	10174
其他企业	1	1	301		301	301	301	
港、澳、台商投资企业	1	1	451	432	19	77	77	
港、澳、台商独资经营企业	1	1	451	432	19	77	77	
按国民经济行业分组								
房屋建筑业	134	132	2582217	670383	1911834	1548656	1543343	5313
土木工程建筑业	84	80	923970	196398	727572	692715	689230	3486
建筑安装业	6	5	17476	957	16519	16232	9132	7100
建筑装饰和其他建筑业	29	27	160210	49876	110334	68316	68305	12
按企业资质等级分组								
企业资质等级(施工总承包)	213	207	3588883	894164	2694720	2235287	2220120	15167
一级	6	6	939016	361743	577273	598324	598324	
二级	62	62	1074993	243733	831260	647369	643939	3430
三级及以下	145	139	1574874	288688	1286187	989595	977857	11737
企业资质等级(专业承包)	40	37	94990	23450	71540	90632	89889	744
一级	3	3	14948	1922	13026	12427	12427	
二级	15	14	28044	13941	14103	17069	17047	22
三级及以下	22	20	51998	7587	44411	61137	60415	722

7-3-1 续表

（总承包和专业承包建筑业企业）

单位：万元

项　　目	从建设单位以外承揽工程完成的产值	建筑业总产值	其中：装饰装修产值	其中：在外省完成的产值	按构成分：建筑工程产值	按构成分：安装工程产值	按构成分：其他产值	竣工产值
总　计	**54261**	**2364270**	**130070**	**229092**	**2036592**	**183178**	**144500**	**1448890**
按隶属关系分组								
省(自治区、直辖市)		11431		3300	11431			5659
地区(州、盟、省辖市)	8778	183287	1062		165698	14656	2933	52827
县(区、市、旗)	4024	205531	16205	368	180348	6081	19102	150398
镇		6906			4931		1976	3400
其他	41459	1957115	112803	225424	1674185	162441	120490	1236606
按控股情况分组								
国有控股	8204	111633	176	3300	93379	15303	2951	71142
集体控股	164	124683	14798		100118	21270	3296	94864
私人控股	45893	2008712	110865	143582	1747322	123438	137952	1241641
港澳台商控股		77			71	5		
其他		119165	4230	82210	95702	23162	301	41243
按登记注册类型分组								
内资企业	54261	2364193	130070	229092	2036520	183173	144500	1448890
国有企业	6871	63603	176		60980	1452	1171	51054
集体企业	164	97493	14798		92949	1248	3296	65756
股份合作企业		22772			2585	20187		22772
有限责任公司	7613	522698	19805	98223	447341	43833	31524	375972
股份有限公司	398	208939	355		206999	1324	616	102607
私营企业	39215	1448388	94634	130869	1225667	115129	107592	830428
其他企业		301	301				301	301
港、澳、台商投资企业		77			71	5		
港、澳、台商独资经营企业		77			71	5		
按国民经济行业分组								
房屋建筑业	40707	1584050	84317	191612	1384165	120903	78982	1015287
土木工程建筑业	3697	692927	5311	33563	607172	41188	44567	353729
建筑安装业	7100	16232	7100		5262	371	10600	15956
建筑装饰和其他建筑业	2757	71061	33342	3917	39993	20717	10350	63919
按企业资质等级分组								
企业资质等级(施工总承包)	51965	2272085	99040	225175	1983645	165115	123325	1348093
一级		598324		145108	549362	48962		83104
二级	13449	657389	50382	77107	523653	81049	52687	469316
三级及以下	38516	1016373	48658	2960	910630	35104	70639	795673
企业资质等级(专业承包)	2296	92185	31029	3917	52947	18063	21175	100797
一级	119	12546	9108	3917	9960		2586	11631
二级	267	17314	5931		15861	381	1072	31544
三级及以下	1910	62325	15991		27126	17682	17517	57622

7-3-2 县(市、区)建筑业企业生产情况

(总承包和专业承包建筑业企业) 单位：万元

项 目	企业个数(个)	#有工作量企业数	签订的合同额	上年结转合同额	本年新签合同额	直接从建设单位承揽工程完成的产值	自行完成施工产值	分包出去工程的产值
赣州市	**253**	**244**	**3683873**	**917614**	**2766259**	**2325920**	**2310009**	**15911**
章贡区	154	146	1506199	328543	1177656	1088778	1082694	6085
赣 县	8	8	40951	7686	33264	31174	31153	21
信丰县	7	7	109842	29358	80484	98366	90199	8168
大余县	4	4	14714	2087	12627	14381	14381	
上犹县	3	2	93268	72466	20802	62313	62313	
崇义县	5	5	23269	7284	15985	16826	16823	3
安远县	3	3	17472	6021	11451	39862	39862	
龙南县	4	4	79883	8903	70980	79281	79281	
定南县	2	2	37444	14605	22839	32427	32427	
全南县	1	1	15123	3083	12040	13257	13257	
宁都县	9	9	469075	21115	447960	99349	99349	
于都县	10	10	123047	12461	110586	129530	127905	1626
兴国县	6	6	53895	16139	37757	32116	32116	
会昌县	3	3	22410	3968	18442	21206	21206	
寻乌县	3	3	44751	19297	25455	24274	24274	
石城县	3	3	61594	5757	55837	39831	39823	8
瑞金市	9	9	195561	13069	182493	81474	81474	
南康区	8	8	65574	12926	52648	59769	59769	
赣州经开区	12	12	726803	332847	393955	378706	378706	

7-3-2 续表

(总承包和专业承包建筑业企业) 单位：万元

项 目	2.从建设单位以外承揽工程完成的产值	建筑业总产值	其中：装饰装修产值	其中：在外省完成的产值	按构成分：1.建筑工程产值	按构成分：2.安装工程产值	按构成分：3.其他产值	竣工产值
赣州市	**54261**	**2364270**	**130070**	**229092**	**2036592**	**183178**	**144500**	**1448890**
章贡区	22258	1104951	67405	78955	941365	96503	67083	651254
赣 县	160	31313			26345	1100	3867	24183
信丰县	7100	97299	7781		86699		10600	57256
大余县		14381			14170	50	161	13777
上犹县		62313		400	45311	17002		62313
崇义县	4	16826	1827	1613	13337	173	3316	10933
安远县	398	40260	113	2560	27580	175	12506	12551
龙南县		79281			68760	10522		79281
定南县		32427	4237		23333	4658	4436	16233
全南县		13257			13257			8135
宁都县	4	99353	9688		94405	4944	4	71771
于都县	136	128040	20114		101770	2923	23347	122301
兴国县	1930	34046	1828	368	31545	1932	570	29758
会昌县	3137	24343	2486		22223	2120		18109
寻乌县		24274			14461		9812	22853
石城县	16830	56653	1289	88	50983	4765	905	46077
瑞金市		81474	6610		76176		5298	74908
南康区		59769	5922		55107	3646	1016	50715
赣州经开区	2306	381012	771	145108	329764	49668	1580	93485

7-3-3 建筑业企业财务情况

(总承包和专业承包建筑业企业)

单位：万元

项 目	年初存货	年末资产负债						
		流动资产合计	#存货	固定资产合计	固定资产减值准备	固定资产原价	累计折旧	#本年折旧
总 计	**216116**	**1008518**	**256838**	**244598**	**2053**	**272765**	**90891**	**17710**
按隶属关系分组								
省(自治区、直辖市)		6289		2092		4007	1915	251
地区(州、盟、省辖市)	14589	129335	31215	25646		23387	8520	492
县(区、市、旗)	9394	82599	10796	21330	15	22796	3861	631
镇	1	1867	1	221		346	125	
其他	192132	788428	214826	195310	2038	222228	76470	16335
按控股情况分组								
国有控股	8216	68946	16602	22272		27918	9483	520
集体控股	22964	120442	30881	8103	9	10567	3525	709
私人控股	168986	793297	194823	206670	2038	224372	75175	16204
港澳台商控股	27	67	38	52		215	163	6
其他	15924	25766	14494	7502	6	9693	2545	270
按登记注册类型分组								
内资企业	216090	1008451	256801	244546	2053	272550	90728	17704
国有企业	2090	21730	6796	10858		14848	4569	311
集体企业	2470	51033	4375	6719	9	6571	912	353
股份合作企业	14164	51032	15243	1402		3823	2445	341
有限责任公司	50432	217048	64818	71219		65983	16858	2703
股份有限公司	676	38171	518	4280	6	4543	1482	189
私营企业	146257	628886	165051	150052	2038	176628	64317	13802
其他企业		551		17		154	145	5
港、澳、台商投资企业	27	67	38	52		215	163	6
港、澳、台商独资经营企业	27	67	38	52		215	163	6
按国民经济行业分组								
房屋建筑业	86851	540561	104756	133748	436	130894	33387	9756
土木工程建筑业	105502	379778	129081	100126	38	128641	51459	6931
建筑安装业	706	3685	1170	819		1058	425	51
建筑装饰和其他建筑业	23059	84494	21832	9906	1579	12171	5621	971
按企业资质等级分组								
企业资质等级(施工总承包)	194991	930544	229967	228096	474	254853	84638	16309
一级	87646	215441	89527	28979		61633	33119	4927
二级	49209	309020	64165	75643	331	87795	27691	4050
三级及以下	58136	406083	76275	123474	143	105425	23828	7333
企业资质等级(专业承包)	21125	77974	26871	16502	1579	17912	6253	1401
一级	3118	6137	838	2344	1477	2831	1249	425
二级	13579	41515	17251	4709		6447	2253	276
三级及以下	4428	30322	8782	9449	103	8634	2752	699

7-3-3 续表 1

（总承包和专业承包建筑业企业）　　　　单位：万元

项　目	二、年末资产负债							
	在建工程	资产合计	流动负债合计	#应付账款	长期负债合计	负债合计	所有者权益合计	#实收资本
总　计	**39718**	**1467815**	**610869**	**92102**	**17546**	**684085**	**783730**	**556970**
按隶属关系分组								
省(自治区、直辖市)		13402	4308	1134		4308	9094	8565
地区(州、盟、省辖市)	7648	184878	126699	21570	5735	135703	49176	32848
县(区、市、旗)	1017	110737	62222	3959	785	67609	43128	38496
镇		2088	54			54	2034	2034
其他	31052	1156710	417586	65439	11026	476412	680298	475026
按控股情况分组								
国有控股	3508	125701	92937	6507	506	94414	31287	24118
集体控股	252	149433	111985	3267	442	115322	34111	17147
私人控股	35837	1149857	395788	81402	15969	463171	686687	496366
港澳台商控股		119	0	-3		0	119	223
其他	120	42705	10158	929	628	11178	31527	19116
按登记注册类型分组								
内资企业	39718	1467696	610868	92105	17546	684085	783612	556747
国有企业	250	65870	48634	875	506	50111	15759	12423
集体企业	252	61103	46246	1432	442	49583	11521	8731
股份合作企业		69827	49627	1311		49627	20200	6184
有限责任公司	12929	325615	115450	12642	6860	132399	193216	143842
股份有限公司	1132	42985	28812	16677	711	30306	12679	10270
私营企业	25154	901725	322078	59153	9026	372036	529689	374749
其他企业		571	23	15		23	548	548
港、澳、台商投资企业		119	0	-3		0	119	223
港、澳、台商独资经营企业		119	0	-3		0	119	223
按国民经济行业分组								
房屋建筑业	21006	783977	236946	47352	10823	292855	491122	340858
土木工程建筑业	15915	558577	313744	41309	6380	329212	229366	173671
建筑安装业		4526	1426	506		1583	2943	2571
建筑装饰和其他建筑业	2798	120735	58752	2935	343	60435	60300	39870
按企业资质等级分组								
企业资质等级(施工总承包)	37724	1357554	563963	85498	16782	633516	724037	509685
一级		292738	197809	40191	6583	204392	88347	56356
二级	11302	476048	190702	16772	6337	205945	270103	202576
三级及以下	26422	588767	175452	28536	3863	223180	365587	250753
企业资质等级(专业承包)	1994	110262	46906	6604	764	50569	59693	47285
一级	700	20703	2941	111		3404	17299	17168
二级	299	46819	22017	1598		22819	24000	15714
三级及以下	996	42740	21948	4895	764	24346	18394	14403

7-3-3 续表 2

(总承包和专业承包建筑业企业) 单位: 万元

项目	二、年末资产负债						三、损益及分配		
	#国家资本	#集体资本	#法人资本	#个人资本	#港澳台资本	#外商资本	营业收入	建筑业企业在境外完成的营业收入	工程结算收入
总 计	**23333**	**28117**	**107447**	**398073**			**1876843**		**1823811**
按隶属关系分组									
省(自治区、直辖市)	6557		2008				11520		11520
地区(州、盟、省辖市)	12689	2870	3141	14148			166138		161052
县(区、市、旗)	1796	5729	5483	25488			140769		111966
镇			2034				5482		5482
其他	2291	19518	94781	358436			1552935		1533791
按控股情况分组									
国有控股	21042	270	2806				78377		51091
集体控股		14476	1820	852			85015		84836
私人控股	2291	13372	101860	378844			1613375		1587923
港澳台商控股			223				132		69
其他			738	18378			99944		99892
按登记注册类型分组									
内资企业	23333	28117	107224	398073			1876711		1823742
国有企业	11625		798				52024		24875
集体企业		6059	1820	852			58178		58008
股份合作企业		6147		38			22772		22772
有限责任公司	9777	3686	22540	107838			455617		448623
股份有限公司			974	9296			149178		149176
私营企业	1931	12226	81091	279502			1138649		1120046
其他企业				548			294		242
港、澳、台商投资企业			223				132		69
港、澳、台商独资经营企业			223				132		69
按国民经济行业分组									
房屋建筑业	5683	19632	46870	268673			1299159		1254146
土木工程建筑业	17607	2320	52515	101229			484112		476674
建筑安装业	12	18	873	1668			8036		7618
建筑装饰和其他建筑业	31	6147	7189	26503			85536		85372
按企业资质等级分组									
企业资质等级(施工总承包)	16670	24629	95961	372425			1781578		1729342
一级			14158	42198			482506		482148
二级	7551	8147	35339	151539			460345		450578
三级及以下	9119	16482	46463	178688			838727		796617
企业资质等级(专业承包)	6663	3488	11486	25648			95265		94468
一级	6057			11111			20320		20237
二级	531	2270	4831	8082			21689		21680
三级及以下	74	1218	6655	6455			53256		52552

7-3-3 续表 3

(总承包和专业承包建筑业企业) 单位：万元

项目	三、损益及分配						
	营业成本	工程结算成本	营业税金及附加	工程结算税金及附加	其他业务利润	管理费用	#税金
总 计	**1612312**	**1550833**	**85844**	**83085**	**624**	**59058**	**6404**
按隶属关系分组							
省(自治区、直辖市)	10431	10431	382	382	-25	348	15
地区(州、盟、省辖市)	150602	146110	5792	5482	113	3812	149
县(区、市、旗)	120258	94493	8642	7516	176	5012	1813
镇	5074	5074	317	317		90	2
其他	1325947	1294725	70711	69388	361	49796	4425
按控股情况分组							
国有控股	67985	42579	2545	2100	98	3446	1061
集体控股	72675	72672	4038	4037	142	4213	208
私人控股	1385383	1349357	75405	73091	313	49337	4763
港澳台商控股	83	39	3	3	19	46	28
其他	86186	86186	3853	3853	52	2016	345
按登记注册类型分组							
内资企业	1612229	1550794	85841	83082	605	59012	6376
国有企业	46460	21198	1768	1323	-20	2178	1017
集体企业	49606	49604	3098	3098	142	1398	125
股份合作企业	19504	19504	811	811		2650	60
有限责任公司	394617	381283	21849	21537	352	11971	833
股份有限公司	137493	137493	8267	7567		2121	662
私营企业	964326	941488	50030	48728	79	38655	3677
其他企业	224	224	18	18	52	40	3
港、澳、台商投资企业	83	39	3	3	19	46	28
港、澳、台商独资经营企业	83	39	3	3	19	46	28
按国民经济行业分组							
房屋建筑业	1116224	1065382	62279	59926	250	38440	4682
土木工程建筑业	417787	407759	20088	19717	219	14411	1405
建筑安装业	6462	6336	230	230	19	742	34
建筑装饰和其他建筑业	71839	71356	3248	3213	136	5466	283
按企业资质等级分组							
企业资质等级(施工总承包)	1533485	1472603	81896	79188	495	53430	6186
一级	433164	432826	15956	15935	21	5005	573
二级	396440	389879	22205	20910	189	16084	1534
三级及以下	703881	649898	43735	42343	286	32340	4079
企业资质等级(专业承包)	78827	78230	3948	3896	129	5629	218
一级	17711	17711	665	665	83	1057	42
二级	17229	17228	689	637	-25	1425	57
三级及以下	43887	43291	2595	2595	71	3147	119

7-3-3 续表 4

(总承包和专业承包建筑业企业) 单位：万元

项 目	三、损益及分配								
	财务费用	#利息收入	#利息支出	营业利润	营业外收入	#补贴收入	营业外支出	利润总额	应交所得税
总 计	**9660**	**-1010**	**7620**	**103022**	**923**	**22**	**1679**	**93573**	**27040**
按隶属关系分组									
省(自治区、直辖市)				358				358	288
地区(州、盟、省辖市)	188	-24	221	5748	90		13	5825	839
县(区、市、旗)	1609	5	580	6804	79		698	6188	974
镇				1			0	1	0
其他	7864	-991	6818	90111	754	22	968	81202	24939
按控股情况分组									
国有控股	357	-3	376	3961	5		4	3964	904
集体控股	-1138	-1293	188	5067	155		692	4530	744
私人控股	10054	252	6844	86834	764	22	976	77926	23004
港澳台商控股		0	0	0				0	0
其他	386	34	212	7159			7	7152	2389
按登记注册类型分组									
内资企业	9660	-1010	7620	103022	923	22	1679	93572	27040
国有企业	122	3	121	1306	2		0	1310	393
集体企业	159	3	188	3699	68		691	3077	426
股份合作企业	-1275	-1274	0	1138	39		1	1176	246
有限责任公司	2408	11	1557	21881	109	1	149	21841	7079
股份有限公司	609	2	5	2451			7	2444	177
私营企业	7637	246	5749	72536	706	21	832	63714	18715
其他企业	0		0	12				12	5
港、澳、台商投资企业		0	0	0				0	0
港、澳、台商独资经营企业		0	0	0				0	0
按国民经济行业分组									
房屋建筑业	8514	214	5773	69396	482		1568	60191	16685
土木工程建筑业	1907	46	1446	28086	370		104	27778	8643
建筑安装业	103	1	96	488	26	21	2	512	32
建筑装饰和其他建筑业	-864	-1271	304	5053	45	1	6	5092	1681
按企业资质等级分组									
企业资质等级(施工总承包)	9084	-1007	7197	97281	848	1	1622	87811	25608
一级	2666	37	1797	23861				23861	7100
二级	2296	-1108	2230	21937	439		47	22329	7878
三级及以下	4123	63	3170	51483	409	1	1575	41622	10630
企业资质等级(专业承包)	576	-3	422	5741	75	21	57	5762	1432
一级	96	2	83	785				785	544
二级	192	-21	115	2084	48		1	2131	266
三级及以下	288	16	225	2872	27	21	57	2846	622

7-3-3 续表 5

(总承包和专业承包建筑业企业)　　单位：万元

项　　目	四、人工成本	五、其他资料			
	应付职工薪酬	应收工程款	资产减值损失	公允价值变动收益	投资收益
总　计	**224657**	**250905**	**182**	**598**	**5024**
按隶属关系分组					
省(自治区、直辖市)	1463	2235			
地区(州、盟、省辖市)	13599	32776	1	3	113
县(区、市、旗)	24929	7747			3318
镇	1711				
其他	182957	208147	181	595	1594
按控股情况分组					
国有控股	11577	6450			118
集体控股	17008	7276	-58		
私人控股	171622	234639	240	598	4855
港澳台商控股	43	-30			
其他	24408	2570			51
按登记注册类型分组					
内资企业	224614	250935	182	598	5024
国有企业	7590	2490			
集体企业	12350	2798			
股份合作企业	4464	3801	-57		
有限责任公司	70216	39168	19	15	211
股份有限公司	13768	18384			3312
私营企业	116136	184080	219	583	1501
其他企业	90	213			
港、澳、台商投资企业	43	-30			
港、澳、台商独资经营企业	43	-30			
按国民经济行业分组					
房屋建筑业	163618	168927	210	586	4868
土木工程建筑业	46877	69955	29	12	145
建筑安装业	3449	2126			
建筑装饰和其他建筑业	10714	9897	-57		10
按企业资质等级分组					
企业资质等级(施工总承包)	210865	233186	184	598	5024
一级	37830	40077			51
二级	65890	71391	149	-2	3425
三级及以下	107145	121718	35	600	1548
企业资质等级(专业承包)	13792	17719	-2		
一级	804	987			
二级	3624	9168	-2		
三级及以下	9364	7564			

7-3-4 县(市、区)建筑业企业财务情况

(总承包和专业承包建筑业企业) 单位：万元

县(市、区)别	一、年初存货	二、年末资产负债						
		流动资产合计	#存货	固定资产合计	固定资产减值准备	固定资产原价	累计折旧	#本年折旧
赣州市	**216116**	**1008518**	**256838**	**244598**	**2053**	**272765**	**90891**	**17710**
章贡区	156503	703495	183478	168690	1959	191290	68828	11884
赣　县	2443	38954	484	2833		3266	643	60
信丰县	1149	19039	1922	2616		3761	2153	1050
大余县	1470	5878	1472	3039		3379	1010	116
上犹县	2287	16960	8641	4619		3810	997	320
崇义县	588	4112	444	2614	6	4038	1607	206
安远县	50	2787	1023	1356	21	760	10	5
龙南县		4863		471		553	85	8
定南县	535	15064	1483	3911		4009	156	68
全南县		651	25	1016	9	870	108	22
宁都县	14742	36108	14371	7657		7913	1432	199
于都县	4963	32144	4269	10744		12151	3696	1292
兴国县	4319	12610	4910	12067		16032	4572	1616
会昌县	600	15884	1083	2145		2586	441	162
寻乌县	4396	8381	4978	1785		760	74	14
石城县	9795	21044	12425	1885		2771	1316	275
瑞金市	7801	32440	9069	10282		9638	2815	211
南康区	4477	38104	6761	6872	59	5178	949	205
赣州经开区	13851	93824	14855	16830		21583	6240	885

7-3-4 续表 1

(总承包和专业承包建筑业企业) 单位：万元

县(市、区)别	二、年末资产负债							
	在建工程	资产合计	流动负债合计	#应付账款	长期负债合计	负债合计	所有者权益合计	#实收资本
赣州市	**39718**	**1467815**	**610869**	**92102**	**17546**	**684085**	**783730**	**556970**
章贡区	31980	1048703	454151	66387	13019	481385	567319	390812
赣　县	82	45310	31867	623		31915	13395	10503
信丰县		25037	14556	287	521	15091	9946	8936
大余县	670	9517	4601	739		5620	3897	4139
上犹县	900	21651	17248	3402		17320	4331	3219
崇义县	70	7239	1671	229	91	2153	5086	3857
安远县	586	6404	321	221		1137	5268	3274
龙南县		5401	1893	143		2257	3144	3039
定南县	57	18975	12423	404		14723	4252	3701
全南县	251	1667	815	682		815	852	852
宁都县	863	49222	23068	8394	12	26163	23059	12613
于都县	2185	45327	8764	5832	1234	14196	31132	26774
兴国县	606	28078	4111	1498	741	4852	23225	18015
会昌县		18054	5507			5507	12548	3328
寻乌县		10165	6618	420	430	7054	3112	2918
石城县	430	23058	2424	570		8589	14469	13102
瑞金市	939	48056	8347	810	64	11319	36737	29133
南康区	99	55952	12483	1462	1434	33991	21961	18757
赣州经开区	1344	151068	40956	17331	6538	49755	101313	59620

7-3-4 续表 2

（总承包和专业承包建筑业企业）　　　　单位：万元

县(市、区)别	二、年末资产负债						三、损益及分配		
	#国家资本	#集体资本	#法人资本	#个人资本	#港澳台资本	#外商资本	营业收入	建筑业企业在境外完成的营业收入	工程结算收入
赣州市	**23333**	**28117**	**107447**	**398073**			**1876843**		**1823811**
章贡区	19818	11965	75397	283634			1214308		1205528
赣　县	662	890	7950	1000			24921		24776
信丰县				8936			67934		67905
大余县			800	3339			5385		5385
上犹县		1816		1403			62313		62203
崇义县			609	3248			15513		15513
安远县	91	2627	250	306			9309		8853
龙南县	604			2435			48729		26445
定南县			901	2800			13871		9520
全南县				852			6152		6152
宁都县	330	1638	619	10026			76630		76615
于都县	1828	7981	6850	10115			99092		89569
兴国县			2208	15807			27965		27950
会昌县				3328			18024		16603
寻乌县		612	2306				19182		19182
石城县			1021	12081			43319		43319
瑞金市			803	28330			70853		64949
南康区		589	7733	10435			53344		53344
赣州经开区			2600	57020			388829		388829

7-3-4 续表 3

（总承包和专业承包建筑业企业）　　　　单位：万元

县(市、区)别	三、损益及分配						
	营业成本	工程结算成本	营业税金及附加	工程结算税金及附加	其他业务利润	管理费用	#税金
赣州市	**1612312**	**1550833**	**85844**	**83085**	**624**	**59058**	**6404**
章贡区	1056085	1041776	47572	47098	350	33027	2354
赣　县	20646	20646	1415	1415	144	2418	25
信丰县	56485	56002	4264	4264	1	1227	28
大余县	5020	5020	223	223		102	7
上犹县	55917	55807	3720	3715	110	1458	114
崇义县	13338	13338	1056	1056		914	8
安远县	5926	5730	3459	2754		2788	657
龙南县	45396	24009	1690	1534		508	10
定南县	9871	7210	760	510		457	107
全南县	4015	4015	390	390		47	3
宁都县	68685	68540	3496	3496	5	1542	52
于都县	79160	72960	4444	3794		4509	2093
兴国县	23523	23523	1208	1208	15	1438	86
会昌县	13745	12718	1296	1203		487	147
寻乌县	17046	17046	1315	1315		676	15
石城县	34791	34791	2302	2302		2406	50
瑞金市	57891	52988	2904	2583		3239	135
南康区	44772	34716	4331	4227		1818	515
赣州经开区	349675	349675	12957	12957		3691	599

7-3-4 续表 4

（总承包和专业承包建筑业企业）

单位：万元

县(市、区)别	三、损益及分配								
	财务费用	#利息收入	#利息支出	营业利润	营业外收入	#补贴收入	营业外支出	利润总额	应交所得税
赣州市	**9660**	**-1010**	**7620**	**103022**	**923**	**22**	**1679**	**93573**	**27040**
章贡区	5291	-1049	5070	68295	501	21	67	68154	22519
赣　县	99	0	80	284	49		32	304	218
信丰县	674	0	628	4175	6	1	95	4086	314
大余县	7	0	7	30				30	13
上犹县	132	13		1197			54	1143	17
崇义县	15	1	12	184				184	45
安远县	603		1	1326			393	933	66
龙南县	3	1	1	1096	23		18	1100	134
定南县	488		141	2044	18		661	1401	169
全南县	23		3	1639				1639	8
宁都县	471	3	471	2070	10		8	2071	609
于都县	444	6	390	12549	26		21	4436	820
兴国县	186	1	16	540				540	84
会昌县	179		1	1807	63			1870	65
寻乌县	33	2	30	103				103	3
石城县	261	0	256	1186			4	1183	845
瑞金市	203	1	162	3758	227		326	3660	981
南康区	548	10	352	741				738	130
赣州经开区	2716	39	1890	19168				19168	7161

7-3-4 续表 5

单位：万元

县(市、区)别	四、人工成本	五、其他资料			
	应付职工薪酬	应收工程款	资产减值损失	公允价值变动收益	投资收益
赣州市	**224657**	**250905**	**182**	**598**	**5024**
章贡区	124125	163878	176	15	196
赣　县	10017	1351	3		6
信丰县	4876	2952			10
大余县	1876	53			
上犹县	5092	2570			
崇义县	4687	1017			
安远县	410	1560	1	585	4812
龙南县	10768	406	2	-2	
定南县	7806	524			
全南县	851				
宁都县	8431	9338			
于都县	15535	22652			
兴国县	6589	6153			
会昌县	759	8618			
寻乌县	1802	838			
石城县	7075	1873			
瑞金市	8932	5448			
南康区	5030	21675			
赣州经开区	36847	31541			51

主要统计指标解释

全社会固定资产投资 是以货币表现的在一定时期内全社会建造和购置固定资产的工作量以及与此有关的费用总称。它是反映固定资产投资规模、速度、比例关系和使用方向的综合性指标。全社会固定资产投资按经济类型可分为国有、集体、个体、联营、股份制、外商、港澳台商、其他等。

城镇固定资产投资 指城镇各种登记注册类型的企业、事业、行政单位及个体户进行计划总投资（或实际需要总投资）500 万元及 50 万 0 以上的建设项目投资、房地产开发投资、城镇和工矿区私人建房投资。县城及以上区域内发生的投资，县及县以上各级政府及主管部门直接领导、管理的建设项目和企业、事业单位的投资均为城镇固定资产投资。

房地产开发投资 指各种登记注册类型的房地产开发公司、商品房建设公司及其他房地产开发法人单位和附属于其他法人单位实际从事房地产开发或经营的活动单位统一开发的包括统代建、拆迁还建的住宅、厂房、仓库、饭店、宾馆、度假村、写字楼、办公楼等房屋建筑物和配套的服务设施，土地开发工程（如道路、给水、排水、供电、供热、通讯、平整场地等基础设施工程）的投资；不包括单纯的土地交易活动。

城镇和工矿区私人建房投资 包括市、县城、城关镇、工矿区所辖范围内的全部私人建房，不论其房主是否系本地的常住户口均应包括。

农村个人投资 包括农村个人建房及购置生产性固定资产的投资。

农村投资 包括在农村区域范围内进行固定资产投资活动的企业、事业、行政单位及农村个人投资。

固定资产投资的资金来源 根据固定资产投资的资金来源不同，分为国家预算内资金、国内贷款、利用外资、自筹资金和其他资金来源。

固定资产投资按建设性质分 建设项目的性质一般分为新建、扩建、改建、迁建、恢复。基本建设按建设项目划分建设性质，更新改造、国有单位其他固定资产投资及城镇集体投资等按整个企业、事业单位的建设情况确定建设性质，房地产开发单位、农村投资、城镇工矿区私人建房等投资不划分建设性质。

固定资产投资按构成分 固定资产投资活动按其工作内容和实现方式分为建筑安装工程，设备、工具、器具购置，其他费用三个部分。

施工项目 指报告期内曾进行建筑或安装工程施工活动的建设项目，包括报告期内新开工项目、报告期以前开工跨入报告期继续施工的项目以及报告期施过工并在报告期内全部建成投产或停缓建的项目。

新增生产能力 指通过固定资产投资活动而增加的设计能力或工程效益，它是用实物形态表示的固定资产投资的成果。新增生产能力的计算，是以能独立发挥生产能力或工程效益的单项工程(或项目)为对象。当单项工程(或项目)建成，经有关部门鉴定合格，正式移交投入生产，即可计算新增生产能力。

新增生产能力或工程效益有以下几种表现形式：以建设项目或单项工程建成后的年产能力表示；以建设项目或单项工程建成后处理原料的能力表示；以新增的主要设备数量或容量表示；以建筑物容积、容量、面积或长度表示。

新增生产能力的数量一般按设计能力计算。设计能力是指设计文件中规定的在正常情况下能够达到的生产能力，而不论投产后的实际产量如何。以设备数量、建筑物容积、面积、长度等表示的新增生产能力或工程效益，则按建成的实际数量计算。

房屋建筑面积 指从房屋外墙线算起的各层平面面积的总和，包括可供使用的有效面积和房屋结构(如柱、墙)占用的面积。多层建筑按各层（包括地下室）面积总和计算。

住宅建筑面积 指施工和竣工房屋建筑面积中供居住用的施工和竣工房屋建筑面积。

施工面积 指报告期内施工的全部房屋建筑面积。包括本期新开工的面积、上期跨入本期继续施工的房屋面积、上期停缓建在本期恢复施工的房屋面积、本期竣工的房屋面积及本期施工后又停缓建的房屋面积。

竣工面积 指在报告期内房屋建筑按照设计要求已全部完工，达到住人和使用条件，经验收鉴定合格，正式移交使用单位的建筑面积。

房屋建筑面积竣工率 指一定时期内房屋竣工面积占同期房屋施工面积的比率。它是从房屋建筑施工速度的角度反映投资效果和建筑业经济效益的指标。

新增固定资产 指通过投资活动所形成的新的固定资产价值，包括已经建成投入生产或交付使用的工程价值和达到固定资产标准的设备、工具、器具的价值及有关应摊入的费用。它是以价值形式表示的固定资产投资成果的综合性指标，可以综合反映不同时期、不同部门、不同地区的固定资产投资成果。

商品房销售面积 指报告期内出售商品房屋的合同总面积。由现房销售建筑面积和期房销售建筑面积两部分组成。

商品房销售额 指报告期内出售商品房屋的合同总价值。本指标与商品房销售面积同口径，由现房销售额和期房销售额两部分组成。

建筑业统计单位 指从事房屋、构筑物建造和设备安装活动的法人企业。建筑业法人企业应同时具备的条件是：①依法成立，有自己的名称、组织机构和场所，能够承担民事责任；②独立拥有和使用资产，承担负债，有权与其他单位签订合同；③独立核算盈亏，能够编制资产负债表。

建筑业总产值 是以货币表现的建筑安装企业在一定时期内生产的建筑业产品的总和。建筑业总产值包括：建筑工程产值，设备安装工程产值，房屋、构筑物修理产值，非标准设备制造产值。

房屋建筑施工面积 指在报告期内施工的全部房屋建筑面积，包括本期新开工的房屋面积、上期施工跨入本期继续施工的房屋面积、上期停缓建在本期恢复施工的房屋面积、本期竣工的房屋面积及本期施工后又停缓建的房屋面积。

房屋建筑竣工面积 指在报告期内房屋建筑按照设计要求全部完工，达到了住人和使用条件，经验收鉴定合格，正式移交使用单位的房屋建筑面积。

八、国内贸易、对外贸易和旅游

本篇章

质量负责：周俊萍 孙有德

资料整理：王献珍 陈　刚

8-1 主要年份社会消费品零售总额

单位：万元

年 份	社会消费品零售总额	按销售单位所在地分			按 行 业 分			
		市	县	县以下	#批发零售贸易业	住宿和餐饮业	制造业	农业生产者
1978	51074	8753	10817	31504	46062	2504	1553	
1980	67296	11774	19259	36263	57279	3146	2292	4320
1987	158264	26344	57834	74086	110201	6039	10081	26299
1990	203882	35398	76174	92310	138563	9476	12262	36739
1991	219319	39226	83596	96497	145484	10178	13593	40831
1992	260127	49609	103919	106599	161526	11329	18281	42468
1993	322694	70164	128353	124177	220990	12860	26185	53682
1994	422514	112779	140740	168995	291954	23250	26466	62900
1995	528521	158521	161667	208333	343616	36327	41147	84669
1996	622582	192893	192412	237277	400341	44184	50592	104340
1997	697355	212645	225296	259414	452922	42472	43776	140930
1998	775490	242815	245139	287536	484038	52756	58051	160922
1999	829787	262111	258221	309455	521823	56514	60441	172516
2000	946095	297993	297035	351067	606153	67788	61792	193396
2001	1044312	338694	325963	379655	670683	78070	68421	209216
2002	1150452	361129	367712	421611	746953	90143	73963	222886
2003	1262040	390236	412356	459448	1135689	104247		
2004	1417244	436651	456213	524380	1269895	125033		
2005	1606897	511527	518647	576723	1439473	143431		
2006	1846037	590810	601388	653839	1647038	171574		
2007	2162409	692249	706030	764131	1926078	206362		
2008	2669496	857623	882351	929522	2381771	256061		
2009	3171375	1022785	1044279	1104311	2817908	320174		
2010	3753530	3010734		742797	3395490	358040		
2011	4357432	3561430		796002	3977445	379987		
2012	4950017	4080435		869581	4523057	426959		
2013	5630644	4681738		948906	5160871	469773		
2014	6496454	5429410		1067044	5953888	542566		

注:1、2010年开始,按销售地域划分由“市、县、县以下”改为“城镇、乡村”。

2、2011年国家制度调整,社会消费品零售总额按法人在地原则统计，口径有变动。

8-2 各县(市、区)社会消费品零售总额

单位：万元

县(市、区)别	社会消费品零售总额	限额以上消费品零售额
总　计	**6496453.7**	**2232814.0**
章贡区	2277848.4	1350289.0
赣　县	263237.9	86129.9
信丰县	364731.3	29032.8
大余县	220571.5	7782.3
上犹县	127599.1	17996.7
崇义县	121336.5	9689.9
安远县	143211.1	13216.2
龙南县	250987.6	17522.0
定南县	121383.3	20343.2
全南县	130297.3	16790.6
宁都县	328493.0	15629.6
于都县	390540.1	34231.6
兴国县	299902.8	82623.5
会昌县	230174.1	51216.7
寻乌县	156523.4	14676.4
石城县	94028.7	12188.0
瑞金市	304566.8	48287.7
南康区	326139.3	69186.0
赣州经开区	344881.5	335981.9

8-3 限额以上批发和零售业法人商品购进、销售、库存总额

单位：万元

指标名称	购进总额	销售总额	批 发 额	零 售 额	年末库存总额
总 计	**1929706.3**	**3285256.7**	**1197647.5**	**2087609.2**	**288524.5**
一、批发业	990204.4	2297222.3	1188095.2	1109127.1	146144.6
1.按批发行业小类分					
农、林、牧产品批发	57291.5	54621.7	32878.9	21742.8	18362.0
谷物、豆及薯类批发	12245.0	10461.4	10461.4		15673.7
饲料批发	5347.1	4965.1	4965.1		382.0
牲畜批发	13647.2	14758.5	13580.5	1178.0	23.2
其他农牧产品批发	26052.2	24436.7	3871.9	20564.8	2283.1
食品、饮料及烟草制品批发	409864.3	643020.6	641834.7	1185.9	20063.3
米、面制品及食用油批发	395.6	355.8	355.8		39.8
糕点、糖果及糖批发	2435.6	2435.5	2435.5		0.1
盐及调味品批发	5017.0	15482.8	15482.8		590.3
营养和保健品批发	17585.2	18001.6	18001.6		0.4
酒、饮料及茶叶批发	10105.3	11835.8	10649.9	1185.9	1991.6
烟草制品批发	371604.6	592265.1	592265.1		16851.1
其他食品批发	2721.0	2644.0	2644.0		590.0
纺织、服装及家庭用品批发	51939.5	59621.0	58958.9	662.1	5337.8
纺织品、针织品及原料批发		7540.4	7540.4		
家用电器批发	51939.5	52080.6	51418.5	662.1	5337.8
医药及医疗器材批发	50122.5	52317.8	18748.3	33569.5	4702.4
西药批发	48153.5	50317.2	16747.7	33569.5	4690.1
中药批发	1969.0	2000.6	2000.6		12.3
矿产品、建材及化工产品批发	314197.7	1380708.1	328741.3	1051966.8	90330.3
煤炭及制品批发		805.5	805.5		2141.9
石油及制品批发	68452.2	1117330.4	86620.2	1030710.2	1947.2
金属及金属矿批发	169385.2	183998.6	162742.0	21256.6	81121.9
建材批发	67865.9	67866.1	67866.1		4097.3
化肥批发	4021.8	3640.8	3640.8		381.0
其他化工产品批发	4472.6	7066.7	7066.7		641.0
机械设备、五金产品及电子产品批发	38068.7	40179.7	40179.7		3424.2
农业机械批发	2978.0	4245.5	4245.5		488.9
汽车批发	35090.7	35934.2	35934.2		2935.3
其他批发业	68720.2	66753.4	66753.4		3924.6
再生物资回收与批发	4200.0	4200.0	4200.0		
其他未列明批发业	64520.2	62553.4	62553.4		3924.6
2.按登记注册类型分					
内资企业	968077.2	2276657.5	1188095.2	1088562.3	144118.3
国有企业	394051.6	624405.4	623227.4	1178.0	31059.1
有限责任公司	294866.9	317408.9	279561.1	37847.8	85122.0
国有独资公司	1080.9	803.0	803.0		2118.9
其他有限责任公司	293786.0	316605.9	278758.1	37847.8	83003.1
股份有限公司	55901.5	1108578.6	78710.0	1029868.6	650.0
私营企业	223257.2	226264.6	206596.7	19667.9	27287.2
私营有限责任公司	223257.2	226264.6	206596.7	19667.9	27287.2
港、澳、台商投资企业	22127.2	20564.8		20564.8	2026.3
港澳台商独资企业	22127.2	20564.8		20564.8	2026.3
3.按控股情况分					
国有控股	466254.6	1747567.1	716520.5	1031046.6	99085.8
私人控股	455476.6	479124.7	421609.0	57515.7	43963.4
港澳台商控股	22127.2	20564.8		20564.8	2026.3
其他	46346.0	49965.7	49965.7		1069.1
4.按经营形式分					
独立门店	516344.7	530389.5	455152.1	75237.4	115139.3
连锁总店	434211.4	1718413.4	688544.8	1029868.6	18490.0
连锁门店	6699.5	6673.9	6673.9		672.9
其他	32948.8	41745.5	37724.4	4021.1	11842.4
5.按单位规模分					
大型	371604.6	1644416.2	666020.8	978395.4	16851.1
中型	332233.9	353542.2	229673.8	123868.4	20775.8
小型	265867.5	282323.7	275841.6	6482.1	38572.5
微型	20498.4	16940.2	16559.0	381.2	69945.2

8-3 续表

单位：万元

指标名称	购进总额	销售总额	批发额	零售额	年末库存总额
二、零售业	939501.9	988034.4	9552.3	978482.1	142379.9
1.按零售行业小类分					
综合零售	194162.6	211513.4	561.7	210951.7	34033.4
百货零售	31480.0	60140.7		60140.7	1680.2
超级市场零售	162682.6	151372.7	561.7	150811.0	32353.2
食品、饮料及烟草制品专门零售	14311.2	14621.8		14621.8	557.7
肉、禽、蛋、奶及水产品零售	13061.3	13219.5		13219.5	305.0
酒、饮料及茶叶零售	1249.9	1402.3		1402.3	252.7
纺织、服装及日用品专门零售	13895.0	22868.1		22868.1	5400.9
服装零售	13895.0	22868.1		22868.1	5400.9
文化、体育用品及器材专门零售	587.6	729.0		729.0	371.0
珠宝首饰零售	587.6	729.0		729.0	371.0
医药及医疗器材专门零售	45067.6	54832.6	2926.2	51906.4	4995.3
药品零售	42951.4	52088.5	1037.6	51050.9	4907.0
医疗用品及器材零售	2116.2	2744.1	1888.6	855.5	88.3
汽车、摩托车、燃料及零配件专门零售	614006.4	615516.6	93.0	615423.6	80336.8
汽车零售	610425.2	612058.3	93.0	611965.3	80079.0
摩托车及零配件零售	838.0	715.1		715.1	122.9
机动车燃料零售	2743.2	2743.2		2743.2	134.9
家用电器及电子产品专门零售	47248.7	55636.3	4152.6	51483.7	15891.1
家用视听设备零售	1817.5	2293.4		2293.4	88.2
日用家电设备零售	42588.0	50382.5	3895.6	46486.9	15386.2
计算机、软件及辅助设备零售	1205.0	1240.4	100.0	1140.4	138.2
通信设备零售	1638.2	1720.0	157.0	1563.0	278.5
五金、家具及室内装饰材料专门零售	1502.9	1838.4		1838.4	520.3
家具零售	488.3	635.0		635.0	110.5
木质装饰材料零售	1014.6	1203.4		1203.4	409.8
货摊、无店铺及其他零售业	8719.9	10478.2	1818.8	8659.4	273.4
生活用燃料零售	6.5	6.5	5.0	1.5	3.0
其他未列明零售业	8713.4	10471.7	1813.8	8657.9	270.4
2.按登记注册类型分					
内资企业	919979.6	963474.2	9552.3	953921.9	142379.9
国有企业	6960.0	8079.4		8079.4	695.5
集体企业	711.0	723.0		723.0	36.0
有限责任公司	310080.5	316923.1	6739.3	310183.8	70089.8
国有独资公司	3937.4	4130.2		4130.2	483.1
其他有限责任公司	306143.1	312792.9	6739.3	306053.6	69606.7
股份有限公司	18752.4	18460.5	93.0	18367.5	1330.5
私营企业	583475.7	619288.2	2720.0	616568.2	70228.1
私营独资企业	573.3	561.7	561.7		11.6
私营有限责任公司	545598.0	574412.8	2158.3	572254.5	66288.3
私营股份有限公司	37304.4	44313.7		44313.7	3928.2
港、澳、台商投资企业	19522.3	24560.2		24560.2	
港澳台商独资企业	19522.3	24560.2		24560.2	
3.按控股情况分					
国有控股	10897.4	12209.6		12209.6	1178.6
集体控股	36465.0	35675.3		35675.3	6900.2
私人控股	803787.1	817915.9	9547.3	808368.6	123981.3
港澳台商控股	19522.3	24560.2		24560.2	
其他	68830.1	97673.4	5.0	97668.4	10319.8
4.按经营形式分					
独立门店	849718.1	871662.5	8514.7	863147.8	129946.4
连锁总店	5765.9	5730.4	1037.6	4692.8	829.6
连锁门店	43801.3	68510.2		68510.2	4268.7
其他	40216.6	42131.3		42131.3	7335.2
5.按单位规模分					
大型	93087.7	113517.4		113517.4	9323.4
中型	627663.2	639891.6	1037.6	638854.0	98409.6
小型	200082.5	215581.7	7598.6	207983.1	32824.8
微型	18668.5	19043.7	916.1	18127.6	1822.1
6.按零售业态分					
有店铺零售	939501.9	988034.4	9552.3	978482.1	142379.9
便利店	778.2	811.0		811.0	85.8
超市	71596.5	80230.9	2066.9	78164.0	15210.6
大型超市	157255.6	150154.9		150154.9	30334.6
百货店	5088.8	36315.2		36315.2	1336.4
专业店	293636.8	317550.8	4473.1	313077.7	32374.3
专卖店	310178.6	311337.1	1926.1	309411.0	42937.9
家居建材商店	2545.6	3192.4	1086.2	2106.2	565.8
厂家直销中心	98421.8	88442.1		88442.1	19534.5

8-4 限额以上批发零售业法人企业财务状况

单位：万元

指标名称	法人企业个数(个)	年末资产负债		
		流动资产合计	存货	实收资本
总 计	**229**	**1017653.5**	**351969.3**	**1178260.9**
一、批发业	67	599480.5	215828.7	52110.1
1.按批发行业小类分				
农、林、牧产品批发	9	17541.1	7942.9	4461.3
谷物、豆及薯类批发	3	11243.2	6157.9	2698.5
饲料批发	1	822.2		560.0
牲畜批发	3	920.5	22.1	166.8
其他农牧产品批发	2	4555.2	1762.9	1036.0
食品、饮料及烟草制品批发	10	201867.7	70282.0	8043.8
米、面制品及食用油批发	1	1491.5	1488.9	1169.5
糕点、糖果及糖批发	1	13.4	0.1	5.6
盐及调味品批发	1	6690.7	2103.7	2799.9
营养和保健品批发	1	188.1	0.4	136.7
酒、饮料及茶叶批发	4	4503.5	2820.4	1898.1
烟草制品批发	1	188661.0	63641.0	1668.0
其他食品批发	1	319.5	227.5	366.0
纺织、服装及家庭用品批发	8	26191.3	5741.9	3610.0
纺织品、针织品及原料批发	1	3833.9		200.0
家用电器批发	7	22357.4	5741.9	3410.0
医药及医疗器材批发	5	86730.9	5232.7	10320.0
西药批发	4	76580.7	5220.4	7320.0
中药批发	1	10150.2	12.3	3000.0
矿产品、建材及化工产品批发	29	252932.7	119280.3	23320.0
煤炭及制品批发	1	5164.3	2105.1	1300.0
石油及制品批发	4	62194.6	25167.3	650.0
金属及金属矿批发	17	152828.6	86243.0	12360.0
建材批发	4	29152.4	5123.9	8380.0
化肥批发	1	351.3		80.0
其他化工产品批发	2	3241.5	641.0	550.0
机械设备、五金产品及电子产品批发	3	7228.8	3424.3	1700.0
农业机械批发	1	1311.2	489.0	200.0
汽车批发	2	5917.6	2935.3	1500.0
其他批发业	3	6988.0	3924.6	655.0
再生物资回收与批发	1	1897.5		100.0
其他未列明批发业	2	5090.5	3924.6	555.0
2.按登记注册类型分				
内资企业	66	594975.1	214065.8	51674.1
国有企业	7	204922.1	71294.7	7857.5
有限责任公司	30	249115.6	91962.7	26308.5
国有独资公司	1	3506.5	2118.9	545.2
其他有限责任公司	29	245609.1	89843.8	25763.3
股份有限公司	2	59351.2	23870.1	
私营企业	27	81586.2	26938.3	17508.1
私营有限责任公司	27	81586.2	26938.3	17508.1
港、澳、台商投资企业	1	4505.4	1762.9	436.0
港澳台商独资企业	1	4505.4	1762.9	436.0
3.按控股情况分				
国有控股	13	342888.5	162541.5	9507.7
私人控股	49	221765.5	50837.1	35906.4
港澳台商控股	1	4505.4	1762.9	436.0
其他	4	30321.1	687.2	6260.0
4.按经营形式分				
独立门店	52	318808.7	113893.0	41946.8
连锁总店	5	255133.2	90013.4	4966.0
连锁门店	2	4406.1	672.9	2005.0
其他	8	21132.5	11249.4	3192.3
5.按单位规模分				
大型	2	247362.2	86861.1	1668.0
中型	19	149628.2	23064.8	20552.6
小型	38	116295.9	34425.6	25669.8
微型	8	86194.2	71477.2	4219.7

8-4 续表 1

单位：万元

指标名称	年末资产负债			
	企业数(个)	流动资产合计		实收资本
			存货	
二、零售业	162	418173.0	136140.6	1126150.8
1.按零售行业小类分				
综合零售	22	71152.4	30509.5	1022185.3
百货零售	4	11358.0	1566.4	3751.1
超级市场零售	18	59794.4	28943.1	1018434.2
食品、饮料及烟草制品专门零售	5	1815.4	320.4	1966.5
肉、禽、蛋、奶及水产品零售	2	836.6	139.7	532.0
酒、饮料及茶叶零售	3	978.8	180.7	1434.5
纺织、服装及日用品专门零售	3	6141.8	4726.8	1781.0
服装零售	3	6141.8	4726.8	1781.0
文化、体育用品及器材专门零售	1	635.5	371.0	100.0
珠宝首饰零售	1	635.5	371.0	100.0
医药及医疗器材专门零售	14	22508.2	4432.9	8579.5
药品零售	12	21127.7	4344.6	8282.3
医疗用品及器材零售	2	1380.5	88.3	297.2
汽车、摩托车、燃料及零配件专门零售	82	291166.4	86095.3	75965.2
汽车零售	80	290266.9	85903.0	75183.2
摩托车及零配件零售	1	618.9	122.9	682.0
机动车燃料零售	1	280.6	69.4	100.0
家用电器及电子产品专门零售	26	21120.9	9287.3	13807.2
家用视听设备零售	1	99.1	88.1	80.0
日用家电设备零售	22	20235.0	8811.8	13196.2
计算机、软件及辅助设备零售	2	521.9	138.2	331.0
通信设备零售	1	264.9	249.2	200.0
五金、家具及室内装饰材料专门零售	2	249.7	160.3	590.0
家具零售	1	166.8	110.5	540.0
木质装饰材料零售	1	82.9	49.8	50.0
货摊、无店铺及其他零售业	7	3382.7	237.1	1176.1
生活用燃料零售	1	33.0	5.9	
其他未列明零售业	6	3349.7	231.2	1176.1
2.按登记注册类型分				
内资企业	161	416453.1	136140.6	1124799.7
国有企业	1	1675.9	515.2	174.0
集体企业	1	141.0	36.0	5.0
有限责任公司	67	159783.1	62508.8	38243.6
国有独资公司	1	1555.1	985.5	500.0
其他有限责任公司	66	158228.0	61523.3	37743.6
股份有限公司	7	4566.5	597.2	2279.2
私营企业	85	250286.6	72483.4	1084097.9
私营独资企业	1	340.0		334.6
私营有限责任公司	78	240542.9	71389.1	1070266.2
私营股份有限公司	6	9403.7	1094.3	13497.1
港、澳、台商投资企业	1	1719.9		1351.1
港澳台商独资企业	1	1719.9		1351.1
3.按控股情况分				
国有控股	2	3231.0	1500.7	674.0
集体控股	3	21103.1	6900.2	3505.0
私人控股	143	357021.6	117231.9	1109915.7
港澳台商控股	1	1719.9		1351.1
其他	13	35097.4	10507.8	10705.0
4.按经营形式分				
独立门店	144	369994.7	124167.1	1116720.5
连锁总店	3	1564.3	726.8	1298.3
连锁门店	10	24648.7	4043.6	4375.0
其他	5	21965.3	7203.1	3757.0
5.按单位规模分				
大型	2	25819.0	9323.4	5331.1
中型	53	290372.6	97923.3	1071166.0
小型	90	95271.8	26957.7	43083.5
微型	17	6709.6	1936.2	6570.2
6.按零售业态分				
有店铺零售	162	418173.0	136140.6	1126150.8
便利店	1	417.0	85.8	400.0
超市	29	38502.0	13382.0	1019456.4
大型超市	6	44646.4	26749.4	13636.1
百货店	2	8217.7	642.8	2000.0
专业店	64	123935.2	35167.0	45910.3
专卖店	52	151118.3	38069.8	30206.0
家居建材商店	2	947.7	148.3	450.0
厂家直销中心	6	50388.7	21895.5	14092.0

8-4 续表 2

单位：万元

指标名称	年末资产负债 固定资产原价	累计折旧	本年折旧	资产合计	负债合计
总　计	**289595.4**	**91406.6**	**17636.0**	**1489109.2**	**844294.3**
一、批发业	170891.4	66007.8	9440.7	915126.3	415299.8
1.按批发行业小类分					
农、林、牧产品批发	7366.4	3287.5	206.0	25456.2	20795.2
谷物、豆及薯类批发	5286.7	2625.0	53.2	16693.9	15123.3
饲料批发	931.6	264.0	46.6	1511.0	21.2
牲畜批发	887.3	291.6	64.8	1856.2	699.3
其他农牧产品批发	260.8	106.9	41.4	5395.1	4951.4
食品、饮料及烟草制品批发	51365.0	21978.4	2272.2	246888.9	35808.0
米、面制品及食用油批发	1150.1	159.1		2562.4	2398.0
糕点、糖果及糖批发	4.7	1.5	0.5	17.9	11.5
盐及调味品批发	5889.6	3189.8	227.7	11500.2	4264.4
营养和保健品批发	1.5	0.3	0.3	200.0	63.3
酒、饮料及茶叶批发	3392.7	1177.8	104.7	8341.4	4012.8
烟草制品批发	40161.0	17356.0	1916.0	223276.0	24433.0
其他食品批发	765.4	93.9	23.0	991.0	625.0
纺织、服装及家庭用品批发	341.6	272.6	46.1	27261.3	23629.9
纺织品、针织品及原料批发	0.5	0.1	0.1	3834.5	3634.5
家用电器批发	341.1	272.5	46.0	23426.8	19995.4
医药及医疗器材批发	1251.6	342.9	122.2	95807.7	84171.4
西药批发	1216.5	335.0	114.3	83509.9	74851.5
中药批发	35.1	7.9	7.9	12297.8	9319.9
矿产品、建材及化工产品批发	108110.1	38499.5	6579.0	503596.8	240808.3
煤炭及制品批发	234.7	191.1	54.8	5344.3	5611.2
石油及制品批发	101417.0	35556.7	5838.6	288813.0	61679.0
金属及金属矿批发	3920.3	2029.7	539.6	164475.7	138683.6
建材批发	1857.4	474.6	94.1	40937.7	32065.4
化肥批发	500.0	95.0	25.0	756.3	676.3
其他化工产品批发	180.7	152.4	26.9	3269.8	2092.8
机械设备、五金产品及电子产品批发	2049.5	1388.4	64.0	8958.7	4670.0
农业机械批发	396.0	275.4	1.2	1431.8	1176.3
汽车批发	1653.5	1113.0	62.8	7526.9	3493.7
其他批发业	407.2	238.5	151.2	7156.7	5417.0
再生物资回收与批发	1.0			1898.5	1804.1
其他未列明批发业	406.2	238.5	151.2	5258.2	3612.9
2.按登记注册类型分					
内资企业	170636.4	65904.9	9401.2	910468.1	410485.3
国有企业	52101.1	22748.4	2255.5	251235.7	42580.0
有限责任公司	9722.7	4422.8	452.9	280637.4	238553.7
国有独资公司	1205.1	859.5		4019.8	4185.3
其他有限责任公司	8517.6	3563.3	452.9	276617.6	234368.4
股份有限公司	101220.1	35437.1	5732.9	285892.4	59522.3
私营企业	7592.5	3296.6	959.9	92702.6	69829.3
私营有限责任公司	7592.5	3296.6	959.9	92702.6	69829.3
港、澳、台商投资企业	255.0	102.9	39.5	4658.2	4814.5
港澳台商独资企业	255.0	102.9	39.5	4658.2	4814.5
3.按控股情况分					
国有控股	154712.1	59158.4	7999.7	616329.0	192436.8
私人控股	14223.1	6019.8	1306.8	259864.6	206629.0
港澳台商控股	255.0	102.9	39.5	4658.2	4814.5
其他	1701.2	726.7	94.7	34274.5	11419.5
4.按经营形式分					
独立门店	19153.2	8736.7	1371.4	360123.7	299999.8
连锁总店	147399.2	55988.9	7882.6	521221.4	88274.4
连锁门店	173.0	110.5	9.6	8751.0	6719.8
其他	4166.0	1171.7	177.1	25030.2	20305.8
5.按单位规模分					
大型	133861.9	51853.5	7104.3	454400.4	83931.0
中型	18949.3	6332.6	1376.0	225938.4	125900.3
小型	15238.7	6473.3	882.9	146716.3	106329.5
微型	2841.5	1348.4	77.5	88071.2	99139.0

8-4 续表 3

单位：万元

指标名称	年末资产负债				
	固定资产原价	累计折旧	本年折旧	资产合计	负债合计
二、零售业	118704.0	25398.8	8195.3	573982.9	428994.5
1.按零售行业小类分					
综合零售	43362.6	7306.3	1999.8	119820.1	87141.6
百货零售	17364.3	2335.0	934.9	33172.2	28289.3
超级市场零售	25998.3	4971.3	1064.9	86647.9	58852.3
食品、饮料及烟草制品专门零售	1054.3	139.9	69.8	3337.4	1276.0
肉、禽、蛋、奶及水产品零售	152.4	29.8	16.1	959.2	340.3
酒、饮料及茶叶零售	901.9	110.1	53.7	2378.2	935.7
纺织、服装及日用品专门零售	2359.6	1049.0	133.4	8892.3	4322.3
服装零售	2359.6	1049.0	133.4	8892.3	4322.3
文化、体育用品及器材专门零售	2.9	2.4	1.0	636.0	658.1
珠宝首饰零售	2.9	2.4	1.0	636.0	658.1
医药及医疗器材专门零售	7067.1	1681.6	340.8	29361.7	18571.6
药品零售	7022.1	1680.6	339.8	27937.2	17729.0
医疗用品及器材零售	45.0	1.0	1.0	1424.5	842.6
汽车、摩托车、燃料及零配件专门零售	63149.2	14106.4	5340.3	375418.6	291145.6
汽车零售	62391.5	13384.3	5302.2	374126.6	290555.0
摩托车及零配件零售	600.0	564.4	24.1	840.1	158.1
机动车燃料零售	157.7	157.7	14.0	451.9	432.5
家用电器及电子产品专门零售	1299.6	855.9	257.2	32210.7	24211.1
家用视听设备零售	184.0	91.8	10.5	200.3	176.3
日用家电设备零售	1061.5	724.3	241.0	31193.4	23579.2
计算机、软件及辅助设备零售	34.7	27.5	3.9	545.0	258.1
通信设备零售	19.4	12.3	1.8	272.0	197.5
五金、家具及室内装饰材料专门零售	26.5	16.4	5.4	634.6	38.8
家具零售	11.7	7.7	2.9	543.0	3.0
木质装饰材料零售	14.8	8.7	2.5	91.6	35.8
货摊、无店铺及其他零售业	382.2	240.9	47.6	3671.5	1629.4
生活用燃料零售	14.3	6.9		107.6	107.6
其他未列明零售业	367.9	234.0	47.6	3563.9	1521.8
2.按登记注册类型分					
内资企业	102512.2	23463.1	7465.0	552725.0	409266.7
国有企业	1438.2	579.3		2637.1	2463.1
集体企业	8.6	7.1	0.1	142.9	137.9
有限责任公司	25455.7	7263.0	3520.4	192563.1	162903.1
国有独资公司	684.5	331.3	48.2	1955.8	1562.8
其他有限责任公司	24771.2	6931.7	3472.2	190607.3	161340.3
股份有限公司	951.4	326.6	53.5	7414.8	4961.8
私营企业	74658.3	15287.1	3891.0	349967.1	238800.8
私营独资企业	111.9	13.2	11.9	624.2	289.6
私营有限责任公司	92605.5	24209.0	14775.0	1998274.4	904021.4
私营股份有限公司	5591.9	2281.9	334.2	19626.6	4405.3
港、澳、台商投资企业	16191.8	1935.7	730.3	21257.9	19727.8
港澳台商独资企业	16191.8	1935.7	730.3	21257.9	19727.8
3.按控股情况分					
国有控股	2122.7	910.6	48.2	4592.9	4025.9
集体控股	9194.0	1512.3	1497.6	35002.8	36953.5
私人控股	86970.4	19244.7	5312.3	474537.0	337969.0
港澳台商控股	16191.8	1935.7	730.3	21257.9	19727.8
其他	4225.1	1795.5	606.9	38592.3	30318.3
4.按经营形式分					
独立门店	105459.7	22461.3	6026.5	506241.5	369009.7
连锁总店	1615.8	552.6	131.7	3010.7	1403.8
连锁门店	2174.1	659.3	488.3	28789.5	21402.0
其他	9454.4	1725.6	1548.8	35941.2	37179.0
5.按单位规模分					
大型	32305.0	4175.1	913.5	60682.3	44571.2
中型	69655.4	16179.8	5729.6	381364.9	305848.8
小型	15821.2	4430.3	1508.3	123828.4	76953.1
微型	922.4	613.6	43.9	8107.3	1621.4
6.按零售业态分					
有店铺零售	118704.0	25398.8	8195.3	573982.9	428994.5
便利店	81.1	32.0	11.0	466.1	30.9
超市	6278.1	2607.8	562.0	53998.9	35193.4
大型超市	39512.1	5979.0	1603.8	89133.9	68856.0
百货店	753.0	357.6	147.2	10520.5	6832.9
专业店	30274.8	5894.1	1335.7	169421.1	114032.2
专卖店	18517.3	7167.3	2276.8	172089.8	132110.3
家居建材商店	72.8	44.7	9.5	978.4	442.6
厂家直销中心	23214.8	3316.3	2249.3	77374.2	71496.2

8-4 续表 4

单位：万元

指标名称	损益及分配			
	主营业务收入	主营业务成本	主营业务税金及附加	其他业务利润
总　计	**3119074.2**	**2756185.3**	**42186.9**	**11596.8**
一、批发业	2146552.5	1894504.8	34736.5	2340.8
1.按批发行业小类分				
农、林、牧产品批发	52075.1	49706.4	19.8	821.5
谷物、豆及薯类批发	10461.4	10656.2		485.0
饲料批发	4965.1	4631.2	2.5	
牲畜批发	14758.5	13637.5	13.7	336.5
其他农牧产品批发	21890.1	20781.5	3.6	
食品、饮料及烟草制品批发	653081.1	491161.0	31184.0	358.8
米、面制品及食用油批发	355.8	359.0	1.7	
糕点、糖果及糖批发	2212.0	2056.4	112.0	13.6
盐及调味品批发	15482.8	10070.0	71.8	169.5
营养和保健品批发	18001.6	17585.2	12.4	
酒、饮料及茶叶批发	11808.9	9292.2	205.1	0.7
烟草制品批发	602576.0	449704.0	30749.0	175.0
其他食品批发	2644.0	2094.2	32.0	
纺织、服装及家庭用品批发	59621.6	57546.0	46.1	
纺织品、针织品及原料批发	7540.4	7445.2	1.6	
家用电器批发	52081.2	50100.8	44.5	
医药及医疗器材批发	50343.3	46329.2	96.6	
西药批发	48342.7	44360.2	94.6	
中药批发	2000.6	1969.0	2.0	
矿产品、建材及化工产品批发	1224498.3	1146771.9	3190.2	760.8
煤炭及制品批发	688.5	676.0	0.5	
石油及制品批发	962531.4	900406.1	857.1	618.6
金属及金属矿批发	182704.8	171821.5	1734.3	104.8
建材批发	67866.1	65471.4	583.7	37.4
化肥批发	3640.8	3417.0	0.3	
其他化工产品批发	7066.7	4979.9	14.3	
机械设备、五金产品及电子产品批发	40179.7	37878.0	55.1	311.5
农业机械批发	4245.5	3958.3	2.3	285.0
汽车批发	35934.2	33919.7	52.8	26.5
其他批发业	66753.4	65112.3	144.7	88.2
再生物资回收与批发	4200.0	4246.9	71.4	
其他未列明批发业	62553.4	60865.4	73.3	88.2
2.按登记注册类型分				
内资企业	2128534.3	1877014.3	34736.5	2340.8
国有企业	634716.3	475666.1	30833.7	576.4
有限责任公司	315319.0	294438.1	2599.5	704.5
国有独资公司	803.0	983.7		253.8
其他有限责任公司	314516.0	293454.4	2599.5	450.7
股份有限公司	953779.6	892343.8	843.0	618.6
私营企业	224719.4	214566.3	460.3	441.3
私营有限责任公司	224719.4	214566.3	460.3	441.3
港、澳、台商投资企业	18018.2	17490.5		
港澳台商独资企业	18018.2	17490.5		
3.按控股情况分				
国有控股	1603079.0	1382038.3	31680.8	1537.0
私人控股	475489.6	447463.7	3004.4	518.8
港澳台商控股	18018.2	17490.5		
其他	49965.7	47512.3	51.3	285.0
4.按经营形式分				
独立门店	524565.7	494383.7	2848.0	1103.7
连锁总店	1573898.4	1353865.3	31697.0	963.1
连锁门店	6673.9	6009.3	8.3	88.2
其他	41414.5	40246.5	183.2	185.8
5.按单位规模分				
大型	1499928.1	1288709.6	31579.7	756.6
中型	348093.2	326417.5	895.2	581.4
小型	281708.0	263234.5	2250.9	660.8
微型	16823.2	16143.2	10.7	342.0

8-4 续表 5

单位：万元

指标名称	损益及分配			
	主营业务收入	主营业务成本	主营业务税金及附加	其他业务利润
二、零售业	972521.7	861680.5	7450.4	9256.0
1.按零售行业小类分				
综合零售	206409.4	169831.9	1943.8	4792.9
百货零售	55036.7	45655.5	481.0	120.1
超级市场零售	151372.7	124176.4	1462.8	4672.8
食品、饮料及烟草制品专门零售	14621.8	13590.0	14.8	
肉、禽、蛋、奶及水产品零售	13219.5	12573.9	7.5	
酒、饮料及茶叶零售	1402.3	1016.1	7.3	
纺织、服装及日用品专门零售	25337.8	21654.3	388.5	472.0
服装零售	25337.8	21654.3	388.5	472.0
文化、体育用品及器材专门零售	729.0	534.4	24.9	
珠宝首饰零售	729.0	534.4	24.9	
医药及医疗器材专门零售	48835.5	40398.3	254.4	56.5
药品零售	47980.0	39679.7	251.4	56.5
医疗用品及器材零售	855.5	718.6	3.0	
汽车、摩托车、燃料及零配件专门零售	610460.0	556527.0	4671.0	3898.9
汽车零售	607001.7	553376.0	4658.0	3898.9
摩托车及零配件零售	715.1	536.6	7.5	
机动车燃料零售	2743.2	2614.4	5.5	
家用电器及电子产品专门零售	53816.6	48764.2	65.0	35.7
家用视听设备零售	1963.2	1806.2	1.2	3.0
日用家电设备零售	48893.0	44275.3	61.7	32.0
计算机、软件及辅助设备零售	1240.4	1180.6	0.4	
通信设备零售	1720.0	1502.1	1.7	0.7
五金、家具及室内装饰材料专门零售	1838.4	1509.4	2.0	
家具零售	635.0	488.3	0.8	
木质装饰材料零售	1203.4	1021.1	1.2	
货摊、无店铺及其他零售业	10473.2	8871.0	86.0	
生活用燃料零售	6.5	3.6	0.1	
其他未列明零售业	10466.7	8867.4	85.9	
2.按登记注册类型分				
内资企业	947961.5	841494.2	7346.4	9256.0
国有企业	8079.4	7219.1	20.5	
集体企业	723.0	620.0	1.4	
有限责任公司	307653.1	272385.8	2131.7	1525.2
国有独资公司	4130.2	3595.4	17.8	
其他有限责任公司	303522.9	268790.4	2113.9	1525.2
股份有限公司	18344.6	17482.4	15.6	137.8
私营企业	613161.4	543786.9	5177.2	7593.0
私营独资企业	561.7	521.6	1.7	
私营有限责任公司	568292.3	505630.5	2858.7	7501.6
私营股份有限公司	44307.4	37634.8	2316.8	91.4
港、澳、台商投资企业	24560.2	20186.3	104.0	
港澳台商独资企业	24560.2	20186.3	104.0	
3.按控股情况分				
国有控股	12209.6	10814.5	38.3	
集体控股	35675.3	30715.2	79.6	132.3
私人控股	807408.4	717014.4	6683.6	8909.1
港澳台商控股	24560.2	20186.3	104.0	
其他	92668.2	82950.1	544.9	214.6
4.按经营形式分				
独立门店	861483.4	768604.3	6694.6	9076.4
连锁总店	5730.4	3876.0	8.7	1.5
连锁门店	63538.9	53173.6	611.5	175.1
其他	41769.0	36026.6	135.6	3.0
5.按单位规模分				
大型	113517.4	92549.4	729.9	4124.2
中型	631821.0	563003.2	5074.1	4284.5
小型	208507.2	188893.8	1388.0	706.2
微型	18676.1	17234.1	258.4	141.1
6.按零售业态分				
有店铺零售	972521.7	861680.5	7450.4	9256.0
便利店	811.0	558.6	2.1	
超市	82244.8	71363.7	586.6	132.6
大型超市	149611.6	122309.2	1345.0	4566.2
百货店	31282.5	25892.9	440.2	592.1
专业店	307009.6	281199.3	3493.8	2339.2
专卖店	309932.7	279732.6	1402.0	1376.2
家居建材商店	3187.4	2807.6	14.2	
厂家直销中心	88442.1	77816.6	166.5	249.7

8-4 续表 6

单位：万元

指标名称	损益及分配				
	销售费用	管理费用	营业利润	利润总额	应付职工薪酬
总 计	**117415.1**	**67143.6**	**104257.4**	**121897.1**	**103001**
一、批发业	59588.5	38323.6	98234.1	120914.3	44493
1.按批发行业小类分					
农、林、牧产品批发	1484.1	2138.3	-1743.9	534.8	1227
谷物、豆及薯类批发	737.9	1024.9	-2361.4	-32.3	549
饲料批发	43.1	33.0	214.0	214.0	35
牲畜批发	393.4	563.1	121.8	130.0	328
其他农牧产品批发	309.7	517.3	281.7	223.1	316
食品、饮料及烟草制品批发	18476.5	23895.5	85367.7	100776.3	27341
米、面制品及食用油批发	20.8	105.9	-238.6	3.2	27
糕点、糖果及糖批发	20.0	18.0	3.6	3.6	18
盐及调味品批发	3873.5	330.0	1316.2	1265.0	2254
营养和保健品批发	249.0	143.8	-1.4	-1.4	88
酒、饮料及茶叶批发	827.5	734.4	635.2	500.2	461
烟草制品批发	13430.0	22436.0	83375.0	98728.0	24438
其他食品批发	55.7	127.4	277.7	277.7	55
纺织、服装及家庭用品批发	865.8	648.3	62.6	62.3	591
纺织品、针织品及原料批发	21.8	45.1	5.0	5.0	37
家用电器批发	844.0	603.2	57.6	57.3	554
医药及医疗器材批发	1281.7	992.1	1164.0	1098.9	1203
西药批发	1259.1	949.0	1173.1	1108.0	1171
中药批发	22.6	43.1	-9.1	-9.1	32
矿产品、建材及化工产品批发	36381.1	10011.1	11672.5	16557.5	13485
煤炭及制品批发	142.1	229.6	-785.5	-785.5	93
石油及制品批发	28222.3	6332.3	12779.8	24465.6	11224
金属及金属矿批发	3736.4	2976.9	757.8	-11276.4	1745
建材批发	1935.3	347.1	-872.2	4361.4	323
化肥批发	23.2	20.5	146.5	146.5	19
其他化工产品批发	2321.8	104.7	-353.9	-354.1	81
机械设备、五金产品及电子产品批发	1036.8	390.0	509.3	508.0	528
农业机械批发	114.1	71.0	25.6	25.2	70
汽车批发	922.7	319.0	483.7	482.8	458
其他批发业	62.5	248.3	1201.9	1376.5	118
再生物资回收与批发		6.7		-5.3	21
其他未列明批发业	62.5	241.6	1201.9	1381.8	97
2.按登记注册类型分					
内资企业	59588.5	37842.3	98182.1	120920.9	44236
国有企业	18051.7	24045.4	83044.1	100124.8	27311
有限责任公司	10490.8	4035.2	2643.8	-3424.1	3245
国有独资公司	194.6	242.7	-786.7	0.7	177
其他有限责任公司	10296.2	3792.5	3430.5	-3424.8	3068
股份有限公司	28134.0	6038.7	12421.0	24110.2	11067
私营企业	2912.0	3723.0	73.2	110.0	2614
私营有限责任公司	2912.0	3723.0	73.2	110.0	2614
港、澳、台商投资企业		481.3	52.0	-6.6	257
港澳台商独资企业		481.3	52.0	-6.6	257
3.按控股情况分					
国有控股	46505.8	30419.2	94765.0	112293.7	38604
私人控股	11825.5	7049.4	1923.9	7234.5	5164
港澳台商控股		481.3	52.0	-6.6	257
其他	1257.2	373.7	1493.2	1392.7	468
4.按经营形式分					
独立门店	12800.0	8347.7	2215.7	-2857.0	5804
连锁总店	45523.1	28864.2	97181.2	124103.2	37809
连锁门店	370.2	47.8	98.4	36.1	130
其他	895.2	1063.9	-1261.2	-368.0	750
5.按单位规模分					
大型	39655.4	26943.9	108557.2	123271.0	34292
中型	10525.0	5327.6	-8083.9	9434.0	6750
小型	8836.8	5237.8	-528.4	923.0	3006
微型	571.3	814.3	-1710.8	-12713.7	445

8-4 续表 7

单位：万元

指标名称	损益及分配				
	销售费用	管理费用	营业利润	利润总额	应付职工薪酬
二、零售业	57826.6	28820.0	6023.3	982.8	58508.0
1.按零售行业小类分					
综合零售	24429.3	7654.6	2925.9	7097.3	12312.0
百货零售	8643.4	413.5	388.0	416.9	1855.0
超级市场零售	15785.9	7241.1	2537.9	6680.4	10457.0
食品、饮料及烟草制品专门零售	681.8	217.0	101.3	117.7	361.0
肉、禽、蛋、奶及水产品零售	487.7	119.6	29.7	29.7	282.0
酒、饮料及茶叶零售	194.1	97.4	71.6	88.0	80.0
纺织、服装及日用品专门零售	1402.3	1423.2	334.2	427.3	1448.0
服装零售	1402.3	1423.2	334.2	427.3	1448.0
文化、体育用品及器材专门零售	122.0	26.4	-28.9	-29.4	59.0
珠宝首饰零售	122.0	26.4	-28.9	-29.4	59.0
医药及医疗器材专门零售	4654.1	2267.0	1322.9	1296.7	3174.0
药品零售	4239.6	2159.9	1200.9	1175.8	3087.0
医疗用品及器材零售	414.5	107.1	122.0	120.9	87.0
汽车、摩托车、燃料及零配件专门零售	22601.7	15387.8	379.1	-7987.7	38692.0
汽车零售	22444.3	15311.9	319.3	-8035.3	38619.0
摩托车及零配件零售	75.2	54.2	40.4	28.2	21.0
机动车燃料零售	82.2	21.7	19.4	19.4	52.0
家用电器及电子产品专门零售	3533.4	1051.4	364.7	-414.3	1977.0
家用视听设备零售	136.9		13.8	9.6	68.0
日用家电设备零售	3156.9	968.4	391.3	-383.2	1734.0
计算机、软件及辅助设备零售	6.1	82.0	-17.0	-17.3	110.0
通信设备零售	233.5	1.0	-23.4	-23.4	65.0
五金、家具及室内装饰材料专门零售	204.1	36.5	86.4	86.4	94.0
家具零售	32.2	30.2	83.5	83.5	25.0
木质装饰材料零售	171.9	6.3	2.9	2.9	68.0
货摊、无店铺及其他零售业	197.9	756.1	537.7	388.8	393.0
生活用燃料零售	13.6	0.3	-11.2	-11.2	9.0
其他未列明零售业	184.3	755.8	548.9	400.0	384.0
2.按登记注册类型分					
内资企业	53785.0	28820.0	5824.5	781.6	58410.0
国有企业	448.0	224.0	90.8	21.0	37.0
集体企业	11.3	89.0	1.3	1.3	56.0
有限责任公司	17692.8	13077.5	-1000.9	-1882.7	13162.0
国有独资公司	340.5	80.3	36.4	36.4	230.0
其他有限责任公司	17352.3	12997.2	-1037.3	-1919.1	12932.0
股份有限公司	497.0	321.8	-0.4	26.7	474.0
私营企业	35135.9	15107.7	6733.7	2615.3	44681.0
私营独资企业	16.5	4.6	17.3	17.3	91.0
私营有限责任公司	35041.6	14648.9	3505.7	1814.6	43950.0
私营股份有限公司	77.8	454.2	3210.7	783.4	639.0
港、澳、台商投资企业	4041.6		198.8	201.2	98.0
港澳台商独资企业	4041.6		198.8	201.2	98.0
3.按控股情况分					
国有控股	788.5	304.3	127.2	57.4	268.0
集体控股	2806.6	1100.1	-1551.5	-1468.6	1596.0
私人控股	44340.9	25580.7	6054.1	1747.6	53461.0
港澳台商控股	4041.6		198.8	201.2	98.0
其他	5849.0	1834.9	1194.7	445.2	3086.0
4.按经营形式分					
独立门店	47043.3	25756.8	5492.8	758.9	52454.0
连锁总店	654.7	679.7	423.8	146.2	496.0
连锁门店	6827.4	1182.4	1546.4	1457.4	3626.0
其他	3301.2	1201.1	-1439.7	-1379.7	1931.0
5.按单位规模分					
大型	17299.7	1789.3	853.6	5092.6	6266.0
中型	31020.4	21322.8	1964.1	-6018.0	46169.0
小型	9050.5	5232.7	2979.7	1663.9	5753.0
微型	456.0	475.2	225.9	244.3	320.0
6.按零售业态分					
有店铺零售	57826.6	28820.0	6023.3	982.8	58508.0
便利店	208.7	31.7	10.1	10.1	141.0
超市	5972.6	2333.2	1587.9	808.7	4066.0
大型超市	18828.9	6209.2	1389.9	5625.7	9529.0
百货店	3158.5	1236.2	698.5	753.7	1159.0
专业店	10381.4	6925.2	4303.4	-4381.4	32393.0
专卖店	12532.6	8699.7	2886.3	3289.5	7715.0
家居建材商店	183.4	20.1	158.3	9.4	107.0
厂家直销中心	6560.5	3364.7	-5011.1	-5132.9	3398.0

8-4 续表 8

单位：万元

指标名称	应交所得税	应交增值税	从业人员期末人数(人)
总 计	**43774.7**	**29622**	**15914**
一、批发业	34205.0	16059	4298
1.按批发行业小类分			
农、林、牧产品批发	9.6		328
谷物、豆及薯类批发			172
饲料批发			16
牲畜批发	9.6		95
其他农牧产品批发			45
食品、饮料及烟草制品批发	26438.3	25988	1939
米、面制品及食用油批发			16
糕点、糖果及糖批发		15	5
盐及调味品批发	393.6	619	188
营养和保健品批发			27
酒、饮料及茶叶批发	87.7	171	192
烟草制品批发	25957.0	25183	1478
其他食品批发			33
纺织、服装及家庭用品批发	41.9	254	239
纺织品、针织品及原料批发			14
家用电器批发	41.9	254	225
医药及医疗器材批发	33.2	686	395
西药批发	33.2	665	379
中药批发		21	16
矿产品、建材及化工产品批发	7174.8	-12613	1228
煤炭及制品批发			30
石油及制品批发	6443.3	7939	691
金属及金属矿批发	581.8	-22630	343
建材批发	148.5	1970	136
化肥批发			8
其他化工产品批发	1.2	108	20
机械设备、五金产品及电子产品批发	161.3	444	139
农业机械批发	7.3	19	24
汽车批发	154.0	425	115
其他批发业	345.9	1301	30
再生物资回收与批发	0.4	714	12
其他未列明批发业	345.5	587	18
2.按登记注册类型分			
内资企业	34205.0	16059	4273
国有企业	26360.2	25802	1880
有限责任公司	815.3	-19727	968
国有独资公司			46
其他有限责任公司	815.3	-19727	922
股份有限公司	6353.6	7817	647
私营企业	675.9	2167	778
私营有限责任公司	675.9	2167	778
港、澳、台商投资企业			25
港澳台商独资企业			25
3.按控股情况分			
国有控股	32728.3	10123	2588
私人控股	1051.5	5540	1576
港澳台商控股			25
其他	425.2	397	109
4.按经营形式分			
独立门店	1463.5	-17771	1647
连锁总店	32731.1	33646	2333
连锁门店	8.8	66	54
其他	1.6	118	264
5.按单位规模分			
大型	32310.6	32884	1999
中型	1272.6	4455	1227
小型	604.4	2176	930
微型	17.4	-23456	142

8-4 续表 9

单位：万元

指标名称	应交所得税	应交增值税	从业人员期末人数(人)
二、零售业	9569.7	13563.0	11616
1.按零售行业小类分			
综合零售	316.4	3692.0	4556
百货零售	226.4	1071.0	878
超级市场零售	90.0	2620.0	3678
食品、饮料及烟草制品专门零售	6.8	6.0	113
肉、禽、蛋、奶及水产品零售		2.0	88
酒、饮料及茶叶零售	6.8	4.0	25
纺织、服装及日用品专门零售	53.3	207.0	546
服装零售	53.3	207.0	546
文化、体育用品及器材专门零售	12.8		23
珠宝首饰零售	12.8		23
医药及医疗器材专门零售	282.8	408.0	1646
药品零售	243.3	383.0	1618
医疗用品及器材零售	39.5	25.0	28
汽车、摩托车、燃料及零配件专门零售	8768.7	6487.0	3891
汽车零售	8761.7	6419.0	3863
摩托车及零配件零售	7.0	22.0	7
机动车燃料零售		46.0	21
家用电器及电子产品专门零售	49.1	2558.0	687
家用视听设备零售		20.0	24
日用家电设备零售	48.8	2461.0	601
计算机、软件及辅助设备零售	0.3	13.0	33
通信设备零售		65.0	29
五金、家具及室内装饰材料专门零售	0.5	9.0	40
家具零售	0.5	1.0	7
木质装饰材料零售		8.0	33
货摊、无店铺及其他零售业	79.3	197.0	114
生活用燃料零售			6
其他未列明零售业	79.3	197.0	108
2.按登记注册类型分			
内资企业	9519.4	13165.0	11242
国有企业		13.0	151
集体企业	0.2	18.0	15
有限责任公司	754.2	4637.0	4225
国有独资公司		59.0	60
其他有限责任公司	754.2	4578.0	4165
股份有限公司	23.4	165.0	262
私营企业	8741.6	8333.0	6589
私营独资企业		2.0	45
私营有限责任公司	8736.1	6780.0	6213
私营股份有限公司	5.5	1552.0	331
港、澳、台商投资企业	50.3	397.0	374
港澳台商独资企业	50.3	397.0	374
3.按控股情况分			
国有控股		72.0	211
集体控股	5.8	453.0	213
私人控股	8995.1	10735.0	10108
港澳台商控股	50.3	397.0	374
其他	518.5	1906.0	710
4.按经营形式分			
独立门店	9102.3	11643.0	9587
连锁总店	7.2	6.0	285
连锁门店	403.6	1111.0	1390
其他	56.6	803.0	354
5.按单位规模分			
大型	50.3	2324.0	2156
中型	8999.5	7480.0	7207
小型	483.9	3670.0	2122
微型	36.0	88.0	131
6.按零售业态分			
有店铺零售	9569.7	13563.0	11616
便利店	2.5	26.0	71
超市	139.7	1878.0	1732
大型超市	77.8	2801.0	3385
百货店	180.6	751.0	325
专业店	8372.1	4332.0	3378
专卖店	774.3	2730.0	2108
家居建材商店		17.0	45
厂家直销中心	22.7	1027.0	572

8-5 限额以上住宿和餐饮业法人企业财务状况

单位：万元

指标名称	年末资产负债				
	流动资产合计	存货	固定资产原价	累计折旧	本年折旧
总 计	**95958.7**	**7353.0**	**119500.8**	**38311.0**	**7879.3**
一、住宿业	75618.0	5970.9	91546.4	30963.4	6495.1
1.按住宿业行业小类分					
旅游饭店	69827.0	5698.1	87107.6	29477.6	6274.7
一般旅馆	5791.0	272.8	4438.8	1485.8	220.4
2.按登记注册类型分					
内资企业	74790.6	5941.8	88572.1	29516.4	6398.3
国有企业	8232.6	2701.1	24841.2	8719.7	1404.6
集体企业	1115.0	45.9			
有限责任公司	40173.9	2047.9	23271.0	10644.1	2276.0
其他有限责任公司	40173.9	2047.9	23271.0	10644.1	2276.0
股份有限公司	271.3	1.0	1173.3	811.4	811.4
私营企业	24997.8	1145.9	39286.6	9341.2	1906.3
私营合伙企业	579.5	12.2	871.7	634.8	42.0
私营有限责任公司	22690.3	558.8	24359.5	7335.8	1386.3
私营股份有限公司	1728.0	574.9	14055.4	1370.6	478.0
港、澳、台商投资企业	827.4	29.1	2974.3	1447.0	96.8
与港澳台商合资经营企业	827.4	29.1	2974.3	1447.0	96.8
3.按控股情况分					
国有控股	7906.2	2870.7	24594.6	9003.2	1688.1
集体控股	1260.9	48.1	581.0	415.5	165.5
私人控股	52540.9	2249.7	54884.7	14972.3	3797.4
港澳台商控股	827.4	29.1	2974.3	1447.0	96.8
其他	12244.8	737.6	7890.4	5090.2	712.1
4.按经营形式分					
独立门店	74462.0	5814.7	88371.5	30212.4	6370.9
其他	1156.0	156.2	3174.9	751.0	124.2
5.按单位规模分					
中型	35773.4	2570.3	37208.9	11320.1	2072.6
小型	39844.6	3400.6	54337.5	19643.3	4422.5
6.按星级分					
五星	8996.6	248.5	2428.6	1998.1	423.5
四星	34987.1	2406.6	21076.5	8435.5	1688.6
三星	13276.7	2319.8	37070.0	14735.7	3242.4
二星	28.9	6.5	568.9	113.8	16.1
其他	18328.7	989.5	30402.4	5680.3	1124.5
二、餐饮业	20340.7	1382.1	27954.4	7347.6	1384.2
1.按餐饮业行业小类分					
正餐服务	20340.7	1382.1	27954.4	7347.6	1384.2
2.按登记注册类型分					
内资企业	20340.7	1382.1	27954.4	7347.6	1384.2
国有企业	2026.4	128.6	7397.4	2615.2	251.0
有限责任公司	2339.5	587.3	7897.2	1095.1	449.4
其他有限责任公司	2339.5	587.3	7897.2	1095.1	449.4
股份有限公司	99.6	16.7			
私营企业	15875.2	649.5	12659.8	3637.3	683.8
私营有限责任公司	7398.0	549.2	7636.6	3013.0	469.5
私营股份有限公司	8477.2	100.3	5023.2	624.3	214.3
3.按控股情况分					
国有控股	2026.4	128.6	7397.4	2615.2	251.0
私人控股	17145.9	872.8	14290.4	4015.2	874.5
其他	1168.4	380.7	6266.6	717.2	258.7
4.按经营形式分					
独立门店	19118.5	1062.0	27688.5	7202.0	1376.8
连锁总店(总部)	189.6	34.6	45.0	22.2	4.4
连锁门店	1032.6	285.5	220.9	123.4	3.0
5.按单位规模分					
小型	20340.7	1382.1	27954.4	7347.6	1384.2

8-5 续表 1

单位：万元

指标名称	年末资产负债		
	资产合计	负债合计	实收资本
总　计	**224333.8**	**127620.7**	**90711.0**
一、住宿业	158216.9	86170.5	66792.2
1.按住宿业行业小类分			
旅游饭店	149316.7	82381.8	62619.9
一般旅馆	8900.2	3788.7	4172.3
2.按登记注册类型分			
内资企业	155644.9	86042.6	64272.2
国有企业	31808.7	5551.4	22713.0
集体企业	1115.0	176.7	380.0
有限责任公司	56829.6	45553.9	8590.0
其他有限责任公司	56829.6	45553.9	8590.0
股份有限公司	899.0	475.9	50.0
私营企业	64992.6	34284.7	32539.2
私营合伙企业	816.4	257.7	410.0
私营有限责任公司	49618.0	28454.4	29254.9
私营股份有限公司	14558.2	5572.6	2874.3
港、澳、台商投资企业	2572.0	127.9	2520.0
与港澳台商合资经营企业	2572.0	127.9	2520.0
3.按控股情况分			
国有控股	31362.1	5764.1	23926.8
集体控股	1426.4	383.5	926.0
私人控股	105672.5	70831.8	37033.2
港澳台商控股	2572.0	127.9	2520.0
其他	15759.9	8672.5	1800.0
4.按经营形式分			
独立门店	153921.2	85675.2	63438.9
其他	4295.7	495.3	3353.3
5.按单位规模分			
中型	65516.6	43689.3	13280.3
小型	92700.3	42481.2	53511.9
6.按星级分			
五星	9455.6	4898.8	1000.0
四星	56702.7	41068.9	12335.4
三星	42552.6	15591.4	26980.1
二星	485.1	104.6	350.0
其他	49020.9	24506.8	26126.7
二、餐饮业	66116.9	41450.2	23918.8
1.按餐饮业行业小类分			
正餐服务	66116.9	41450.2	23918.8
2.按登记注册类型分			
内资企业	66116.9	41450.2	23918.8
国有企业	6855.9	2364.5	3793.6
有限责任公司	13783.4	5638.9	7741.5
其他有限责任公司	13783.4	5638.9	7741.5
股份有限公司	118.3	97.1	21.2
私营企业	45359.3	33349.7	12362.5
私营有限责任公司	32431.3	30528.7	2708.9
私营股份有限公司	12928.0	2821.0	9653.6
3.按控股情况分			
国有控股	6855.9	2364.5	3793.6
私人控股	49947.5	35504.8	14595.7
其他	9313.5	3580.9	5529.5
4.按经营形式分			
独立门店	62367.7	41326.6	20268.8
连锁总店(总部)	483.8	60.0	400.0
连锁门店	3265.4	63.6	3250.0
5.按单位规模分			
小型	66116.9	41450.2	23918.8

8-5 续表 2

单位：万元

指标名称	主营业务收入	主营业务成本	主营业务税金及附加	其他业务利润	销售费用	管理费用
总 计	**87472.4**	**33512.0**	**4880.6**	**946.9**	**27120.8**	**18525.9**
一、住宿业	61747.0	21344.6	3423.5	347.1	21171.2	14326.1
1.按住宿业行业小类分						
旅游饭店	51588.0	19131.3	2852.5	346.9	16003.7	12849.1
一般旅馆	10159.0	2213.3	571.0	0.2	5167.5	1477.0
2.按登记注册类型分						
内资企业	60496.0	21047.0	3353.4	347.1	20705.4	14001.4
国有企业	10735.2	5337.6	763.1		4080.9	2231.0
集体企业	1028.7	268.1	35.9		754.5	192.9
有限责任公司	30236.7	7902.6	1555.4	22.3	10442.9	7850.7
其他有限责任公司	30236.7	7902.6	1555.4	22.3	10442.9	7850.7
股份有限公司	555.1	332.0	30.5	192.6	151.7	46.6
私营企业	17940.3	7206.7	968.5	132.2	5275.4	3680.2
私营合伙企业	1144.1	571.0	32.5		332.8	181.3
私营有限责任公司	11786.6	4028.3	619.9	132.2	4362.6	3275.5
私营股份有限公司	5009.6	2607.4	316.1		580.0	223.4
港、澳、台商投资企业	1251.0	297.6	70.1		465.8	324.7
与港澳台商合资经营企业	1251.0	297.6	70.1		465.8	324.7
3.按控股情况分						
国有控股	11105.2	5219.2	824.8		4538.7	2150.4
集体控股	1544.6	704.0	70.5		754.5	224.8
私人控股	28206.3	10754.2	1370.0	325.0	8266.2	6446.9
港澳台商控股	1251.0	297.6	70.1		465.8	324.7
其他	18378.2	3747.3	1059.6	22.1	6914.5	4807.2
4.按经营形式分						
独立门店	59959.8	20163.8	3101.4	347.1	20939.7	13886.0
其他	1787.2	1180.8	322.1		231.5	440.1
5.按单位规模分						
中型	26330.7	6205.1	1390.7	22.1	9211.8	5643.1
小型	35416.3	15139.5	2032.8	325.0	11959.4	8683.0
6.按星级分						
五星	11336.2	1599.8	634.8		4871.7	2679.8
四星	13675.7	4303.2	631.1	25.3	3947.7	4465.2
三星	22677.7	8384.6	1446.4	321.6	9391.7	4078.1
二星	832.9	693.4	32.1		54.2	29.6
其他	13224.5	6363.6	679.1	0.2	2905.9	3073.4
二、餐饮业	25725.4	12167.4	1457.1	599.8	5949.6	4199.8
1.按餐饮业行业小类分						
正餐服务	25725.4	12167.4	1457.1	599.8	5949.6	4199.8
2.按登记注册类型分						
内资企业	25725.4	12167.4	1457.1	599.8	5949.6	4199.8
国有企业	4170.1	1554.8	205.2	12.2	1832.6	560.2
有限责任公司	7963.8	4574.7	564.4	350.4	1447.5	1938.6
其他有限责任公司	7963.8	4574.7	564.4	350.4	1447.5	1938.6
股份有限公司	909.3	554.6	81.8			254.5
私营企业	12682.2	5483.3	605.7	237.2	2669.5	1446.5
私营有限责任公司	10063.5	4061.2	454.9	200.5	2301.3	1192.5
私营股份有限公司	2618.7	1422.1	150.8	36.7	368.2	254.0
3.按控股情况分						
国有控股	4170.1	1554.8	205.2	12.2	1832.6	560.2
私人控股	19478.0	9542.7	1122.5	587.6	4000.5	3267.2
其他	2077.3	1069.9	129.4		116.5	372.4
4.按经营形式分						
独立门店	23816.2	11234.9	1278.1	599.8	5717.0	3815.5
连锁总店(总部)	541.4	275.2	37.0		232.6	11.0
连锁门店	1367.8	657.3	142.0			373.3
5.按单位规模分						
小型	25725.4	12167.4	1457.1	599.8	5949.6	4199.8

8-5 续表 3

单位：万元

指标名称	营业利润	利润总额	应交所得税	应付职工薪酬
总　计	**-2131.3**	**356.6**	**507.4**	**105320.0**
一、住宿业	-3165.7	-831.7	386.9	98796.2
1.按住宿业行业小类分				
旅游饭店	-3815.7	-1478.4	255.0	97589.4
一般旅馆	650.0	646.7	131.9	1206.8
2.按登记注册类型分				
内资企业	-3272.6	-938.8	361.1	98423.8
国有企业	-1390.9	-723.0	44.8	3143.1
集体企业	-227.7	-200.4		320.1
有限责任公司	749.3	2016.8	219.6	90341.8
其他有限责任公司	749.3	2016.8	219.6	90341.8
股份有限公司	-76.1	-75.8	11.1	192.2
私营企业	-2327.2	-1956.4	85.6	4426.6
私营合伙企业	25.2	25.2	11.8	218.4
私营有限责任公司	-2917.9	-2857.1	72.0	3071.1
私营股份有限公司	565.5	875.5	1.8	1137.1
港、澳、台商投资企业	106.9	107.1	25.8	372.4
与港澳台商合资经营企业	106.9	107.1	25.8	372.4
3.按控股情况分				
国有控股	-1349.6	-672.5	58.3	3243.2
集体控股	-213.1	-185.8	14.5	516.0
私人控股	-3453.5	-1853.3	139.3	91361.3
港澳台商控股	106.9	107.1	25.8	372.4
其他	1734.4	1772.8	149.0	2876.2
4.按经营形式分				
独立门店	-3044.5	-872.2	386.9	98168.8
其他	-121.2	40.5		627.4
5.按单位规模分				
中型	1677.4	2061.7	160.9	4529.5
小型	-4843.1	-2893.4	226.0	94266.7
6.按星级分				
五星	1456.1	1495.6	117.7	1267.9
四星	-1725.0	-1099.0	56.7	3570.9
三星	-805.3	-613.5	164.8	5400.1
二星	31.2	32.2	2.4	222.1
其他	-2122.7	-647.0	45.3	88335.2
二、餐饮业	1034.4	1188.3	120.5	6523.8
1.按餐饮业行业小类分				
正餐服务	1034.4	1188.3	120.5	6523.8
2.按登记注册类型分				
内资企业	1034.4	1188.3	120.5	6523.8
国有企业	-82.7	-73.8		927.3
有限责任公司	-928.1	-835.1	90.6	2386.9
其他有限责任公司	-928.1	-835.1	90.6	2386.9
股份有限公司	14.7	14.7		81.7
私营企业	2030.5	2082.5	29.9	3127.9
私营有限责任公司	1717.7	1720.6	21.8	2466.5
私营股份有限公司	312.8	361.9	8.1	661.4
3.按控股情况分				
国有控股	-82.7	-73.8		927.3
私人控股	790.1	935.1	120.5	5271.9
其他	327.0	327.0		324.6
4.按经营形式分				
独立门店	860.0	1110.7	120.5	5577.5
连锁总店(总部)	-17.8	-5.6		148.5
连锁门店	192.2	83.2		797.8
5.按单位规模分				
小型	1034.4	1188.3	120.5	6523.8

8-6 限额以上住宿和餐饮业法人企业经营状况

单位：万元

指标名称	法人企业(个)	从业人员期末人数(人)	营业额				
				客房收入	餐费收入	商品销售收入	其他收入
总　计	**84**	**7235**	**88813.3**	**36177.2**	**49749.2**	**1080.2**	**1806.7**
一、住宿业	48	4871	63095.0	30229.6	30520.7	582.7	1762.0
1.按住宿业行业小类分							
旅游饭店	42	4204	52910.7	23701.8	27247.7	545.6	1415.6
一般旅馆	6	667	10184.3	6527.8	3273.0	37.1	346.4
2.按登记注册类型分							
内资企业	47	4768	61844.0	29726.6	29823.8	582.7	1710.9
国有企业	9	1020	11892.9	4971.1	6578.1	163.7	180.0
集体企业	1	70	1028.7	464.0	564.7		
有限责任公司	18	2049	30396.4	15315.4	13989.6	81.3	1010.1
其他有限责任公司	18	2049	30396.4	15315.4	13989.6	81.3	1010.1
股份有限公司	1	74	555.0	257.0	298.0		
私营企业	18	1555	17971.0	8719.1	8393.4	337.7	520.8
私营合伙企业	1	88	1144.1	411.9	732.2		
私营有限责任公司	15	1216	11817.3	6926.2	4301.2	91.1	498.8
私营股份有限公司	2	251	5009.6	1381.0	3360.0	246.6	22.0
港、澳、台商投资企业	1	103	1251.0	503.0	696.9		51.1
与港澳台商合资经营企业	1	103	1251.0	503.0	696.9		51.1
3.按控股情况分							
国有控股	9	1005	12262.9	4868.8	7035.7	163.7	194.7
集体控股	3	149	1544.6	856.6	688.0		
私人控股	28	2523	28236.9	13394.8	13439.6	380.6	1021.9
港澳台商控股	1	103	1251.0	503.0	696.9		51.1
其他	6	1000	18537.9	10022.6	7982.6	38.4	494.3
4.按经营形式分							
独立门店	46	4699	60153.0	28908.9	29063.1	419.0	1762.0
其他	2	172	2942.0	1320.7	1457.6	163.7	
5.按单位规模分							
中型	7	1374	26490.4	11705.1	13405.4	285.0	1094.9
小型	40	3497	36604.6	18524.5	17115.3	297.7	667.1
6.按星级分							
五星	2	522	11336.2	6551.5	4630.6		154.1
四星	9	1227	13835.5	6827.4	6080.3	53.4	874.4
三星	22	1846	23869.2	10148.5	12953.9	181.1	585.7
二星	2	116	832.9	401.6	392.2	13.6	25.5
其他	13	1160	13221.2	6300.6	6463.7	334.6	122.3
二、餐饮业	36	2364	25718.3	5947.6	19228.5	497.5	44.7
1.按餐饮业行业小类分							
正餐服务	36	2364	25718.3	5947.6	19228.5	497.5	44.7
2.按登记注册类型分							
内资企业	36	2364	25718.3	5947.6	19228.5	497.5	44.7
国有企业	5	320	4192.1	1470.6	2686.1		35.4
有限责任公司	14	788	7964.2	1494.4	6413.1	54.0	2.7
其他有限责任公司	14	788	7964.2	1494.4	6413.1	54.0	2.7
股份有限公司	1	50	915.9	201.5	707.8		6.6
私营企业	16	1206	12646.1	2781.1	9421.5	443.5	
私营有限责任公司	13	890	10071.0	2294.7	7566.6	209.7	
私营股份有限公司	3	316	2575.1	486.4	1854.9	233.8	
3.按控股情况分							
国有控股	5	320	4192.1	1470.6	2686.1		35.4
私人控股	28	1880	19448.9	4302.8	14639.3	497.5	9.3
其他	3	164	2077.3	174.2	1903.1		
4.按经营形式分							
独立门店	33	2219	23809.1	5947.6	17319.3	497.5	44.7
连锁总店(总部)	1	58	541.4		541.4		
连锁门店	2	87	1367.8		1367.8		
5.按单位规模分							
小型	36	2364	25718.3	5947.6	19228.5	497.5	44.7

8-7 历年进出口贸易总额和利用外资

单位：万美元

年份	进出口贸易总额			实际利用外资	
		进口总额	出口总额		外商直接投资
1984				7	
1985				23	
1986					
1987			2	9	
1988				256	
1989				10	
1990			72	171	
1991	323			234	
1992	1608	595	1013	1102	
1993	3141	1033	2108	2180	
1994	5088	1141	3947	6164	
1995	12348	334	12014	6478	6335
1996	13354	674	12680	9003	8570
1997	16721	388	16333	14620	12271
1998	17645	940	16705	11706	11706
1999	15892	478	15414	9341	9341
2000	7172	1163	6009	9411	9411
2001	7334	1625	5709	10645	10645
2002	13351	4801	8550	23478	23478
2003	23137	10052	13085	47626	47626
2004	43705	14755	28950	53900	53900
2005	50768	12539	38229	61600	61600
2006	69182	19264	49918	67639	67639
2007	91571	24463	67108	74810	74810
2008	127851	30541	97310	83000	83000
2009	120690	23305	97385	87999	87999
2010	163021	31979	131042	83560	83560
2011	292312	40045	252267	92862	92862
2012	328949	45004	283945	102445	102445
2013	330246	38673	291573	110714	110714
2014	390335	70070	320265	122204	122204

注:实际利用外资2010年统计指标计口径有调整，同比增长为8.25%。

8-8 进出口总值表

单位：万美元

项　目	2007年	2008年	2009年	2010年
进出口总值	91571.15	127850.50	120689.75	163020.84
出口总值	67107.99	97309.72	97384.95	131042.06
#一般贸易出口总值	36742.59	59329.28	56312.87	71709.05
加工贸易出口总值	30365.39	37980.44	41072.07	58694.70
#进料加工出口	26111.05	32033.82	36422.48	51905.83
来料加工出口	4254.34	5946.62	4649.59	6788.87
#内资企业出口总值	23924.21	34731.46	29668.95	36048.41
外商投资出口总值	43183.78	62578.26	67716.30	94993.65
进口总值	24463.16	30540.80	23304.8	31978.783
#一般贸易进口总值	4212.61	13540.45	4434.37	7376.31
加工贸易进口总值	18977.63	17000.35	18621.94	24394.25
#进料加工进口	11532.33		14870.63	20380.75
来料加工进口	7445.30		3751.31	4013.51

项　目	2011年	2012年	2013年	2014年
进出口总值	292312.29	328948.67	330245.62	390335.00
出口总值	252267.49	283944.56	291573.40	320265.00
＃一般贸易出口总值	177001.80	186878.21	195455.77	218867.00
加工贸易出口总值	73879.06	81823.28	72728.00	95784.00
＃进料加工出口	66525.80	74361.79	63397.48	86100.00
来料加工出口	7353.27	7461.49	9330.51	9684.00
＃内资企业出口总值	122695.27	142370.31	137657.36	186937.00
外商投资出口总值	129572.22	141574.25	153916.04	133328.07
进口总值	40044.80	45004.11	38672.21	70070.00
＃一般贸易进口总值	11963.02	15213.92	11806.51	13451.00
加工贸易进口总值	27926.52	27642.67	26569.17	55963.00
＃进料加工进口	22427.55	24115.67	22892.14	52566.00
来料加工进口	5498.97	3527.00	3677.03	3396.00

8-9 海关进出口商品总值按国别(地区)分组

单位：万美元

国家和地区	进出口总额	出口总额	进口总额
香港	80094	79903	191
美国	65715	64904	811
东盟	45857	42019	3838
欧盟(28国)	39121	37686	1435
台湾省	35195	4098	31097
日本	23077	21290	1787
韩国	11717	9694	2023
刚果(金)	15394	263	15131
马来西亚	10561	8153	2408
德国	9686	9261	425
泰国	8033	7555	478
印度尼西亚	6396	6378	18
越南	6334	5767	567
英国	6282	6267	15
印度	5964	4753	1210
阿联酋	5151	5151	
尼日利亚	4840	4787	53
菲律宾	4761	4744	17
荷兰	4750	4738	12
沙特阿拉伯	4529	4191	338
俄罗斯联邦	4354	4260	94

8-10 县(市、区)进出口商品总值

单位：万美元

县(市、区)	2009年	2010年	2011年	2012年	2013年	2014年
总　计	**120690**	**162673**	**292312**	**328949**	**330246**	**390335**
章贡区	30113	30444	61454	66502	81668	79140
赣　县	7639	14802	25114	27006	31660	35081
信丰县	15754	17941	27052	30915	12753	11289
大余县	1162	1031	1004	1238	1754	2266
上犹县	5084	9541	27230	23469	10454	11468
崇义县	2177	4932	8457	7151	8893	8638
安远县	681	870	1453	1773	1091	1007
龙南县	22737	32053	45050	49159	44096	49888
定南县	3050	4287	2955	3607	4846	5219
全南县	5637	6424	6714	7882	10830	12057
宁都县	1169	816	2266	2512	2500	2577
于都县	2134	4422	6480	8068	10964	12927
兴国县	743	1139	1412	1470	2697	2983
会昌县	988	1882	2046	2906	4794	5954
寻乌县	2	260	383	992	769	1109
石城县	20	126	403	938	3093	2452
瑞金市	7951	7838	14283	20825	26526	28480
南康区	2867	5100	6624	8833	7893	11550
赣州经开区	9493	15768	45466	61205	35505	101577
市　直	1288	2999	6466	2499		4675

8-11 县(市、区)出口商品总值

单位：万美元

县(市、区)	2009年	2010年	2011年	2012年	2013年	2014年
总　计	**97385**	**131042**	**252268**	**283945**	**291573**	**320265**
章贡区	24926	19505	50556	53576	69928	65255
赣　县	6883	12061	18358	20030	23132	25561
信丰县	10735	14100	23983	26923	10966	10739
大余县	849	740	799	1046	1592	2017
上犹县	3983	8578	26338	22211	9258	10302
崇义县	2175	4931	8243	6935	8757	8305
安远县	602	797	1320	1676	1025	1007
龙南县	17068	24511	37832	42274	38488	42660
定南县	2497	4029	2781	3381	4513	5026
全南县	5148	5976	6340	7645	10514	11418
宁都县	1169	1279	2262	2511	2500	2577
于都县	1928	3490	5155	6755	9479	11183
兴国县	588	882	1164	1216	2400	2664
会昌县	979	1296	1989	2872	4703	5773
寻乌县	2	260	383	743	751	1109
石城县	20	126	403	938	3088	2452
瑞金市	7814	7622	13344	20115	26226	28000
南康区	1779	3602	6060	7781	6954	10549
赣州经开区	6962	14966	38496	52827	31044	68994
市　直	1276	2291	6461	2489		4675

8-12 利用外资情况

项　　目	单位	2010年	2011年	2012年	2013年	2014年
利用外资新签合同项目	个	195	116	129	119	103
外商直接投资	个	195	116	129	119	103
利用外资新签合同金额	万美元	95814	91649	121913	120415	109181
外商直接投资	万美元	95814	91649	121913	120415	109181
实际利用外资金额	万美元	83560	92862	102445	110714	122204
外商直接投资	万美元	83560	92862	102445	110714	122204

8-13 县(市、区)利用外资情况

单位：万美元

县(市、区)别	2009年	2010年	2011年	2012年	2013年	2014年
总　计	**87999**	**83560**	**92862**	**102445**	**110714**	**122204**
章贡区	5978	5732	6286	6982	8203	9719
赣　县	5334	5590	6260	6916	6929	8036
信丰县	7166	6924	7520	8274	7257	8103
大余县	5803	5503	6050	6679	7290	8044
上犹县	3962	3776	4142	4557	5355	5493
崇义县	1008	960	1045	1155	1329	1399
安远县	1721	1670	1820	2005	2206	2320
龙南县	6837	6501	7153	7871	7235	8418
定南县	4134	4019	4342	4777	5506	5992
全南县	4170	4136	4403	4850	4732	5474
宁都县	3470	1693	3640	4005	4936	5258
于都县	6176	6120	6455	7104	7437	7718
兴国县	5585	5389	5834	6418	6667	7101
会昌县	3156	3178	3311	3644	4688	4797
寻乌县	1228	226	1295	1435	1773	1165
石城县	1385	1333	1464	1611	1718	1961
瑞金市	4746	4711	4967	5476	3915	4541
南康区	7228	7146	7555	8338	10781	12667
赣州经开区	8912	8608	9320	10348	12757	13998
市　直		345				

注:2010年统计指标计口径有调整。

8-14 旅游事业情况

项　　目	单位	2007年	2008年	2009年	2010年	2011年	2012年	2013年	2014年
旅游总人数	万人次	824.69	979.63	1165.05	1400.05	1764.77	2146.73	2591.18	3095.70
境外旅游者人数	人次	86900	94228	105523	120037	131427	152219	161005	163300
1、外国人	人次	3600	3787	4064	4214	4745	49928	52305	53051
2、台湾同胞	人次	14660	10495	13433	18382	21460	29337	48235	48922
3、香港、澳门同胞	人次	68640	79946	88026	97441	105222	72954	60465	61327
国内旅游人数	万人次	816.00	970.21	1154.50	1388.05	1751.63	2131.51	2575.08	3079.37
旅游总收入	亿元	55.40	65.60	79.96	96.37	135.70	164.55	206.86	272.24
# 国内旅游收入	亿元	53.50	63.70	77.86	93.62	133.43	161.65	203.79	269.14
旅游外汇收入	万美元	2517.00	2727.40	3015.11	4050.88	3576.20	4674.97	4956.78	5068.83
星级宾馆数	个	40	44	49	48	47	55	59	67
星级宾馆房间数	间	3592	4062	4446	4572	4880	6204	6659	7347
星级宾馆床位数	张	6558	7403	8029	8193	8559	10684	11444	12602
星级宾馆客房出租率	%	78.25	73.05	78.61	74.86	75.07	75.10	72.00	65.00
旅行社	个	55	58	55	59	62	66	65	67
旅行社从业人员	人	347	340	360	295	350	370	400	1200
导游人数	人		960	868	1200	1490	1600	1883	2180

8-15 县(市、区)星级饭店情况

县(市、区)	星级饭店数(个)						星级饭店客房数(间)					
	2009年	2010年	2011年	2012年	2013年	2014年	2009年	2010年	2011年	2012年	2013年	2014年
合　计	**49**	**48**	**47**	**55**	**61**	**67**	**4446**	**4572**	**4880**	**6204**	**6842**	**7347**
章贡区	19	19	19	21	21	20	1788	1848	2121	2770	2868	2444
赣　县	2	2	1	2	2	2	135	135	83	228	228	234
信丰县	3	3	1	2	2	2	224	224	102	187	191	183
大余县	3	2	2	2	2	2	203	160	160	160	160	160
上犹县	1	1	1	1	2	2	87	87	87	87	155	155
崇义县	2	2	2	2	1	1	166	166	178	178	116	116
安远县	1	1	1	1	1	2	112	112	89	89	89	164
龙南县	2	2	2	3	3	4	111	111	111	240	240	278
定南县	2	2	3	3	3	3	177	163	222	222	222	222
全南县				1	1	1				187	187	187
宁都县	1		1	2	2	2	28		112	187	187	186
于都县	1	1	1	2	4	4	63	63	62	116	219	219
兴国县	2	2	2	2	2	2	301	301	288	288	288	288
会昌县	1	1	1	1	2	2	51	51	83	83	184	184
寻乌县						1						97
石城县					1	2					63	123
瑞金市	8	9	9	9	10	10	944	1016	1047	1047	1149	1133
南康区	1	1	1	1	2	3	56	135	135	135	296	478
赣州经开区						2						496

主要统计指标解释

社会消费品零售总额 指一定时间内全社会各种流通渠道与环节直接售给城乡居民和社会集团用于最终消费的实物商品总额。社会消费品零售总额包括：

一、批发零售企业：

（1）售予城乡居民的各种生活消费品；

（2）售予入境旅游的外国人、华侨、港澳台同胞的各类商品；

（3）售予行政事业单位、社会团体、军队和武警等机构的商品，以及以零售方式售予各类企业的商品；

二、餐饮业出售的主食、菜肴、烟酒饮料和其他商品。

三、新闻出版业、邮政业售予城乡居民、企事业单位、军队和武警等机构的书报杂志、音像制品、邮品等。

四、其他服务业出售的食品、烟酒饮料、服装鞋帽、日用生活用品、医药保健用品、艺术品、工艺美术品、玩具、殡葬用品以及其他消费品。

社会消费品零售总额的统计范围是指全社会从事消费品零售活动的法人单位和个体经营户。具体可分为以下三类：

（1）批发和零售业、住宿和餐饮业法人企业和个体经营户；

（2）非批发和零售业、住宿和餐饮业法人单位附营的批发和零售业、住宿和餐饮业产业活动单位；

（3）除批发和零售业、住宿和餐饮业法人企业、个体经营户和产业活动单位以外，从事消费品零售活动的企业（单位）。

批发零售贸易业商品购、销、存总额 指各种登记注册类型的批发、零售贸易业(不包括个体)企业（单位）以本企业（单位）为总体的商品购进、销售、库存总额。

商品购进总额 指从本企业(单位)以外的单位和个人购进(包括从境外直接进口)作为转卖或加工后转卖的商品总额。它反映批发零售贸易业从国内、国外市场上购进商品的总量。商品购进总额包括：⑴从工农业生产者、批发和零售业单位、住宿和餐饮业单位、购进的商品；⑵从出版社、报社的出版发行部门购进的图书、杂志和报纸；⑶从机关团体、事业单位购买的商品；⑷从海关、市场管理部门购买的缉私和没收的商品；（4）从国(境)外直接进口的商品；（5）从居民手中收购的废旧商品等。不包括为本单位自身经营用，而不是作为转卖而购买的商品；未通过买卖行为而收入的商品以及销售退回、买方拒付货的商品；商品升溢等。

商品销售总额 指对本企业(单位)以外的单位和个人出售(包括对境外直接出口)的商品总额。它反映批发零售贸易业在国内市场上销售商品以及出口商品的总量。商品销售总额包括：（1）售给城乡居民、社会集团消费和其他个人（如外来旅游者）的商品；（2）售给国民经济各行业用于生产、经营使用的商品数量，包括售给批发和零售业作为转卖或加工后转卖的商品；（3）对国（境）外直接出口的商品。不包括出售本企业（单位）自用的废旧商品；未通过买卖行为付出的商品，如：转移、借出、归还、赠送等；经本单位介绍，由买卖双方直接结算，本单位只收取手续费的业务；购货单位退回的商品以及商品的损耗和损失等。

批发零售贸易业库存 指报告期末各种登记注册类型的批发零售贸易企业(单位)已取得所有权的商品。它反映批发零售贸易企业(单位)的商品库存情况和对市场商品供应的保证程度。期末库存包括：⑴存放在批发零售贸易业经营单位(如门市部、批发站、经营处)仓库、货场、货柜和货架中的商品；⑵挑选、整理、包装中的商品；⑶已记入购进而尚未运到本单位的商品，即发货单或银行承兑凭证已到而货未到的部分；⑷寄放他处的商品，如因购货方拒绝承付而暂时存放在购货方的商品和已办完加工成品收回手续而未提回的商品；⑸委托其他单位代销(未作销售或调出)尚未售出的商品；⑹代其他单位购进尚未交付的商品。不包括所有权不属于本单位的商品；委托外单位加工的商品（包括本单位所属加工厂和其他生产单位加工生产尚未收回成品的商品）；外贸企业代理其他单位从国外进口，尚未付给订货单位的商品；代国家物资储备部门保管的商品等。

库存总额采用的计算价格是：农副产品采购单位按购进价计算；批发单位按进货价计算；零售单位按核算价格计算，即按什么价格核算就按什么价格计算。

消费品市场成交额 指从事消费品交易的商品市场的全部商品成交金额。消费品市场包括农副产品市场和工业消费品市场。

进出口总额 指实际进出我国国境的货物总金额。包括对外贸易实际进出口货物，来料加工装配进出口货物，国家间、联合国及国际组织无偿援助物资和赠送品，华侨、港澳台同胞和外籍华人捐赠品，租赁期满归承租人所有的租赁货物，进料加工进出口货物，边境地方贸易及边境地区小额贸易进出口货物(边民互市贸易除外)，中外合资企业、中外合作经营企业、外商独资经营企业进出口货物和公用物品，到、离岸价格在规定限额以上的进出口货样和广告品(无商业价值、无使用价值和免费提供出口的除外)，从保税仓库提取在中国境内销售的进口货物，以及其他进出口货物。进出口总额用以观察一个国家在对外贸易方面的总规模。我国规定出口货物按离岸价格统计，进口货物按到岸价格统计。

利用外资 指我国各级政府、部门、企业和其他经济组织通过对外借款、吸收外商直接投资以及用其他方式筹措的境外现汇、设备、技术等。

外商直接投资 指外国企业和经济组织或个人(包括华侨、港澳台胞以及我国在境外注册的企业)按我国有关政策、法规，用现汇、实物、技术等在我国境内开办外商独资企业、与我国境内的企业或经济组织共同举办中外合资经营企业、合作经营企业或合作开发资源的投资(包括外商投资收益的再投资)，以及经政府有关部门批准的项目投资总额内企业从境外借入的资金。

旅游者人数 包括入境国际旅游者人数、出境居民人数和国内旅游者人数。

国内旅游者人数 指我国大陆居民和在我国常住 1 年以上的外国人、华侨、港澳台同胞离开常住地在境内其他地方的旅游设施内至少停留一夜，最长不超过 6 个月的人数。

国际旅游(外汇)收入 指入境旅游的外国人、华侨、港澳同胞和台湾同胞在中国大陆旅游过程中发生的一切旅游支出，对于国家来说就是国际旅游(外汇)收入。

国内旅行社 指负责经营招徕、组团、接待国内旅客的旅游业务，以及不对外招徕，负责经营接待国际旅行社或其它涉外部门组织的外国人、华侨、港澳同胞和台湾同胞来中国、归国或回内地的旅游业务的旅行社。

星级饭店 指已评定星级饭店。

九、能源、环境保护

本篇章

质量负责：陈新林 孙有德

资料整理：钟 江 陈 刚

9-1 电力消费量

单位：万千瓦时

行业	2009年	2010年	2011年	2012年	2013年	2014年
全社会用电总计	**721639**	**881329**	**1007620**	**1093779**	**1202135**	**1358500**
行业用电	565146	703732	790103	837365	928716	1037547
第一产业	8741	9628	11780	13443	15258	14222
第二产业	477505	596146	663477	688946	751818	844974
工业	464869	582531	646360	669902	725366	818609
采矿业	68277	86375	98201	79962	85414	92763
#煤炭开采和洗选业	4615	7466	7464	6484	6377	3972
黑色金属矿采选业	2276	7101	8629	5694	3279	3404
有色金属矿采选业	49714	57353	62918	48066	53296	56841
非金属矿采选业	11584	12732	14130	11531	14279	14818
其他采矿业	90	1715	5042	8091	7992	13620
制造业	312708	408054	455568	441541	469062	491150
#食品、饮料和烟草制造业	15368	20652	20426	22515	22294	24596
纺织业	4271	5730	7769	7867	7398	6836
服装鞋帽、皮革羽绒及其制品业	7842	9334	11653	10101	10893	9047
木材加工及制品和家具制品业	25928	33614	35480	40464	41482	34983
造纸及纸制品业	9731	11220	11633	10496	9300	13724
印刷业和记录媒介的复制	1031	1051	1083	1186	1214	1500
文体用品制造业	1406	1464	1647	1901	2419	2465
化学原料及化学制品制造业	9655	11270	10002	16471	14954	7893
医药制造业	1513	2035	2463	3144	4154	2919
化学纤维制造业	1697	1963	1894	3374	2512	2352
橡胶和塑料制品业	7438	10727	11641	11954	10372	9994
非金属矿物制品业	94618	105051	114861	109323	121278	135043
黑色金属冶炼及压延加工业	77934	119890	129874	91925	97729	98708
有色金属冶炼及压延加工业	21676	33033	41489	42903	47298	54402
金属制品业	4988	5805	5701	6424	5765	8273
通用及专用设备制造业	5112	4681	5076	4954	5632	5679
交通运输、电气、电子设备制造业	11114	16545	25076	31150	34518	39678
工艺品及其他制造业	10166	12930	16370	23789	28251	30772
废弃资源和废旧材料回收加工业	1191	777	1138	1459	1442	1891
电力、燃气及水的生产和供应业	83884	88102	92591	148399	170890	234696
电力、热力的生产和供应业	78102	81900	85157	140882	162014	220277
燃气生产和供应业	162	149	369	561	525	6481
水的生产和供应业	5620	6054	7065	6955	8351	7937
建筑业	12636	13615	17117	19044	26452	26365
第三产业	78899	97958	114846	134977	161640	178351
#交通运输、仓储和邮政业	4325	4924	5569	9945	17719	18909
信息传输、计算机服务和软件业	8218	10219	11673	12611	14805	16778
商业、住宿和餐饮业	30403	38086	49601	57610	61734	71014
金融、房地产、商务及居民服务业	11549	14444	15439	17735	23230	22790
公共事业及管理组织	24407	30285	32564	37076	44152	48860
生活用电	156494	177597	217517	256413	273420	320954
城镇居民	71620	83058	97010	115879	119481	149453
乡村居民	84874	94539	120506	140534	153939	171501

9-2 规模以上工业企业能源消费量综合表

能源名称	计量单位	合计	工业生产消费	用于原材料	非工业生产消费	运输工具消费
原煤	吨	3148713.64	3148334.45	13601.10	379.19	
无烟煤	吨	162554.99	162458.39	2207.60	96.60	
炼焦烟煤	吨	30.20	30.20			
一般烟煤	吨	2986128.45	2985845.86	11393.50	282.59	
洗精煤	吨	1832.01	1832.01			
其他洗煤	吨	4290.23	4290.23			
煤制品	吨	495.50	471.50		24.00	
焦炭	吨	5668.67	5668.67			
天然气(气态)	万立方米	2065.03	2065.03			
液化天然气(液态)	吨	16.00	16.00			
原油	吨	4.00	4.00			
汽油	吨	3071.21	1363.89		1707.26	1572.60
煤油	吨	165.14	164.04	15.17	1.10	
柴油	吨	14842.35	12204.15	134.57	2638.16	5761.66
燃料油	吨	415.30	399.60		15.70	
液化石油气	吨	1812.61	1804.74	1434.06	7.87	4.70
石脑油	吨	4.20	4.20			
润滑油	吨	9.58	9.58			
石蜡	吨	0.50	0.50			
溶剂油	吨	27.54	27.54			
热力	百万千焦	43801.74	43801.74			
电力	万千瓦时	736273.80	730371.86		5901.94	29.91
生物质废料用于燃料	吨	264546.04	264201.76	4218.12	344.28	
余热余压	百万千焦	3575805.84	3575805.84			
其他工业废料用于燃料	吨	386.00	386.00			
其他燃料	吨标准煤	8153.99	8153.99			
能源合计	吨标准煤	3518833.57	3504711.80		14121.56	

9-3 县(市、区)规模以上工业综合能源消费量

单位：吨标准煤

县(市、区)	2005年	2006年	2007年	2008年	2009年	2010年	2011年	2012年	2013年	2014年
合　计	**976160.00**	**1296122.69**	**1723898.78**	**1890634.92**	**2534170.26**	**2572160.45**	**2650814.46**	**2630020.86**	**2910570.52**	**2904169.61**
章贡区	262401.00	238909.14	318718.22	332401.89	207729.68	201362.59	195553.04	200372.65	210878.87	212896.27
赣　县	41562.00	105226.50	113950.29	114934.85	763118.05	725390.41	769694.85	697281.44	782976.85	703020.06
信丰县	174875.00	215178.87	262349.31	265174.22	308678.24	296929.70	256668.38	247800.23	258407.94	254931.05
大余县	39753.00	33366.22	41448.64	29385.92	27829.00	34564.09	35646.72	33559.44	38637.26	39092.66
上犹县	20901.00	19746.29	29768.13	32231.80	35263.57	29314.78	33623.43	30402.48	29338.49	29669.70
崇义县	26843.00	33616.81	47461.99	51213.53	40207.67	37329.44	32870.06	32034.04	34075.67	37301.89
安远县	3982.00	6167.48	9443.50	15147.09	14253.55	11353.19	10114.03	9928.77	10687.86	12828.77
龙南县	30826.00	53513.58	76957.82	82922.55	83736.64	116773.75	99669.60	80480.03	79068.01	97123.24
定南县	8357.00	10201.60	27717.00	28764.94	32780.29	34912.14	44777.68	64461.41	66354.58	60858.60
全南县	39897.00	33879.21	41765.18	43724.92	46410.78	53985.99	41625.73	39574.00	45247.65	41430.30
宁都县	13877.00	22516.97	36188.56	48086.30	55013.15	54612.65	46304.32	39857.36	49449.05	53669.27
于都县	94610.00	125432.20	135924.49	160289.53	175136.85	164215.05	166696.66	132643.88	140694.87	179017.57
兴国县	120169.00	172525.83	203906.76	199010.55	185286.24	187551.14	166696.07	161611.35	233007.41	255750.73
会昌县	35992.00	73459.72	93974.61	178503.79	203926.61	173593.17	133707.02	248297.35	229204.09	214136.79
寻乌县	3976.00	4762.34	9846.68	13412.80	7979.78	7069.41	6971.67	9523.37	16015.45	21514.16
石城县	1440.00	812.42	1414.20	982.65	1300.69	1573.10	1845.54	627.89	2582.94	3178.27
瑞金市	26471.00	100324.81	196209.43	207779.36	231782.38	304828.39	451566.72	408424.52	474740.16	470239.35
南康区	30227.00	34484.62	58993.73	63935.58	69312.62	80260.24	87878.92	100454.31	90178.02	91250.20
赣州经开区		11998.08	17860.24	22732.65	44424.47	56541.22	68904.02	92686.34	119025.35	126260.73

9-4 按行业分万元工业产值综合能耗

单位：吨标准煤/万元

指　　标	2014年	指　　标	2014年
合　计	**0.097**	化学原料和化学制品制造业	0.054
采矿业	0.031	医药制造业	0.046
煤炭开采和洗选业	0.115	橡胶和塑料制品业	0.062
黑色金属矿采选业	0.024	非金属矿物制品业	0.738
有色金属矿采选业	0.022	黑色金属冶炼和压延加工业	0.139
非金属矿采选业	0.070	有色金属冶炼和压延加工业	0.032
制造业	0.081	金属制品业	0.057
农副食品加工业	0.018	通用设备制造业	0.040
食品制造业	0.054	专用设备制造业	0.025
酒、饮料和精制茶制造业	0.034	汽车制造业	0.039
烟草制品业	0.141	铁路、船舶、航空航天和其他运输设备制造业	0.017
纺织业	0.054	电气机械和器材制造业	0.025
纺织服装、服饰业	0.012	计算机、通信和其他电子设备制造业	0.014
皮革、毛皮、羽毛及其制品和制鞋业	0.025	仪器仪表制造业	0.058
木材加工和木、竹、藤、棕、草制品业	0.059	其他制造业	0.060
家具制造业	0.026	废弃资源综合利用业	0.048
造纸和纸制品业	0.247	电力、热力、燃气及水生产和供应业	0.759
印刷和记录媒介复制业	0.020	电力、热力生产和供应业	0.887
文教、工美、体育和娱乐用品制造业	0.027	燃气生产和供应业	0.005
石油加工、炼焦和核燃料加工业	0.043	水的生产和供应业	0.041

9-5 县(市、区)单位工业增加值能耗

单位：吨标准煤/万元

县(市、区)	2010年		2011年		2012年		2013年		2014年	
	绝对量	比上年增长(%)	绝对量	比上年增长(%)	绝对量	比上年增长(%)	绝对量	比上年增长(%)	绝对量	比上年增长(%)
合　计	**1.175**	**-14.40**	**0.685**	**-10.05**	**0.498**	**-16.86**	**0.484**	**-3.97**	**0.399**	**-11.44**
章贡区	1.093	-19.79	0.538	-8.87	0.404	-18.15	0.365	-10.73	0.301	-11.65
赣　县	3.597	-14.49	2.483	-11.10	1.577	-23.36	1.577	-6.11	1.124	-19.15
信丰县	2.093	-22.00	1.116	-19.35	0.838	-16.07	0.738	-8.10	0.606	-11.96
大余县	0.483	1.19	0.224	-8.95	0.143	-19.60	0.167	1.58	0.144	-15.07
上犹县	0.679	-29.92	0.324	-0.08	0.246	-21.88	0.241	-18.13	0.204	-8.14
崇义县	0.396	-27.39	0.168	-21.40	0.122	-15.42	0.137	-7.46	0.143	-1.93
安远县	0.533	-27.37	0.237	-20.00	0.192	-22.19	0.202	-2.87	0.190	2.35
龙南县	0.593	13.91	0.307	-22.42	0.204	-32.39	0.161	-11.08	0.172	5.11
定南县	0.646	-0.99	0.391	11.12	0.439	24.99	0.394	-9.68	0.284	-19.61
全南县	0.986	-8.32	0.340	-26.48	0.258	-17.29	0.248	0.58	0.181	-17.88
宁都县	0.806	-25.88	0.459	-26.71	0.278	-24.28	0.270	4.07	0.217	-4.95
于都县	0.755	-22.30	0.514	-10.41	0.299	-29.99	0.286	-8.59	0.293	11.67
兴国县	1.375	-21.34	0.827	-23.53	0.635	-15.39	0.710	25.75	0.633	-3.09
会昌县	2.197	-18.88	1.117	-35.39	1.315	-0.05	0.983	-20.37	0.728	-16.58
寻乌县	0.330	-22.20	0.175	-0.99	0.149	6.18	0.225	40.56	0.234	18.71
石城县	0.136	-11.46	0.129	-0.93	0.127	-33.09	0.150	57.76	0.160	2.70
瑞金市	5.005	6.05	4.187	17.72	2.846	-23.52	2.671	5.01	2.054	-10.97
南康区	0.475	-6.01	0.212	-2.33	0.210	-5.83	0.170	-24.36	0.143	-11.58
赣州经开区	0.186	8.99	0.119	2.04	0.108	2.48	0.114	11.30	0.105	-5.83

9-6　环境保护主要指标

指标名称	单位	2008年	2009年	2010年	2011年	2012年	2013年	2014年
环境监测站个数	个	15	16	16	19	19	18	18
自然保护区个数	个	29	30	31	32	35	55	54
国家级	个	1	1	1	2	2	3	3
省　级	个	3	3	6	6	6	5	6
市　级	个	1	1	1	1	1	1	1
县　级	个	23	25	23	23	26	46	44
自然保护区面积	公顷	225690.3	230823.05	245722	259636.19	261976.44	293021.63	278445.5
国家级	公顷	13411.6	13411.6	13412	30516.6	30516.6	46617.45	46617.5
省　级	公顷	35085.84	35085.85	63465	57405.85	57405.85	47710.1	46841
市　级	公顷	22600	22600	22600	22600	22600	22600	22600
县　级	公顷	154867.7	159725.6	146245	149113.74	151453.99	176094.08	162387
全年完成环境污染治理项目数	个	91	34	7	68			
环境污染治理投资	万元	10489	2924	1266	16191			
饮用水源水质	类	Ⅲ	Ⅲ	Ⅲ	Ⅲ类	Ⅲ类	Ⅲ类	Ⅲ类
空气质量	级	二级	二级	二级	二级	二级	二级	二级

9-7 国家级、省级、市级、县级自然保护区

名　　称	地点	保护对象	面积(公顷)	建立时间
一、国家级自然保护区				
1、九连山国家级自然保护区	龙南县	亚热带常绿阔叶林森林生态系统	13411.6	2003年
2、齐云山国家级自然保护区	崇义县	亚热带常绿阔叶林森林生态系统	17105	2012年
3、赣江源国家级自然保护区	石城、瑞金	中亚热带常绿阔叶林森林生态系统 水源涵养林	16100.85	2013年
二、省级自然保护区				
4、阳岭省级自然保护区	崇义县	亚热带常绿阔叶林森林生态系统	1880	1997年
5、章江源自然保护区	崇义县	亚热带常绿阔叶林森林生态系统	10452	2010年
6、桃江源自然保护区	全南县	亚热带常绿阔叶林森林生态系统	11560	2010年
7、五指峰自然保护区	上犹县	亚热带常绿阔叶林森林生态系统	6368	2010年
8、凌云山自然保护区	宁都县	亚热带常绿阔叶林森林生态系统	11343	2011年
9、大龙山自然保护区	宁都县	亚热带常绿阔叶林森林生态系统	5238	2014年
三、市级自然保护区				
10、陡水湖自然保护区	上犹县	水源涵养林	22600	2002年
四、县级自然保护区				
11、莲花山自然保护区	宁都县	亚热带常绿阔叶林森林生态系统	5116.07	1993年
12、狮头岽自然保护区	宁都县	野生南方红豆杉	2951.22	2013年
13、武华山自然保护区	宁都县	野生南方红豆杉	1728.58	2013年
14、灵华仙自然保护区	宁都县	野生南方红豆杉	2694.87	2013年
15、密石寨自然保护区	宁都县	丹霞地貌及其森林生态系统	719.21	2013年
16、礁石岭自然保护区	宁都县	丹霞地貌及其森林生态系统	1121.45	2013年
17、赖村自然保护区	宁都县	丹霞地貌及其森林生态系统	712.18	2013年
18、大寨自然保护区	宁都县	丹霞地貌及其森林生态系统	2113.22	2013年
19、天燕山自然保护区	宁都县	丹霞地貌及其森林生态系统	1515.67	2013年
20、钩刀咀自然保护区	宁都县	中亚热带森林生态系统	1947.9	2013年
21、章福山自然保护区	宁都县	中亚热带森林生态系统	3631.02	2013年
22、三华山自然保护区	宁都县	中亚热带森林生态系统	1126.43	2013年
23、宝华山自然保护区	宁都县	中亚热带森林生态系统	844.17	2013年
24、酒雷岽自然保护区	宁都县	中亚热带森林生态系统	1409.41	2013年
25、园窝岽自然保护区	宁都县	中亚热带森林生态系统	1647.7	2013年
26、高峰尖自然保护区	宁都县	中亚热带森林生态系统	1631.7	2013年
27、莱山自然保护区	宁都县	中亚热带森林生态系统	1347.29	2013年
28、桃山自然保护区	宁都县	中亚热带森林生态系统	1957.33	2013年
29、仙桃山自然保护区	宁都县	中亚热带森林生态系统	1316.22	2013年
30、玉尖峰山自然保护区	宁都县	中亚热带森林生态系统	1382.21	2013年
31、摇篮寨自然保护区	宁都县	中亚热带森林生态系统	1264.01	2013年
32、阳岭自然保护区扩大区	崇义县	亚热带常绿阔叶林森林生态系统	5220	1999年
33、三江口自然保护区	大余县	亚热带常绿阔叶林森林生态系统	2301	1996年
34、三百山自然保护区	安远县	亚热带常绿阔叶林森林生态系统	15500	1992年
35、蔡坊自然保护区	安远县	亚热带常绿阔叶林森林生态系统	8500	1996年
36、九龙嶂自然保护区	安远县	亚热带常绿阔叶林森林生态系统	6000	1996年
37、峰山自然保护区	章贡区	次生林森林生态系统	12314.4	1999年
38、云台山自然保护区	定南县	亚热带常绿阔叶林森林生态系统	10235	1999年
39、金盆山自然保护区	龙南县	亚热带常绿阔叶林森林生态系统	3041	2000年
40、三县岽自然保护区	龙南县	亚热带常绿阔叶林森林生态系统	2468	2000年
41、夹湖自然保护区	龙南县	亚热带常绿阔叶林森林生态系统	4498	2000年
42、西梅山自然保护区	龙南县	亚热带常绿阔叶林森林生态系统	1793	2000年
43、棋棠山自然保护区	龙南县	亚热带常绿阔叶林森林生态系统	2133	2000年
44、黄坑自然保护区	龙南县	亚热带常绿阔叶林森林生态系统	2716	2000年
45、金盆山自然保护区	信丰县	常绿阔叶林森林生态系统	2000	1982年
46、东江源自然保护区	寻乌县	亚热带常绿阔叶林森林生态系统	16733.3	2003年
47、张天堂自然保护区	寻乌县	亚热带常绿阔叶林森林生态系统	789	2003年
48、阳天嶂自然保护区	寻乌县	亚热带常绿阔叶林森林生态系统	635	2003年
49、项山甑自然保护区	寻乌县	亚热带常绿阔叶林森林生态系统	1987	2003年
50、大山脑自然保护区	南康区	亚热带常绿阔叶林森林生态系统	680	2009年
51、石壁坑水库自然保护区	会昌县	亚热带常绿阔叶林森林生态系统	16399.92	2010年
52、园岭(丹霞湖)县级自然保护区	兴国县	中亚热带常绿阔叶林森林生态系统	2533	2012年
53、祁绿山县级自然保护区	于都县	亚热带常绿阔叶林森林生态系统	3999.4	2009年
54、赣县荫掌山自然保护区	赣县	亚热带常绿阔叶林森林生态系统	1733.3	2012年

9-8 国家级、省级森林公园

名 称	所在地	经营面积(万亩)	批准单位	批建时间
一、国家级森林公园				
1.三百山	安远县	5.00	林业部	1993年5月
2.翠微峰	宁都县	11.80	林业部	1994年12月
3.梅关	大余县	7.95	国家林业局	2001年11月
4.阳岭	崇义县	10.33	国家林业局	2003年12月
5.五指峰	上犹县	36.80	国家林业局	2003年12月
6.陡水湖	上犹县	34.00	国家林业局	2004年12月
7.九连山	龙南县	30.09	国家林业局	2005年12月
8.峰山	章贡区、赣县	31.10	国家林业局	2006年12月
9.金盆山	信丰县	8.97	国家林业局	2014年1月
二、省级森林公园				
1.龙泉山	安远县	0.54	省林业厅	1990年12月
2.会昌山	会昌县	0.50	省林业厅	1993年2月
3.武当山	龙南县	0.80	省林业厅	1993年2月
4.水鸡岽	赣县	11.50	省林业厅	1993年2月
5.西华山	石城县	0.26	省林业厅	1993年2月
6.罗汉岩	瑞金市	0.75	省林业厅	1993年2月
7.均福山	兴国县	2.23	省林业厅	1993年6月
8.南山	南康区	0.81	省林业厅	1994年1月
9.罗田岩	于都县	0.60	省林业厅	1996年2月
10.黄畲山	寻乌县	0.90	省林业厅	1996年1月
11.东江源桠髻钵山	寻乌县	4.47	省林业厅	2006年9月
12.屏山	于都县	6.79	省林业厅	2006年11月
13.通天寨	石城县	3.17	省林业厅	2007年6月
14.李腊石	石城县	0.17	省林业厅	2010年7月
15.园岭	兴国县	4.28	省林业厅	2010年7月
16.梅子山	全南县	0.27	省林业厅	2010年7月
17.大山脑	南康区	0.51	省林业厅	2010年7月
18.江西东江源仙人寨	寻乌县	0.93	省政府	2012年5月
19.江西老鹰山	宁都县	0.89	省政府	2013年6月
20.安基山	龙南县	0.87	省政府	2013年12月
21.金鸡寨	龙南县	0.13	省政府	2014年7月

主要统计指标解释

能源消费量 指能源使用企业（单位）在报告期内实际消费的各种能源的数量。能源消费量分实物量和标准量两种。能源消费实物量是按照报表规定的、体现物质形态属性的计量单位（如：吨、立方米）计算的能源消费量；能源消费标准量是按照能源标准计量单位（如：吨标准煤）计算的能源消费量。

综合能源消费量 指企业（单位）在报告期内工业生产实际消费的各种能源（扣除能源加工转换和能源回收利用等重复因素）的总和。计算综合能源消费量时，需要将各种能源品种的消费量换算成按照标准计量单位（如：吨标准煤）计量的消费量。

十、价格指数

本 篇 章
质量负责：万小红 王 晶
资料整理：万小红 王 晶

10-1-1 历年各种物价总指数

(1985～2014年，以上年价格为100)　　单位：%

年　份	商品零售价格指数	居民消费价格指数
1985	107.0	107.0
1986	104.5	104.4
1987	107.5	107.2
1988	128.7	128.7
1989	118.6	118.6
1990	102.0	102.7
1991	102.6	102.6
1992	107.5	107.5
1993	113.3	113.3
1994	128.6	123.5
1995	115.4	115.8
1996	106.1	108.6
1997	100.5	104.2
1998	99.1	100.5
1999	96.9	98.5
2000	98.2	99.0
2001	97.8	100.2
2002	100.2	100.7
2003	99.5	100.9
2004	102.3	102.8
2005	99.8	101.4
2006	100.2	100.7
2007	104.1	104.2
2008	106.2	106.2
2009	98.8	100.1
2010	102.7	103.1
2011	104.1	104.9
2012	102.6	102.8
2013	101.2	102.4
2014	100.7	102.1

10-1-2 居民消费价格指数

(以2013年价格为100)

单位：%

项目名称	城市	农村
居民消费价格总指数	102.1	102.9
食品	102.3	102.9
粮食	102.2	101.1
淀粉及制品	102.7	106.4
干豆类及豆制品	99.8	100.1
油脂	95.1	95.1
肉禽及其制品	96.1	98.3
蛋	107.4	114.6
水产品	103.4	103.1
菜	110.3	105.5
调 味 品	105.4	101.5
糖	99.8	99.4
茶及饮料	100.4	104.0
干鲜瓜果	112.7	112.5
糕点饼干面包	100.7	102.9
液体乳及乳制品	105.1	105.0
在外用膳食品	99.9	107.7
其他食品	105.1	99.7
烟酒	100.3	99.9
烟草	100.0	100.0
酒	100.8	99.7
衣着	100.5	107.2
服　　装	100.7	109.0
衣着材料	103.9	100.6
鞋袜帽	99.4	101.9
衣着加工服务费	101.3	109.3
家庭设备用品及维修服务	101.3	101.6
耐用消费品	99.8	102.8
室内装饰品	99.2	98.8
床上用品	98.2	101.2
家庭日用杂品	100.1	100.7
家庭服务及加工维修服务	112.5	100.3
医疗保健和个人用品	102.3	100.4
医疗保健	103.8	100.5
个人用品及服务	99.6	100.5
交通和通信	101.3	100.8
交通	103.0	102.3
通信	99.8	99.3
娱乐教育文化用品及服务	103.9	104.1
文娱用耐用消费品及服务	97.5	98.8
教育	107.1	105.4
文化娱乐类	101.0	101.9
旅游	101.6	104.1
居住	102.0	103.0
建房及装修材料	99.4	102.2
住房租金	103.7	104.7
自有住房	106.2	105.9
水、电、燃料	99.8	100.1

注：本部分资料城市为章贡区数据，农村是根据宁都、信丰物价调查点汇总推算的资料。

10-1-3 商品零售价格指数

(以2013年价格为100)

单位: %

项目名称	城市	农村	项目名称	城市	农村
商品零售价格总指数	100.7	101.7	体育用品	100.3	106.9
食品	102.1	103.0	娱乐用品	102.3	99.5
粮食	102.3	101.3	交通、通信用品	99.7	98.4
淀粉及制品	102.7	106.4	交通运输机械	100.0	100.1
干豆类及豆制品	100.1	100.1	通信器材	99.3	96.1
油脂	95.3	95.0	家具	103.0	109.2
肉禽及其制品	96.1	98.2	化妆品	100.4	101.8
蛋	107.4	114.9	金银珠宝	93.0	91.8
水产品	103.4	103.2	中西药品及医疗保健用品	104.1	100.6
菜	110.0	105.4	医疗器具及用品	100.8	98.4
调味品	105.3	101.3	中药材及中成药	108.0	99.9
糖	99.9	99.5	西药	102.3	100.9
干鲜瓜果	112.7	112.4	保健器具及用品	100.0	100.0
糕点饼干面包	100.5	102.9	书报杂志及电子出版物	100.2	105.0
液体乳及乳制品	104.4	105.0	教材及参考书	99.7	108.0
在外用膳食品	99.9	107.9	书报杂志	101.1	102.5
其他食品	105.1	99.7	电子音像制品	99.2	97.8
饮料、烟酒	100.4	100.5	燃料	99.0	98.5
茶及饮料	100.4	104.0	煤炭及制品	99.9	97.7
烟草	100.0	100.0	石油及制品	98.7	99.1
酒	100.8	99.7	建筑材料及五金电料	98.9	100.1
服装、鞋帽	100.6	106.7	建筑装璜材料	98.2	100.2
服装	101.1	108.8	五金电料	102.3	99.3
鞋袜帽	99.4	101.8			
其他	100.0	100.0	农业生产资料价格指数		102.2
纺织品	100.8	99.8	农用手工工具		105.2
衣着材料	103.9	100.5	饲料		103.9
床上用品	97.6	99.2	产品畜		120.0
家用电器及音像器材	96.9	99.1	半机械化农具		100.4
家庭设备	98.3	98.6	机械化农具		99.7
文娱用耐用消费品	94.5	99.6	化学肥料		94.4
专业音像器材	100.0	99.8	农药及农药器械		99.0
文化办公用品	101.0	98.7	化学农药		98.8
日用品	100.4	101.7	农药器械		100.0
日用百货	100.8	102.1	农用机油		98.2
日用杂品	100.4	100.6	其他农业生产资料		100.0
洗涤用品	100.7	102.9	农用种子		100.2
其他日用品	99.6	100.2	其他		101.5
体育娱乐用品	101.5	102.9	农业生产服务		107.2

注：本部分资料城市为章贡区数据，农村是根据宁都、信丰物价调查点汇总推算的资料。

10-1-4 农村居民消费价格指数和商品零售价格指数
(以2013年价格为100)

单位：%

项目名称	宁都	信丰	项目名称	宁都	信丰
居民消费价格总指数	102.6	103.1	交通和通信	100.9	100.8
食品	103.0	102.9	娱乐教育文化用品及服务	102.4	105.8
粮食	99.2	103.0	居住	100.8	105.2
淀粉及制品	107.1	105.6	商品零售价格总指数	102.3	101.1
干豆类及豆制品	96.7	103.4	食品	103.3	102.7
油脂	100.0	90.1	饮料、烟酒	99.6	101.4
肉禽及其制品	99.9	96.6	服装、鞋帽	109.5	103.9
蛋	115.0	114.2	纺织品	100.0	99.7
水产品	103.9	102.3	家用电器及音像器材	100.4	97.8
菜	105.8	105.2	文化办公用品	99.1	98.2
调 味 品	99.1	103.9	日用品	100.8	102.6
糖	96.5	102.2	体育娱乐用品	100.0	105.9
茶及饮料	100.0	108.1	交通、通信用品	99.4	97.4
干鲜瓜果	113.0	111.9	家具	109.4	109.0
糕点饼干面包	103.4	102.5	化妆品	99.7	103.8
液体乳及乳制品	99.7	110.3	金银珠宝	91.2	92.3
在外用膳食品	106.8	108.6	中西药品及医疗保健用品	100.9	100.2
其他食品	101.0	98.4	书报杂志及电子出版物	106.5	103.5
烟酒	99.4	100.3	燃料	100.3	96.6
衣着	110.5	103.9	建筑材料及五金电料	100.9	99.3
家庭设备用品及维修服务	102.3	101.0	农业生产资料价格指数	100.9	103.4
医疗保健和个人用品	100.1	100.6			

10-1-5 居民消费价格分月指数

(以2013年同月价格为100)

单位：%

项目名称	1月	2月	3月	4月	5月	6月	7月	8月	9月	10月	11月	12月
居民消费价格总指数	102.0	101.5	101.9	102.9	103.1	102.4	102.5	102.5	102.1	101.6	101.1	101.1
食品	100.7	99.4	101.5	103.0	103.9	102.0	102.3	102.4	103.6	102.9	102.7	103.1
粮食	100.2	100.2	100.4	101.5	101.8	102.0	102.6	102.6	102.6	103.4	103.6	105.7
淀粉及制品	104.4	104.4	106.8	100.9	100.0	101.2	102.5	102.5	102.5	102.5	102.5	102.5
干豆类及豆制品	99.5	100.7	101.6	102.8	103.5	98.7	98.0	98.2	98.2	98.8	98.7	98.7
油脂	95.6	95.5	95.8	92.8	94.0	94.4	95.0	95.7	94.8	94.4	96.7	97.0
肉禽及其制品	93.4	83.4	88.3	96.8	103.5	100.0	97.7	99.1	101.1	99.5	96.6	97.7
蛋	102.1	100.1	99.9	103.3	110.5	108.7	110.5	113.6	112.9	109.3	109.5	108.7
水产品	105.5	109.2	106.9	104.9	101.9	100.3	99.9	101.5	104.2	103.4	102.8	101.0
菜	106.1	119.6	121.2	113.7	111.7	104.1	108.4	103.6	107.0	106.9	109.8	112.1
调 味 品	102.3	103.1	103.2	104.1	106.0	106.4	107.5	106.5	106.4	106.4	106.4	106.9
糖	99.7	99.0	99.0	100.2	100.2	100.2	99.0	99.5	99.5	99.5	100.6	100.6
茶及饮料	99.3	99.3	99.3	99.3	99.3	101.0	101.0	101.2	101.2	101.2	101.2	101.2
干鲜瓜果	113.2	108.2	110.8	114.0	111.7	109.6	111.4	113.3	116.5	114.1	116.9	113.1
糕点饼干面包	100.6	100.6	101.0	101.0	101.0	101.0	101.0	100.9	100.9	100.1	100.1	99.6
液体乳及乳制品	105.8	105.8	105.8	104.0	105.1	107.5	107.5	106.7	106.0	105.2	101.0	101.0
在外用膳食品	100.0	100.0	100.0	100.0	99.0	99.5	100.0	100.0	100.0	100.0	100.0	100.0
其他食品	106.1	106.1	109.4	109.4	104.4	104.4	104.4	104.4	103.2	103.2	103.2	103.2
烟酒	100.4	100.4	100.4	100.1	100.1	100.3	100.5	100.5	100.1	100.1	100.1	100.1
衣着	100.8	102.9	101.2	101.9	101.2	101.2	100.7	100.5	99.7	98.8	98.7	99.0
家庭设备用品及维修服务	102.6	100.9	99.6	101.8	101.6	101.7	102.1	102.1	102.1	101.6	99.5	99.7
医疗保健和个人用品	101.6	100.4	100.3	102.7	102.5	102.7	102.7	102.8	103.2	103.2	102.8	103.0
医疗保健	103.1	103.1	102.9	103.4	103.5	103.8	104.0	104.0	104.6	104.6	104.2	104.1
个人用品及服务	98.9	95.5	95.6	101.2	100.8	100.6	100.3	100.5	100.5	100.5	100.1	100.7
交通和通信	101.3	100.9	100.5	101.4	101.9	101.8	101.8	101.6	101.4	101.2	101.1	100.7
交通	102.8	101.8	101.2	103.1	104.1	104.1	104.1	103.7	103.3	102.9	102.8	102.0
通信	100.0	100.0	100.0	100.0	100.0	99.8	99.8	99.8	99.8	99.8	99.6	99.6
娱乐教育文化用品及服务	107.0	106.6	106.4	106.6	106.4	106.0	106.1	106.2	99.6	99.5	98.9	98.8
文娱用耐用消费品及服务	97.3	98.3	98.3	95.8	95.8	95.5	97.7	98.5	97.7	97.7	97.7	99.5
教育	112.5	112.2	111.9	111.9	111.5	111.5	111.3	111.3	99.0	99.0	98.8	98.8
文化娱乐类	101.4	100.9	100.9	100.9	100.7	100.7	100.8	100.8	100.8	100.8	101.4	101.5
旅游	103.2	101.7	101.7	104.1	104.3	102.2	102.1	102.1	102.1	101.3	98.0	96.7
居住	102.7	103.1	102.9	102.6	102.3	102.5	102.1	102.2	102.2	101.4	100.1	99.5
建房及装修材料	102.4	102.4	102.0	101.8	100.2	100.0	98.5	98.2	97.8	97.4	95.6	96.4
住房租金	103.9	103.9	103.9	103.6	103.6	103.6	103.6	103.6	104.8	103.3	103.3	103.3
自有住房	105.8	105.8	105.8	105.8	105.8	106.9	106.9	107.9	107.9	105.4	105.4	105.4
水、电、燃料	100.6	101.6	101.2	100.6	100.6	100.5	100.3	100.0	99.6	99.9	97.5	95.6

10-1-6 商品零售价格分月指数

(以2013年同月价格为100)

单位：%

项目名称	1月	2月	3月	4月	5月	6月	7月	8月	9月	10月	11月	12月
商品零售价格总指数	100.3	100.2	100.6	101.4	101.5	101.0	101.0	100.9	101.1	100.7	100.1	100.1
食品	100.5	99.3	101.3	102.8	103.7	101.8	102.1	102.2	103.4	102.7	102.6	103.0
粮食	100.2	100.2	100.4	101.4	101.7	102.0	102.7	102.7	102.7	103.6	103.8	106.0
淀粉及制品	104.4	104.4	106.8	100.9	100.0	101.2	102.5	102.5	102.5	102.5	102.5	102.5
干豆类及豆制品	99.6	100.8	101.7	102.8	103.6	98.9	98.3	98.6	98.6	99.3	99.2	99.2
油脂	95.5	95.5	95.8	92.9	94.1	94.5	95.1	96.2	95.2	95.0	97.0	97.3
肉禽及其制品	93.3	83.3	88.2	96.6	103.3	100.0	97.7	99.0	101.1	99.5	96.6	97.8
蛋	102.1	100.1	99.9	103.3	110.5	108.7	110.5	113.6	112.9	109.3	109.5	108.7
水产品	105.4	109.0	106.9	104.9	101.9	100.3	99.9	101.5	104.2	103.4	102.9	101.1
菜	105.9	118.9	120.5	113.4	111.4	104.2	108.4	103.6	106.8	106.5	109.4	111.7
调味品	102.2	103.1	103.1	104.0	105.9	106.3	107.4	106.4	106.3	106.3	106.3	106.8
糖	100.1	99.4	99.4	100.2	100.2	100.2	98.9	99.4	99.4	99.5	100.7	100.7
干鲜瓜果	113.1	108.2	110.7	114.0	111.7	109.6	111.4	113.3	116.4	114.0	116.8	113.1
糕点饼干面包	100.5	100.5	100.9	100.9	100.9	100.9	100.9	100.6	100.6	99.9	99.9	99.5
液体乳及乳制品	104.7	104.7	104.7	103.4	104.5	106.8	106.8	106.0	105.1	104.4	101.1	101.1
在外用膳食品	100.0	100.0	100.0	100.0	98.9	99.5	100.0	100.0	100.0	100.0	100.0	100.0
其他食品	106.1	106.1	109.4	109.4	104.4	104.4	104.4	104.4	103.2	103.2	103.2	103.2
饮料、烟酒	100.3	100.3	100.3	100.0	100.0	100.5	100.7	100.7	100.3	100.3	100.3	100.3
服装、鞋帽	100.8	102.6	101.3	101.9	101.3	101.3	100.9	100.7	99.9	99.1	98.8	99.0
纺织品	100.0	102.2	102.2	102.2	100.6	100.6	100.6	100.6	100.6	99.4	99.4	101.2
家用电器及音像器材	96.5	97.0	96.4	95.7	95.7	96.0	97.7	97.6	97.6	97.2	97.3	98.8
文化办公用品	101.7	101.4	101.4	101.0	100.3	100.2	99.9	101.4	101.0	101.0	101.2	101.2
日用品	100.2	100.2	100.3	100.3	100.3	100.2	100.1	100.6	100.6	100.8	100.9	100.9
体育娱乐用品	100.8	100.8	100.9	100.9	100.6	100.6	101.9	101.9	101.9	102.4	102.7	102.7
交通、通信用品	100.0	100.0	100.0	100.0	100.0	99.6	99.6	99.6	99.6	99.7	99.4	99.4
家具	103.2	103.2	103.2	103.2	103.2	103.2	103.2	103.2	103.8	103.5	102.6	100.4
化妆品	99.7	98.5	97.9	104.3	102.2	102.2	99.9	99.4	99.4	100.6	100.6	100.6
金银珠宝	85.4	87.2	88.7	91.5	92.2	94.3	95.3	98.5	98.5	95.9	93.7	97.6
中西药品及医疗保健用品	103.4	103.4	103.3	103.8	103.8	104.1	104.4	104.4	105.1	105.1	104.6	104.3
书报杂志及电子出版物	101.6	101.5	101.5	101.5	101.5	101.5	100.6	98.9	98.4	98.4	98.4	98.4
燃料	101.4	102.3	101.4	101.7	103.5	103.7	103.1	100.5	97.3	97.1	91.6	85.6
建筑材料及五金电料	101.5	101.5	101.0	100.8	99.3	99.0	97.7	97.6	97.8	97.7	96.2	96.8

10-2-1 工业生产者出厂价格指数

(以上年价格为100)

分类	2010年	2011年	2012年	2013年	2014年
全部工业品	111.84	125.25	97.40	99.5	99.3
按轻重工业分					
轻工业	104.62	109.00	102.60	102.5	100.8
以农产品为原料	105.38	110.27	103.32	102.7	100.7
以非农产品为原料	102.77	100.20	97.25	100.9	101.4
重工业	117.42	133.68	94.73	97.8	98.5
采　掘	129.88	137.57	98.12	97.6	94.3
原　料	119.53	144.95	91.33	96.1	99.1
加　工	107.39	116.64	97.85	100.0	99.5
按生产生活资料分					
生产资料	114.94	131.44	95.48	98.5	98.7
采　掘	129.88	137.57	98.12	97.6	94.3
原　料	119.53	145.14	91.22	96.1	99.1
加　工	106.77	114.74	99.08	101.3	99.8
生活资料	103.84	109.58	102.34	101.7	100.7
食　品	104.45	113.09	103.98	102.1	100.5
衣　着	103.79	105.67	101.41	102.0	101.0
一般日用品	100.47	104.13	98.50	100.7	101.0
耐用消费品	105.15	103.35	100.16	100.0	100.7
按工业部门分					
煤炭开采和洗选业	127.01	114.57	99.99	92.7	96.1
黑色金属矿采选业	122.11	102.36	99.83	102.2	100.3
有色金属矿采选业	127.84	139.88	96.61	99.4	94.8
非金属矿采选业	139.57	137.90	103.76	91.5	91.2
农副产品加工业	107.22	126.88	109.48	108.1	101.1
食品制造业	103.74	102.34	101.42	100.1	101.7
饮料制造业	100.96	99.61	98.01	98.4	101.0
烟草制品业	101.81	99.95	100.00	100.0	100.0
纺织业	112.35	109.28	101.91	102.9	101.8
纺织服装、鞋、帽制造业	104.04	105.46	100.00	100.0	100.1
皮革、毛皮、羽毛(绒)及其制品业	98.81	102.96	101.48	99.8	101.2
木材加工及木、竹、藤、棕、草制品业	109.59	104.05	107.47	103.2	99.3
家具制造业	105.46	104.71	100.13	100.4	101.0
造纸及纸品业	117.35	99.25	95.76	96.5	97.6
文教体育用品制造业	100.00	100.23	101.01	99.2	100.1
化学原料及化学制品制造业	102.68	145.99	98.45	92.8	98.9
医药制造业	101.56	108.98	101.91	101.4	100.5
化学纤维制造业		100.00	100.00	100.0	100.0
橡胶制品业		100.13	100.35	100.0	100.0
塑料制品业	107.00	113.53	105.79	103.1	100.6
非金属矿物制品业	103.33	124.20	91.92	101.3	102.3
黑色金属冶炼及压延加工业	108.38	101.03	98.56	87.8	96.8
有色金属冶炼及压延加工业	130.15	172.95	83.63	92.2	97.1
金属制品业	95.47	119.78	97.58	93.1	94.3
通用设备制造业	97.30	101.71	101.00	100.0	100.3
专用设备制造业	98.85	99.14	99.90	98.8	99.9
交通运输设备制造业	97.99	99.80	98.76	105.2	101.3
电气机械及器材制造业	117.40	107.93	99.46	100.0	98.9
通信设备、计算机及其他电子设备制造业	103.08	101.17	101.15	101.6	104.3
仪器仪表及文化、办公用机械制造业		101.95	101.54	100.0	100.0
工艺品及其他制造业	100.50	100.30	96.08	101.3	101.8
电力、热力的生产的供应产业	98.67	101.32	101.33	101.4	101.1
燃气生产和供应业		100.00	100.00	99.4	99.1
水的生产和供应业	117.53	112.74	100.02	100.0	100.0

注：自2011年1月起，根据我市工业行业类别新增了化学纤维制造业、橡胶制品业、仪器仪表及文化、办公用机械制造业、燃气生产和供应业，以上这四个行业大类只有2011年、2012年、2013、2014年数据。

10-2-2 工业生产者购进价格指数

(以上年价格为100)

分　　类	2010年	2011年	2012年	2013年	2014年
全部原材料	115.43	127.04	99.66	99.1	99.6
1、燃料、动力类	103.00	103.78	103.19	100.1	100.2
2、黑色金属材料类	102.04	107.64	99.48	96.6	98.1
其中: 钢　材	105.87	107.21	98.02	96.2	97.4
其　它	100.49	107.88	100.29	96.8	98.4
3、有色金属材料和电线类	137.05	159.23	88.02	98.7	98.0
4、化工原料类	112.37	126.66	100.99	96.3	100.1
5、木材及纸浆类	103.81	103.97	103.06	103.2	101.4
6、建筑材料及非金属矿类	110.40	108.16	104.42	98.1	101.8
7、其它工业原材料及半成品类	107.91	107.03	101.35	99.8	99.1
8、农副产品类	108.78	141.17	108.15	97.7	101.3
9、纺织原料类	110.53	139.94	104.38	99.6	99.8

主要统计指标解释

居民消费价格指数（CPI） 是反映一定时期内城乡居民所购买的生活消费品价格和服务项目价格变动趋势和程度的相对数，是对城市居民消费价格指数和农村居民消费价格指数进行综合汇总计算的结果。利用居民消费价格指数，可以观察和分析消费品的零售价格和服务价格变动对城乡居民实际生活费支出的影响程度。

商品零售价格指数 是反映城乡商品零售价格变动趋势的一种经济指数。零售物价的调整变动直接影响到城乡居民的生活支出和国家的财政收入，影响居民购买力和市场供需平衡，影响消费与积累的比例。因此，计算零售价格指数，可以从一个侧面对上述经济活动进行观察和分析。

城市居民消费价格指数 是反映城市居民家庭所购买的生活消费品价格和服务项目价格变动趋势和程度的相对数。城市居民消费价格指数可以观察和分析消费品的零售价格和服务项目价格变动对职工货币工资的影响，作为研究职工生活和确定工资政策的依据。

农村居民消费价格指数 是反映农村居民家庭所购买的生活消费品价格和服务项目价格变动趋势和程度的相对数。农村居民消费价格指数可以观察农村消费品的零售价格和服务项目价格变动对农村居民生活消费支出的影响，直接反映农民生活水平的实际变化情况，为分析和研究农村居民生活问题提供依据。

工业生产者出厂价格指数 是反映工业生产者出厂价格变动趋势和变动程度的相对数，通过调查收集部分代表企业的代表产品的价格变动资料，采用国际通行的链式拉式公式计算求出。

工业生产者购进价格指数 是反映工业生产者购进价格变动趋势和变动程度的相对数，通过调查收集部分代表企业的代表产品的价格变动资料，采用国际通行的链式拉式公式计算求出。

十一、财政、金融、保险

本篇章
质量负责：孙有德
资料整理：陈　刚

11-1　历年财政收支和人均财政收入

年 份	财政总收入 (万元)	人均财政总收入 (元)	财政支出 (万元)	
				文教科学卫生支出
1950	1398	4.5		
1951	3086	9.6	376	
1952	3121	9.5	1696	569
1953	3575	10.8	2009	852
1954	4660	13.8	1976	799
1955	3930	11.3	2202	777
1956	4062	11.4	3157	999
1957	3876	10.6	2874	1080
1958	5618	15.1	4674	1076
1959	10450	27.6	7925	1225
1960	11287	29.7	9217	1786
1961	5282	13.9	4108	1763
1962	5605	14.6	3584	1563
1963	5149	13.1	4426	1549
1964	6205	15.4	5337	1754
1965	6646	16.1	4904	1818
1966	7369	17.3	5718	2052
1967	7216	16.4	5171	2333
1968	8327	18.4	4640	1863
1969	10013	21.5	8615	1554
1970	11509	24.0	10620	1635
1971	18197	36.9	11699	2124
1972	17314	34.3	10035	2504
1973	11437	22.0	7994	2807
1974	11507	21.4	8774	3237
1975	11252	20.3	8899	3299
1976	9305	16.3	9826	3468
1977	9624	16.5	10433	3708
1978	12555	21.0	12103	4457

注:部分年度财政数据根据市财政局提供数据进行了调整

11-1 续表

年 份	财政总收入(万元)	人均财政总收入(元)	一般公共预算收入(万元)	财政支出(万元)	文教科学卫生支出
1979	13979	23		15046	5323
1980	15489	25		15742	6295
1981	16769	27		14364	6358
1982	17216	27		16696	7158
1983	16003	25		17833	7953
1984	17484	27		22157	8975
1985	23294	36		27867	10373
1986	23645	36		33626	11817
1987	30180	45		38787	14019
1988	38396	56		49767	16227
1989	44625	64		57020	20255
1990	51696	73		60401	19168
1991	56356	78		66470	20423
1992	60626	83		73247	25271
1993	79232	107		86575	29773
1994	110706	147	62045	104223	39023
1995	143164	188	89186	133608	43367
1996	167526	218	109829	167272	51306
1997	182739	235	132809	198896	56306
1998	200345	255	148434	215957	53314
1999	200109	252	149467	240239	59126
2000	203797	261	151444	272503	60605
2001	233464	296	164951	346349	85465
2002	260358	327	173351	422538	100578
2003	313950	391	196765	475415	113769
2004	383539	474	228358	564957	131770
2005	467070	573	259012	682319	158465
2006	566485	690	304625	866353	198964
2007	745215	901	389331	1111894	314577
2008	1001314	1201	554652	1571326	434398
2009	1112939	1325	680858	2083492	623980
2010	1283245	1535	790079	2396873	690223
2011	1803154	2145	1100508	3118366	984439
2012	2308055	2735	1412773	4041635	1346326
2013	2802013	3310	1843669	4804153	1525396
2014	3285327	3868	2253115	5352921	1785427

11-2 历年金融机构存贷款和人均储蓄存款

年 份	金融机构存款余额（万元）	银行存款余额（万元）	金融机构贷款余额（万元）	银行贷款余额（万元）	城乡居民储蓄存款年末余额（万元）	人均储蓄存款（元）
1952					149	0.5
1953	402	387	755	732	222	0.7
1954	441	401	920	834	436	1.3
1955	679	448	2901	2705	530	1.5
1956	1087	605	3260	2487	974	2.7
1957	4634	3396	10718	10185	1872	5.1
1958		6648		16869		
1959	11945	9338	26480	25830	2902	7.6
1960	11670	9499	27701	26921	2488	6.6
1961	16610	12707	24978	24298	1995	5.3
1962	10655	8289	22343	21620	1212	3.1
1963	8800	6419	18896	18160	1143	2.9
1964	6718	4274	16910	16193	1501	3.7
1965	9037	7915	17234	16463	1591	3.8
1966	11872	9963	18386	17643	1938	4.5
1967	14283	12337	19630	18849	1863	4.2
1968	15458	13292	21391	20623	1683	3.7
1969	12638	10652	24434	23682	1502	3.2
1970	10777	8948	30457	29683	1622	3.3
1971	14026	11944	36706	35965	1926	3.9
1972	11369	9742	34337	33504	2279	4.5
1973	8550	6280	37496	36686	2669	5.0
1974	11095	8578	36087	35289	3116	5.7
1975	13969	11029	38516	37667	3390	6.0
1976	11935	9101	38816	37762	3560	6.2
1977	14995	11397	46219	45254	4181	7.1
1978	13987	10141	50459	49301	4968	8.2

11-2 续表

年 份	金融机构存款余额(万元)	银行存款余额(万元)	金融机构贷款余额(万元)	银行贷款余额(万元)	城乡居民储蓄存款年末余额(万元)	人均储蓄存款(元)
1979	17421	13086	56858	55556	6633	11
1980	41316	35230	66008	64331	10181	16
1981	49950	42561	78801	76498	13318	21
1982	53428	45173	90705	86979	16258	26
1983	59877	50295	104684	99609	20200	31
1984	76012	63409	129836	121517	27476	42
1985	94625	78803	148062	138567	38812	59
1986	147490	117896	196599	167005	53276	80
1987	184844	146750	232123	192219	73444	109
1988	204391	157047	283406	232577	97429	141
1989	227186	184991	300128	271622	130273	186
1990	292752	237393	365671	325601	172558	243
1991	366849	291564	450005	390674	223634	308
1992	490749	378142	575811	479793	286114	389
1993	633056	493330	693420	581221	396229	531
1994	797838	600783	222081	70686	559324	740
1995	1044345	756646	1039918	831162	751165	981
1996	1253227	889605	1250350	985957	954839	1233
1997	1466706	1033380	1506892	1211549	1114787	1424
1998	1738179	1251784	1669555	1355517	1320644	1670
1999	2028988	1459765	1793188	1435732	1525142	1909
2000	2195797	1619744	1656169	1298060	1670654	2138
2001	2598613	1947879	1754373	1352898	1919402	2421
2002	3091649	2342859	1931851	1307493	2270537	2836
2003	3703040	2815602	2363646	1742491	2685922	3328
2004	4306533	3239695	2428249	1705615	3143463	3868
2005	5185387	4206745	2464695	1801646	3780057	4622
2006	6340399	4861126	2934917	2108803	4485646	5443
2007	7260347	5462940	3588890	2608366	5006397	6031
2008	8821940	6613884	4253519	3061919	6094133	7284
2009	11230865		6347146		7356983	8728
2010	15060778		8463708		9076342	10828
2011	18475961		10354234		11003770	13092
2012	22687399		12831837		13277612	15710
2013	26243297		15929189		15273291	18015
2014	28817659		19239812		17279990	20311

11-3 财政收入

单位：万元

项　　目	2010年	2011年	2012年	2013年	2014年
财政总收入	1283245	1803154	2308055	2802013	3285327
一般公共预算收入	790079	1100508	1412773	1843669	2253115
税收收入	618199	882638	1113942	1433372	1640663
工商各税	468608	654200	766099	973690	1220322
农业各税	80502	121963	171382	286818	215795
企业所得税	69089	106475	176459	172864	204546
非税收入	171880	217870	298833	410297	612452
其他、罚没、收费收入	124008	155930	218106	264725	423135
专项收入	25730	38405	40987	83568	54350
国有资产经营收益	22142	23535	39740	62004	134967
上划中央收入	493166	702646	895282	958344	1032212
上划中央“两税”	351541	491046	561786	630012	642734
上划中央所得税	141625	211600	333494	328332	389478
附:基金预算收入	851713	981708	1286914	1607421	1634057

11-4 财政支出

单位：万元

项　　目	2010年	2011年	2012年	2013年	2014年
地方一般预算支出	2396873	3118366	4041635	4804153	5352921
一般公共服务支出	252081	302102	393952	472585	414258
教育支出	407618	616799	943613	1013993	1086499
科学技术支出	10017	12529	14984	45266	60909
文化体育与传媒支出	34536	34390	42483	49331	69020
社会保障和就业支出	390998	485853	592466	683381	793911
#财政对社会保障基金的补助	89907	145921	187996	226076	226162
行政事业单位离退休费	125736	136787	156303	175870	213549
企业改革补助支出	4622	901	3979	1772	846
就业补助支出	29300	32404	35413	41007	40103
医疗卫生支出	238052	320721	345246	416806	568999
#医疗保障支出	142129	214459	238488	304590	337257
节能环保支出	60256	46582	82251	93224	79646
城乡社区事务支出	69958	87689	96944	99548	171044
农林水事务支出	338247	411722	548165	603858	744028
交通运输支出	88282	99405	110009	139526	85200
资源勘探电力信息等事务支出	78702	94158	160296	212377	300021
商业服务业等事务支出	39388	44419	44177	37171	31496
金融监管等事务支出	1719	4366	5541	53815	32274
国土资源气象等事务支出	29052	45613	44849	82137	89670
住房保障支出	128529	238671	357007	433404	456545
粮油物资储备等管理事务支出	7861	5452	5910	9191	9301
其他支出	61204	39744	32676	44643	106159
附:基金预算支出	835595	1095637	1280062	1652875	1634815

注：2011年前节能环保支出为环境保护支出。

11-5 县(市、区)财政总收入

单位：万元

县(市、区)	2003年	2004年	2005年	2006年	2007年	2008年
总　　计	**313950**	**383539**	**467070**	**566485**	**745215**	**1001314**
市本级	77789	105989	113301	126394	157119	195982
县市小计	236161	277550	353769	440091	588096	805332
章贡区	22173	30486	39056	47623	70109	97765
赣　县	13961	16186	25407	33536	43645	60264
信丰县	18118	21800	24609	28018	33622	43099
大余县	13615	16421	24048	31839	40298	54265
上犹县	9068	9065	10389	12502	16042	20786
崇义县	9125	10617	16041	22303	30106	41633
安远县	6894	7641	8419	10288	14064	20008
龙南县	15948	20164	25316	32150	40193	55418
定南县	7742	9016	11994	16173	26201	37952
全南县	7501	8536	10900	14087	20165	25917
宁都县	13400	14853	15998	18503	24057	32006
于都县	17662	20313	22865	28301	35776	47612
兴国县	18746	21682	29001	31380	34803	44089
会昌县	8966	10100	11569	13598	20200	32000
寻乌县	7427	7800	9186	11035	15631	22955
石城县	7095	7229	7597	8455	10454	14289
瑞金市	15816	16267	20240	21181	26693	37750
南康区	19136	23266	31086	39023	50029	66670
赣州经开区	3768	6108	10048	20096	36008	50854

11-5 续表

单位：万元

县(市、区)	2009年	2010年	2011年	2012年	2013年	2014年
总　　计	**1112939**	**1283245**	**1803154**	**2308055**	**2802013**	**3285327**
市本级	223135	262520	415684	501664	624057	672550
县市小计	889804	1020725	1387470	1806391	2177956	2612777
章贡区	100090	103116	138381	200298	260200	305377
赣　县	66310	70155	92005	128028	157359	186167
信丰县	50929	61030	81060	103013	122068	141795
大余县	54301	54500	63407	71004	83865	98116
上犹县	24006	27616	38006	52006	62411	75000
崇义县	41662	41807	56818	70014	76006	96000
安远县	21606	24063	33098	45020	53646	63062
龙南县	56065	66008	91000	115000	118399	153502
定南县	38000	42000	58000	71998	90000	104501
全南县	30022	33189	43000	58088	71500	84028
宁都县	38725	47202	60055	66957	78999	92007
于都县	55007	63485	81068	103059	127030	150531
兴国县	51007	59220	76085	91134	107809	130083
会昌县	40409	50168	62036	75009	91002	107518
寻乌县	23027	26000	33028	43068	53068	62519
石城县	17288	21001	30003	39006	50016	60006
瑞金市	46190	58052	81006	103600	126359	150013
南康区	70020	82008	110361	150030	184021	228521
赣州经开区	65140	90105	159053	220059	264198	324031

11-6 县(市、区)一般公共预算收入

单位：万元

县(市、区)	2003年	2004年	2005年	2006年	2007年	2008年
总　计	**196765**	**228358**	**259012**	**304625**	**389331**	**554652**
市本级	32386	41983	48892	55193	63134	84821
县市小计	164379	186375	210120	249432	326197	469831
章贡区	11336	15884	18711	23584	34991	52601
赣　县	9887	10716	12940	16478	22582	34587
信丰县	13602	16120	17602	19388	23309	29013
大余县	8839	10204	12020	15081	18833	26246
上犹县	6092	6459	6861	7818	9856	13264
崇义县	6486	7090	7900	9861	12465	21514
安远县	5552	6109	6168	6516	8309	12049
龙南县	11620	14328	17403	20029	23456	33683
定南县	5678	6372	7063	8270	11816	18525
全南县	5515	5691	5975	7454	10002	14234
宁都县	10456	11322	11602	13532	17771	24117
于都县	13009	15028	15041	17010	21608	30242
兴国县	11233	11286	12007	13614	16640	22252
会昌县	6505	6579	7368	8660	12698	19158
寻乌县	5931	6427	7076	7833	9350	13514
石城县	4982	5482	5483	5832	6942	10083
瑞金市	11461	11055	13228	14323	17363	24702
南康区	14018	16701	20048	22836	28300	40769
赣州经开区	2177	3522	5624	11313	19906	29278

11-6 续表

单位：万元

县(市、区)	2009年	2010年	2011年	2012年	2013年	2014年
总　计	**680858**	**790079**	**1100508**	**1412773**	**1843669**	**2253115**
市本级	106790	116403	228195	276197	387588	415436
县市小计	574068	673676	872313	1136576	1456081	1837679
章贡区	56323	59181	75845	109055	153563	181142
赣　县	44758	47246	55703	70100	99300	141158
信丰县	34240	42420	55460	67001	85870	101751
大余县	35668	37663	37674	44985	54985	70059
上犹县	16572	19269	24488	32754	41065	56095
崇义县	28439	28064	30999	43551	48894	67906
安远县	14840	15345	20307	27682	37564	45790
龙南县	36033	41376	51302	65208	80440	111130
定南县	23204	24600	31688	39404	55705	74526
全南县	19333	20061	24288	30001	34946	64226
宁都县	29638	36497	47839	50460	59729	68429
于都县	36805	45453	56537	72593	87024	107795
兴国县	26141	31669	41794	51861	63134	80717
会昌县	25007	33687	43270	53623	63090	74443
寻乌县	17044	16886	21200	29622	36955	47384
石城县	12587	15275	22781	29556	37772	45205
瑞金市	31334	40978	57930	73208	92491	106964
南康区	48983	60330	80086	109529	135126	171923
赣州经开区	37119	57676	93122	136383	188428	221036

11-7 县(市、区)财政一般预算支出

单位：万元

县(市、区)	2003年	2004年	2005年	2006年	2007年	2008年
总　　计	**475415**	**564957**	**682319**	**866353**	**1111894**	**1571326**
市本级	70148	75817	90570	97693	110918	173673
县市小计	405267	489140	591749	768660	1000976	1397653
章贡区	23382	29914	33976	42237	62915	84685
赣　县	26346	30340	39096	51160	67996	94309
信丰县	28343	34699	41209	52629	67159	92958
大余县	17327	20968	25687	32741	41716	60956
上犹县	15803	18938	23198	30190	40958	53188
崇义县	14222	16760	21619	27149	34810	53118
安远县	21273	23715	28359	36892	46536	61754
龙南县	19912	24303	29330	35610	44420	63518
定南县	14182	16738	22592	27161	35885	49626
全南县	12953	15764	17105	23534	32724	44599
宁都县	29201	37942	44611	59692	74760	101298
于都县	34218	42282	49826	67242	85409	121820
兴国县	32872	39665	46843	59056	72129	93517
会昌县	20589	24031	29968	40988	53128	74500
寻乌县	17474	20721	26168	32240	39456	55071
石城县	16036	19449	21929	29000	37910	49969
瑞金市	27861	31800	37804	51720	62865	90151
南康区	29712	36215	45324	55530	73688	105987
赣州经开区	3561	4896	7105	13889	26512	46629

11-7 续表

单位：万元

县(市、区)	2009年	2010年	2011年	2012年	2013年	2014年
总　　计	**2083492**	**2396873**	**3118366**	**4041635**	**4804153**	**5352921**
市本级	221586	305733	435024	424850	671210	721350
县市小计	1861906	2091140	2683342	3616785	4132943	4631571
章贡区	111001	116154	173114	203294	246393	282820
赣　县	136763	140986	175604	235588	271816	316237
信丰县	116688	131913	167339	220343	249471	280336
大余县	94253	94260	106681	132983	153126	171508
上犹县	69990	82563	103146	139396	162984	173751
崇义县	68544	71533	91366	114599	130600	160016
安远县	89819	93428	118280	155689	170960	188426
龙南县	77930	94815	131205	160006	179637	233002
定南县	69517	80184	95210	124520	156435	173648
全南县	60699	69250	81800	105800	120200	155000
宁都县	131861	153810	187558	274872	300270	305962
于都县	157600	176386	221369	306679	339939	376028
兴国县	125981	140134	192783	274882	304501	313000
会昌县	103000	122000	148415	194930	208073	228039
寻乌县	75899	96085	105288	142298	159008	178518
石城县	67691	74938	91161	135657	144175	147600
瑞金市	122764	138832	181169	252598	282886	312588
南康区	134045	154024	205690	300009	336784	372076
赣州经开区	47861	59845	106164	142642	215685	263016

11-8 金融机构人民币信贷收支

单位：万元

项　　目	2014年	比上月增减额	比年初增减额
各项存款	28817659	611698	2574362
单位存款	10704356	452789	513525
#活期存款	6485986	455281	295006
定期存款	1939855	-60618	147207
通知存款	468184	-21134	-225763
保存金存款	1120710	33996	71473
个人存款	17458183	282224	2041978
储蓄存款	17279990	251616	2006699
保证金存款	51164	-144	16665
结构性存款	127029	30752	18614
财政性存款	589960	-128876	684
各项贷款	19239812	582016	3310623
境内贷款	19239619	582017	3311192
短期贷款	8951589	86604	1058723
个人贷款及透支	5059606	11944	893082
#个人消费贷款	629858	21778	116860
单位普通贷款及透支	3821254	74958	244444
#经营贷款	3800225	72646	239073
固定资产贷款	20647	2180	4988
银团贷款	9800		-15124
贸易融资	60928	-298	-63679
中长期贷款	9840772	499597	1958886
个人贷款及透支	6043426	51974	993891
#个人消费贷款	4468080	60938	852558
单位普通贷款及透支	3111917	417670	811277
#经营贷款	358643	28350	131941
固定资产贷款	2753273	389320	679337
普通并购贷款	24700	15000	14800
银团贷款	660730	14952	138918

11-9 县(市、区)金融机构人民币各项存款余额

单位：万元

县(市、区)	2008年	2009年	2010年	2011年	2012年	2013年	2014年
总 计	**8821940**	**11230865.48**	**15060778**	**18475961**	**22687399**	**26243297**	**28817659**
章贡区	2576938	3532570.284	5062271	6305478	7943341	9134482	9454486
赣 县	456736	580724.2579	758553	989943	1181304	1344462	1442932
信丰县	538456	635809.9002	782050	960053	1175238	1387883	1625718
大余县	304186	379805.3806	472106	565602	677858	758865	794467
上犹县	224634	271447.3752	367023	452799	551182	648538	726946
崇义县	214902	255133.8561	351646	427176	494666	551538	636255
安远县	209388	269003.369	368185	451835	553154	633640	722370
龙南县	338580	407590.0293	527018	647568	759018	845714	944612
定南县	215028	253261.1315	365763	496664	563454	568605	602548
全南县	180558	214227.2128	266141	350818	423608	478772	554497
宁都县	627537	758877.5456	940210	1118050	1303708	1503132	1679833
于都县	658185	746204.4651	941133	1144324	1399723	1689863	1953455
兴国县	475376	588655.8524	736565	853679	1093329	1239993	1392986
会昌县	256779	336347.5776	474486	541133	692495	755862	842070
寻乌县	158365	209928.6579	333054	414699	519193	603463	683517
石城县	234599	290294.269	352278	426970	495516	578359	663689
瑞金市	465842	584107.5297	748437	870646	1091064	1289765	1490578
南康区	685849	916876.7837	1213857	1458523	1769550	2230359	2606700

11-10 县(市、区)金融机构人民币居民储蓄余额

单位：万元

县(市、区)	2008年	2009年	2010年	2011年	2012年	2013年	2014年
总 计	**6094133**	**7356983**	**9076342**	**11003770**	**13277612**	**15273291**	**17279990**
章贡区	1343919	1683323	2098605	2508162	3154870	3662814	3907011
赣 县	343693	408836	530890	653185	789349	910311	1030112
信丰县	433508	503319	598729	709318	847108	1011270	1184290
大余县	235165	270854	317713	377247	446012	511940	567796
上犹县	174613	207609	251247	302645	371529	428987	476009
崇义县	151681	176078	223697	275963	331498	362292	381955
安远县	134861	166489	218567	271606	338423	381084	445729
龙南县	247378	287273	338870	432329	486448	523795	559657
定南县	147998	177157	244098	337770	343267	337112	338242
全南县	134092	155601	176358	204563	248566	288972	322506
宁都县	514367	607766	710741	826704	966686	1086365	1259310
于都县	492497	586578	717903	870177	1055691	1268078	1473256
兴国县	350093	425037	513288	614872	745077	859435	1042374
会昌县	192495	230075	294459	384393	474573	549414	637902
寻乌县	108907	137806	203129	249462	312378	347699	414728
石城县	175601	211012	242285	285627	328477	364023	429948
瑞金市	363959	432234	527453	649213	756550	873880	1021819
南康区	549308	689936	868311	1050535	1281110	1505822	1787344

11-11 县(市、区)金融机构人民币各项贷款余额余额

单位：万元

县(市、区)	2008年	2009年	2010年	2011年	2012年	2013年	2014年
总 计	**4253519**	**6347146.216**	**8463708**	**10354234**	**12831837**	**15929189**	**19239812**
章贡区	1863640	2428242.398	3237511	4064331	4961762	6344280	7561936
赣 县	193092	310136.4585	469289	594348	711065	762494	888673
信丰县	210934	320698.1282	393289	480049	624303	724109	835804
大余县	121291	189397.9763	230869	269494	353211	390633	443069
上犹县	67100	135846.363	183415	245533	323785	394540	472712
崇义县	147404	209179.5075	273734	331381	418386	469381	494451
安远县	76689	124375.0199	167542	220294	272455	331062	422741
龙南县	135946	221047.541	289580	306964	377919	447621	581840
定南县	96246	150196.9605	200261	246362	344561	404915	478999
全南县	63683	97534.21041	129750	158633	194419	238308	281430
宁都县	221048	352434.3807	436631	467752	576515	779306	953246
于都县	153877	252718.2796	356818	460042	555404	717174	900338
兴国县	218472	346943.8042	413465	450038	543035	655582	726426
会昌县	79220	146827.8005	208115	236051	301462	349188	410088
寻乌县	71315	115381.2154	170100	201246	258553	344570	408195
石城县	79489	137607.0904	187204	241920	306804	419684	510306
瑞金市	207422	348704.1496	475382	558396	658943	756798	959990
南康区	246648	459874.933	640751	821398	1049257	1399545	1909568

11-12 国内保险主要业务指标

项 目	单位	2012年	2013年	2014年
财产保险业务				
保费收入	万元	152480.23	189133.06	233576.35
#企业财产险	万元	4920.67	6143.83	7133.34
家庭财产险	万元	1007.17	1313.60	1398.95
机动车辆保险	万元	124720.48	158958.89	199253.67
工程保险	万元	1518.31	455.21	1342.29
责任保险	万元	5379.88	6830.74	8002.07
货运险	万元	277.06	388.04	556.76
农业保险	万元	8234.39	6082.81	4939.39
意外伤害保险	万元	3180.00	3302.50	4736.45
健康保险	万元	2639.08	3391.85	4170.74
赔款支出金额	万元	71267.29	83962.95	103719.40
人寿保险业务				
保费收入	万元	266105.76	296076.18	380826.35
#个人代理	万元	155493.00	177337.28	200280.86
公司直销	万元	18349.02	25966.24	38694.96
保险专业代理	万元	667.46	779.36	775.50
银行邮政代理	万元	87362.66	87569.39	133531.79
其他兼业代理	万元	3317.87	3370.31	3859.05
保险经纪业务	万元	915.75	1053.60	3684.19
#寿险	万元	238277.59	216053.20	208778.77
意外伤害险	万元	7774.50	9007.86	10748.12
#短期意外险	万元	7738.07	8225.72	9147.86
健康险	万元	20053.67	26381.66	48450.50
#短期健康险	万元	6045.49	7172.06	21319.37
赔付金额	万元	49076.52	64080.84	47568.79

主要统计指标解释

财政收入 指国家财政参与社会产品分配所取得的收入，是实现国家职能的财力保证。财政收入所包括的内容几经变化，目前主要包括：

(1)各项税收：包括增值税、营业税、消费税、土地增值税、城市维护建设税、资源税、城市土地使用税、印花税、个人所得税、企业所得税、关税、农牧业税和耕地占用税等。

(2)专项收入：包括征收排污费收入、征收城市水资源费收入、教育费附加收入等。

(3)其他收入：包括基本建设贷款归还收入、基本建设收入、捐赠收入等。

(4)国有企业亏损补贴：此项为负收入，冲减财政收入。主要包括对工业企业、商业企业、粮食企业的补贴。

财政支出 国家财政将筹集起来的资金进行分配使用，以满足经济建设和各项事业的需要，主要包括：基本建设支出，企业挖潜改造资金，地质勘探费用，科技支出，农林水和气象支出，工交流动事业费，文体广播及教育支出，医疗卫生支出，抚恤和社会福利救济费，行政事业单位离退休支出、社会保障补助支出，国防支出，行政管理费，城市维护费，政策性补贴支出，专项支出，债务利息支出。

中央财政收入和地方财政收入 指按现行分税制财政体制划分的中央本级收入和地方本级收入。1994年实行分税制财政体制以后，属于中央财政的收入包括关税、海关代征消费税和增值税，消费税，中央企业所得税，地方银行和外资银行及非银行金融企业所得税，铁道部门、各银行总行、保险总公司等集中缴纳的营业税、所得税、利润和城市维护建设税，增值税的75%部分，证券交易税(印花税)50%部分和海洋石油资源税。属于地方财政的收入包括营业税，地方企业所得税，个人所得税，城镇土地使用税，固定资产投资方向调节税，城镇维护建设税，房产税，车船使用税，印花税，屠宰税，农牧业税，农业特产税，耕地占用税，契税，增值税25%部分，证券交易税(印花税)50%部分和除海洋石油资源税以外的其他资源税。

中央财政支出和地方财政支出 指根据政府在经济和社会活动中的不同职责，划分中央和地方政府的责权，按照政府的责权划分确定的支出。中央财政支出包括国防支出，武装警察部队支出，中央级行政管理费和各项事业费，重点建设支出以及中央政府调整国民经济结构、协调地区发展、实施宏观调控的支出。地方财政支出主要包括地方行政管理和各项事业费，地方统筹的基本建设、企业挖潜改造支出，农林水和气象支出，城市维护和建设经费，政策性补贴支出等。

信贷资金 指金融机构以信用方式积聚和分配的货币资金。金融机构信贷资金的来源有各项存款、对国际金融机构负债、流通中货币、银行自有资金及当年结益等；信贷资金的运用有各项贷款、黄金占款、外汇占款、财政借款及在国际金融机构中的资产等。

存款 指企业、机关、团体或居民根据资金必须收回的原则，把货币资金存入银行或其他信用机构保管并取得一定利息的一种信用活动形式。根据存款对象的不同可划分为企业存款、财政存款、机关团体存款、基本建设存款、城镇储蓄存款、农村存款等科目。它是银行信贷资金的主要来源。

贷款 指银行或其他信用机构根据资金必须归还的原则，按一定利率，为企业、个人等提供资金的一种信用活动形式。我国银行贷款分为流动资金贷款、固定资产贷款、城乡个体工商户贷款以及农业贷款等科目。

保险公司 指在中国境内的、经过保险监督管理部门批准设立，并依法登记注册的各类商业保险公司。

保险金额 指保险人承担赔偿或者给付保险金责任的最高限额。

保费 指投保人为取得保险人在约定范围内所承担赔偿责任而支付给保险人的费用。

赔款 指保险人根据保险合同的规定，向被保险人支付的赔偿保险责任损失的金额。

给付 包括死伤医疗给付和满期给付。死伤医疗给付是指保险人根据人寿保险及长期健康保险合同的规定，因被保险人在保险期内发生保险责任范围内的保险事故支付给被保险人（或受益人）的金额。满期给付是指被保险人生存期满，保险人按人寿保险合同规定支付给被保险人的满期保险金额。

十二、人民生活

本篇章

质量负责：韩　伟　孙有德

资料整理：韩　伟　陈焰华

12-1 历年城镇、农村居民基本情况

单位：元

年 份	城市居民人均		农村居民人均	
	可支配收入	消费性支出	可支配收入	消费性支出
1978			111	
1979			125	
1980	356	389	149	
1981	391	397	192	
1982	416	416	235	
1983	418	397	276	229
1984	453	432	300	228
1985	564	554	322	266
1986	688	654	321	292
1987	741	697	366	332
1988	936	964	439	413
1989	1105	1104	501	459
1990	1187	1097	602	504
1991	1167	1100	635	541
1992	1485	1246	709	593
1993	1833	1584	810	688
1994	2532	2085	1114	909
1995	3083	2854	1478	1202
1996	3496	3076	1803	1357
1997	3729	2964	2034	1417
1998	3922	3213	2045	1402
1999	4599	3636	2095	1644
2000	4811	3484	2100	1422
2001	5304	4022	2113	1496
2002	6175	4784	2191	1640
2003	6723	5091	2240	1673
2004	7388	5509	2553	1837
2005	8199	5995	2760	2081
2006	9147	6882	3000	2176
2007	10540	8088	3271	2473
2008	11834	8842	3570	2771
2009	12901	9882	3856	2933
2010	14203	10662	4182	3197
2011	16058	11609	4684	3788
2012	18704	12708	5301	3945
2013	20797	13353	6224	5267
2014	22935	14661	6946	5868

注:1.城市居民中1980-1991年为人均生活费收入;农村居民中1978-2012年为纯收入，1983-2012为生活消费支出。2.2014年城乡住户调查计算口径有所调整，2013年收支数据按新口径调整。

12-2 人民物质文化生活情况

项　　目	单位	2008年	2009年	2010年	2011年	2012年	2013年	2014年
城乡居民每人年收入								
职工平均工资	元	18421	20732	23602	27775	32869	40922	45127
城市居民可支配收入	元	11834	12901	14203	16058	18704	20797	22935
农村居民可支配收入	元	3570	3856	4182	4684	5301	6224	6946
每人年生活消费								
居民消费水平	元	4307	4814	5555	5912	6604	11131	13349
城镇居民	元	5843	6396	7391	8075	9471	17754	19862
农村居民	元	3393	3835	4371	4563	4673	6362	8381
平均每人居住面积								
城市住户	平方米	33.02	33.60	34.19	36.06	36.69	37.28	45.66
农村住户	平方米	31.83	32.69	33.46	38.4	38.78	38.55	40.44
交通								
城市住户每百户汽车拥有量	辆	-	-	-	-	-	-	17.29
农村住户每百户汽车拥有量	辆	-	-	-	-	-	-	5.95
城市住户每百户摩托车拥有量	辆	33	33	34	29	27	83.62	77.38
农村住户每百户摩托车拥有量	辆	70	76	76	86.19	86.19	83.96	100.75
储蓄								
平均每人储蓄存款余款	元	7284	8728	10828	13057	15710	18015	20312
教育								
学龄儿童入学率	%	99.8	99.87	99.9	99.9	110.18	104.67	102.21
平均每万人中有大学在校学生	人	83.50	85.90	88.21	90.73	92.24	91.33	92.88
卫生								
平均每万人中有医生数	人	8.66	9.05	9.96	9.66	10.16	10.93	12.78
平均每万人中有病床数	张	17.97	20.63	21.93	24.91	29.71	33.36	39.84
文化								
城市住户每百户拥有彩色电视机	台	157	159	162	169	172	121	140
农村住户每百户拥有彩色电视机	台	100	103	108	113	116	112	119
城市住户每百户拥有照相机	台		47	49	43	43	8	21
农村住户每百户拥有照相机	台		2.2	2.8	2.4	2.2	3.3	2.1
就业								
城市住户每一就业者赡养人数	人	1.65	1.7	1.7	1.89	1.85	2	1.69
农村住户每一劳动力负担人口	人	1.38	1.49	1.38	1.51	1.49	1.5	1.6

12-3 调查户和调查人口基本情况

指标名称	单 位	城镇住户	农村住户
一、调查户数	户	619	1193
二、调查人口基本情况	--		
(一)期内住户成员数	人	2390.50	5126.00
(二)期末住户成员数	人	2388.75	5120.00
(三)期内住户常住成员数	人	2279.50	4542.00
三、常住劳动力情况(16周岁及以上非在校学生)			
(一)劳动力人数	人	1547.00	2950.00
1.整劳动力人数	人	909.00	1590.00
2.半劳动力人数	人	638.00	1360.00
(二)性别	人	1547.00	2950.00
1.男性	人	772.00	1502.00
2.女性	人	775.00	1448.00
四、常住从业人员情况			
(一)常住成员从业人数	人	1351	2836
(二)就业状况	人	1351	2836
1.雇主	人	43	51
2.公职人员	人	80	15
3.事业单位人员	人	122	15
4.国有企业雇员	人	47	7
5.其他雇员	人	682	1116
6.农业自营	人	163	1354
7.非农自营	人	214	278
平均每户就业人口数	人	2.18	2.38
平均每户就业面	%	0.59	0.62
平均每一就业者赡养人数(含就业者本人)	人	1.69	1.60

12-4 城乡住户居住情况

指标名称	单位	城镇居民	农村居民
调查户家庭人口数	人	2279.50	4542.00
一、住房情况			
期末拥有房屋面积	平米/人	45.66	40.44
1.自有现住房面积	平米/户	155.85	152.07
2.出租住房面积	平米/户	8.96	0.57
3.出租商用建筑物面积	平米/户	1.91	0.36
4.偶尔居住房面积	平米/户		0.23
5.空宅或其他用途房面积	平米/户	1.44	0.72
现住房建筑面积	平米/人	43.64	40.46
1.10平方米以内	户		
2.10-20平方米	户	1	
3.20-30平方米	户	3	7
4.30-60平方米	户	25	57
5.60-90平方米	户	101	197
6.90-120平方米	户	160	383
7.120-200平方米	户	191	260
8.200平方米以上	户	138	289
二、生活设施状况			
住户主要饮用水来源情况	户	619	1193
1.经过净化处理的自来水	户	489	207
2.受保护的井水和泉水	户	59	370
3.不受保护的井水和泉水	户	64	538
4.江河湖泊水	户		12
5.收集雨水	户		
6.桶装水	户	7	7
7.其他水源	户		59
住户厕所类型	户	619	1193
1.水冲式卫生厕所	户	550	573
2.水冲式非卫生厕所	户	9	91
3.卫生旱厕	户	23	137
4.普通旱厕	户	22	326
5.无厕所	户	15	66
主要炊用能源状况	户	619	1193
1.柴草	户	87	867
2.煤炭	户	12	37
3.罐装液化石油气	户	285	137
4.管道液化石油气	户	7	
5.管道煤气	户		
6.管道天然气	户	50	
7.电	户	177	145
8.燃料用油	户		
9.沼气	户		5
10.其他	户		1
11.无炊用行为	户	1	1

12-5 居民可支配收入

单位：元/人

指标名称	城镇居民		农村居民	
	2014年	2013年	2014年	2013年
可支配收入	22934.93	20797.46	6945.98	6224.46
一、工资性收入	14679.03	13088.75	3111.77	2677.94
(一)工资	13554.04	11677.95	2040.38	1621.08
(二)实物福利	13.29	15.23	0.31	0.29
(三)其他	1111.70	1395.57	1071.08	1056.58
二、经营净收入	2310.50	2249.50	2822.10	2596.68
(一)第一产业经营净收入	374.99	384.23	2144.19	1975.12
(二)第二产业经营净收入	72.15	69.27	224.62	211.17
(三)第三产业经营净收入	1863.36	1796.00	453.29	410.39
三、财产净收入	1987.79	1829.03	56.05	47.29
# 利息净收入	-64.13	59.74	3.17	2.80
红利收入	228.01	114.76	21.65	19.28
转让承包土地经营权租金净收入	1.79	4.38	6.30	5.02
出租房屋财产性收入	492.06	480.10	7.80	7.50
房屋虚拟租金	1317.22	1142.34		
四、转移净收入	3957.62	3630.18	956.07	902.55
(一)转移性收入	4677.53	4121.41	1091.99	1012.06
# 养老金或离退休金	3521.18	2901.34	132.99	127.11
社会救济和补助	47.27	43.96	59.80	29.38
政策性生活补贴	22.78	14.34	22.16	20.12
报销医疗费	86.26	111.25	47.70	36.38
家庭外出从业人员寄回带回收入	104.14	426.64	588.42	631.49
赡养收入	570.98	337.68	139.86	87.91
(二)转移性支出	719.92	491.23	135.93	109.51
# 个人所得税	20.16	11.94	0.11	0.07
社会保障支出	572.68	373.39	104.21	83.48
外来从业人员寄给家人的支出			3.36	0.52
赡养支出	59.27	71.65	7.21	9.52
其他转移性支出	67.80	34.26	21.04	15.94

12-6 居民可支配收入与消费支出

单位：元/人

指标名称	城镇居民		农村居民	
	2014年	2013年	2014年	2013年
总支出	19915.48	18414.75	8744.49	7943.55
消费支出	14661.14	13352.58	5867.50	5267.05
一、食品烟酒	5150.03	4823.00	2264.36	2004.84
(一)食品	3927.00	3764.40	1827.08	1701.36
(二)烟酒	371.07	344.38	284.61	211.99
(三)饮料	95.65	98.32	48.34	37.20
(四)饮食服务	756.31	625.90	104.32	54.29
二、衣着	1111.91	974.31	232.66	207.62
(一)衣类	838.40	747.21	170.42	158.68
(二)鞋类	273.51	227.10	62.24	48.94
三、居住	3601.86	3318.77	1561.80	1453.10
(一)租赁房房租	125.76	101.86	5.59	12.59
(二)住房维修及管理	285.59	241.64	256.09	147.73
(三)水、电、燃料及其他	925.29	878.89	417.10	382.25
(四)自有住房折算租金	2265.22	2096.38	883.01	910.53
四、生活用品及服务	819.79	742.52	343.76	298.72
(一)家具及室内装饰品	117.94	123.45	68.52	57.60
(二)家用器具	258.17	220.55	78.20	84.87
(三)家用纺织品	78.29	64.78	25.42	22.27
(四)家庭日用杂品	276.03	256.14	151.03	122.00
(五)个人用品	69.47	44.59	10.20	4.49
(六)家庭服务	19.87	33.01	10.39	7.48
五、交通通信	1405.65	1235.95	554.98	506.60
(一)交通	685.52	589.02	316.02	311.27
(二)通信	720.13	646.93	238.96	195.33
六、教育文化娱乐	1510.34	1236.57	485.42	409.64
(一)教育	859.64	778.31	356.26	319.26
(二)文化和娱乐	650.70	458.26	129.16	90.38
七、医疗保健	737.94	732.93	324.63	296.46
(一)医疗器具及药品	322.81	223.86	95.70	75.23
(二)医疗服务	415.13	509.09	228.93	221.23
八、其他用品和服务	323.62	288.53	99.89	90.08
(一)其他用品	236.97	202.69	71.44	68.35
(二)其他服务	86.65	85.84	28.45	21.72

12-7 居民家庭食品消费数量

指 标 名 称	单位	城镇居民		农村居民	
		2014年	2013年	2014年	2013年
一、粮食消费量	公斤/人	117.17	141.73	160.23	191.61
(一)谷物消费量	公斤/人	108.66	133.59	153.01	183.06
1.小麦	公斤/人	10.44	8.02	4.86	4.14
2.稻谷	公斤/人	90.85	119.02	142.60	173.45
3.玉米	公斤/人	1.56	1.09	1.20	1.23
4.其他谷物	公斤/人	5.82	5.46	4.35	4.24
(二)薯类消费量	公斤/人	0.93	1.28	2.23	1.94
1.红薯	公斤/人	0.33	0.88	2.12	1.81
2.马铃薯	公斤/人	0.30	0.19	0.05	0.07
3.其他薯类	公斤/人	0.29	0.21	0.06	0.06
(三)豆类消费量	公斤/人	7.58	6.86	5.00	6.61
1.大豆	公斤/人	0.64	0.56	1.03	0.99
2.其他豆类	公斤/人	6.93	6.30	3.96	5.62
二、油脂类消费量	公斤/人	12.37	13.97	11.78	12.03
(一)植物油	公斤/人	12.23	13.85	11.69	11.87
(二)动物油	公斤/人	0.14	0.12	0.09	0.16
三、蔬菜及菜制品消费量	公斤/人	89.24	97.67	93.10	104.72
(一)鲜菜	公斤/人	85.92	94.63	91.98	103.67
(二)干菜及菜制品	公斤/人	1.88	2.03	0.43	0.52
(三)鲜菌	公斤/人	1.18	0.79	0.54	0.37
(四)干菌及菌制品	公斤/人	0.26	0.23	0.14	0.16
四、肉类	公斤/人	23.59	22.72	17.41	16.88
(一)猪肉	公斤/人	18.49	18.51	16.02	15.61
(二)牛肉	公斤/人	1.47	1.08	0.40	0.36
(三)羊肉	公斤/人	0.19	0.14	0.02	0.01
(四)其他肉类及制品	公斤/人	3.45	2.99	0.97	0.90
五、禽类	公斤/人	10.00	8.73	6.33	5.66
(一)鸡	公斤/人	3.49	3.06	3.18	3.03
(二)鸭	公斤/人	4.10	3.62	2.21	1.81
(三)鹅	公斤/人	0.31	0.31	0.17	0.11
(四)其他禽类及制品	公斤/人	2.09	1.74	0.77	0.71
六、水产品	公斤/人	10.66	9.39	6.06	5.84
(一)鱼类	公斤/人	8.55	7.80	5.46	5.30
(二)虾、贝、蟹类	公斤/人	0.50	0.35	0.05	0.08
(三)藻类	公斤/人	0.43	0.27	0.16	0.14
(四)其他	公斤/人	1.18	0.97	0.38	0.32
七、蛋类及蛋制品	公斤/人	5.10	4.82	3.44	3.23
(一)鲜蛋	公斤/人	4.86	4.42	3.39	3.17
(二)蛋制品	公斤/人	0.24	0.40	0.04	0.06
八、奶和奶制品	公斤/人	12.72	9.56	5.21	4.11
(一)鲜奶	公斤/人	7.79	7.96	1.65	1.57
(二)酸奶	公斤/人	1.35	0.35	0.35	0.07
(三)奶粉	公斤/人	0.20	0.27	0.30	0.14
(四)其他奶制品	公斤/人	3.37	0.97	2.91	2.32
九、干鲜瓜果类	公斤/人	38.14	30.75	24.75	19.56
(一)鲜瓜果	公斤/人	34.42	27.58	22.80	17.71
(二)瓜果制品	公斤/人	1.04	0.69	0.50	0.50
(三)坚果类	公斤/人	2.69	2.48	1.45	1.35
十、糖果糕点类	公斤/人	4.64	4.09	3.22	13.69
(一)食糖	公斤/人	1.12	0.87	0.80	0.78
(二)糖果	公斤/人	0.63	0.61	0.45	0.43
(三)糕点	公斤/人	2.37	2.13	1.52	1.40
(四)其他糖果糕点	公斤/人	0.52	0.48	0.45	0.44
十一、饮料					
(一)茶叶	公斤/人	0.41	0.33	0.43	3.05
十二、烟叶消费量					
(一)卷烟	盒/人	14.89	15.44	25.19	22.03
(二)烟丝、烟叶	公斤/人	0.05	0.13	0.28	0.21
十三、酒	公斤/人	17.85	16.11	21.54	19.32
(一)白酒	公斤/人	1.38	1.94	2.77	2.68
(二)啤酒	公斤/人	5.04	4.94	12.30	11.27
(三)果酒	公斤/人	0.06	0.02	0.02	0.03
(四)其他酒	公斤/人	11.37	9.21	6.44	5.34

12-8 居民家庭耐用消费品拥有情况

指标名称	单 位	城镇居民	农村居民
1.家用汽车	辆/百户	17.29	5.95
2.摩托车	辆/百户	77.38	100.75
3.助力车	台/百户	50.40	21.04
4.洗衣机	台/百户	78.51	33.03
5.电冰箱(柜)	台/百户	90.95	69.32
6.微波炉	台/百户	31.18	6.20
7.彩色电视机	台/百户	139.74	118.52
8.其中：接入有线电视	台/百户	102.42	62.45
9.空调	台/百户	73.99	8.80
10.热水器	台/百户	81.26	42.92
11.其中：太阳能热水器	台/百户	21.16	18.94
12.消毒碗柜	台/百户	12.44	3.10
13.洗碗机	台/百户	0.97	0.42
14.排油烟机	台/百户	52.67	11.40
15.固定电话	线/百户	52.34	38.47
16.移动电话	部/百户	233.44	213.66
17.其中：接入互联网	部/百户	93.86	70.24
18.计算机	台/百户	58.32	12.99
19.其中：接入互联网	台/百户	44.75	6.87
20.摄像机	台/百户	3.39	0.59
21.照相机	台/百户	21.00	2.10
22.中高档乐器	架/百户	3.07	0.59
23.健身器材	台/百户	2.58	0.17
24.组合音响	套/百户	15.99	5.11

12-9　赣州各县(市、区)城镇居民可支配收入

单位：元/人

县(市、区)	2014年	2013年	比上年增长(%)
赣州市	**22935**	**20797**	**10.3**
章贡区	26505	23876	11.0
*赣　县	20471	18563	10.3
信丰县	21442	19316	11.0
大余县	20296	18501	9.7
*上犹县	18973	17327	9.5
崇义县	19528	17850	9.4
*安远县	18084	16415	10.2
龙南县	21117	19086	10.6
定南县	20717	18825	10.1
全南县	19331	17638	9.6
*宁都县	17669	16325	8.2
*于都县	20358	18357	10.9
*兴国县	20224	18337	10.3
*会昌县	19576	18143	7.9
*寻乌县	18375	16621	10.6
*石城县	17903	16231	10.3
*瑞金市	21190	19039	11.3
*南康区	21642	19519	10.9

12-10　赣州各县(市、区)农村居民可支配收入

单位：元/人

县(市、区)	2014年	2013年	比上年增长(%)
赣州市	**6946**	**6224**	**11.6**
章贡区	10158	9003	12.8
*赣　县	6888	6142	12.1
信丰县	8607	7675	12.1
大余县	7762	7013	10.7
*上犹县	6835	6124	11.6
崇义县	6845	6124	11.8
*安远县	6740	5953	13.2
龙南县	7640	6820	12.0
定南县	6069	5425	11.9
全南县	5330	4819	10.6
*宁都县	6780	6009	12.8
*于都县	6878	6176	11.4
*兴国县	6842	6113	11.9
*会昌县	6792	5779	17.5
*寻乌县	6702	6092	10.0
*石城县	5818	5185	12.2
*瑞金市	7156	6163	16.1
*南康区	7278	6334	14.9

主要统计指标解释

家庭人口 指居住在一起，经济上合在一起共同生活的家庭成员凡计算为家庭人口的成员其全部收支都包括在本家庭中。

居民家庭总收入 指家庭成员得到的工薪收入、经营净收入、财产性收入、转移性收入之和，不包括出售财物收入和借贷收入。

居民家庭可支配收入 指家庭成员得到可用于最终消费支出和其他非义务性支出以及储蓄的总和，即居民家庭可以用来自由支配的收入。它是家庭总收入扣除交纳的所得税、个人交纳的社会保障支出以及记账补贴后的收入。计算公式为：

可支配收入＝家庭总收入-交纳所得税-个人交纳的社会保障支出-记账补贴

家庭总支出 指除借贷支出以外的全部家庭支出。包括消费性支出、购房建房支出、转移性支出、财产性支出、社会保障支出。

居民家庭消费性支出 指居民家庭用于日常生活的全部支出，包括食品、衣着、生活用品及服务、医疗保健、交通和通信、娱乐教育文化服务、居住、其他用品和服务等八大类支出。

居民家庭服务性消费支出 指家庭用于支付社会提供的各种文化和生活方面的非商品性服务费用。

恩格尔系数 指食物支出金额在消费性总支出金额中所占的比例。计算公式为：

恩格尔系数＝食品支出金额/消费性总支出金额×100％

十三、科教、文卫、民政

本 篇 章

质量负责：孙有德

资料整理：陈　刚

13-1 各类全日制学校基本情况

单位：人

类　别	学校数(所)	在校学生	招生数	毕业生数	教职工数	专任教师
普通高等学校	8	87434	26720	22896	7206	5532
#研究生	3	2718	901	694		
中等专业学校	6	28869	9547	8132	348	962
中等技术学校	6	28869	9547	8132	348	962
普通中学	458	589369	203067	175545		34411
高　中	65	180166	63707	52452		10761
初 中	393	409203	139360	123093		23650
中等职业学校	55	83719	29030	23685	3259	2601
小学	2039	903074	144964	138866	41350	40320
特殊教育(盲聋哑、弱智学校)	15	4307	858	289	208	196
幼儿园	2716	355035	221149	142536	22653	14997

13-2 各类学校教师负担学生数

单位：人

类　别	专任教师数		平均每个教师负担学生数	
	2013年	2014年	2013年	2014年
普通高等学校	5350	5532	15.85	15.81
中等学校	36624	37974	18.49	18.49
中等专业学校	276	962	26.35	30.01
普通中学	33307	34411	17.34	17.13
中等职业学校	3041	2601	28.32	32.19
小学	41848	40320	21.73	22.40

13-3 成人教育基本情况

单位：人

类　别	学校数(所)	在校学生数	招生数	毕业生数	教职工数	
						专任教师
成人高等学校		34273	12576	5737		
广播电视大学	1					
赣州师范高等专科学校	1					
赣南专修学院	1					
普通高校办夜大学		16390	6650	1568		
普通高校办函授部		17316	5926	3994		
普通高校办成人脱产班		567		175		

13-4 普通高等学校专任教师情况

单位：人

类　别	专任教师	类别	专任教师合　计					
				正高级	副高级	中级	初级	无职称
专任教师	5532	总 计	5532	562	1366	2519	936	149
#女	2116	#女	2116	129	410	1071	454	52
正高级	562	哲 学	195	32	63	82	17	1
副高级	1366	经济学	187	22	43	87	34	1
中 级	2519	法 学	188	15	40	97	34	2
初 级	936	教育学	583	47	148	255	128	5
无职称	149	文 学	990	77	263	432	197	21
聘校外教师	1321	历史学	103	41	115	190	51	3
#女	389	理 学	755	64	150	286	105	6
正高级	300	工 学	1421	164	379	682	159	37
副高级	431	医 学	59	7	29	31	15	3
中 级	368	农 学	593	79	97	207	146	64
初 级	182	管理学	319	19	70	171	52	7
末定职级	40	艺术学	139	2	24	88	25	

13-5 普通高等学校及中等专业学校基本情况

单位：人

院校	主办部门	在校学生数	招生数	毕业生数	教职工数	
						专任教师
一、高等学校		87434	26720	22896	7206	5532
江西理工大学	省教育厅	23328	6239	6115	1866	1368
江西理工大学应用科学学院	民办	8774	1941	2453	479	436
赣南师范学院	省教育厅	19860	4891	5694	1479	1141
赣南师范科技学院	民办	3786	989	907	332	281
赣州师范高等专科学校	省教育厅	4377	2659	726	482	386
赣南医学院	省教育厅	11919	2998	2444	1128	878
江西环境工程职业学院(大专)	省林业厅	7369	3417	2072	746	525
江西应用技术职业学院(大专)	省国土资源厅	8021	3586	2485	694	517
二、中等专业学校		28869	9547	8132	348	962
江西应用技术职业学院(中专)	省国土资源厅	3348	953	636		103
江西环境工程职业学院(中专)	省林业厅	2918	630	799		231
赣州师范高等专科学校(中专)	省教育厅	7091	2175	1955		346
赣州卫生学校	市卫生局	10479	3963	3239	229	203
江西省赣州农业学校	市农业局	5032	1826	1470	119	79
赣南文艺学校	市文化局	1		33		

13-6 普通高等学校专任教师学历情况

单位：人

类别	合计				
		博士	硕士	本科	专科及以下
专任教师	5532	622	2510	2324	76
#女	2116	114	1126	858	18
正高级	562	135	120	294	13
副高级	1360	190	381	767	22
中级	2517	289	1332	877	19
初级	936		534	380	22
末定职级	149		143	6	

13-7 中等专业学校专任教师情况

单位：人

类　别	专任教师合计	中等技术学校	中等师范学校	类　别	专任教师合计	中等技术学校	中等师范学校
专任教师	282	282		总计	282	282	
#女	153	153		文化基础课	70	70	
正高级				专业课	178	178	
副高级	66	66		农林牧渔业	21	21	
中　级	90	90		轻纺食品类	5	5	
初　级	112	112		体育与健身类	5	5	
末定职级	14	14		加工制造类	5	5	
聘校外教师	133	133		文化艺术类	4	4	
#女	63	63		信息技术类	10	10	
正高级				财经商贸类	10	10	
副高级	42	42		医药卫生类	109	109	
中　级	80	80		教育类	4	4	
初　级	7	7		其他类	1	1	
末定职级	4	4		实习指导课	34	34	

13-8 县(市、区)普通中学学校数情况

单位：所

县(市、区)	学校数	九年一贯制学校	初级中学	高级中学	完全中学	十二年一贯制学校
全　市	**458**	**78**	**315**	**26**	**31**	**8**
市　直	6			1	4	1
章贡区	10	1	7		1	1
赣　县	33	5	25	1	1	1
信丰县	30	6	20	3	1	
大余县	15	5	7	1	2	
上犹县	17	7	8	1	1	
崇义县	19	4	13	2		
安远县	22	6	14	2		
龙南县	20	5	13		1	1
定南县	9		7	1	1	
全南县	12	1	10	1		
宁都县	39	13	21	2	1	2
于都县	46	2	35	2	5	2
兴国县	32	1	26	2	3	
会昌县	25	3	19	1	2	
寻乌县	22	9	10		3	
石城县	21	7	12	1	1	
瑞金市	33	1	28	2	2	
南康区	41	2	35	3	1	
赣州经开区	6		5		1	

13-9 县(市、区)普通中学基本情况

单位：人

县(市、区)	招生数	初中	高中	毕业生数	初中	高中	在校学生数	初中	高中	专任教师	初中	高中	平均每个教师负担学生数
全　市	**203067**	**139360**	**63707**	**175545**	**123093**	**52452**	**589369**	**409203**	**180166**	**34411**	**23650**	**10761**	**17.13**
市　直	6256	1853	4403	6362	2064	4298	18854	5613	13241	1296	404	892	14.55
章贡区	5804	5138	666	4557	3960	597	16702	14890	1812	938	818	120	17.81
赣　县	13387	9642	3745	10370	8357	2013	37727	27826	9901	2054	1518	536	18.37
信丰县	14953	10653	4300	11232	7905	3327	41333	29407	11926	2426	1785	641	17.04
大余县	5355	3762	1593	4753	3534	1219	15631	10993	4638	934	656	278	16.74
上犹县	5676	3779	1897	4855	3239	1616	16672	10736	5936	1076	716	360	15.49
崇义县	3661	2268	1393	3329	2127	1202	10549	6731	3818	718	442	276	14.69
安远县	8081	5430	2651	8219	6076	2143	24937	17286	7651	1559	1044	515	16.00
龙南县	5660	3731	1929	4997	2964	2033	16372	10593	5779	1196	860	336	13.69
定南县	3408	2146	1262	3810	1947	1863	10513	6259	4254	863	550	313	12.18
全南县	2997	2004	993	2266	1523	743	8412	5885	2527	573	379	194	14.68
宁都县	15696	11238	4458	12062	8602	3460	43195	31270	11925	2711	2029	682	15.93
于都县	30681	21678	9003	26870	19703	7167	88440	64241	24199	4585	3100	1485	19.29
兴国县	18045	12229	5816	15440	10831	4609	51628	35186	16442	2878	2075	803	17.94
会昌县	12833	9652	3181	11816	8949	2867	41049	31688	9361	2334	1744	590	17.59
寻乌县	6452	4062	2390	6573	4295	2278	19612	12449	7163	1181	715	466	16.61
石城县	6296	4277	2019	5125	3695	1430	17967	12269	5698	1096	768	328	16.39
瑞金市	14665	9915	4750	13245	9535	3710	43330	29080	14250	2426	1651	775	17.86
南康区	19854	13079	6775	16879	11398	5481	56923	38490	18433	3013	1914	1099	18.89
赣州经开区	3307	2824	483	2785	2389	396	9523	8311	1212	554	482	72	17.19

13-10 县(市、区)中等职业教育基本情况

单位：人

县(市、区)	学校数(所)	在校学生数	招生数	毕业生数	教职工数	专任教师	平均每个教师负担学生数
全　市	**55**	**83719**	**29030**	**23685**	**3259**	**2601**	**32.19**
市辖区	21	46001	16355	12999	1148	763	60.29
章贡区	2	1962	426	390	71	70	28.03
赣　县	3	2522	809	332	107	103	24.49
信丰县	2	2296	731	620	167	131	17.53
大余县	1	1995	808	451	132	117	17.05
上犹县	1	616	271	83	53	51	12.08
崇义县	1	1622	428	525	147	131	12.38
安远县	2	3590	1391	940	177	138	26.01
龙南县	1	1485	328	637	93	81	18.33
定南县	1	1151	283	358	171	160	7.19
全南县	1	861	214	555	53	53	16.25
宁都县	2	1662	450	633	119	99	16.79
于都县	3	3508	1396	906	168	143	24.53
兴国县	5	5896	1890	1943	165	129	45.71
会昌县	1	2208	920	434	91	85	25.98
寻乌县	2	313	100	120	18	18	17.39
石城县	1	492	58	406	60	46	10.70
瑞金市	2	3600	1556	561	119	112	32.14
赣州经开区	3	1939	616	792	200	171	11.34

13-11 县(市、区)特殊教育基本情况表

单位：人

县(市、区)	学校数(所)	在校学生	招生数	毕业生数	教职工数	
						专任教师
全　市	**15**	**4307**	**858**	**289**	**208**	**196**
章贡区	1	216	28	17	20	20
赣　县	1	341	36	13	23	21
信丰县	1	522	243	20	12	12
大余县	1	120	21	13	4	4
上犹县	1	114	42	7	10	10
崇义县	1	237	51	33	4	4
安远县	1	242	48	8	23	16
龙南县	1	202	32	7	6	6
定南县		230	47	37		
全南县		72	12	3		
宁都县	1	318	59		11	11
于都县	1	105	8	13	21	20
兴国县		231	39	3	8	7
会昌县	1	116	20		14	14
寻乌县	1	109	15	11	10	10
石城县	1	156	9	3	18	18
瑞金市	1	379	67	39	3	2
南康区	1	582	78	60	21	21
赣州经开区		15	3	2		

13-12 县(市、区)小学基本情况

单位：人

县(市、区)	学校数	在校学生	招生数	毕业生数	教职工数		平均每个教师负担学生数
						专任教师	
全　市	**2039**	**903074**	**144964**	**138866**	**41350**	**40320**	**22.40**
市　直		8					—
章贡区	34	46005	8552	6664	1885	1877	24.51
赣　县	212	65764	10038	9753	2825	2762	23.81
信丰县	152	71778	12015	10690	3071	3030	23.69
大余县	44	28781	4961	3782	1248	1183	24.33
上犹县	29	29432	5214	3812	1324	1297	22.69
崇义县	62	17634	3121	2268	881	866	20.36
安远县	69	35241	6611	5394	1722	1682	20.95
龙南县	49	25984	4670	3725	1111	1100	23.62
定南县	28	19138	3593	2078	1040	1020	18.76
全南县	16	19165	2770	2008	838	823	23.29
宁都县	118	81180	14271	11238	3049	2978	27.26
于都县	317	102255	15739	21535	5122	4966	20.59
兴国县	291	92036	11381	12103	4276	4225	21.78
会昌县	107	42747	6486	9842	2156	2105	20.31
寻乌县	52	26112	3588	4071	1592	1528	17.09
石城县	66	25477	3917	4309	1238	1195	21.32
瑞金市	170	63659	10332	9969	3227	3054	20.84
南康区	186	89068	13928	12845	3704	3599	24.75
赣州经开区	37	21610	3777	2780	1041	1030	20.98

13-13　县(市、区)幼儿园基本情况

单位：人

县(市、区)	园数	入园幼儿数	在园幼儿数	离园幼儿数	教职工数			
						园长	专任教师	保健员
全　市	**2716**	**215998**	**355035**	**142536**	**22653**	**2719**	**14997**	**397**
市　直								
章贡区	162	9961	26293	8132	2537	237	1614	49
赣　县	114	20045	24838	10630	1464	118	985	43
信丰县	135	19126	24944	11816	1116	155	729	18
大余县	133	4010	13785	5430	892	135	594	14
上犹县	79	5191	12876	6258	876	103	576	16
崇义县	77	2656	8525	3156	483	68	334	2
安远县	177	13845	17303	7810	1052	172	702	9
龙南县	115	7359	15384	5069	921	121	655	9
定南县	67	11082	11562	4632	635	62	519	3
全南县	33	2073	7224	2467	604	50	369	14
宁都县	218	19545	24153	9293	1461	244	987	28
于都县	211	24424	31754	15090	1993	213	1427	39
兴国县	207	17044	24624	9381	2123	230	1186	67
会昌县	226	10361	16564	6276	680	106	377	2
寻乌县	116	4631	10568	3524	825	108	559	12
石城县	86	6244	11210	4477	431	79	270	7
瑞金市	334	15541	27175	10227	1540	237	1139	10
南康区	171	18910	37440	15286	2322	219	1521	46
赣州经开区	55	3950	8813	3582	698	62	454	9

13-14　平均每万人在校学生数

单位：%、人

类　别	1987年	1988年	1989年	1990年	1991年	1992年	1993年
各类学校在校学生占全区人口比重	19.33	17.59	16.23	15.34	14.65	14.34	14.18
平均每万人口在校学生数	1932.76	1758.89	1622.97	1533.68	1464.8	1433.67	1418.37
普通高等学校	9.03	8.81	8.98	8.59	8.69	9.24	10.54
中等学校	425.9	413.67	406.19	453.15	461.85	468.41	455.69
中等专业学校	11.15	11.08	10.90	10.88	10.26	10.69	11.87
普通中学	414.75	402.59	395.29	406.19	411.65	408.72	395.58
中等职业学校	25.98	23.68	25.32	30.00	34.78	36.08	33.05
技工学校	1.33	2.06	3.00	6.08	5.16	12.92	15.19
小学	1470.52	1310.67	1179.48	1071.94	994.26	956.02	952.14

13-14　续表 1

单位：%、人

类　别	1994年	1995年	1996年	1997年	1998年	1999年	2000年
各类学校在校学生占全区人口比重	14.30	14.75	15.54	16.12	16.31	16.31	16.30
平均每万人口在校学生数	1429.03	1475.39	1553.75	1612.19	1630.67	1630.6	1629.78
普通高等学校	11.73	11.98	12.36	13.42	14.00	17.36	22.06
中等学校	454.00	480.47	530.15	558.99	573.05	588.06	600.57
中等专业学校	14.07	16.37	18.92	19.71	20.52	21.55	21.33
普通中学	394.94	423.26	471.24	497.96	505.55	519.31	540.83
中等职业学校	33.08	34.67	35.11	36.39	42.77	43.35	33.04
技工学校	12.65	6.18	4.87	4.94	4.20	3.84	5.37
小学	963.30	982.94	1011.24	1039.78	1043.62	1025.18	1007.15

13-14　续表 2

单位：%、人

类　别	2001年	2002年	2003年	2004年	2005年	2006年	2007年
各类学校在校学生占全区人口比重	16.88	17.03	17.39	17.31	17.41	17.80	17.55
平均每万人口在校学生数	1649.37	1702.82	1739.46	1730.91	1741.37	1780.22	1754.61
普通高等学校	29.94	34.44	43.21	51.14	65.86	74.94	83.62
中等学校	629.06	683.05	735.93	749.28	752.54	709.13	628.80
中等专业学校	17.68	14.97	14.82	22.78	26.18	37.16	38.06
普通中学	575.72	624.76	675.19	688.37	677.27	610.43	523.43
中等职业学校	32.59	39.30	38.70	38.13	49.09	61.55	67.31
技工学校	3.07	4.72	7.21	9.77	12.88	13.15	12.18
小学	990.37	985.33	960.32	930.49	922.98	996.14	1042.18

13-14 续表 3

单位：%、人

类　别	2008年	2009年	2010年	2011年	2012年	2013年	2014年
各类学校在校学生占全区人口比重	17.41	17.67	18.32	18.40	18.48	18.16	17.98
平均每万人口在校学生数	1741.21	1767.07	1831.57	1840.21	1848.46	1815.86	1797.87
普通高等学校	83.49	85.90	88.21	90.73	92.24	91.33	92.88
中等学校	607.48	651.78	724.52	736.28	754.55	745.37	745.68
中等专业学校	34.57	29.94	29.13	26.70	29.75	30.45	30.67
普通中学	505.12	543.38	581.69	598.01	608.08	622.16	626.08
中等职业学校	67.78	78.46	113.70	111.57	116.72	92.76	88.93
技工学校	9.15	6.67	5.76	5.61	7.39		
小学	1050.23	1029.38	1018.85	1013.19	1001.68	979.17	959.32

13-15 各类学校学生构成情况

单位：%

类　别	1987年	1988年	1989年	1990年	1991年	1992年	1993年
各类学校学生占学生总数比重	100	100	100	100	100	100	100
普通高等学校	0.47	0.50	0.55	0.56	0.95	0.64	0.74
中等学校	23.45	24.99	26.77	29.55	31.18	32.68	32.13
中等专业学校	0.58	0.63	0.67	0.71	0.70	0.75	0.84
普通中学	21.46	22.89	24.36	26.48	28.10	28.51	27.89
中等职业学校	1.41	1.47	1.74	2.36	2.38	3.42	3.40
技工学校	0.07	0.12	0.18	0.40	0.35	0.90	1.07
小学	76.08	74.51	72.68	69.89	67.87	66.68	67.13

13-15 续表 1

单位：%

类　别	1994年	1995年	1996年	1997年	1998年	1999年	2000年
各类学校学生占学生总数比重	100	100	100	100	100	100.00	100.00
普通高等学校	0.82	0.81	0.80	0.83	0.86	1.06	1.35
中等学校	31.81	32.57	34.12	34.68	35.14	36.07	36.85
中等专业学校	0.99	1.11	1.22	1.22	1.26	1.32	1.31
普通中学	27.62	28.69	30.33	30.89	31.00	31.85	33.18
中等职业学校	3.20	2.77	2.57	2.57	2.88	2.90	2.36
技工学校	0.89	0.42	0.31	0.31	0.26	0.24	0.33
小学	67.37	66.62	65.08	64.49	64.00	62.87	61.8

13-15 续表 2

单位：%

类　别	2001年	2002年	2003年	2004年	2005年	2006年	2007年
各类学校学生占学生总数比重	100.00	100.00	100.00	100.00	100.00	100.00	100.00
普通高等学校	1.82	2.02	2.48	2.95	3.78	4.21	4.77
中等学校	38.14	40.11	42.31	43.29	43.20	39.82	35.84
中等专业学校	1.07	0.88	0.85	1.32	1.50	2.09	2.17
普通中学	34.91	36.69	38.82	39.77	38.90	34.29	29.83
中等职业学校	2.16	2.54	2.64	2.20	2.80	3.46	3.84
技工学校	0.19	0.28	0.41	0.56	0.74	0.74	0.69
小学	60.05	57.87	55.21	53.76	53.02	55.96	59.40

13-15 续表 3

单位：%

类　别	2008年	2009年	2010年	2011年	2012年	2013年	2014年
各类学校学生占学生总数比重	100.00	100.00	100.00	100.00	100.00	100.00	100.00
普通高等学校	4.80	4.86	4.82	4.93	4.99	5.03	5.17
中等学校	34.89	36.88	39.56	40.01	40.82	41.05	41.48
中等专业学校	1.99	1.69	1.59	1.45	1.61	1.68	1.71
普通中学	29.01	30.75	31.76	32.50	32.90	34.26	34.82
中等职业学校	3.89	4.44	6.21	6.06	6.31	5.11	4.95
技工学校	0.53	0.38	0.31	0.30	0.40		
小学	60.32	58.25	55.63	55.06	54.19	53.92	53.36

13-16　县(市、区)小学、初中升学率和小学适龄人口入学率

县(市、区)	小　学		初　中		小学毕业生升普通初中升学率(%)	初中毕业生升普高升学率(%)
	在校学生数(人)	每万人口小学在校生数(人)	在校学生数(人)	每万人口初中在校生数(人)		
全　市	**903074**	**959**	**409203**	**435**	**100.45**	**51.78**
章贡区	67623	1009	28814	430	103.93	65.99
赣　县	65764	1043	27826	441	100.10	44.81
信丰县	71778	956	29407	392	99.65	54.45
大余县	28781	929	10993	355	99.50	45.08
上犹县	29432	930	10736	339	99.13	58.69
崇义县	17634	828	6731	316	100.00	65.73
安远县	35241	901	17286	442	100.67	43.70
龙南县	25984	796	10593	325	100.16	65.08
定南县	19138	881	6259	288	103.27	64.82
全南县	19165	986	5885	303	100.00	65.27
宁都县	81180	1006	31270	387	100.00	51.83
于都县	102255	953	64241	599	100.66	45.69
兴国县	92036	1128	35186	431	101.04	53.70
会昌县	42747	818	31688	607	98.07	35.58
寻乌县	26112	815	12449	389	99.83	55.67
石城县	25477	787	12269	379	99.26	54.64
瑞金市	63659	928	29080	424	99.48	49.82
南康区	89068	1053	38490	455	101.83	59.47

13-17　艺术表演团体及剧场、影剧院情况

项　目	单位	2008年	2009年	2010年	2011年	2012年	2013年	2014年
一、艺术表演团体	个	18	20	19	19	19	19	19
剧团人数	人	521	583	605	604	492	482	500
其中：高级职称	人	13	15	16	18	12	23	24
中级职称	人	108	131	142	145	122	82	85
演出场数	次	3096	3225	3525	3574	3170	2528	2502
其中：到农村演出	次	1910	2198	2258	2261	2320	2154	2143
观众人次	万人次	358	251	294	320	300	212	253
业务及其他收入	万元	2075	683	572	604	568	717	695
二、剧场、影剧院	个	8	6	5	5	15	3	3
职工人数	次	35	50	60	60	75	62	62
演出场数	个	5788	1232	150	130	148	101	130
观众人次	万人次	123	15.7	8.9	9	17.6	56	75
业务及其他收入	万元	66	43	17	15	23	30	47

13-18　文化事业情况

项　目	单位	2008年	2009年	2010年	2011年	2012年	2013年	2014年
一、群艺馆、文化馆								
机构数	个	19	17	19	19	19	19	19
职工人数	人	211	202	213	210	212	344	338
举办展览	个	82	73	148	138	210	209	216
组织文艺活动	次	300	393	460	508	780	562	680
举办训练班班次	次	235	200	364	411	461	949	956
二、文化站								
乡镇文化站机构数	个	293	271	290	292	292	285	285
办展览	个	1999	509	733	818	908	516	608
办训练班	次	1142	623	552	593	601	770	809
组织文艺活动	次	2381	1766	800	1048	1465	1331	1569
三、图书馆								
机构数	个	18	18	18	18	19	19	19
职工人数	人	193	195	188	187	193	187	186
藏书	万册	171.27	153.65	180.66	198.08	210.10	295.54	319.06
发放借书证	万个	1.50	2.36	1.40	3.21	4.10	5.15	7.33
图书流通人次	万人次	45.70	88.63	122.00	123.90	130.30	161.53	181.91
图书流通册数	万册次	70.6	95.9	109.0	114.8	126.0	185.4	215.6
四、博物馆								
机构数	个	14	15	21	21	18	16	17
职工人数	人	136	143	171	171	198	309	320
文物藏品	万件	2.73	2.945	4.18	4.18	4.53	6.16	6.17
陈列	个		27	19	19	47	26	21
展览	次	64	25	12	12	21	45	25
参观人数	万人次	50.40	55.10	303.40	365.00	214.48	284.93	313.02

13-19 广播、电视事业

项　目	单位	2008年	2009年	2010年	2011年	2012年	2013年	2014年
广播								
广播电台	个	18	3	3	19	19	19	19
调频发射台	个	64	64	62	21	21	21	21
广播人口覆盖率	%	95.20	95.21	95.32	98.20	98.30	98.30	98.40
有线电视用户数	万户	66.22	68.18	73.16	71.70	83.30	91.00	96.50
电视								
电视台发射台和转播台								
一百瓦以上发射台和转播台	座	14	14	14	14	14	14	14
电视人口覆盖率	%	97.07	97.08	99.20	99.25	99.30	99.30	99.35

13-20 体育事业

项　目	单位	2008年	2009年	2010年	2011年	2012年	2013年	2014年
体育场地								
田径场	个	10	10	10	14	9	10	14
体育馆	座	7	7	7	7	10	11	13
游泳池	个	5	5	5	8	9	8	12
综合训练房	个	5	5	5	3			11
在省级比赛中获奖牌数	枚	175		133			248	284.5
金牌	枚	65		35			77	107
银牌	枚	56		51			88	75.5
铜牌	枚	54		47			83	102
少年儿童业余体育学校基本情况								
体校	个	19	19	19	19	19	19	19
在校学生数	人	2326	1103	2568	1103	2914	3711	191
专职教练员人数	人	182	46	88	46	88	28	25

注：从2014年开始，体校学生数为实际在校生数。

13-21 历年卫生机构数、床位数、人员数

年份	机构数(个)	床位数(张)	卫生技术人员(人)	执业(助理)医师	注册护士	药师(士)	技师(士)
1978	925	9941	10475				
1979	931	10408	10901				
1980	939	10545	11708				
1981	950	11055	12866				
1982	960	11264	14023				
1983	912	11066	14070				
1984	919	11079	15058				
1985	911	11248	14940				
1986	917	11619	15509				
1987	911	11833	15320				
1988	904	11950	15863				
1989	910	12328	16062				
1990	910	12586	16673				
1991	900	12570	16914				
1992	905	12415	16690				
1993	795	12299	16168				
1994	812	12215	16552				
1995	833	12347	16948				
1996	1115	11540	15929				
1997	1192	11830	16360				
1998	1223	11847	16596				
1999	1222	12285	16678				
2000	1204	12120	16616				
2001	1201	12187	16534				
2002	2374	12924	15142				
2003	2258	12530	15088	5779	4263	1808	911
2004	2273	11928	17669	6003	4230	1805	902
2005	2260	12467	17006	5791	4030	1686	848
2006	2221	12713	17665	5827	4380	1656	914
2007	1954	14242	19196	7385	5882	1756	1146
2008	1641	15977	20785	7701	6493	1885	1335
2009	1630	18507	22361	8115	7401	1923	1430
2010	1645	19900	24102	9037	7886	2000	1549
2011	1393	22874	25355	8866	9329	2027	1665
2012	1420	27532	27707	9414	10753	2095	1827
2013	1470	30945	29766	10140	12073	2310	1923
2014	1465	33832	31767	10852	13150	2363	2059

13-22 医疗卫生机构、床位数、人员数

名　　称	机构数(个)	床位数(张)	人员数(人)					
				卫生技术人员	执业(助理)医师	注册护士	药师(士)	技师(士)
总　计	**8935**	**33832**	**43890**	**31767**	**10852**	**13150**	**2363**	**2059**
医院	58	19863	19738	17402	5400	8721	1119	1005
#综合医院	33	14455	14742	13009	3958	6771	740	718
中医医院	18	3807	3950	3518	1171	1487	330	239
专科医院	7	1601	1046	875	271	463	49	48
口腔医院	1	6	11	10	9	1		
眼科医院	1	25	92	65	16	45	2	1
肿瘤医院	1	400	391	341	101	181	20	15
精神病医院	2	1120	440	371	120	212	12	17
皮肤病医院	1	30	91	70	17	21	12	11
其他专科医院	1	20	21	18	8	3	3	3
社区卫生服务中心(站)	41	231	644	581	226	219	64	45
卫生院	320	11048	8596	7539	2572	2299	818	588
#中心卫生院	87	4665	3519	3067	1070	921	300	281
诊所、卫生所、医务室	942		1417	1370	708	184	128	21
#诊所	834		1245	1203	634	143	107	17
卫生所、医务室	108		172	167	74	41	20	4
急救中心(站)	1		50	46	18	27	1	
采供血机构	1		150	104	10	68		26
妇幼保健院	16	1888	2342	2047	621	991	121	155
专科疾病防治院(所、站)	27	638	582	514	210	137	62	63
专科疾病防治院	1	361	230	209	84	68	20	24
专科疾病防治所	26	277	352	305	126	69	42	39
#口腔病防治所	1		15	13	4	4		
皮肤病与性病防治所	17	202	217	188	84	43	31	16
结核病防治所	7	75	118	102	37	22	11	23
其他	1		2	2	1			
疾病预防控制中心	20		784	556	241	108	13	96
卫生监督所(中心)	19		260	206				
医学在职培训机构	2		8	1				
其他卫生机构	18		116	84	23	16	6	2
村卫生室	7449		8463	731	573	158		

13-23 医疗机构门诊服务情况

分组名称	诊疗人次数	门诊人次数	急诊人次数	健康检查人数	急诊死亡率(%)
总　计	**39232386**	**36082231**	**913940**	**2224826**	**0.06**
医院	9443962	8796283	542291	371829	0.08
综合医院	6928039	6458220	390352	299007	0.10
中医院	2281388	2115816	151359	57417	0.04
专科医院	234535	222247	580	15405	0.17
口腔医院	19036	19036			
眼科医院	40156	37262			
肿瘤医院	33824	26291	502	10879	
精神病医院	69721	68260	78	4526	1.28
皮肤病医院	67950	67950			
其他专科医院	3848	3448			
社区卫生服务中心	566339	514322	24754	101924	
卫生院	5682254	5250035	255201	1644652	0.04
中心卫生院	2383465	2160772	116658	529071	0.05
乡卫生院	3298789	3089263	138543	1115581	0.03
诊所、卫生所、医务室	2346345	2298788			
#诊所	2137754	2103256			
卫生所、医务室	208591	195532			
急救中心(站)	18175		18175		
妇幼保健院(所、站)	1893311	1795203	60983	83772	
妇幼保健院	1745527	1647419	60983	83772	
妇幼保健所	147784	147784			
专科疾病防治院(所、站)	292374	271495	12536	22649	
村卫生室	18989626	17876105			

13-24 医疗机构住院服务情况

单位：人

项　目	入院人数	出院人数合计	死亡人数	基层转入医院人数	住院病人手术人次数	死亡率(%)
总　计	**1263076**	**1258304**	**3119**	**3788**	**176618**	**0.25**
医院	687973	683841	2770		156020	0.41
综合医院	532463	528369	2184		126729	0.41
中医院	129841	129932	488		27553	0.38
专科医院	25669	25540	98		1738	0.38
眼科医院	2894	2894				
肿瘤医院	11755	11755	90		1570	0.77
精神病医院	10053	9924	8			0.08
皮肤病医院	783	783				
其他专科医院	184	184			168	
社区卫生服务中心	4665	4647		13		
卫生院	461947	461251	125	3775		0.03
中心卫生院	200284	200358	63	362		0.03
乡卫生院	261663	260893	62	3413		0.02
妇幼保健院(所、站)	96035	96149	116		19746	0.12
妇幼保健院	89710	89856	116		19491	0.13
专科疾病治院(所、站)	12456	12416	108		852	0.87

13-25　县(市、区)医疗卫生机构、床位数、人员数

县(市、区)	机构数(个)	床位数(张)	卫生技术人员(人)	执业(助理)医师	注册护士	药师	技师	不含村卫生室机构数(个)
全　市	**8935**	**33832**	**31769**	**10852**	**13150**	**2363**	**2059**	**1486**
章贡区	325	8147	8194	2680	4143	441	468	211
赣　县	462	1790	1157	431	348	106	97	98
信丰县	625	1925	1604	591	707	112	82	43
大余县	493	1170	1297	490	481	91	85	162
上犹县	262	914	748	311	239	70	52	69
崇义县	216	653	887	257	309	89	69	42
安远县	355	1209	1220	321	436	86	71	48
龙南县	373	1139	1201	378	482	136	112	56
定南县	232	899	913	307	359	67	51	42
全南县	207	629	891	277	314	87	54	82
宁都县	855	2037	1723	602	769	129	92	77
于都县	930	3305	2430	729	1068	208	172	139
兴国县	928	1916	1725	766	606	127	122	68
会昌县	482	1651	1260	482	401	82	71	86
寻乌县	347	692	894	280	360	106	56	52
石城县	325	1252	1154	276	397	86	83	34
瑞金市	560	1768	1713	563	769	114	120	78
南康区	958	2736	2758	1111	962	226	202	99

13-26　计划生育情况

县(市、区)别	现有一孩育龄妇女人数(人)	领取独生子女证累计人数(人)	计划生育率(%)	一孩率(%)	独生子女领证率(%)	晚婚率(%)
全　市	**601146**	**266014**	**68.83**	**31.31**	**13.86**	**56.46**
章贡区	61612	38319	78.00	60.35	37.53	76.04
赣　县	37094	14476	67.73	29.03	11.33	53.32
信丰县	44032	16876	70.75	29.25	11.21	52.81
大余县	25434	13849	64.49	40.33	21.96	68.61
上犹县	24452	14291	66.79	38.55	22.53	66.23
崇义县	17303	9254	70.37	39.77	21.27	67.03
安远县	21290	11017	70.58	26.48	13.70	57.39
龙南县	25089	8173	69.95	37.64	12.26	61.57
定南县	14356	6857	71.43	32.22	15.39	58.96
全南县	15817	7498	69.02	38.18	18.10	64.59
宁都县	48640	21836	69.01	29.76	13.36	61.80
于都县	51526	23991	65.78	23.52	10.95	40.48
兴国县	45888	19060	70.46	27.98	11.62	55.82
会昌县	25913	8784	65.88	24.18	8.20	42.62
寻乌县	17534	6316	72.09	26.73	9.63	61.64
石城县	18553	5273	67.59	28.25	8.03	59.30
瑞金市	37366	12467	66.82	26.75	8.93	57.80
南康区	52945	18627	68.58	31.27	11.00	56.94
赣州经开区	16302	9050	69.96	38.35	21.29	58.48

13-27 育龄妇女节育情况

县(市、区)别	已婚育龄妇女总人数 (人)	采取各种节育措施人数 (人)	节育率 (%)	结扎率 (%)
全 市	**1919936**	**1648914**	**85.88**	**53.65**
章贡区	102092	83466	81.76	18.24
赣 县	127793	111109	86.94	55.59
信丰县	150554	131162	87.12	60.14
大余县	63067	54648	86.65	45.01
上犹县	63429	54161	85.39	46.22
崇义县	43511	36710	84.37	33.48
安远县	80392	69625	86.61	63.04
龙南县	66653	54757	82.15	47.72
定南县	44555	37675	84.56	55.59
全南县	41432	34291	82.76	46.37
宁都县	163446	141270	86.43	57.49
于都县	219072	190861	87.12	60.94
兴国县	164016	142592	86.94	60.35
会昌县	107151	92689	86.50	59.42
寻乌县	65596	56706	86.45	63.38
石城县	65674	55959	85.21	53.59
瑞金市	139665	119175	85.33	55.86
南康区	169332	146764	86.67	51.90
赣州经开区	42506	35294	83.03	42.96

主要统计指标解释

普通高等学校　指按照国家规定的设置标准和审批程序批准举办，通过国家统一招生考试，招收高中毕业生为主要培养对象，实施高等教育的全日制大学、独立设置的学院和高等专科学校、高等职业学校和其他机构。

大学、独立设置的学院主要实施本科层次以上教育，高等专科学校、高等职业学校实施专科层次教育，其他机构是承担国家普通招生计划不计校数的机构。包括普通高等学校分校和批准筹建的普通高等学校等。

成人高等学校　指按照国家规定的设置标准和审批程序批准举办的，通过全国成人高教统一招生考试，招收具有高中毕业或同等学历的在职从业人员为主要培养对象，利用函授、业余、脱产等等多种形式对其实施高等学历教育的学校。包括职工高等学校、广播电视大学、农民高等学校、管理干部学院、教育学院、独立函授学院、其他机构等。其他机构是承担国家成人招生计划任务不计校数的机构人。

小学学龄儿童入学率　指调查范围内已入小学学习的学龄儿童占校内外学龄儿童总数(包括弱智儿童，不包括盲聋哑儿童)的比重。计算公式为：

小学学龄儿童入学率＝已入学的小学学龄儿童数 / 校内外小学学龄儿童总数×100%

体育场　指有 400 米跑道(中心含足球场)，有固定道牙，跑道 6 条以上，并有固定看台的室外田径场地。体育场按看台容纳观众人数分为：甲级 25000 人以上，乙级 15000-25000 人，丙级 5000-15000 人，丁级 5000 人以下。

体育馆　指有固定看台，可供篮球、排球、羽毛球、乒乓球、体操等项目训练比赛活动用的室内运动场地。体育馆按看台容纳观众人数分为：甲级 6000 人以上，乙级 4000-6000 人，丙级 2000-4000 人，丁级 2000 人以下。

卫生机构　包括医疗机构、疾病预防控制中心（防疫站）、采供血机构、卫生监督及检测（检验）机构、医学科研和在职培训机构、健康教育所等。

医疗机构　包括医院、社区卫生服务中心（站）、疗养院、卫生院、门诊部、诊所（卫生所、医务室）、妇幼保健院（所、站）、专科疾病防治院（所、站）、急救中心（站）和临床检验中心。医疗机构分非赢利性医疗机构和赢利性机构。

医院　包括综合医院、中医医院、中西医结合医院、民族医院为、各类专科医院和护理院。

卫生技术人员　指卫生机构中医生、护理人员、药剂人员、检验人员等卫生技术人员。

医生　指在医疗、预防保健机构工作且取得《执业医师证书》的执业医师和执业助理医师。

社会福利事业单位　指集中收养社会孤老、残、幼的机构，包括由民政部门管理的社会福利院、儿童福利院、精神病人福利院和城镇集体举办的福利院及农村集体举办的敬老院。

社会福利事业单位收养人数　包括民政部门管理和城镇、农村集体举办的社会福利事业单位中收养的老人、少年儿童、缺乏生活自理能力的残疾人员和精神病人。

社会福利企业单位　指以安置城镇有一定劳动能力的盲、聋、哑和肢体残疾人员就业为目的，享受国家减免税待遇的国有或集体企业。包括福利工厂、福利商业和服务业、假肢厂和安置农场等单位。

中国统计出版社最新图书简目

(仅供参考，以实际出版为准)

统计资料

中国统计年鉴　中国统计摘要　中国发展报告
中国经济普查年鉴2013　国际统计年鉴　金砖国家联合统计手册
中国-东盟国家统计手册　中国区域经济统计年鉴　中国县域统计年鉴
中国城市统计年鉴　中国农村统计年鉴　中国地区经济监测报告
中国贸易外经统计年鉴　中国对外直接投资统计公报　中国商品交易市场统计年鉴
大中型批发零售和住宿餐饮企业统计年鉴　中国零售和餐饮连锁企业统计年鉴　中国住户调查年鉴
中国价格统计年鉴　中国农产品价格调查年鉴　全国农产品成本收益资料汇编
中国环境统计年鉴　中国能源统计年鉴　国外资源、能源和环境统计资料汇编
中国工业统计年鉴　中国建筑业统计年鉴　中国房地产统计年鉴
中国城市建设统计年鉴　中国城乡建设统计年鉴　中国第三产业统计年鉴
中国证券期货统计年鉴　中国科技统计年鉴　中国高技术产业统计年鉴
工业企业科技活动资料　中国劳动统计年鉴　中国人口和就业统计年鉴
中国人才资源统计报告　中国社会统计年鉴　中国文化及相关产业统计年鉴
文化及相关产业统计概览　中国教育经费统计年鉴　中国民政统计年鉴
中国民族统计年鉴　中国工会统计年鉴　中国残疾人事业统计年鉴
中国妇女儿童状况统计资料（英）　中国乡镇街道行政区域简册

省级综合统计年鉴系列

北京 天津 河北 山西 内蒙古 辽宁 吉林 黑龙江 上海 江苏 浙江 安徽 福建 江西 山东 河南 湖北 湖南 广东 广西 海南 重庆 四川 贵州 云南 西藏 陕西 甘肃 青海 宁夏 新疆 新疆生产建设兵团

市(县)级综合统计年鉴系列

天津滨海新区 石家庄 唐山 邯郸 保定 沧州 邢台 廊坊 承德 衡水 秦皇岛 张家口 太原 大同 阳泉 长治 晋城 朔州 晋中 运城 忻州 临汾 呼和浩特 呼和浩特新城区 鄂尔多斯 包头 沈阳 大连 长春 四平 哈尔滨 齐齐哈尔 黑龙江垦区 上海浦东新区 南京 无锡 徐州 常州 苏州 南通 连云港 淮安 盐城 扬州 镇江 泰州 宿迁 江阴 丹阳 杭州 宁波 温州 嘉兴 绍兴 金华 衢州 舟山 台州 丽水 合肥 安庆 马鞍山 福州 厦门 宁德 南昌 九江 上饶 新余 抚州 赣州 济南 青岛 枣庄 滕州 郑州 洛阳 平顶山 三门峡 南阳 商丘 济源 武汉 十堰 荆州 宜昌 荆门 咸宁 长沙 广州 深圳 惠州 东莞 南宁 柳州 桂林 来宾 海口 三亚 成都 贵阳 昆明 西安 兰州 庆阳 银川 乌鲁木齐 兵团一师 兵团十师

调查年鉴系列

天津 山西 内蒙古 辽宁 吉林 上海 福建 河南 湖北 湖南 广西 重庆 四川 云南 甘肃 宁夏 新疆

“十二五”规划教材

统计学（经济管理类专业本科适用，单薇 等）　抽样调查理论与方法（冯士雍 等）
贝叶斯统计（茆诗松 等）　统计学（黄良文 等）　试验设计（茆诗松 等）
统计学：从数据到结论（吴喜之）　医学统计学（于浩）　统计学（经济、管理类专业基础教材，张小斐）
概率论与数理统计三十三讲（魏振军）　概率论与数理统计三十三：学习指导与习题解答（魏振军）
非参数统计（吴喜之 等）　统计学：经济与管理中的数据分析（李慧云 等）
卫生管理统计学（新编医学院校基础课教材，尚磊）　医院统计学（新编医学院校基础课教材，徐天和 等）
社会统计学（蒋萍 等）　现代金融投资统计分析（李腊生 等）
国民经济核算初级教程（经济类、统计类、管理类专业适用，蒋萍 等）

重点图书

图解中国经济2015　新编英汉汉英统计大词典　中华医学统计百科全书
挑大学选专业2016—考研择校指南　挑大学选专业2015—高考志愿填报指南